国家自然科学基金资助项目

陶长琪◎著

创新驱动发展与产业结构升级：理论与实证

INNOVATION DRIVEN DEVELOPMENT AND INDUSTRIAL STRUCTURE UPGRADING : THEORY AND EMPIRICAL ANALYSIS

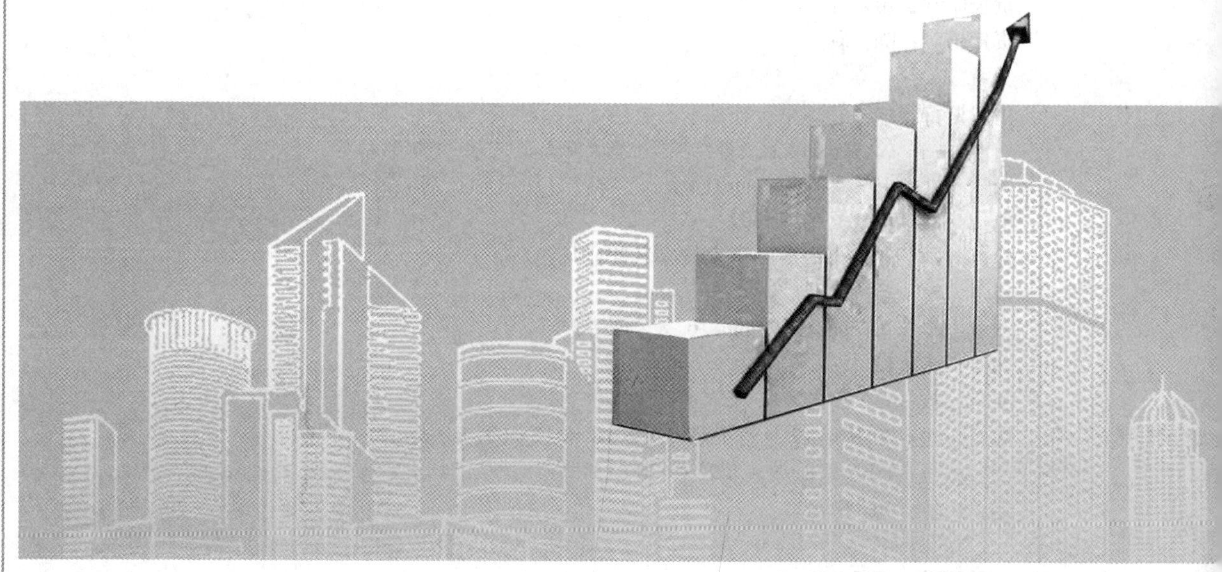

经济管理出版社
ECONOMY & MANAGEMENT PUBLISHING HOUSE

图书在版编目（CIP）数据

创新驱动发展与产业结构升级：理论与实证/陶长琪著．—北京：经济管理出版社，2018.12
ISBN 978-7-5096-6280-9

Ⅰ.①创…　Ⅱ.①陶…　Ⅲ.①国家创新系统—关系—产业结构升级—研究—中国　Ⅳ.①F204
②F121.3

中国版本图书馆CIP数据核字(2018)第288117号

组稿编辑：魏晨红
责任编辑：魏晨红
责任印制：司东翔
责任校对：陈　颖

出版发行：经济管理出版社
（北京市海淀区北蜂窝8号中雅大厦A座11层　100038）
网　　址：www.E-mp.com.cn
电　　话：（010）51915602
印　　刷：北京市海淀区唐家岭福利印刷厂
经　　销：新华书店
开　　本：787mm×1092mm/16
印　　张：18
字　　数：439千字
版　　次：2018年12月第1版　　2018年12月第1次印刷
书　　号：ISBN 978-7-5096-6280-9
定　　价：46.00元

前　言

我国经济经历了30多年的高速增长后，已进入“新常态”，经济发展和产业结构阶段性调整的信号日益强烈，供给侧结构性改革势在必行。在经济增长的不同阶段，社会经济体系面临的增长约束及主要问题亦有区别。有些阶段是需求侧抑制了经济的增长，有些阶段是供给侧拖慢了发展的步伐；有时供求数量不均是主要矛盾，有时产品结构失衡成为突出问题。因此，突破增长约束以实现经济增长动力转换的路径和措施也不尽相同。通过从要素驱动到创新驱动的经济增长动力转换，增加和改善供给是优化供给结构的有效手段。当前，我国经济正处于新旧动能接续、转换的关键时期，过去依靠资源投入的要素驱动方式已经无法支撑经济的持续稳定增长，而依赖技术进步的创新驱动方式仍处于萌芽发展阶段，与之匹配的政策、制度也漏洞百出，创新驱动和制度质量均尚不足以支撑经济的稳定增长，经济增长和产业升级的动力转换不可能一步到位。在此背景下，探究创新驱动和产业结构升级的内在关联，明确各地区经济增长中创新驱动的发展现状，解析创新驱动的各个方面在推动产业结构升级的作用方式，对于探寻经济增长动力转换的可行路径、实现新旧动能的平稳过渡、维持经济持续稳定发展和促进产业结构的转型升级具有重要的理论意义和现实意义。基于此，本书从理论和实证两个方面分析创新驱动发展与产业结构升级，通过分析创新驱动对经济增长的动力转换与路径选择，探寻经济增长动力由要素驱动向创新驱动转变的可行路径；通过不同程度的制度质量将创新要素集聚划分为三个阶段，分别探究各阶段创新要素集聚对产业结构高端化的驱动效应；细化各集聚要素下的技术创新对产业结构优化升级的影响力度，明确各集聚要素对产业结构优化升级影响的正负效应；以技术创新强度和技术势能集聚拓展技术创新理论，分析其对产业结构升级的空间效应；分析知识溢出下技术创新效率的影响机制，并分析区域技术效率的驱动因素和知识势能对技术创新效率的影响效应；以水平式知识溢出探析技术嵌入式创新驱动产业结构协调化的影响；以垂直式知识溢出探析技术融合式创新对产业结构高度化的影响；考虑到其他制度创新和结构创新的情况，从土地财政制度、金融发展制度以及两化融合来分析其对产业结构升级的不同影响，完善创新驱动发展与产业结构升级研究的内涵。

第一，目前，我国经济已经步入“新常态”，供给侧结构性改革对经济增长的动力转换提出了新的要求，新形势下经济增长方式和产业结构转型由要素驱动、投资驱动向创新驱动转型，创新驱动是国家竞争优势的重要体现。随着经济由高速发展转入增速换挡期，单纯的要素驱动已经难以维持经济的持续稳定增长，创新驱动开始成为经济增长的新动力。因此，明确创新驱动效应和创新驱动对经济发展的动力转换和路径选择有重要意义。第1章主要在制度质量视角下探究经济增长动力从要素驱动向创新驱动转换的内在路径。

基于内生经济增长模型开展理论分析；首次提出了经济增长中创新驱动效应的测算方法；将经济增长方式划分为“要素驱动型”“制度依赖型”“技术依赖型”和“创新驱动型”四种类型，据此解析经济增长动力转换的内在路径，并采用双重变量门槛模型对面板数据进行实证研究。研究发现：我国经济发展中的创新驱动效应以东部沿海地区为集聚中心，具有在时间维度上阶段性增长、在空间维度上“蔓延式”发展的时空格局；创新驱动对经济增长的促进作用在东部、中部和西部地区分别表现为加速效应、收敛效应和分化效应；制度质量是保障创新驱动效应的重要前提；经济增长方式的转变次序构成了经济增长动力转换的内在路径。

第二，我国区域发展存在显著的阶梯特性，这将导致不同地区所适用的制度不尽相同，在不同的制度质量条件下，创新要素集聚会促进不同程度的产业结构高端化。在不同层次的创新要素集聚驱动产业结构高端化的背景下，探究制度质量的选择问题是第 2 章的研究重点。第 2 章将构建加入空间权重矩阵的内生增长模型分析产业结构高端化过程中的制度选择问题，进而实证探究了在制度质量的三个空间门槛阈值内各级创新要素集聚驱动我国产业结构高端化的空间作用效应。研究发现：三个空间门槛阈值内的制度质量分别促成初级、中级和高级创新要素集聚；创新要素集聚对产业结构高端化的空间作用效应与制度质量的严格程度成正比，技术溢出对产业结构高端化的空间作用效应与制度质量的严格程度成反比；制度质量在创新要素集聚驱动产业结构高端化的作用效应随着创新要素集聚层级提升而下降；只有当区域的制度质量和创新要素集聚层级相契合时，继而采取对应的技术创新形式才能促进产业结构高端化。

第三，区域技术创新始终是转型经济背景下促进产业结构优化升级的中坚力量，技术创新能有效改变产业比例，实现产业结构优化升级。各集聚要素的合理配置对于我国省域经济发展具有重要作用，各集聚要素可替代技术创新指标用于分析技术创新对产业结构优化升级的作用，同时技术创新与产业结构优化升级的非线性关联也对省域发展异质性导致的技术差距问题带来新的研究思路，以促进产业结构优化升级。第 3 章主要通过改进的 PSTR 模型分析技术创新与产业结构优化升级的非线性关联，探究省域或临近区域的技术创新对产业结构优化升级的影响方式和影响程度，最后提出技术创新与产业结构优化转型升级间相互作用的政策建议。研究发现：省域物质资本和劳动力要素集聚下的技术创新对产业结构优化升级的作用呈边际递减趋势，最终收敛；省域人力资本、技术和创新要素集聚下的技术创新对产业结构优化升级的作用边际递增，最终呈现发散特征。最终结果表明，物质和劳动力资本属于陈旧资本要素，对技术创新产生负向作用，在实际投资或者利用过程中应适度选择。而人力资本、技术和创新要素是新兴科技生命力的代名词，省域应加强产学研联盟合作，实现技术扩散、知识交流和人才流动，从而提高技术创新效率，实现产业结构优化升级的。

第四，经济在地理空间上的集聚是工业化进程中的一个显著特征，经济的高度集聚是区域技术创新和产业发展的极大助力，同时明确技术势能的集聚现状，探究其对创新、对产业发展的驱动机制与空间效应，对于强化创新成果、推动产业升级发展、促进地区经济保量提质具有重要的理论和现实意义。第 4 章首先分析经济集聚下技术创新强度对产业升级的影响，基于结构偏离度的 Hamming 贴近度、夹角余弦法、PCA 测度了产业结构“两化”水平和技术创新强度，构建了基于经济集聚度的空间权重矩阵并利用省际面板数据进行SDM实证检验，结果表明：技术创新强度对我国“两化”发展具有显著为正的空间效应；经济集聚是促进创新对高级化空间效应的必要条件，它能将创新对合理化的空间效应放大近4倍；就合理化维度而言，东部创新的边际收益高、中部集聚的边际收益高、西部依赖政府调控，但技术创新强度对西部地区产业结构合理化的空间效应不显著。其次从创新行为的前端视角出发，综合创新环境、创新意愿和创新要素吸引力三个维度界定了技术势能集聚的概念；理论解析了技术势能集聚驱动高技术产业发展的内在机理与空间效应，并用一般嵌套模型（GNS）对其进行实证检验。研究表明：技术势能的多样化集聚能显著促进中低技术产业高技术化，技术势能的专业化集聚则显著推动了高技术产业高端化，前者表现得更为突出；它们具有与固有创新能力相当的革新能力，又能够避免既有技术的局限性，有助于高技术产业核心创新技术的培育。由于核心技术的排他性和创新资源的有限性，区域间的技术势能存在天然的竞争关系，区域技术势能的专业化集聚对邻近地区高技术产业的发展具有显著的阻碍作用。

第五，知识溢出、技术创新和环境污染均是影响我国经济持续增长的主要因素，关注经济增长、技术进步与能源消耗间的关系，有助于明晰区域协调发展的制约因素，并通过改进来提升我国的区域生态技术创新效率。第5章首先使用GML指数法测算了2000～2014年我国30个省份知识溢出下的生态技术创新效率，将其分解为技术进步和效率改进，并探究了知识溢出下区域技术创新效率的影响因素。得出结论：我国区域生态技术创新效率呈梯度变动趋势；考虑非合意产出时，技术进步占主导地位；不考虑非合意产出时，大部分省市的技术进步下降，效率改进上升，生态技术创新效率来源于效率改进；知识溢出和吸收能力的交互作用及其空间效应能显著提升生态技术创新效率；地理统计距离空间加权矩阵模型的结果更佳，东部地区尤其凸显，东部地区的知识、技术、创新等要素集聚性较强，促使其知识溢出对生态技术创新效率的促进作用最强。其次是定义了地区知识势能及其三个维度，量化并测算了知识资源存量、知识创造与转化能力、知识吸收与留存能力和知识势能，同时从知识势能溢出的“冰山成本”角度提出并量化了地区两两之间的制度邻近水平。再次理论阐述了制度邻近下知识势能对区域技术创新效率的空间影响机理。最后在制度邻近的空间权重基础上构建SDM模型，实证分析了知识势能及其三个维度对区域技术创新效率的影响。研究表明：知识势能在东部、中部发生空间集聚，集聚中心分别为上海、江苏和湖北、河南；知识创造与转化能力、知识资源存量、知识吸收与留存能力对区域技术创新效率的影响显著为正，三者依次递减，前两者是创新的内生动力；知识势能空间溢出效应的主要限制因素是制度环境而非地理环境，区际制度邻近水平越高，势能溢出损耗越小；知识势能对技术创新具有正向溢出效应，这与省域知识资源存量及创新潜能密切相关，知识资源存量、知识创造与转化能力、知识吸收与留存能力以及知识势能每增加1%，制度邻近省份的技术创新效率受到的正向影响分别是3.809%、3.961%、3.447%和2.465%。

第六，近年来，我国经济发展较为迅速，同时也面临着新的挑战，即经济发展模式的单一、技术创新瓶颈的突破难度大、出口的递减等，这些都严重阻滞了经济的发展。因此，随着全球化经济日益发展，世界各地尤其是发达的国家和地区，极其重视包含高技术含量、高竞争力和高附加值的高技术产业的发展，而在经济全球化和知识经济的背景下，知识、信息、技术在企业间、产业间乃至行业间以各种形式不断溢出、转化、交替，使产业结构得以优化升级。知识溢出下区域技术创新已成为促进产业结构优化升级的中坚科技力量，区域产业结构优化升级也是技术创新持续发展的可靠保证。知识溢出引起的技术创新能力的提升已成为促进产业结构优化升级的主要发展方向。第6章首次提出技术嵌入式创新的概念并将其量化，首先探究技术嵌入式创新驱动产业结构协调化的驱动机理，继而选择我国分行业的工业企业数据，基于驱动机制下的内外驱动因素，构建水平式知识溢出空间权重矩阵，深入分析水平式知识溢出下技术嵌入式创新驱动产业结构协调化的空间效应。研究发现：人力资源、技术创新战略和经费资源等内部驱动因素和政府支持、技术进步和市场竞争等外部驱动因素是实现技术嵌入式创新驱动产业结构协调化共生演化系统的推动力和拉动力，两者的相互作用维持系统的动态平衡；全局角度以及局部角度的水平式知识溢出下技术嵌入式创新驱动产业结构协调化的空间效应均显著为正；产业结构协调化存在行业技术嵌入式创新水平的时空异质性，不同行业间的分布差异显著。第7章提出技术融合式创新的概念，构建前向知识溢出和后向知识溢出角度的垂直式知识溢出空间权重矩阵和两区制空间计量模型，实证探究技术融合式创新驱动产业结构高度化的空间效应，结果显示：技术融合式创新具有区域集聚性特征；本区域内技术融合式创新的外部性能显著驱动周边区域的产业结构高度化；省域高技术产业对中低技术产业存在显著的垂直式知识溢出效应。研究结果还表明，省域高技术产业主要通过技术溢出的形式向邻近区域的中低技术产业发生后向知识溢出，促进邻近区域中低技术产业的产业结构高度化；省域中低技术产业主要通过模仿创新的形式吸取邻近区域高技术产业的前向知识溢出外部性，促进中低技术产业的产业结构高度化；制度质量、外贸依存度、R&D 人员投入和金融发展度正向作用于技术融合式创新，进而促进产业结构高度化。

第七，考虑到创新驱动发展的制度创新和结构创新，土地财政制度和金融发展制度的变化也在直接或间接影响着产业的结构升级，一方面，土地财政制度的变化影响力土地等要素的流转，直接改变了产业结构的布局；另一方面，间接通过影响技术创新水平进而影响到产业结构。同时，区域金融中心的崛起与金融规模和金融结构的变化也影响着生产要素的流动，推动产业结构的变化。此外，新技术革命的兴起加快推进信息化与工业化融合，提升两化融合程度，对加快经济结构转型也具有重要意义。第8章通过探析土地财政制度、技术创新与产业结构升级，首先明确其作用机理，其次实证检验了土地财政对技术创新水平的非线性影响。面板门槛模型估计结果表明，当土地财政水平门槛值时，土地财政通过提高政府创新投入，对技术创新存在显著的促进作用，但是当土地财政水平高于该门槛值时，高房价对创新人才的挤出作用开始出现，从而对技术创新产生负面影响，土地财政对技术创新的促进作用大幅减小。同时，土地财政对产业结构合理化的影响研究发现：土地财政对产业结构合理化存在非线性效果。第9章研究金融发展制度对产业结构升级的影响机制，研究发现，金融规模能够促进产业结构合理化。金融规模对产业结构合理化存在直接效应和溢出效应，两者都能促进产业结构合理化，且溢出效应值更大；金融规模对产业结构高级化同样有促进作用，进一步将作用分解为直接效应和溢出效应，发现规模对产业结构高级化主要表现在直接效用上，金融规模对产业结构高级化的溢出效应为负；金融效率不利于产业结构合理化发展，进一步将这种效应分解为直接效应和溢出效应发现。金融效率虽然并不能直接推动产业结构合理化，但是金融效率的溢出效应能够推动产业结构合理化；金融效率能够显著地提升产业结构高级化，这种显著正向的效应既体现在直接效应上也体现在溢出效应上；在采用基于地理信息的权重时发现金融结构对产业结构高级化存在一定的正向溢出效用。第10章则主要分析两化融合对产业结构升级的影响机制，研究发现，我国两化融合整体趋势向上，单一子系统的不均衡发展，将影响两化融合整体系统。两化融合水平可以促进产业结构优化升级，且随着融合的进一步推进，这种关系将更为明显。两化融合在融合早期，对产业结构的合理化作用强于高级化，而在中高级阶段，对高级化的促进作用更强。

本书的相关研究得到了国家自然科学基金项目（71273122、71773041、71473109、41461025）、江西省“赣鄱英才555工程”项目、江西省高等学校科技落地项目（KJLD13032）、2016年度江西省高校人文社会科学重点研究基地招标项目、江西省教育厅科技项目（GJJ150473、GJJ150476）等的资助，周璇、彭永樟、陈伟、刘振、熊婷燕、习羿晖、杨蕾、周战伟等参与了项目的研究工作。特别是周战伟在整理书稿中付出许多努力，在此表示感谢！最后感谢经济管理出版社领导和魏晨红编辑对本书的出版给予的大力支持，在此一并表示衷心感谢！

由于作者水平有限，本书的缺点在所难免，敬请专家、学者及读者不吝指正。

陶长琪

于江西财经大学蛟桥园

2018年8月

目 录

0　绪　论

0.1　研究背景与意义

0.1.1　研究背景

当前，我国经济已经步入“新常态”，发展的动力正在从要素驱动、投资驱动转向创新驱动，技术创新正面临着新兴技术革命带来的新机遇，从创新的视角入手来平衡产业发展模式、提高经济发展质量既是新常态的内在要求，也是新常态的重要内容。而创新是经济发展的核心驱动，技术中心的崛起能带来经济的飞跃式发展。在当前中国经济发展的新阶段，探寻符合国情的发展模式以深化工业进程、维持经济稳定增长成为当务之急，在经济增长速度换挡期、结构调整阵痛期、前期刺激政策消化期等新形势下，想要有效化解过剩产能、发展战略性新兴产业、实现产业结构的优化升级，就必须立足于技术创新，提升产业素质，发挥区域经济的集聚效应与技术创新的溢出效应，推动创新驱动发展，从而促进产业结构升级。

在经济科技全球化和知识经济的时代背景下，以创新要素集聚为基础的技术创新是国家和省域综合经济竞争力的关键驱动力。我国存在显著的区域经济发展不均衡性的特征，并且不同的经济发展梯度所对应的制度质量也不尽相同，引致我国省域的经济发展出现显著的差异性，使我国省域出现不同程度的创新要素集聚，促进不同层级的产业结构优化升级，实现省域产业结构高端化。而区域经济是否具备持续的竞争力，关键在于各个区域是否具备与区域制度基础和资源禀赋相匹配的技术结构与产业结构。区域的发展需要与时俱进的观念，而提升理念和战略选择的根本是人才观念的转变和劳动力素质的提升。

经济在地理空间上的集聚是工业化进程中的一个显著特征，经济的高度集聚，是区域技术创新和产业发展的极大助力。经济集聚对技术创新、技术创新对产业结构升级具有显著的促进作用，这似乎已经成为学界共识。那么，在“三期叠加”（经济增长速度换挡期、结构调整阵痛期、前期刺激政策消化期）的基调下，探究技术创新对产业结构的空间效应和影响，并细致分析技术创新对产业结构升级的空间效应，这也是区域与产业经济研究中的重要方向。

作为产业结构优化升级的关键动力，技术创新始终担当着改变产业间比例和转换产业需求结构的角色，并有效率地改造我国的传统产业，促进新兴产业部门的形成，使产业间比例逐渐趋于协调。近年来，我国省域大力实施技术创新驱动的发展战略，提出大力构建制造业“双创平台”，这有效地提升了我国的技术创新能力，取得了一批新兴的技术创新成果。但区域内仍存在技术创新主体地位不显著、金融科技结合不紧密、高端技术创新人才缺乏等现实问题，而知识溢出下区域技术创新已成为促进产业结构优化升级的中坚科技力量，区域产业结构优化升级亦是技术创新持续发展的可靠保证，知识溢出引起的技术创新能力的提升已成为促进产业结构优化升级的主要方式。于是，省域间通过水平式和垂直式知识溢出实现产业创新，通过培育高素质创新人才队伍实现技术嵌入式创新和技术融合式创新，以及培育产业技术创新联盟实现产业结构高度化，这些问题的解决将是今后我国顺利实施创新驱动发展战略的关键支点。这不仅有助于进一步深化技术创新和产业结构优化升级理论的研究，推进区域经济发展理论的研究，而且也有助于解析省域知识溢出背景下技术创新驱动产业结构高度化的作用程度，为省域部门提升技术嵌入式创新和技术融合式创新能力提供建议，进而有助于提升区域的技术创新能力，实现区域经济增长方式由“数量型增长”向“质量型增长”转换，保障区域加速实施创新驱动发展战略，促进区域的产业结构高度化。

结合要素结构和制度结构创新下的土地财政制度、金融发展制度以及两化融合情况，土地财政的发展带来了土地流转的加速，低附加值行业的土地迅速流向高附加值行业，久而久之，改变了三大产业的分布。在工业化进程中，我国的土地主要由第一产业流向第二产业和第三产业，土地在产业间的流转加快了第二、第三产业的发展，促进了农业人口向城镇转移，也增加了劳动在第二、第三产业的分配，从而在一定程度上改变了产业结构的发展趋势。同时随着经济区域间合作分工深化和国际经济交流渠道的拓宽和深入，以北京、上海、成都、西安为代表的区域金融中心正在快速崛起。随着区域金融规模的扩大和区域金融结构的变化，伴随而来的是由于融资效率带来的区域间生产要素的流动，这种流动改变区域间生产要素的边际成本，进而推动了产业结构优化。因此，从空间溢出的角度研究金融规模、金融结构对产业结构优化的作用对于建设金融中心，推动金融资源优化配置具有重要的作用。

发达国家逐步兴起的新技术革命，也倒逼我国探索新的生产模式以适应时代的不断发展。实践表明，合理利用先进信息技术与传统工业生产技术结合，不仅可以促进产业生产效率，降低资源消耗，减少环境污染，增强产业经济效益，也可以提升基础产业的技术含量，优化我国当前的产业结构布局。不断深入推进两化在各领域的深度融合，对我国优化和完善产业布局探索一条高速、高质、可持续的发展道路具有重要意义。

0.1.2 理论意义

（1）从要素集聚的角度，丰富了创新驱动对产业结果是很久的研究，首先从制度质量的视角出发，拓展内生经济增长理论，在此框架下解析创新驱动经济增长的理论关联，寻找经济增长动力转换切实可行的内在路径。同时提出了经济增长中创新驱动效应的测算方法；将经济增长方式划分为“要素驱动型”“制度依赖型”“技术依赖型”和“创新驱动型”四种类型，据此解析经济增长动力转换的内在路径。同时将创新要素集聚驱动产业结构高端化的影响具体化为研发创新、过程创新和产品创新三个环节，通过构建三部门的内生增长模型，从理论角度探究制度质量影响创新要素集聚驱动产业结构高端化的空间门槛作用机理。其次从区域技术资本存量差异性现状出发研究区域的制度选择状况。最后按制度质量的严格程度将创新要素集聚划分成三个阶段，分别探究各阶段创新要素集聚对产业结构高端化的驱动效应。此外也丰富了技术创新对产业结构升级的空间效应研究，而在现实的经济社会中，从经济集聚和技术势能集聚的视角研究技术创新对产业结构的空间效应既有助于理解现实经济现象，探寻以技术创新驱动产业结构升级的可行路径，又能完善创新价值链、产业升级等相关理论。

（2）从知识溢出角度分析技术创新对产业结构升级的影响研究，首先将知识溢出嵌入生态技术创新能力指标体系，选择 GML 指数测算生态技术创新效率，并分析其驱动因素和影响效应。其次从水平式知识溢出，将技术创新和产业结构优化升级进行细分，考察技术嵌入式创新和产业结构协调化之间的相互作用方式，分析技术嵌入式创新对产业结构协调化的影响效应，提出技术嵌入式创新的概念并将其量化，构建概念模型和共生演化模型探究技术嵌入式创新驱动产业结构协调化的内在机理。最后从垂直式知识溢出的视角，提出技术融合式创新的概念，构建前向知识溢出和后向知识溢出角度的垂直式知识溢出空间权重矩阵和两区制空间计量模型，实证探究技术融合式创新驱动产业结构高度化的空间效应，进一步明晰技术融合式创新子系统和产业结构高度化子系统的作用方式，深化技术创新和产业结构优化升级理论的研究，推进区域经济发展理论的研究。

（3）完善了要素结构创新和制度创新对产业结构升级的影响，首先拓宽了土地财政政策对技术创新和产业结构升级影响的研究角度，丰富了财政政策对技术创新和产业结构升级影响的理论研究。通过构建数理模型深入分析土地财政政策影响生产要素流向、推动技术创新和产业结构升级理论的作用机制，有利于丰富土地财政政策对技术创新的机制研究。同时考察土地财政对技术创新和产业结构升级的非线性影响，具有重要理论价值。其次拓展了金融发展对产业结构优化的研究角度，拓展了金融发展的内涵，从金融规模、金融效率、金融市场竞争结构视角，研究金融发展对产业结构的直接效应和空间溢出效应，分析各地区金融发展变量和产业结构优化的个体固定效应和时间固定效应，讨论金融发展对产业结构优化的空间和时间差异。最后则是将两化融合状况作为影响产业结构优化升级的因素，运用面板回归模型，按照两化融合推进的程度，分阶段研究了两化融合状况与产业结构合理化与高级化之间的定量关系。

0.1.3 实践意义

（1）在创新要素集聚的视角下，首先提出了新形势下经济增长过程中创新驱动效应的测算方法，并根据测算结果实证检验了创新驱动经济增长的门槛效应，最后通过双重变量门槛模型的估计结果剖析了经济增长动力转换的内在路径，明确地区经济增长动力转换的进程，对于实现新旧动能的平稳过渡、维持经济持续稳定发展具有重要意义。其次基于要素集聚背景，通过实证技术创新对产业结构优化升级的空间溢出效应，为提升区域技术创新效应、产业结构层次演进提供政策建议。一方面从产值和就业协同的角度构建了产业结构合理化、产业结构高级化以及技术创新强度的评价指标，并对我国的省级面板数据完成测算；此外，考虑到经济集聚对技术创新和产业结构转型的重要作用，构建 SDM 模型依次实证分析了经济集聚下技术创新强度对产业结构合理化、产业高级化的溢出效应，且针对东部、中部、西部地区的差异性进行了区域比较。另一方面将技术创新行为细分为前端技术势能集聚和终端的创新动能转换这两个子过程，并从前端视角着重研究了技术势能集聚促进高技术产业发展的直接与间接动力，提出了技术势能集聚水平的测算方法，并根据测算结果通过 GNS 模型的估计结果剖析了区域技术势能集聚对高技术产业发展的直接作用和空间效应。

（2）在知识溢出的视角下，首先明晰区域协调发展的制约因素，并通过改进来提升我国的区域生态技术创新效率。本书使用 GML 指数法测算了我国 30 个省市知识溢出下的生态技术创新效率，将其分解为技术进步和效率改进，并探究了知识溢出下区域技术创新效率的影响因素。其次是利用我国 30 个地区的省域面板数据，量化并测算了知识资源存量、知识创造与转化能力、知识吸收与留存能力和知识势能，同时从知识势能溢出的“冰山成本”角度提出并量化了地区两两之间的制度邻近水平。基于制度邻近的空间权重基础上，构建 SDM 模型，实证分析了知识势能及其三个维度对区域技术创新效率的影响。最后选择我国分行业的工业企业数据，基于驱动机制下的内外驱动因素，构建水平式知识溢出空间权重矩阵，深入分析水平式知识溢出下技术嵌入式创新驱动产业结构协调化的空间效应以及省域垂直式知识溢出背景下技术融合式创新驱动产业结构高度化的空间效应作用程度，为相关部门提升技术创新能力提供建议，为推进技术融合式创新视阈下的产业结构高度化提供现实论据，进而实现区域经济增长方式由“数量型增长”向“质量型增长”转换，保障区域加速实施创新驱动发展战略，促进区域的产业结构高度化。

（3）在相关制度创新和要素结构创新的视角下，首先考虑了土地财政和技术创新水平的空间相关性特征，运用空间计量模型研究土地财政影响技术创新的空间溢出效应，明确了土地财政推动技术创新的空间格局，为实现地区均衡发展提供参考。同时探究促进技术创新的土地财政政策，为优化财政政策、提高技术创新水平提供合理路径，依据实证结果为决策行为提供政策指导和实证依据，以及构建面板平滑转换模型，分析土地财政制度对产业结构升级的非线性关系，更深入了解财政政策在制度层面上对产业结构升级的影响。其次从产业结构优化的角度上考察金融行业区域演化的特点，从产业结构的角度上解释中国金融行业空间分布的差异。同时考虑现阶段我国金融发展的规模、效率、市场竞争结构的基础上，探讨金融发展对产业结构合理化和产业结构高度化影响和显著性水平。考虑到金融资源存在的空间溢出性，检验金融发展各指标对产业结构合理化和产业结构高度化的直接效应和空间溢出效应，以及空间溢出效应的时间和空间的分布特征。最后实证分析两化融合对产业结构升级的高级化的带动作用，同时强化技术创新作为两化融合带动产业升级的重要动力的作用，提出大力推进信息化与工业化融合，提升两化融合程度，对加快经济结构转型具有重要意义。

0.2 文献综述

0.2.1 创新要素集聚视角下创新驱动与产业升级

0.2.1.1 关于要素驱动经济增长

亚当·斯密在《国富论》中，较早地阐述了经济增长的源泉问题。自此以后，传统的经济增长理论一致认为，劳动、资本和土地等要素投入是经济增长的主要动力，要素推动经济增长主要是通过提高各种生产要素的整体投入效率来实现（Harrod，1939）[1]。随着经济增长理论的进一步发展，Solow（1957）指出，经济增长的决定性要素是技术进步而非资本积累，Denison（1962）[2]研究发现，发达国家的经济增长也主要归因于技术进步，后来的学者在新经济增长理论中将技术进步内生化，明确提出了技术进步是经济增长的决定性因素（Romer，1990）[3]。随着技术内生经济增长模型日趋成熟，又有学者指出，经济增长方式的转换路径总是由要素驱动和投资驱动向创新驱动和财富驱动转换（Porter，1998；Habtay，2012）[4-5]。

国内外学者围绕要素驱动经济增长的命题开展了许多研究。他们认为，自全球工业化发展以来，任何时期的经济增长都离不开劳动力、资本、土地等要素的投入，且随着经济的进一步发展，信息、技术等也开始成为驱动经济增长的要素（Krugman，1994；Young，2003）[6-7]。除了传统要素之外，许多学者还研究了环境变量对我国经济增长的影响。丁志国等（2012）[8]认为，不仅要素投入会促进经济的增长，资源的配置效率也是中国经济增长的核心动力；何其春和孙萌（2012）[9]指出，对外贸易和金融改革均对经济增长有显著促进作用，且二者具有互补效应；杨有才（2014）[10]实证检验了金融发展对经济增长的非线性效应。

创新驱动是国家竞争优势的重要体现。随着经济由高速发展转入增速换挡期，单纯的要素驱动已经难以维持经济的持续稳定增长，创新驱动开始成为经济增长的新动力。如何实现增长动力由要素驱动向创新驱动转换的问题越来越受到学者的关注。Furman 等（2002）[11]认为，构建国家创新驱动体系，有组织地进行集群创新活动、共享公共创新基础设施、维系协同创新关联能够有效促进创新驱动水平的提升。Furman 和 Hayes（2004）[12]指出，投入到创新活动的经费及人力资本是创新能力的决定性因素。夏天（2010）[13]总结了世界创新型国家的发展历程，将创新驱动过程划分为创新前段、创新中端和创新后端三个阶段，探讨了我国城市区域实现创新驱动发展的理论路径。唐未兵等（2014）[14]的研究表明，由于技术引进依赖、创新的机会成本与逆向溢出等因素的影响，创新对经济增长方式转变的作用是不确定的。朱子云（2017）[15]从要素生产率的角度探究了经济增长的动因结构及转换趋势，研究发现现阶段全要素生产率的增长动力正在转向以产业之间要素配置结构的优化为主。

现有关于创新驱动经济增长的研究中，大多是基于概念模型的理论描述，且在实证过程均采用替代变量来开展分析，缺乏从正面解析经济增长动力转换内在路径的研究。目前，我国经济已经步入“新常态”，供给侧结构性改革对经济增长的动力转换提出了新的更高要求，同时对相应的制度设计带来了更大的挑战。基于现实问题的紧迫性、重要性和已有文献研究的缺憾，本书第一章从制度质量的视角出发，拓展内生经济增长理论，在此框架下解析创新驱动经济增长的理论关联，寻找经济增长动力转换切实可行的内在路径。

0.2.1.2 关于创新要素集聚、产业结构高端化和制度因素的研究

创新要素集聚最早由 Cooke（2005）[16]提出，其认为区域创新的两个核心子系统通过人力要素、资源要素和知识要素等的交互作用能实现创新要素的流动，进而促进创新要素集聚。刘和东（2013）[17]、余泳泽和刘大勇（2013）[18]分别从创新人才和创新投入两方面测度创新要素集聚，继而探究其对国内市场规模和科技创新的影响效应。本书认为，创新要素集聚的含义为：具有动态性的人力、财力和物力等要素向某区域聚集，或依附于某一创新主体通过技术创新活动的形式向某区域空间集聚的现象。Fang 和 Xie（2012）[19]认为，中国的创新要素具有不同程度的空间相关性和集聚现象。Huang（2016）[20]认为，提升区域的创新要素集聚能力是累积创新资源，实现区域发展的关键。创新要素集聚方面的研究不多，更多学者从经济集聚（李晓萍等，2015；Fan 和 Hu，2015；Yu 等，2015）[21-23]和产业集聚（邓慧慧，2009；Wu 等，2014）[24-25]角度分析集聚的影响效应。其中，李晓萍等（2015）认为经济集聚效应对企业生产率的影响效应存在时段性和区域性的差异。

创新要素集聚引致产业结构优化升级，持续推动产业结构迈向中高端是协调推动经济稳定增长和结构优化的关键。产业结构高端化是产业结构优化升级的终极形式，现有关于产业结构合理化（Li 和 Lin，2017）[26]、产业结构高度化（何天祥等，2012）[27]和产业结构优化升级（Almedida，2010；肖兴志等，2012；Wang 等，2015）[28-30]的研究较多。其中，Li 和 Lin（2017）构建超效率 DEA 模型探究我国省域绿色生产力产业结构合理化的影响因素。何天祥等（2012）构建产业结构高度化指标探究了中部地区产业结构高度化现状。肖兴志等（2012）量化了我国的最优产业结构，进而探究了其对我国产业结构偏离度的影响效应，提出了切实可操作的产业结构优化升级政策工具。综上，本书认为产业结构高端化的定义为：各国家和地区借助外部资源或国际资源，推动自身产业结构的高技术化发展，由低附加值产业向高附加值产业不断转变，实现产业的高度集约化。另一些研究侧重于量化产业结构相关变量（干春晖等，2011；付宏等，2013）[31-32]，探究其影响效应。付宏等（2013）通过量化产业结构高级化指标分析了创新对产业结构高级化进程的影响机理。

制度质量指省域制度的完善程度，表示市场体制中省域的市场化进程。部分学者从制度质量定义的角度探究我国制度质量的影响效应。李文钊和蔡长昆（2012）[33]基于公共质量制度和制度环境相关的十个命题，探究了有利于优化政治制度结构的公共治理制度选择。制度变量很难被量化，但制度质量的好坏将直接影响区域的产业结构高端化。其他研究多从实证的角度探究制度质量对技术创新相关变量的影响效应。Tebaldi 和 Elmslie（2013）[34]实证检验了技术创新与制度质量间的关系，发现制度质量差异是导致我国与其他国家间专利生产差异的主要原因。Wu 等（2015）[35]探究了国外市场的制度质量对出口企业技术创新绩效的影响效应，认为制度差异削弱了制度与企业技术创新之间的关联关系。Barasa 等（2017）[36]通过研究认为，企业级的资源受制度环境的影响，进而影响技术创新产出，区域制度质量对企业级资源的配置具有调和作用。Fischer 和 Tello – Gamarra

(2017)[37]认为制度质量对提升技术创新的投入效率具有显著的促进作用。制度质量对产业结构优化升级影响研究方面的文献几乎没有。

目前，关于创新要素集聚、产业结构高端化和制度因素的研究具有意义深刻，但存在三个问题：第一，我国区域发展存在显著的阶梯特性，这将导致不同地区所适用的制度不尽相同，上述文献没有考虑差异化的制度质量对相应变量影响的差异性；第二，已有文献大多从经济等要素的集聚、量化产业结构优化升级相关指标和制度质量的影响效应角度进行实证分析，关于制度质量影响创新要素集聚驱动产业结构高端化方面的影响研究较少；第三，已有文献关于创新要素集聚的研究主要集中于其对技术创新的影响效应，探究不同维度的产业结构优化升级变量对经济增长等的影响效应，关于制度质量的研究侧重于将其作为解释变量，探究其对被解释变量的影响效应，尚不存在文献将制度质量作为门槛变量，探究其变动下创新要素集聚对产业结构高端化的作用。

0.2.1.3 关于技术创新强度对产业结构升级

技术创新与产业结构的关系一直是学界研究的热点，技术创新带来的需求结构变动与劳动生产率变革，是区域产业结构升级的重要驱动力（Michael Peneder，2003；Greunz L，2004）[38-39]；产业的调整与升级会加强产业内与产业间的知识交流和创新合作，有利于完善创新网络，提升技术强度，激发技术革新，实现有效的技术选择与合理的资本深化，进而再次促进产业结构升级（Kazuyuki Motohashi，2007；Tilman Altenburg 和 Hubert Schmitz 等，2008；黄茂兴和李军军，2009）[40-42]。随着研究的深入，人们发现单一的自主创新只能促进产业结构趋于合理，外资不会带来自发的技术溢出而优化产业结构（傅元海等，2014）[43]。

经济集聚是经济发展的一种形态，代表经济活动在地理与空间上的集中现象，是经济发展的一个普遍现象。经济集聚的概念由 Marshall 最早提出，他认为同质企业的集聚能加强员工的交流与学习，从而促进知识溢出和技术创新，形成规模经济的外部性①。经济集聚深刻影响着技术创新强度，“马歇尔外部性”认为其动力来自行业内知识溢出，而“雅格布斯外部性”则认为技术创新主要源自行业间知识溢出（Jacobs，1970）[44]，经济集聚对技术创新的这两种外部性均得到了实证支撑（Ellison 和 Glaeser，1994；Henderson，2003）[45-46]。

创新与经济集聚相互依存、相互促进（Audretsch，1998；Gordon 和 McCann，2005）[47-48]。行业合作是经济集聚的重要方面，它能进一步强化知识与技能的溢出作用，有助于降低创新风险，提高技术创新的成功率，加速技术创新成果扩散，缩短技术创新周期，给技术创新带来积极的影响，影响的程度因企业自身知识存量及研发投入不同而存在差异（Cusmano，2000；黄中伟，2007；Fornahl 和 Brenner，2009）[49-51]。集聚经济对技术创新强度全要素生产率及要素价格与需求的影响，能够有效激发“创新补偿效应”，知识溢出与技术创新水平的提高是产业集聚正外部性的重要表现（张丽华，2011；原毅军和谢荣辉，2015）[52-53]。此外，随着技术创新、物质资本等相关的要素在地理空间上不断集中，产业升级水平也会持续提升（刘启华等，2005；陶长琪和周璇，2016）[54-55]。

已有关于技术创新对产业结构、经济集聚对技术创新的研究明晰了技术创新关联要素

① Marshall A. Principles of Economics [M]. London: Macmillan, 1920.

与产业结构之间错综复杂的线性关系、非线性关系，在分析其中的空间问题时，大多侧重于从技术溢出的角度分析它们与经济增长的关系，关于技术创新对产业结构升级的空间效应少有研究，而在现实的经济社会中，技术创新强度对产业结构的空间影响客观存在，基于经济集聚背景下研究技术创新对产业结构的空间效应既有助于理解现实经济现象，探寻以技术创新驱动产业结构升级的可行路径，又能完善创新价值链、产业升级等相关理论。

0.2.1.4 关于技术势能集聚促使产业结构发展

当前，关于技术势能的研究较少。魏仁兴和朱宝荣（2007）[56]从技术创新的本质出发，明确指出创新的事物所具有的潜在能力与动力，应包括域、势、能三个方面，并依次对这三个方面进行深入分析，充分肯定了环境、能动性以及资源吸附与凝聚力对技术创新潜在能力的重要作用。对先进技术的吸收能力与凝聚能力是技术势能的首要维度，余永泽等（2010，2011）[57-58]从 FDI 技术溢出效应的视角出发，验证了技术势能取决于吸收能力和技术差距、地区创新环境、企业特征等因素这一“技术势能”假说。

“知识场”理论的相关研究是技术势能理论的有效补充。Nonaka（1995）[59]首次在研究知识能动创造过程中提出“知识场”理论，形成以“知识场”研究知识流动的理论雏形，并同时提出 SECI 模型进行全面阐述。G. Siemens（2005）[60]和 T. H. Rubin（2015）[61]研究企业内部知识流动，运用了场理论分析知识流动规律与路径，并对澳洲和以色列地区的数据进行了实证分析。知识场中内在动力机制较为复杂，许多学者以辩证的角度，结合物理学知识对“知识场”内部基于知识位势造成知识扩散的路径进行了研究，认为以知识势差为基础的知识传播不会停止，直到整个社会知识水平提高（陈国宏、王吓忠，1995；党兴华、李莉，2006）[62-63]。

创新驱动高技术产业发展的相关研究已有不少。Schmitz（2000）[64]认为，进行流程、产品和市场知识创新是实现产业价值链升级的重要途径，技术创新是高技术产业发展的关键动力。芮明杰（2012）[65]指出，全球工业革命和发达国家“再工业化”战略掀起了技术创新浪潮，将对制造业产生深远影响。技术创新能力弱、产品知识与技术密度低是造成我国高技术产业附加值率低的主因（赵志耘、杨朝峰，2013）[66]。在新工业革命浪潮下，数字化、智能化、信息化和新能源技术将全面渗透到高技术产业的生产中，技术创新和制度创新能有效推动高技术产业飞速发展（吕铁，2013；王伟光等，2015）[67-68]。由于现有研究尚未对技术势能进行准确的概念界定，目前并没有探究技术势能对高技术产业发展作用机制的相关研究。目前，我国经济已经步入新常态，正处于动力转换过程中，高技术产业的发展对作为创新前端的技术势能集聚提出了新的、更高的要求。在此背景下，探究技术势能集聚促进中低技术产业高技术化和高技术产业高端化的内在机理与空间效应，是以创新驱动高技术产业发展的必由之路。

0.2.2 知识溢出视角下技术创新与产业结构升级

0.2.2.1 关于知识溢出的内涵

知识溢出一般指知识在传播和扩散过程中对环境等造成的外部性，新经济增长理论阐释了知识溢出与区域经济可持续发展之间的关系，指出区域经济发展受知识溢出的影响较大。学术界对知识溢出效应含义和性质的界定均没有统一的标准，马歇尔早在 1890 年就关注了知识的这一外部性特征，Arrow（1962）[69]将知识溢出对经济增长的作用效应解释

为知识的外部性。Glaeser 等（1992）[70]将知识的外部性划分为同一产业内部的“MAR 外部性”和不同产业之间的“Jacobs 外部性”。国内的王铮等[71]（2003）也在很早之前就给出了知识溢出现象和知识溢出强度的概念。Serrano 和 Cabrer[72]（2016）探究了知识溢出对部门生产率的外部性效应。谢子远和吴丽娟（2017）[73]指出知识溢出是产业集聚和工业企业创新效率提升的催化剂。此外，朱平芳等（2016）[74]基于技术距离的定义探究了 R&D 的水平溢出和垂直溢出效应。已有研究大多探究了知识溢出的概念和外部性效应，很少文献将知识溢出进行量化，并从其溢出的方向角度进行实证分析。

技术创新是经济增长的主要动力，亚当·斯密和马克思在 18 世纪 80 年代就强调了技术创新的重要性。现有研究大多从技术创新系统（贾军等，2013；Reichardt 等，2016）[75-76]、技术创新的内在作用机理（邹波等，2012；Choi 等，2016）[77-78]和技术创新的影响效应（Wafa，2015；Karltorp 等，2017）[79-80]角度研究技术创新。产业结构指的是一个国家的国民经济系统中各个产业之间的比例关系和相互之间的联系，产业结构优化升级表现为大多数产业从低附加值层级向高附加值层级演进的过程。已有研究侧重于产业结构变迁与经济增长之间的影响关系（Qiang 和 Xiu，2014；于骥，2017）[81-82]。现有研究在技术创新对产业结构优化升级的影响效应角度的实证分析较少。周叔莲和王伟光（2001）[83]从理论的角度分析了科技创新与产业结构优化升级间的相互关系。综观现有文献，大多探究知识溢出的概念和外部性效应，很少文献从其溢出的方向角度进行实证分析，并且大多通过构建技术创新指标体系或选择其他相关指标替代的方式测度技术创新。不仅缺乏水平式知识溢出下技术嵌入式创新驱动产业结构协调化的实证分析，同时缺乏垂直式知识溢出下技术融合式创新驱动产业结构高度化的实证分析。而在实际研究中，技术融合式创新对产业结构高度化的空间作用显著，从垂直式知识溢出角度进行分析有助于明晰技术融合式创新驱动产业结构高度化的耦联扩散机理，有助于细致解析技术融合式创新驱动产业结构高度化的空间影响效应和程度，为深入探究技术创新和产业结构升级间的关系奠定理论参考和实践基础。

0.2.2.2 生态技术溢出效率

日益凸显的资源环境问题促使人类开始关注生态技术创新，使生态技术创新在学术界的重要性和实践程度越来越大，很多学者考虑测算和分析生态技术创新效率。Kuosmanen 和 Kortelainen（2005）[84]使用 DEA 方法测算了我国区域产业系统的生态效率。Ng 等（2015）[85]提出了一种降低环境受影响程度和改善技术成本的生态效率测算方式。Kulak 等（2016）[86]使用生命周期评估方法测算生态效率。国内学者主要基于 DEA 模型测算我国的生态创新效率（张江雪和朱磊，2012；马勇和刘军，2015）[87-88]。知识溢出会影响区域的技术、知识资源配置，进而影响生态技术创新效率。许晖等（2014）[89]分析了国际新企业视角下的知识溢出整合机制。Wang 和 Wu（2015）[90]从企业所有制结构异质性和外商直接投资角度探究了我国区域 FDI 知识溢出效应。Fukugawa（2016）[91]选择区域知识生产函数分析比较了产学研合作机构知识创造和知识溢出的重要性。

知识在传播扩散中对环境等造成的外部性，进而影响区域技术创新效率。区域新知识促使区域内的企业生产具排他性的产品，进而溢出到其他区域并促使其创新，而创新的技术知识又会外溢，形成不间断的区域间相互知识溢出，提升创新收益，促进技术进步，提高生态环境质量，最终改善区域生态技术创新效率。已有文献大多通过 DEA 及其扩展方法测算生态技术创新效率（陶锋，2011；Qu 和 Lee L.，2015）[92-93]，对知识溢出下的生态技术创新效率和生态技术创新效率受影响状况的研究尚未见到。

0.2.2.3 关于知识势能与技术创新的关系

知识势能是知识场理论中的一个重要概念，知识场①理论来源于物理学中的场理论，国内首次提出知识场概念的是李喜岷（1987）[94]。此后，不断有学者加入到知识场及知识势能的研究行列中来，Leslie Willcocks 等（2004）[95]通过探索性分析得出了外包业务能提升组织知识势能的结论。陈伟等（2013）[96]认为，知识势差通过行为整合对知识治理绩效产生消极影响；目前尚无客观合理而又行之有效的知识势能量化方式，这是知识场理论亟待解决的关键问题。

现有知识与技术创新关系的理论研究可大致分为三类：①Griliches - Jaffe 知识创新函数。Griliches（1979）[97]以 C - D 生产函数为基础，在常规投入要素之外引入研发资本作为创新投入，构建了描述研发资本投入与创新产出关系的基本框架；Jaffe（1986）拓展了这一框架，其突出贡献在于将地理因素纳入知识创新函数，将知识溢出效应的研究视角由企业层面引向地理区位层面。②Romer - Jones 生产函数。Romer（1990）[98]认为，知识最核心的两个属性是非竞争性和累积性，提出了自己的知识创新函数$\dot{A} = \delta L_A A$，得出知识存量的稳态增长率为 $g_A = \delta L_A$，这意味着创新函数存在规模效应，即研发投入的增加能加快经济增速；Jones（1995）[99]将知识创新函数修正为$\dot{A} = \delta L_A A^{\phi}$，消除了 Romer 模型中隐含的“规模效应”。③空间经济学视角下的知识创新函数。Anselin（1997）[100]将空间计量经济模型引入知识创新函数中，并用该模型进行了都市层面的研究；Greunz（2003）[101]则从区域差异、地理与技术的邻近性等角度分析了知识对技术的空间溢出效应。

国内外学者对知识与创新关系的实证研究尚未得出一致结论。一部分学者认为，知识对技术创新具有积极溢出作用，且验证了隐性知识对技术创新的促进更明显（陶峰，2011）；而有些学者则认为知识的区际溢出会形成创新的“利益溢出”，降低企业创新动力，对技术创新有消极影响（杜伟，2004）[102]。其他研究表明，除知识水平外，教育投入、政府支持以及人力资本等，都是影响技术创新效率的关键因素（李习保，2007）[103]。以往研究还表明，制度邻近水平对高新技术创新区域知识溢出和跨区域技术创新合作（党兴华等，2013）[104]的影响显著为正，制度因素是影响知识对区域技术创新空间效应的重要因素。

目前，知识势能尚无合理客观的量化方式，且缺乏知识势能作用于创新效率的相关研究。但知识势能对企业创新行为有重要影响，它对地区创新效率的作用不容忽视；同时，在知识流动过程中，其势能对地区创新效率的空间溢出效应客观存在。那么，知识势能对地区创新效率有何影响？势能转移对创新有怎样的空间效应？制度因素对这个空间效应又有何影响？这些都是目前尚未研究的问题。

---

① 日本学者野中郁次郎、竹内弘高在他们的著作 The Knowledge Creating Company 中首次正式提出了知识场的概念并构建了著名的 SECI 模型，他们指出，在企业创新活动的过程中隐性知识与显性知识之间相互作用、相互转化，知识转化的实质就是知识创造过程。Nonaka I.，Takeuchi H. The Knowledge - creating Company［M］. New York：Oxford University Press，1995：65 - 89.

0.2.3 制度和要素结构创新与产业结构升级

0.2.3.1 从土地财政的角度

George 和 GCS Lin 等（2005，2011）[105-106]研究了土地财政和产业结构的关系，认为土地财政的总量和土地财政的结构都会影响产业结构升级。Deininger 等（2003）[107]认为，土地相关税收收入和产业结构的演进有显著的正向联动关系。范剑勇和莫家伟（2014）[108]通过构建模型，指出地方政府的引资竞争导致土地资源过度配置到工业部门，以增加直接投资的形式促进 GDP 增长，并且基础设施建设等手段也对工业增长起到了杠杆作用。

孙克敬（2014）[109]构建了由地方财政土地依存度、地方产业结构、地方财政收支缺口、地方债务增长等内生变量组成的联立方程，利用我国 2000～2010 年的省级面板数据进行实证，发现目前产业结构存在一定的失衡，但这并非是土地财政引发的，城镇化发展规律才是产业结构失衡的主要原因，通过土地出让制度、财税管理制度等的变革才能让地方经济步入“后土地财政”时代。

国亮等（2015）[110]从产业间税种差异及土地财政的视角对产业结构升级进行了研究，并利用我国 2003～2013 年的省级面板数据进行了实证分析，认为税收的增加不利于产业的发展，而土地财政有利于工业企业的发展，容易造成资本往第二产业聚集，不利于第三产业的发展，因此不利于产业的优化升级。而曹广忠等（2007）[111]从土地财政激励和产业结构演进的角度分析了政府的行为，认为土地出让虽然能保持经济的增长，但是无法市场化的土地出让收益最终会造成社会不稳定，使增长难以持续，还会诱发产业的畸形发展。夏方舟等（2014）[112]通过引入土地要素的需求函数推演了土地财政与产业结构的关联分析，认为土地财政通过促进产业结构升级推动了经济增长，同时，土地出让性收益并不能显著地促进经济增长，而土地税收收入能较显著地促使产业结构转换升级。

0.2.3.2 从金融发展的角度

关于金融资源对产业结构优化的影响，学界更多的关注金融资源的规模影响。即金融规模是否促进了产业结构优化。关于这一争论，当前学术界主要存在金融规模促进假说和金融规模对产业结构优化不确定假说。Rajan 和 Zingales（1998）[113]考察了金融规模水平及产业增长水平之间的关系，发现金融规模发育程度更高的国家优质产业增长速度更快。关于金融规模对产业结构的传导途径研究，学术界认为主要有以下几个路径：①甄选有价值企业，增强利润披露，降低交易成本（林毅夫，2009）[114]。②增加资金供给，为分散风险提供了渠道（King 和 Levine，1993）[115]。③扩大资金供给，提高了地区金融资源的配置效率（周晓艳等，2015）[116]。与之相对立的观点是金融规模对产业结构优化不明确的假说。王定祥等（2013）[117]利用 1952～2010 年全国数据，发现金融规模促进了产业结构的高级化，但是却抑制了产业结构的合理化。Bihn（2005）[118]的研究则认为，金融规模与产业结构之间存在门槛关系，只有金融规模到一定程度才能促进产业结构优化。

0.2.3.3 从两化融合的角度

国外对两化研究始于对信息技术特点的归纳，一般认为信息技术的高科技性、高渗透性可以为不同行业间技术交互融合提供便利（Kraelner，2000；Bally，2005）[119-120]。通过信息技术与传统产业技术融合，一方面使当代生产技术产生质的变化，进而推动生产效率与经济效益的提升。另一方面可以通过产业内在生产方式的转变，促进产业创新（Marquez，2004）[121]。因此，信息技术的快速发展不仅对其产业本身起到推动作用（Gambardellla 和 Torrisi，1998）[122]，同时也可以推进产业转型，促进区域经济发展（Jargenson，2001）[123]。有别于国外先工业革命再科技革命的递进顺序，新中国成立以来，为快速实现四个现代化，我国决定实行两化同步走的战略目标。因此，两化融合的研究，实际上是带有中国特色的研究。我国学者起初通过对工业社会演变规律的分析，认为信息化是后工业时代发展的主要特征，两化融合业势在必行（乌家培，1993；周叔莲，2008）[124-125]。后续又通过对两化融合影响因素、内在推进模式与运行机理等的分析（王晰巍等，2010；易明，2011）[126-127]勾勒了两化融合的理论脉络。在此基础之上，通过构建两化融合指标（龚炳铮，2008；荼洪旺，2014）[128-129]，利用各种定量方法明晰两化融合状况（黄体鸿，2010；李光勤，2014；谢康等，2012；陶长琪，2012）[130-133]。一般而言，信息技术通过对传统产业生产技术改造，推动产业创新进而推动经济转型发展是得到认可的（Marquez，2004）[134]。在产业结构优化理论的发展中，其对影响因素的探究也逐步开始从原始的要素中解放出来，转而加入一些技术进步的因素（张若雪，2010；杜传忠，2011）[135-136]。毫无疑问，信息作为技术创新的代表，也必然会参与到产业转型与产业发展当中。而信息的发展，又通过互动、嫁接、衍生等方式与产业技术所结合，因此，与其说是信息参与产业创新，不如说是这种互动关系参与到产业创新的过程中。所以，明晰两化融合对产业结构优化升级所产生的作用，也具有一定理论意义。

0.3 研究思路

本书主要包含三部分内容：第一，从创新要素集聚角度分析创新驱动对产业结构升级的影响，对此本书研究了创新驱动对经济增长的动力转换与路径选择，创新要素集聚、制度质量与我国产业结构优化，技术创新对产业结构升级的影响机制，技术创新对产业结构升级的空间效应；第二，从知识溢出视角下分析技术创新对产业结构升级的影响，主要研究了知识溢出下技术创新效率的影响机制，垂直式知识溢出、技术融合式创新与产业结构升级，水平式知识溢出、技术嵌入式创新与产业结构升级；第三，从制度结构创新视角下创新驱动与产业结构升级，主要研究了土地财政制度、技术创新与产业结构升级，金融发展制度对产业结构升级的影响机制，两化深度融合对产业结构升级的影响机制。如图0-1所示。

0.3.1 创新驱动对经济增长的动力转换与路径选择

（1）适当拓展内生经济增长模型，将生产过程分解为要素驱动和创新驱动两个维度，引入制度质量以探究创新驱动、制度质量与经济增长的内在理论联系。

（2）紧扣创新驱动维度的理论分解结果，采用索洛余值法构建经济增长中创新驱动效应的测算指标，从时间和空间维度挖掘测算结果的分布特征，清晰、明确地把握创新驱动效应的时空分布格局。

（3）借助单变量与双变量门槛模型，剖析不同区域创新驱动经济增长的作用方式，根据创新驱动、制度质量的协同状况概括经济增长不同阶段下的内在特征，尝试将其划分为多种界限明确、层次鲜明的经济增长方式，据此探寻经济增长动力由要素驱动向创新驱动转变的可行路径。

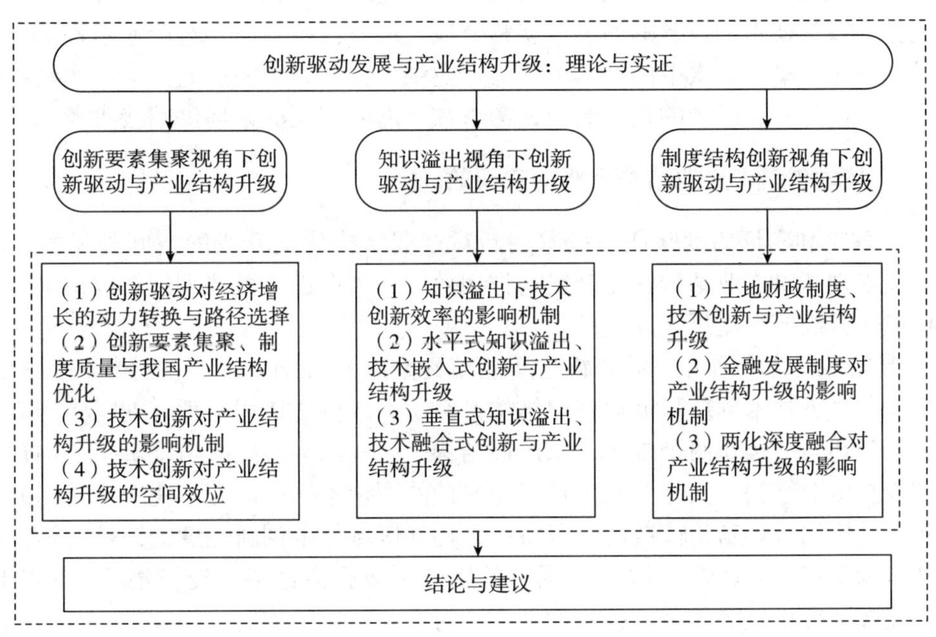

图0－1 研究路线

0.3.2 创新要素集聚、制度质量与我国产业结构优化

（1）将创新要素集聚驱动产业结构高端化的影响具体化为产品生产的三个环节，即研发创新、过程创新和产品创新，构建三部门的内生增长模型，引入空间权重矩阵，从理论角度探究制度质量影响创新要素集聚驱动产业结构高端化的空间门槛作用机理。

（2）从区域技术资本存量差异性现状出发研究区域的制度选择状况，分别引入创新要素集聚和知识溢出空间权重矩阵，从实证角度探究创新要素集聚驱动产业结构高端化条件下制度质量的空间门槛作用效应。

（3）按制度质量的严格程度将创新要素集聚划分成三个阶段，分别探究各阶段创新要素集聚对产业结构高端化的驱动效应。

0.3.3 技术创新对产业结构升级的影响机制

（1）细致考虑要素集聚与技术创新间的交互依赖性，为深入分析各集聚要素与技术创新间的内在关联趋势及其对技术创新指标的可替代性提供指导。要素集聚与技术创新间存在相互协调、影响和作用的内在关联性，技术创新与高技术集群间的密切关系又使得资本、技术、劳动力和创新要素集聚下的地理耦合关系显著。

（2）本章一改以往文献从选取指标体系角度进行技术创新效应分析，论证各集聚要素对技术创新的影响效应及其替代性，结果显示各集聚要素与技术创新间存在动态关联性，可有效克服以往论文在技术创新指标选取上出现的评价指标信息冗余、指标选取信息不完全等导致的指标选择主观性缺失问题。

（3）分别设定门槛变量，探究各集聚要素对产业结构优化升级的作用方式，解析产业结构优化升级受技术创新影响的平滑转移效应，以分析技术创新对产业结构优化升级的作用差异，细化各集聚要素下的技术创新对产业结构优化升级的影响力度，明确各集聚要素对产业结构优化升级影响的正负效应，为省域政府的宏观决策提供间接参考。

0.3.4 技术创新对产业结构升级的空间效应

（1）从理论和实证角度验证了技术创新对产业结构优化升级的空间外溢性，从空间角度解析技术创新对产业结构优化升级的作用效应，为促进区域技术创新效率提升、改进产业结构优化升级层次提供实证基础。

（2）首先将经济集聚、技术创新与产业结构升级三者纳入统一的分析框架，理论阐释经济集聚背景下技术创新强度对产业结构升级空间效应的作用机理，同时将产业结构升级划分为合理化与高级化两个维度，从产值结构、就业结构协同的角度着手，构建既能兼顾产出结构与就业结构，又能体现产业间差异性的评价指标，以此量化产业结构的合理化与高级化；其次结合创新价值链的阶段特征，构建区域技术创新强度的评价指标体系，深入分析技术创新强度对产业结构“两化”的影响；最后构建基于经济集聚度的空间权重矩阵，据此实证分析经济集聚下技术创新强度对产业结构升级的空间效应。

（3）适当拓展技术创新理论，将技术创新行为分解为技术势能集聚和创新动能转换两个阶段，明确技术势能集聚的概念与内涵，同时从多样化集聚和专业化集聚的视角出发，明确技术势能集聚促进高技术产业发展的内在机理，紧扣技术势能的概念与内涵，借鉴物理学相关知识构建区域技术势能集聚水平的测算指标，从时间和空间维度挖掘测算结果的分布特征，清晰、明确地把握技术势能集聚水平的时空分布格局，最后借助包含空间效应的一般嵌套模型（GNS），实证剖析不同区域技术势能集聚对高技术产业发展的驱动机制与空间效应。

0.3.5 知识溢出下技术创新效率的影响机制

（1）将知识溢出嵌入生态技术创新能力指标体系，选择 GML 指数测算生态技术创新效率；分解生态技术创新效率，考虑非合意产出存在与否条件下的区域生态技术创新效率及其分解的变动趋势。

（2）构建空间计量模型分析不同空间加权矩阵下区域生态技术创新效率的驱动因素及其影响效应。

（3）将知识势能进行维度分解和量化，阐释知识势能作用于技术创新的理论机理，对现有知识场理论、技术创新理论做出有效补充，同时分析制度邻近下知识势能及其各维度对区域技术创新效率的空间效应。

0.3.6 水平式知识溢出、技术嵌入式创新与产业结构升级

（1）提出技术嵌入式创新的概念并将其量化，构建概念模型和共生演化模型探究技术嵌入式创新驱动产业结构协调化的内在机理。

（2）构建了水平式知识溢出空间权重矩阵，探究了水平式知识溢出下技术嵌入式创新驱动产业结构协调化的空间动态自回归效应。

（3）通过空间异质性和空间关联性分析后构建空间自回归模型，深入探究了技术嵌入式创新驱动产业结构协调化空间效应存在的原因。

0.3.7 垂直式知识溢出、技术融合式创新与产业结构升级

（1）从创新链和产业链的形成过程、产业链和创新链通过技术融合和技术扩散实现充分融合的角度定义技术融合式创新，并选择合理的方式将其量化。

（2）构建系统动力学模型探究技术融合式创新驱动产业结构高度化的耦联扩散机理。

（3）根据知识溢出的方向，构建了前向知识溢出和后向知识溢出角度下的垂直式知识溢出空间权重矩阵，分别探究了两种垂直式知识溢出下技术融合式创新对产业结构高度化的影响。

（4）基于省域高低技术产业数据，分析技术融合式创新和产业结构高度化的空间特性，进而构建两区制的空间计量模型，深入探究技术融合式创新驱动产业结构高度化的空间动态两区制演化效应。

0.3.8 土地财政制度、技术创新与产业结构升级

（1）对土地财政对技术创新水平的作用机理进行分析，同时对财政政策影响产业结构升级的机理进行研究，明确其作用机制。

（2）基于面板门槛模型，研究土地财政通过正反两方面的影响对技术创新产生的非线性效应，探求土地财政推动技术创新的最佳水平。同时在不同的空间权重矩阵下建立空间计量模型，验证土地财政对技术创新影响的空间相关性和空间溢出效应，为优化土地财政政策以及提高技术创新水平提供实证依据。

（3）实证分析土地财政制度对产业结构升级的影响，具体从非线性的角度分析了土地财政政策角度下财政政策对产业结构升级的影响效果。

0.3.9 金融发展制度对产业结构升级的影响机制

（1）对金融发展促进产业结构优化的内在机理进行研究，分析了产业结构优化的影响因素和路径，同时对金融溢出效应对产业结构优化的影响进行分析。

（2）利用主成分分析方法，构建金融发展水平、金融发展规模、金融发展效率、金融集聚水平等多项指标。利用两阶段最小二乘方法，修正模型估计过程中的内生性问题，估计金融发展指标对产业结构高度化和产业结构的直接效应。

（3）采用空间计量的方法，在考虑金融集聚、国有企业对金融资源占用和政府行为等因素下，衡量金融发展规模、金融结构、金融效率对产业结构合理化和产业结构高度化的溢出效应显著性以及作用范围。

0.3.10 两化深度融合对产业结构升级的影响机制

（1）根据我国对两化融合内涵认识的不同程度、推进的程度以及不同时期下两化融合所呈现的不同特点，将我国两化融合划分为三个不同阶段。根据不同特征，分别设置三个阶段的指标体系，强化了对不同阶段设置不同标准的动态评价思想。

（2）在两化融合互动的过程中，考虑了政策、市场、基础环境等两化融合辅助因素所起作用，将辅助因素视作两化融合的催化剂，参与到两化融合的互动模型中，设定了三元复合协同模型。

（3）将两化融合状况作为影响产业结构优化升级的因素，运用面板回归模型，按照两化融合推进的程度，分阶段研究了两化融合状况与产业结构合理化与高级化之间的定量关系。

0.4 本书的特色与创新之处

0.4.1 本书的特色

本书主要从理论和实证两个方面来分析创新驱动对产业结构升级的影响，首先从创新要素集聚视角下分析其对产业结构升级的影响，一方面通过要素驱动和创新驱动效应解析经济增长动力转换的内在效应，探寻经济增长动力由要素驱动向创新驱动转变的可行路径。另一方面将创新要素集聚对产业结构升级的影响具体细分，探索各阶段创新要素集聚对产业结构升级的驱动效应，还将经济集聚、技术创新与产业结构升级三者纳入统一分析框架，从理论和实证分析了技术创新强度以及技术势能集聚和创新动能转换对产业结构升级的空间效应。其次从知识溢出的视角出发，明确知识溢出对技术创新效率的驱动因素和影响效应，同时从创新行为的前端视角出发，理论解析了技术势能集聚驱动产业发展的内在机理与空间效应，并用一般嵌套模型（GNS）对其进行实证检验。还从水平式知识溢出和垂直式知识溢出，分别解析了技术嵌入式创新和技术融合式创新与产业结构升级的影响。最后从制度创新和要素结构创新的视角下，分别从土地财政制度、金融发展制度以及两化融合对产业结构升级的影响的角度通过理论与实证相结合较为全面地印证了本书的绝大多数内容，不仅通过构建理论框架说明了创新驱动发展和产业结构，而且建立实证模型印证了理论框架的正确性和合理性，从而构成一个较为全面且严谨的计量经济研究体系。

0.4.2 创新之处

（1）基于创新要素的视角，首次提出了经济增长中创新驱动效应的测算方法；将经济增长方式划分为“要素驱动型”“制度依赖型”“技术依赖型”和“创新驱动型”四种类型，据此解析经济增长动力转换的内在路径。同时将创新要素集聚驱动产业结构高端化的影响具体化为产品生产的三个环节，即研发创新、过程创新和产品创新，构建三部门的内生增长模型，引入空间权重矩阵，从理论角度探究制度质量影响创新要素集聚驱动产业结构高端化的空间门槛作用机理，同时从实证角度探究创新要素集聚驱动产业结构高端化条件下制度质量的空间门槛作用效应；此外将经济集聚、技术创新与产业结构升级三者纳入统一的分析框架，结合创新价值链的阶段特征，构建区域技术创新强度的评价指标体系，深入分析技术创新强度对产业结构“两化”的影响，并深入解析器空间效应。

（2）基于知识溢出的视角，将知识溢出嵌入生态技术创新能力指标体系，选择 GML 指数测算生态技术创新效率；分解生态技术创新效率，考虑不同条件下的区域生态技术创新效率及其分解的变动趋势。并对区域生态技术创新效率的驱动因素及其影响效应进行分析。同时从创新行为的前端视角出发，综合创新环境、创新意愿和创新要素吸引力三个维度界定了技术势能集聚的概念；理论解析了技术势能集聚驱动高技术产业发展的内在机理与空间效应，并用一般嵌套模型（GNS）对其进行实证检验。最后构建了知识溢出角度下的水平式知识溢出和垂直式知识溢出，首次提出技术嵌入式创新的概念并将其量化，构建概念模型和共生演化模型探究技术嵌入式创新驱动产业结构协调化的内在机理，以及从创新链和产业链的形成过程、产业链和创新链通过技术融合和技术扩散实现充分融合的角度定义技术融合式创新，并选择合理的方式将其量化，通过构建系统动力学模型探究技术融合式创新驱动产业结构高度化的耦联扩散机理，并通过空间计量模型分别对技术嵌入式创新、技术融合式创新和产业结构高度化的空间特性进而分析。

（3）基于制度创新和结构创新的视角，首先对土地财政影响技术创新水平的和产业结构升级的作用机理进行分析。同时构造面板门槛模型，研究土地财政通过正反两方面的影响对技术创新和产业结构升级产生的非线性效应，从非线性的角度分析了土地财政政策对产业结构升级的影响效果。此外，还通过构建空间计量模型验证土地财政对技术创新影响的空间相关性和空间溢出效应。其次对金融发展促进产业结构优化的内在机理进行研究，明确产业结构优化的影响因素和路径，同时金融溢出效应对产业结构优化的影响进行分析，估计金融发展指标对产业结构高度化和产业结构的直接效应。同时采用空间计量的方法，衡量金融发展规模、金融结构、金融效率对产业结构合理化和产业结构高度化的溢出效应显著性以及作用范围。最后根据我国对两化融合内涵认识的不同程度、推进的程度以及不同时期下两化融合所呈现的不同特点，建立两化融合的评价指标体系，还通过设定了三元复合协同的数理模型以及运用面板回归模型，从理论和实证详细分析了两化融合状况与产业结构合理化与高级化之间的定性和定量关系。

1 创新驱动对经济增长的动力转换与路径选择*

1.1 创新驱动和制度质量对经济增长作用的机理分析

Kung 和 Schmid（2015）[137]以新经济增长理论（Romer，1990）为基础，理论阐释了创新和经济增长的关系。本章基于他们的研究，假设经济体由最终产品生产部门、中间产品生产部门和创新研发部门这三大部门组成，构建内生经济增长模型解析创新驱动和制度质量对经济增长的作用方式及内在机理。

1.1.1 经济体三大部门

1.1.1.1 最终产品生产部门

最终产品生产部门通过投入物质资本 K_Y、雇佣劳动 L_Y 和中间产品 $x(i)$，$i\in[0, A]$，来生产最终产品。假设不同的中间产品 $x(i)$ 之间不存在替代关系（替代弹性为0），它们两两之间是完全独立的，于是有：

$$Y = (K_Y^{\alpha}L_Y^{1-\alpha})^{1-\xi}\left[\int_0^A x(i)\,\mathrm{d}i\right]^{\xi} \tag{1-1}$$

其中，$0<\alpha<1$，$0<\xi<1$。在要素驱动阶段，最终产品部门将要素投入转化为生产力，物质资本和劳动力的产出弹性分别为 α、$1-\alpha$；在创新驱动阶段，生产者利用生产力将中间产品转化为最终产品，且尽可能提高最终产品的附加值，实现数量和质量的双重增长。

最终产品生产部门通过调整要素投入和中间产品数量来实现利润的最大化：

$$\max\left\{(K_Y^{\alpha}L_Y^{1-\alpha})^{1-\xi}\left[\int_0^A x(i)\,\mathrm{d}i\right]^{\xi} - \omega L_Y - rK_Y - \int_0^A p(i)x(i)\,\mathrm{d}i\right\} \tag{1-2}$$

其中，r 表示物质资本单位成本，ω 表示工资，$p(i)$ 表示第 i 种中间产品的价格。

1.1.1.2 中间产品生产部门

中间产品生产部门由一系列具有垄断能力的厂商组成，这些厂商从市场上租借资本，

---

* 该章部分成果由陶长琪、彭永樟撰写，发表在《数量经济技术经济研究》2018 年第 7 期，第 3～21 页。

假设每生产1单位中间产品需要1单位资本，每单位资本的利息成本为 c。中间产品生产部门厂商通过选择生产中间产品（或是选择租借资本）的数量来最大化自身利润。通过求解中间产品生产部门的最优性问题可知：

$$c=\xi^{2}(K_{Y}^{\alpha}L_{Y}^{1-\alpha})^{1-\xi}x(i)^{\xi-1} \tag{1-3}$$

创新活动贯穿于经济发展的全过程。在将原材料加工成中间产品的过程中，创新的驱动作用能够提升单位中间产品的附加值，从而促进中间产品生产部门的利润增长。设中间产品加工过程中创新驱动的强度系数为 η，则 $x(i)$ 单位中间产品的附加值为 $M(i)=A^{\eta}x(i)$，可求得此时中间产品部门的利润为：

$$\pi=p(i)M(i)-cM(i)=\xi(1-\xi)(K_{Y}^{\alpha}L_{Y}^{1-\alpha})^{1-\xi}A^{\eta}x(i)^{\xi} \tag{1-4}$$

1.1.1.3 创新研发部门

根据 Griliches（1979）[138] 和 Jaffe（1986）[139] 关于知识产出函数的设定，创新研发部门的成果取决于研发投入的资本、劳动力以及经济中的知识存量。此外，随着市场需求结构的调整，消费者对具有高技术含量、高附加值的高端产品需求日益增长，在需求增长的潜在利润刺激下，研发部门会进一步强化自身的创新、研发活动，即市场对高端产品的需求（设为 T）能有效促进创新研发部门的产出增长。因此，本章将研发部门的知识生产函数设定为：

$$\dot{A}=\delta K_{A}L_{A}A^{\phi}T^{1-\phi} \tag{1-5}$$

其中，δ 表示创新研发部门的生产效率，K_A 和 L_A 分别表示研发部门的资本和劳动力投入，A 表示经济体中的知识存量，ϕ 表示创新研发过程中知识存量的产出弹性。

在经济发展与创新实践的实际过程中，虽然专利保护等创新相关的制度法规在国内均参考统一标准，但由于存在政府支持度、经济发展度、市场成熟度、法律规范度等方面的差异，各个地区都具有各自不同的制度质量①。制度质量较高的地区，相对应的专利保护强度、人才引进力度也会更大，这为凝聚创新要素、强化创新意愿、提升创新效率提供了很大的便利；从长期来看，制度质量的提升能有效促进知识存量、高端产品需求对研发创新成果产出弹性的增长。鉴于此，在考虑制度质量作用的情况下，本章将研发部门的创新产出函数设定为：

$$\dot{A}=\delta K_{A}L_{A}(A^{\phi}T^{1-\phi})^{1+\psi} \tag{1-6}$$

其中，ψ 表示制度质量，其他变量含义与前文一致。

1.1.2 代表性消费者

随着经济与技术的不断发展，代表性个体的交易成本以及获取信息的成本不断递减，这使得他们在调整消费需求数量的同时，会更加注重调整自身的消费需求结构，在供求结构与消费结构共同调整的时期，代表性个体对具有高技术含量的产品需求不断提高，从而市场供给的高端化也能带来消费者效用的提升。产品是否具有高附加值与创新知识的积累

① 制度质量指的是地区制度（尤其是与创新活动相关的制度）的完善程度，是一个涉及政府偏好、制度规范、实施环境、法规执行等许多方面的综合指标，较难衡量。本章拟参照樊纲等（2003）的《中国地区市场化进程报告》，从政府支持度、非国有经济发展度、要素市场发育度和市场法律规范度这四个最主要的方面来构建综合指标体系进行量化。

密切相关，因此，本章将创新知识积累量引入代表性个体的效用函数，从而得到：

$$\max\int_0^{+\infty}(\ln C+\beta\ln\dot{A})e^{-\rho t}\mathrm{d}t \tag{1-7}$$

其中，C 表示消费，$\rho>0$ 表示主观贴现率，$\beta>0$ 表示相对于消费而言，产品生产过程中能获取的技术创新水平对个体福利的重要性。

假设消费者会将其部分收入用于高端产品（具有高技术含量、高附加值的产品）的购买，用 I 表示消费者用于兑现高端产品需求的支出，则其预算约束方程为：

$$\dot{K}=rK+\omega(L_Y+L_A)+\int_0^A\pi_i\mathrm{d}i-P_A\dot{A}-C-I \tag{1-8}$$

其中，rK、$\omega(L_Y+L_A)$ 和 $\int_0^A\pi_i\mathrm{d}i$ 分别表示代表性个体的资本收入、劳动收入和利润收入，I 表示用于购买高端产品的支出，它决定了高端产品市场需求的积累，即：

$$\dot{T}=I \tag{1-9}$$

代表性消费者面临的问题是，在预算约束式（1－7）和式（1－8）给定的前提下，选择各项投入以实现自身效用的最大化。我们通过构建 Hamilton 函数来求解这一最优化问题：

$$H=\ln C+\beta\ln\dot{A}+\lambda_1\left\{rK+\omega(L_Y+L_A)+\int_0^A\pi_i\mathrm{d}i-P_A\dot{A}-C-I\right\}+\lambda_2 I \tag{1-10}$$

在一般均衡条件下，中间产品生产部门每单位资本的利息成本与物质资本的单位成本相等，即 $c=r$，代入式（1－10），求解最优化问题可知：

$$\dot{C}/C=c-\rho \tag{1-11}$$

1.1.3 创新驱动效应

在有限要素投入的约束下，经济运行将收敛至平衡增长路径，此时 C、K、A、Y 和 I 增长率相等，设为 g。推导可得：

$$L_Y=\frac{(1-\xi)(\rho+g)L}{(1-\xi)(\rho+g)+\alpha\eta\xi} \tag{1-12}$$

$$L_A=\frac{\alpha\eta\xi L}{(1-\xi)(\rho+g)+\alpha\eta\xi} \tag{1-13}$$

为了明确经济增长中要素驱动和创新驱动所占的份额，本章将经济增长总量中由要素驱动带来的增长贡献率以及创新驱动带来的增长贡献率分别定义为经济增长中的要素驱动效应与创新驱动效应，记为 E_F 和 E_T，则 $E_F+E_T=1$。索洛余值法（Solow，1957）[140]是求解经济增长贡献率常用的方法，在进行增长贡献度的分解之前，需要得到经济总产出的明确表达式。与彭水军等（2005）[141]类似，本章假设在专利既定时，对于任意一类中间产品，其单位附加值与最终产品一致。从而得到中间产品部门的线性生产函数如下：

$$M(i)=Y \tag{1-14}$$

综合式（1－3）、式（1－11）和式（1－14），即可推导得到总产出函数为：

$$Y=\left[\frac{\xi^2}{\rho+g}\right]^{\frac{1}{1-\xi}}K_Y^{\alpha}L_Y^{1-\alpha}A^{\eta} \tag{1-15}$$

运用索洛余值法不难得出，经济增长中的创新驱动效应为：

$$E_T = 1 - E_F = 1 - \alpha\left[\frac{\xi^2}{\rho + g}\right]^{\frac{1}{1-\xi}} - (1-\alpha)\left[\frac{\xi^2}{\rho + g}\right]^{\frac{1}{1-\xi}} = 1 - \left[\frac{\xi^2}{\rho + g}\right]^{\frac{1}{1-\xi}} \tag{1-16}$$

将式(1－16)进行等价变换，即可得到创新驱动经济增长的理论关系式。

$$g = \xi^2(1 - E_T)^{\xi - 1} - \rho \tag{1-17}$$

1.2 创新驱动经济增长的门槛效应分析

1.2.1 创新驱动效应的测算

经济发展中的创新驱动，指的是所有以知识创新、科研创新、产品创新等形式为手段，以满足消费者对高端产品等的需求为目标的生产实践活动的总称。经济增长中的创新驱动效应，则是指在生产过程中，创新驱动带来的直接增长和间接增长总和占经济总增长的份额。

1.2.1.1 测算方法

根据式（1－12）和式（1－13），可将式（1－16）改写为式（1－18）等价形式：

$$E_T = 1 - \left[\frac{\xi(1-\xi)}{\alpha\eta}\frac{L_A}{L_Y}\right]^{\frac{1}{1-\xi}} \tag{1-18}$$

由式(1－18)可知，经济增长中的创新驱动效应与创新驱动的产出弹性、要素驱动的产出弹性、要素驱动过程中物质资本和劳动力投入的产出弹性以及创新驱动过程和要素驱动过程的劳动力投入比重密切相关。基于此，本章测算创新驱动效应的具体过程如下：

根据式(1－1)的经济增长模型估计相应的参数，式(1－1)对应的对数模型为 $\ln Y = \alpha + \beta_1 \ln K_Y + \beta_2 \ln L_Y + \beta_3 \ln A$，各参数的估计值依次为 $\tilde{\alpha}$、$\tilde{\beta}_1$、$\tilde{\beta}_2$、$\tilde{\beta}_3$，得到各参数的估计值之后，计算得到地区 i 在 t 时刻的劳动力结构$\frac{L_A^{it}}{L_Y^{it}}$，即可根据下式测算地区 i 在 t 时刻的创新驱动效应。

$$E_T^{it} = 1 - \left[\frac{\tilde{\beta}_3(1-\tilde{\beta}_3)^3}{\tilde{\beta}_1\tilde{\beta}_2}\frac{L_A^{it}}{L_Y^{it}}\right]^{\frac{1}{1-\tilde{\beta}_3}} \tag{1-19}$$

值得注意的是，在式(1－19)中，只有劳动力结构考虑了地区和时间的差异，其他的参数估计值反映的是各地区的平均水平，因此，需要对式(1－19)作一定修正才能准确评价创新驱动效应在各地区的实际情况。

假设地区 i 在 t 时刻经济增长的实际值和估计值分别 Y_{it} 和 $\tilde{Y}_{it}$，则 $\tilde{Y}_{it}$ 应满足等式 $\ln\tilde{Y}_{it} = \tilde{\alpha} + \tilde{\beta}_1\ln K_{it} + \tilde{\beta}_2\ln L_{it} + \tilde{\beta}_3\ln A_{it}$，创新驱动效应的修正量为 $\Delta E_T^{it} = (Y_{it} - \tilde{Y}_{it})/Y_{it}$，修正后的创新驱动效应为：

$$E_T^{it} = 1 - \left[\frac{\tilde{\beta}_3(1-\tilde{\beta}_3)^3}{\tilde{\beta}_1\tilde{\beta}_2}\frac{L_A^{it}}{L_Y^{it}}\right]^{\frac{1}{1-\tilde{\beta}_3}} + \Delta E_T^{it} \tag{1-20}$$

1.2.1.2 变量选取与数据来源

在测算各地区创新驱动效应的过程中，本章用实际 GDP 表示实际产出；用专利申请受理数来表示生产的创新投入；用创新研发部门就业人数表示创新的人力投入；用从业人员总数减去创新研发部门就业人数来标识生产过程的劳动力投入；至于物质资本投入，本章用物质资本存量来表示，物质资本存量一般采用永续盘存法进行估算，本章采用张军等(2004)[142]提出的方法进行物质资本存量的估计。

本章所用的数据是2001～2015年我国31个省、市、自治区（除港、澳、台）各指标对应数据，个别指标存在少数年份数据缺失，数据缺失值用移动平均法补齐，并选择2001年作为基期，用其价格指数折算后得到不包含价格因素的中间数据。原始数据选自《中国统计年鉴》《中国科技统计年鉴》、中经网统计数据库、EPS数据库以及各省市相应统计年鉴。

1.2.1.3　测算结果

根据式（1－20），得到我国各地区创新驱动效应的测算结果（见表1－1）。经过简单计算可知，我国2001年创新驱动经济发展的平均效应为0.1610，2005年均效应为0.2013，2010年平均创新驱动效应提升至0.2487，到2015年末，创新驱动的地区平均效应达到0.3439；在2001～2015年的15年间，我国经济发展中的创新驱动效应增幅超过100%，其中，21世纪前5年的年平均增长率为4.57%，随后的两个5年期中，年均增长率分别为4.32%和6.69%。总体而言，我国31个地区经济发展中的创新驱动效应在时间维度上呈现持续增长的态势，且增长速度表现为增减交替的阶段性特征。

从创新驱动效应的空间分布格局来看，广东、江苏、上海和浙江等沿海地区始终处于领先地位，内陆地区只有北京市发挥着同样的集聚中心作用；此外，在2001～2015年的10多年里，我国各地区经济增长中的创新驱动效应都呈上升的趋势，但由于地区间的资源禀赋、创新意识和经济增速都有所差异，并且它们的工业以及现代服务业发展进程也各不相同，导致各地区创新驱动的发展状况具有明显的地域差异。起初的5年中，只有北、上、广和江浙地区有明显增长，它们作为中国的创新集聚中心，更愿意也更容易集中利用各个地区的创新资源来推动经济发展；2005～2010年，得益于领先的创新驱动效应水平，广东、江苏等沿海地区以及北京的经济和创新飞速发展，由此带来的外部性效应和空间溢出效应也开始向周边地区辐射，明显的结果就是东部沿海地区创新驱动效应“百花齐放”，而中部、西部地区则仍停滞不前；近年来，随着创新驱动经济发展战略的提出，各地区增长中的创新驱动效应均明显加强，中部、西部作为后发地区，通过模仿创新、协同创新与自主创新相结合的方式不断提高创新发展效率，虽不能后发先至，但也有效地缩小了与东部沿海地区的差距。

表1－1　2001～2015年我国各地区创新驱动效应一览表

年份 地区	2001	2003	2005	2007	2009	2011	2013	2015	排名
北京市	0.2574	0.3028	0.3289	0.3304	0.3579	0.3648	0.4198	0.4540	2
天津市	0.1479	0.1838	0.2060	0.2117	0.2285	0.2549	0.2998	0.3673	8
河北省	0.1377	0.1538	0.1690	0.1757	0.1937	0.2019	0.2416	0.3014	22
山西省	0.1583	0.1818	0.2113	0.2301	0.2533	0.2674	0.3213	0.3552	11

续表

地区＼年份	2001	2003	2005	2007	2009	2011	2013	2015	排名
内蒙古自治区	0.1507	0.1578	0.1732	0.1780	0.1931	0.2000	0.2633	0.3083	21
辽宁省	0.2156	0.2254	0.2421	0.2509	0.2762	0.2907	0.3374	0.3677	7
吉林省	0.1594	0.1708	0.1920	0.2017	0.2378	0.2449	0.2820	0.3594	10
黑龙江省	0.1330	0.1876	0.2229	0.2367	0.2672	0.2925	0.3369	0.3604	9
上海市	0.2363	0.2452	0.2794	0.3117	0.3405	0.3750	0.4291	0.4466	3
江苏省	0.1334	0.1406	0.1641	0.1928	0.2270	0.2483	0.3065	0.3763	6
浙江省	0.2524	0.2621	0.2793	0.3081	0.3382	0.3550	0.4036	0.4366	4
安徽省	0.1439	0.1574	0.1681	0.1885	0.2147	0.2485	0.2936	0.3252	16
福建省	0.1291	0.1562	0.2053	0.2203	0.2676	0.2740	0.3253	0.3820	5
江西省	0.1583	0.1726	0.1909	0.2002	0.2247	0.2272	0.2851	0.3117	20
山东省	0.1445	0.1500	0.1613	0.1650	0.1874	0.2080	0.2652	0.3169	19
河南省	0.1357	0.1395	0.1531	0.1656	0.1796	0.2045	0.2420	0.2792	28
湖北省	0.1526	0.1705	0.1944	0.2040	0.2472	0.2490	0.3016	0.3323	14
湖南省	0.1463	0.1542	0.1633	0.1869	0.2069	0.2167	0.2494	0.2956	24
广东省	0.3095	0.3787	0.4208	0.4244	0.4962	0.5066	0.6130	0.6752	1
广西壮族自治区	0.1529	0.1631	0.1901	0.2006	0.2162	0.2249	0.2567	0.2897	26
海南省	0.1465	0.1587	0.2023	0.2273	0.2517	0.2576	0.3105	0.3411	12
重庆市	0.1483	0.1599	0.1826	0.2046	0.2258	0.2404	0.2829	0.2989	23
四川省	0.1416	0.1495	0.1782	0.2006	0.2313	0.2454	0.3067	0.3371	13
贵州省	0.1420	0.1566	0.1735	0.1744	0.1947	0.2034	0.2406	0.2854	27
云南省	0.1398	0.1532	0.1658	0.1747	0.2007	0.2030	0.2370	0.2553	31
西藏自治区	0.1463	0.1524	0.1668	0.1688	0.1885	0.2045	0.2308	0.2586	30
陕西省	0.1302	0.1509	0.1714	0.1905	0.2197	0.2250	0.3014	0.3233	17
甘肃省	0.1371	0.1380	0.1608	0.1860	0.2042	0.2198	0.2584	0.2923	25
青海省	0.1270	0.1688	0.1872	0.2141	0.2351	0.2612	0.3133	0.3281	15
宁夏回族自治区	0.1429	0.1443	0.1632	0.1724	0.2042	0.2132	0.2664	0.3198	18
新疆维吾尔自治区	0.1355	0.1540	0.1745	0.1790	0.2138	0.2272	0.2649	0.2745	29

注：限于篇幅，只给出了奇数年的测算结果；排名是2015年各地区创新驱动效应的排名情况。

图1－1给出了全国31个省份经济增长中创新驱动效应在2001～2015年的平均水平与其在2005年、2010年和2015年的核密度分布情况，同时还给出了我国东部、中部、西部地区对应省份创新驱动效应的年平均水平。不难发现，核密度图随时间推移不断向右移动，波峰位置不断下降，同时全国与东部、中部、西部地区各省创新驱动效应的平均水

平也随时间不断提升，这表明我国经济增长中的创新驱动效应总体水平在不断上升。

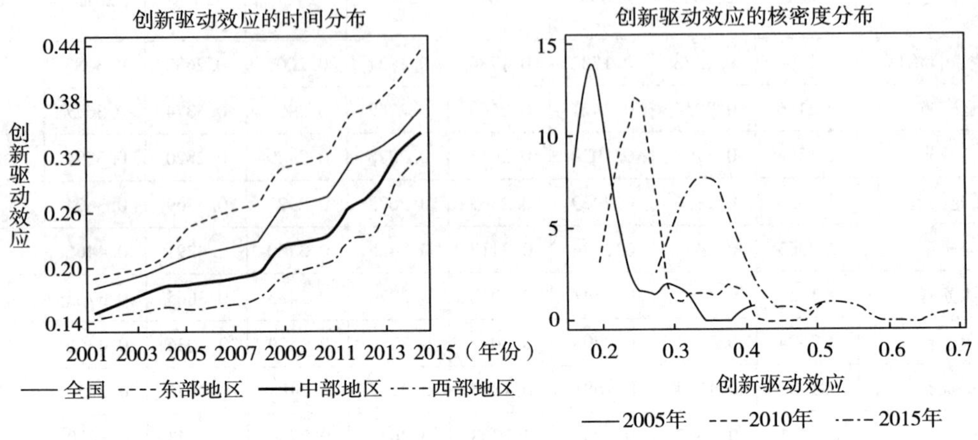

图1-1 我国经济发展中创新驱动效应的时间分布与核密度分布

此外，值得注意的是，我国不同区域的创新驱动效应具有不同的阶段特征。在2001～2005年，由于创新驱动发展的意识还比较淡薄，东部、中部、西部地区创新驱动效应增速较慢，地区之间的差异比较稳定；2005～2008年，随着创新驱动发展观念的不断深化，各地区开始注重创新能力的建设，东部地区更是在经济发展中扮演着创新先驱的角色，因此，东部地区创新驱动效应增速加快，中部地区增速停滞，西部地区增速甚至有所减缓，三大区域间的差距逐步扩大；2009～2012年，受国际金融危机的影响，东部、中部、西部地区创新驱动效应增速均有所放缓，同时三大区域差距进一步加大；2013～2015年，随着创新驱动发展战略的全面推行，东部地区创新驱动效应发展开始提速，且中部、西部地区增速提升犹有过之，这使它们的创新驱动效应逐渐追赶全国平均水平，与东部地区的差距也在不断缩小。除时间维度上的阶段特征之外，就区域视角而言，东部地区发展水平始终高于全国平均水平，中部、西部地区发展水平始终低于全国平均水平，且中部地区发展水平始终高于西部地区。

总体而言，我国经济发展中的创新驱动效应在时间维度上持续增长，且在经济发展的不同阶段表现出不同的特征；在空间维度上，则表现出了以东部沿海地区为集聚中心，沿着由东南向西北的方向扩散的“蔓延式”发展格局。

1.2.2 模型的设定和实证检验

1.2.2.1 模型的设定

为探究经济增长中的创新驱动效应是否存在非线性特征，本章基于Hansen（1996、1999）[143-144]的研究，构建面板门槛回归模型来进行实证检验，在实证过程中，本章选用固定效应模型，假设每个样本个体的均为独立同分布，即每个样本个体都拥有自己固定、独特的截距项来表现自身独有的特质，这样可以减小模型的共变系数，增强估计结果的有效性。在此基础上，将存在1个门槛值的面板回归模型设定如下：

$$\ln RGDP_{it} = (\alpha_0 \ln ET_{it} + \sum_{j=1}^{n} \alpha_j X_{jit}) I(ET_{it} \leqslant \gamma_1) + (\beta_0 \ln ET_{it} + \sum_{j=1}^{n} \beta_j X_{jit}) I(ET_{it} > \gamma_1) + \varepsilon_{it} + \mu_{it} \quad (1-21)$$

其中，$I(\cdot)$为指示函数，取值为0或1，当括号内表达式成立时，$I(\cdot)=1$，否则，$I(\cdot)=0$；γ_1 为相应的门槛值；i 表示地区，t 表示时间，n 为控制变量个数；RGDP 为经济增长水平，考虑到时间跨度及数据可得性，本章采用人均 GDP 进行衡量；ET 为创新驱动效应强度，是主要的解释变量及门槛变量，其数值通过式(1－20)测算得到；X 为其他控制变量，包括物质资本、人力资本以及产业结构水平。

1.2.2.2　变量选取与计算方法

本部分研究所涉及的变量可以分为被解释变量、核心解释变量（同时也是门槛变量）、其他控制变量三个部分。对应的具体变量与计算方法如表 1－2 所示。

表 1－2　变量计算方法

变量分类	变量名称	变量计算方法
被解释变量	经济增长水平（RGDP）	各地区人均 GDP
门槛变量	创新驱动效应强度（ET）	根据式（1－20）测算得到
控制变量	劳动力水平（l）	各地区人力资本总量减去创新研发部门人力资本当量①
	物质资本（k）	采用永续盘存法进行估算
	产业结构水平（is）	第二、第三产业产值占总产值的比重
	外贸依存度（dft）	地区进出口贸易总额占 GDP 的比重
	金融发展水平（fdl）	金融机构从业人数占总人口比重

1.2.2.3　基于全国的实证检验

一个规范的门槛回归模型包括门槛效应检验、门槛值估计和门槛回归结果三个步骤。本章根据式（1－21）设定的模型对经济增长中创新驱动的非线性效应进行实证分析。

在进行模型估计之前，首先要进行门槛效应检验。按照前文的设计，以创新驱动效应强度作为门槛变量，运用 Hansen（2000）[145] 提供的检验方法进行门槛效应检验，结果如表 1－3 所示。

表 1－3　经济增长中创新驱动效应的门槛效应检验

门槛变量	H_0	H_1	F 统计量	结果
创新驱动效应（ET）	无门槛效应	1 个门槛值	78.4758（0.000）	拒绝原假设

注：括号内为 Bootstrap 反复抽样 500 次仿真得到的 p 值。

① 劳动力水平代表的是生产人力投入对应的人力资本水平当量（$L_Y = L - L_A$）。其中，L 表示人力资本总量，估算方法为：将地区从业人数按受教育水平为小学、初中、高中、大学（包括大专与本科）、硕士及硕士以上划分为 5 个部分，分别以受教育年限 6 年、9 年、12 年、16 年、19 年对应各部分就业人数的权重，进行加权求和即可得到人力资本总量；L_A 表示研发部门人力资本当量，由于研发人员一般具有较高的技术水平，因此假设其受教育水平为本科及以上，从而 $L_A = 16 \times$ 创新研发部门从业人数。

表1-3的统计结果表明，创新驱动效应对经济增长的影响存在着单门槛效应，在此基础上进一步分析，可得到相应的门槛值估计结果（见图1-2）。

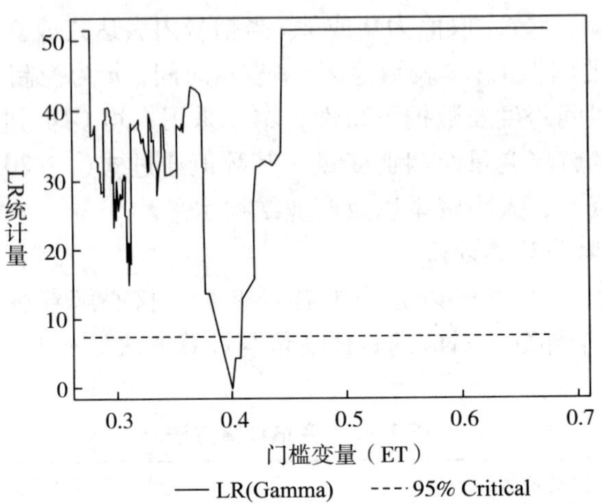

图1-2 基于全国样本的门槛估计值与置信区间

根据上述分析，可得到基于全国样本的门槛估计值为0.4017，其相应的95%置信区间为［0.39074 0.40747］。求得门槛估计值之后，以创新驱动效应为门槛变量对原模型进行门槛回归分析，结果如表1-4所示。

表1-4 基于全国样本数据的门槛回归结果

变量名称	*ET*≤0.4017		*ET*>0.4017	
	系数	*T*统计量	系数	*T*统计量
ET	0.2312*	1.9302	0.9239***	4.9584
l	0.6049***	2.7941	0.3544*	1.9138
k	0.3975***	3.3477	0.2351**	2.2245
is	0.1632***	3.7939	0.2921**	2.4490
dft	0.2820***	3.0972	0.3459***	3.9234
fdl	0.1531**	2.5259	0.1860***	2.6985

注：*、**、***分别表示显著性水平为10%、5%和1%。

表1-4的实证结果表明，从全国范围来看，创新驱动效应对地区经济增长的促进作用存在着显著的门槛效应。在创新驱动效应低于门槛值的初期阶段，地区经济增长的主要动力是劳动力水平、物质资本等要素投入以及金融发展水平、外贸依存度等环境因素，增长中的创新驱动效应还处于较低的水平，在突破门槛值之前，创新驱动效应对经济增长的促进作用仅在10%的水平下显著，此时创新驱动经济增长的促进效应为0.2312；随着经

济增长中的创新驱动效应不断加强并突破相应的门槛水平，创新驱动开始成为经济增长的主要动力，其对经济增长的推动作用达到了0.9239，且在1%的水平下显著，相对于初期阶段，突破门槛值之后，创新驱动经济增长的产出弹性提升了近4倍。以上结论表明，当创新驱动水平相对低下时，由于技术壁垒的限制作用，区域经济增长中的创新驱动效应并不是很显著，此时经济增长的主要动力是依赖要素投入的要素驱动；技术的更新使经济增长中的创新驱动效应逐渐累积并且放大，知道突破技术壁垒，当创新驱动水平高于门槛值时，依赖于技术投入的创新驱动成为经济增长的主要动力。

此外，从控制变量分析，劳动力水平、物质资本等要素投入以及产业结构水平、外贸依存度和金融发展水平等环境因素对地区经济增长在门槛值前后均有明显的促进作用，且产业结构水平、外贸依存度和金融发展水平等环境因素对经济增长的促进作用在创新驱动效应跨越门槛之后显著放大，而要素投入在门槛值前后的增长效应则显著减小。

1.2.3 东部、中部、西部的区域分析

为了研究经济增长中创新驱动效应的区域差异，将全国分为东部、中部、西部地区①进行进一步分析。按照前面的步骤，依次进行门槛效应检验、门槛值估计以及面板门槛回归分析，实证结果如表1-5和表1-6所示。

表1-5 东部、中部、西部创新驱动效应门槛效应检验及门槛值估计

地区	门槛变量	F统计量	门槛估计值 γ_1	置信区间（95%）
东部	地区经济增长中的创新驱动效应（*ET*）	68.9708（0.000）	0.4427	[0.42073 0.44421]
中部		59.3549（0.000）	0.3018	[0.28443 0.30562]
西部		53.8096（0.000）	0.2521	[0.24835 0.30562]

注：括号内为Bootstrap反复抽样500次仿真得到的p值。

表1-6 各地区PTR计量结果

变量名称	东部地区		中部地区		西部地区	
	$ET \leq 0.4427$	$ET > 0.4427$	$ET \leq 0.3018$	$ET > 0.3018$	$ET \leq 0.2521$	$ET > 0.2521$
ET	0.2361**	0.8923***	0.3754***	0.2178***	-0.0336*	0.1725**
	(2.4620)	(2.7973)	(3.8227)	(3.2983)	(-1.8184)	(2.5137)
l	0.1268***	0.0554***	0.1188*	0.3724***	0.0382**	0.1197**
	(2.8846)	(2.6596)	(1.6797)	(7.3535)	(2.4044)	(2.0846)
k	0.2632***	0.6381***	0.2810	0.2678	0.1904*	0.5227
	(4.0585)	(2.9176)	(1.3899)	(1.6278)	(1.9375)	(1.6155)

① 按照传统的划分方法，东部地区包括辽宁、上海、江苏、浙江、福建、广东、海南、北京、天津、河北、山东11个省份，中部地区包括黑龙江、吉林、山西、河南、安徽、江西、湖南、湖北8个省份，西部地区包括内蒙古、陕西、广西、云南、贵州、四川、重庆、甘肃、青海、宁夏、新疆11个省份。

续表

变量名称	东部地区		中部地区		西部地区	
	$ET \leq 0.4427$	$ET > 0.4427$	$ET \leq 0.3018$	$ET > 0.3018$	$ET \leq 0.2521$	$ET > 0.2521$
is	0.0780*** (2.6588)	0.1191** (2.2993)	0.1879*** (3.2942)	0.1322 (0.6571)	0.0092 (0.7340)	0.0093 (0.5221)
dft	0.1611** (2.5223)	0.1423** (2.1641)	0.1120** (2.3375)	0.1144*** (3.1754)	0.1264*** (4.1211)	0.1137*** (4.9751)
fdl	0.1440** (2.2295)	0.2117*** (2.8962)	0.2274** (2.0340)	0.1972** (2.1785)	0.1188*** (2.8235)	0.1917* (1.9451)

注：括号内为相应的t值；*、**、***分别表示显著性水平为10%、5%和1%。

通过分地区的实证结果发现，无论是东部、中部还是西部地区，创新驱动经济增长的动力均呈现出明显的门槛效应，且均存在一个门槛值；此外，创新驱动效应以及其他控制变量在门槛值前后对经济增长的促进作用存在明显的区域差异。首先，就创新驱动效应而言，东部地区创新驱动经济增长的作用在突破门槛前后呈现出明显的加速效应，这一促进作用在跨越门槛之后明显提升。这说明在整体技术创新水平较高的东部，创新的共享门槛低、隐性创新成本低，地区内技术集聚红利的覆盖率较大，因而创新驱动经济增长的作用是显著的。并且，东部地区经济会伴随着创新驱动效应的提升而持续增长，创新驱动对经济增长的力度会不断增大，表现为加速效应。对于中部地区，在创新驱动效应跨越门槛值之前，由于其本身创新水平较低，能够通过吸收东部地区的技术溢出实现创新水平的快速提升，此时创新驱动效应在经济增长中占主要地位；但在中部地区创新驱动效应突破门槛值之后，需要更多地依赖自主创新来实现创新驱动经济增长，随着创新驱动效应的增长，它对经济的促进作用会不断减小并逐渐收敛到一个较低的位置，这表明在中部地区，创新驱动效应对经济增长的促进作用呈收敛效应。而对于西部地区，其整体创新驱动水平较低而且存在严重的两极分化，在跨越门槛值之前，创新驱动效应水平很低，此时的创新投入几乎无法实现产出，其对经济增长具有显著的负向作用，这种作用在创新驱动效应跨越门槛值后转化为正向效应，最终导致西部地区创新驱动下的经济增长呈现出分化效应。

1.3 我国经济增长动力转换的内在路径分析

1.3.1 制度质量的测算

制度质量指的是地区制度的完善程度，可以用市场体制中地区的市场化进程来表示。制度变量很难被量化，但制度质量的好坏将直接影响区域经济增长中的创新驱动效应。本章参照樊纲等（2003）[146]的中国地区市场化进程报告，选择如下指标度量制度质量：政府支持度、非国有经济发展度、要素市场发育度和市场法律规范度。政府支持度的加大有助于改善基础设施资源的配置，提升创新效率；经济结构转变之前国有经济在我国的经济中占据主导地位，改革以后我国非国有经济的发展趋势持续上升，非国有经济在整个市场经济中的比重持续上升，推动市场经济的发展；要素市场发育度越良好，市场的竞争程度越大，越有利于有效的市场资源配置；市场法律规范度越高，越能有效地保护市场中生产者的合法权益，以便市场得以正常有效运行。各指标的构成要素如表 1－7 所示。

表 1－7　制度质量的指标构成

制度变量指标	明细指标
政府支持度	科技经费筹集额中政府资金占 R&D 经费的比重
非国有经济发展度	非国有经济就业人数占城镇总就业人数的比重
要素市场发育度	引进外资度（FDI 与 GDP 的比值）
	技术市场成交额占地区科技从业人员数量的比重
市场法律规范度	三种专利申请受理数量与科技人员数的比例
	三种专利申请批准数量与科技人员数的比例

注：选择方差最大化旋转的因子分析法测算要素市场发育度、市场法律规范度和制度变量各明细指标的权重，使用加权求和法综合各指标。

1.3.2　双重变量门槛模型的实证分析

根据前文，创新驱动经济增长具有显著的门槛效应，且其作用方式因地区差异分别表现为加速效应、收敛效应和分化效应。在供给侧结构性改革的背景下，经济增长动力转换迫在眉睫，从制度质量的视角出发，发掘创新驱动经济增长三大效应的本质含义，解析我国经济增长动力转换的内在路径成为当务之急。为实现这一目标，本部分运用基于双重变量的门槛模型来开展分析。

1.3.2.1　模型设定

结合式（1－1）和式（1－6）可知，创新驱动能有效促进经济增长，且在此过程中，制度质量对这一促进作用具有显著的乘数效应，当制度质量为 Ψ 时，乘数效应的大小为 $1+\Psi$。因此，本章在模型（1－21）的基础上引入制度质量的乘数效应，得到具有双重门槛变量的实证模型如下：

$$\begin{aligned}\ln RGDP_{it} &= (\alpha_{10}\ln ET_{it} + \alpha_{11}SQ_{it}\times\ln ET_{it} + \sum_{j=2}^{n+1}\alpha_{1j}X_{jit})I(ET_{it}\leqslant\gamma)I(SQ_{it}\leqslant\lambda)\\ &+ (\alpha_{20}\ln ET_{it} + \alpha_{21}SQ_{it}\times\ln ET_{it} + \sum_{j=2}^{n+1}\alpha_{2j}X_{jit})I(ET_{it}>\gamma)I(SQ_{it}\leqslant\lambda) +\\ &(\alpha_{30}\ln ET_{it} + \alpha_{31}SQ_{it}\times\ln ET_{it} + \sum_{j=2}^{n+1}\alpha_{3j}X_{jit})I(ET_{it}\leqslant\gamma)I(SQ_{it}>\lambda) +\\ &(\alpha_{40}\ln ET_{it} + \alpha_{41}SQ_{it}\times\ln ET_{it} + \sum_{j=2}^{n+1}\alpha_{4j}X_{jit})I(ET_{it}>\gamma)I(SQ_{it}>\lambda) + \varepsilon_{it} + \mu_{it}\end{aligned} \quad (1-22)$$

其中，变量 SQ_{it} 表示制度质量水平，γ 和 λ 分别表示创新驱动和制度质量的门槛值。

1.3.2.2　实证及结果分析

在运用双重变量门槛模型进行实证分析之前，需要对创新驱动效应强度和制度质量进行门槛效应检验以及门槛值的估计。运用 2001～2015 年我国各地区人均 GDP、创新驱动强度、制度质量及其他控制变量的相关数据，得到门槛效应检验及门槛值估计结果如表 1－8 所示。

表 1－8 双重变量门槛效应检验及门槛值估计结果

门槛变量	F 统计量	门槛估计值	置信区间（95%）
创新驱动效应 *ET*	54.2948（0.003）	0.2993	[0.28314　0.30917]
制度质量 *SQ*	45.3607（0.001）	0.2528	[0.25012　0.26358]

注：括号内为 Bootstrap 反复抽样 500 次仿真得到的 p 值。

由门槛效应检验结果可知，在引入制度质量的情况下，创新驱动强度与制度质量的单门槛效应均通过了 1% 水平下的显著性检验，这表明创新驱动、制度质量对经济增长的影响存在单一门槛效应。从图 1－3 中也能清晰地得出这一判断。

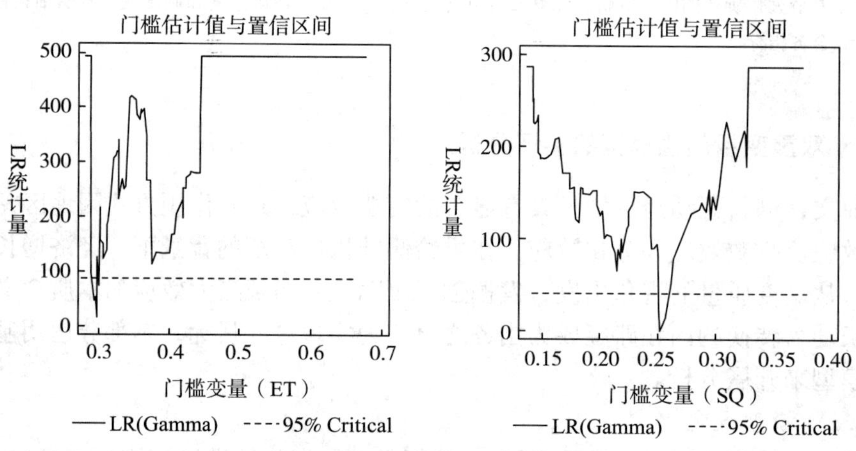

图 1－3 创新驱动、制度质量的门槛估计值与置信区间

在确定模型中的门槛效应及门槛值之后，我们对模型（1－30）进行估计，以考察创新驱动和制度质量促进经济增长的门槛效应。由表 1－8 可知，创新驱动和制度质量都只有单一门槛值，两个变量的门槛值可将样本划分为 4 个区间：当 $ET\leqslant 0.2993$ 且 $SQ\leqslant 0.2528$ 时，记为区间 1；当 $ET\leqslant 0.2993$ 且 $SQ>0.2528$ 时，记为区间 2；当 $ET>0.2993$ 且 $SQ\leqslant 0.2528$ 时，记为区间 3；当 $ET>0.2993$ 且 $SQ>0.2528$ 时，记为区间 4。双重变量面板门槛模型的估计结果见表 1－9。

从控制变量的参数估计来看，劳动力水平、物质资本、产业结构、外贸依存度、金融发展水平这五个控制变量对我国经济增长具有正面促进作用（大部分在 1% 水平下显著）。劳动力水平的提升和物质资本的积累能够促进生产投入要素数量与质量的共同增长，在市场供给不过剩的情况下，更多的要素投入到生产过程中，能够直接推动经济的增长；产业结构水平的提升引导投入要素由低效率生产部门向高效率生产部门流动，可以促进整个经济体系生产率水平的提高，形成“结构红利”，促进经济持续增长；对外贸易除了能拉动消费与投资，还为我国企业吸收外来先进生产技术提供了良好的环境，由此产生“技术溢出红利”，提升生产技术水平，促进经济增长；金融发展水平是保障经济体具有稳定资本环境的必要条件，高水平的金融发展能带来资本集聚，形成资本的规模效应，进而促进经济增长。

表1－9　双重变量门槛模型估计结果

变量名称	区间1	区间2	区间3	区间4
ET	－0.0541** (－2.019)	0.3114*** (2.805)	0.2687*** (2.796)	0.8448*** (3.034)
SQ×*ET*	－0.0152 (1.109)	0.0896** (2.054)	0.0492* (1.771)	0.2024*** (4.384)
l	0.6428*** (4.565)	0.5196*** (3.733)	0.4957** (2.281)	0.3026*** (3.660)
k	0.3891** (2.177)	0.3033*** (2.583)	0.3631*** (4.525)	0.2714*** (3.452)
is	0.0240** (1.969)	0.0729** (2.218)	0.1192*** (2.879)	0.0963* (1.879)
dft	0.0613* (1.656)	0.1208** (2.098)	0.1432** (2.383)	0.1887*** (4.297)
fdl	0.1411*** (2.818)	0.1464*** (2.740)	0.1800*** (3.215)	0.1940*** (2.821)

注：同表1－6。

从门槛变量的实证结果来看，创新驱动和制度质量对经济增长的影响都存在显著的门槛效应，相应的门槛值分别为0.2993和0.2528，它们对经济增长的作用方式可分为以下四种情况。①当创新驱动和制度质量都低于门槛值时，由于创新驱动水平很低，此时组织创新活动的边际成本较高，且创新活动停留在研发阶段，无法通过生产过程实现产出增值，导致高投入无产出的局面，创新驱动会抑制经济的增长，它对增长的直接效应为－0.0541；同时，由于制度质量也很低，无法为创新驱动强度的培育提供良好的制度环境，制度质量的乘数效应不显著。②当创新驱动低于门槛值、制度质量高于门槛值时，得益于良好的制度环境，地区通过引进外来技术的形式进行产品创新，从而充分利用了自身的研发创新投入，促使最终产出的附加值提升；创新驱动对经济增长的直接效应为0.3114，在制度质量乘数效应的作用下，创新驱动效应对经济增长还具有0.0896的间接推动作用。③当创新驱动效应高于门槛值、制度质量低于门槛值时，随着创新活动边际成本下降、创新驱动效应边际产出效率提升，创新投入无法实现产出增长的局面彻底扭转，创新驱动效应能显著促进经济增长；此时，创新驱动对经济增长的直接效应为0.2687，制度质量乘数效应的间接作用为0.0492，由于制度质量水平较低，这一间接作用仅在10%的水平下显著。④当创新驱动和制度质量均高于门槛值时，创新驱动效应已经处于较高水平，并且制度质量也有所突破，为创新驱动效应的进一步强化提供了良好的环境，而创新驱动效应的进一步提升又对制度环境提出更高的要求，促使制度质量不断完善，两者相辅相成，形成了协同发展的良性循环；当前，创新驱动经济增长的直接效应为0.8448，制度质量带来的间接增长为0.2024。

上述创新驱动效应和制度质量促进经济增长的四种情况，代表了经济增长的四种方式，它们共同构成了我国经济增长动力转换的内在路径，本章借助图1-4来开展分析。

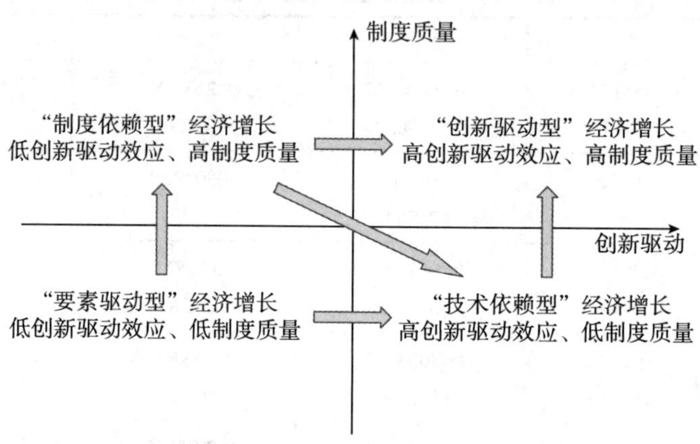

图1-4　我国经济增长动力转换的内在路径

在经济增长的初级阶段，地区的创新驱动效应和制度质量均处于较低水平，要素驱动是经济增长的主要动力，此时的增长方式为“要素驱动型”经济增长。随着社会经济的发展，经济体系中的创新驱动效应和制度质量逐渐提升，经济增长的动力由要素驱动转换为要素和创新“双引擎”驱动；当制度质量跨越门槛值达到较高水平时，由于创新驱动效应仍处于较低水平，“双引擎”中的创新驱动部分主要依赖于良好的制度环境所带来的技术进步，具体包括技术引进、模仿式创新、协同创新等形式，这一转换过程实现了经济增长方式由“要素驱动型”向“制度依赖型”的转变；反之，当创新驱动效应突破门槛限制达到高水平时，由于制度质量仍处于较低水平，“双引擎”中的创新驱动部分主要依赖于自主创新，经过这一过程，经济增长方式转变为“技术依赖型”经济增长。对于制度建设相对较容易而自主创新相对较难的地区，可以采取“以市场换技术”的发展策略，在承受一定范围内市场与制度损失的条件下获取先进生产技术，经济增长方式由“制度依赖型”转变为“技术依赖型”。通过针对性的强化创新驱动效应或改善制度环境，当“制度依赖型”经济中的创新驱动效应或“技术依赖型”经济中的制度质量突破门槛值之后，经济增长方式转变为“创新驱动型”经济增长，经济增长的动力由要素和创新“双引擎”驱动转换为创新驱动。经济增长动力从要素驱动转换为创新驱动的内在路径为：第一步，由“要素驱动型”经济转变为“制度依赖型”或“技术依赖型”经济，这一阶段创新驱动对经济增长的作用表现为分化效应；第二步，由“制度依赖型”经济转变为“技术依赖型”经济，这一过程并非经济增长动力转换的必经阶段，但在我国以往的经济实践中，这一阶段客观存在，此时创新驱动效应对经济增长的作用表现为收敛效应；第三步，由“制度依赖型”或“技术依赖型”经济转变为“创新驱动型”经济，此时创新驱动效应对经济增长的作用表现为加速效应。上述三步共同构成了经济增长动力转换的内在路径。经过以上分析，即明确了经济增长动力转换的内在路径。

为探究我国各地区经济所处的发展阶段，我们根据创新驱动效应和制度质量 2015 年的数据，对省级区域进行了门槛区域划分，结果如表 1－10 所示。

表 1－10　2015 年门槛区域划分

门槛区间	省份
“要素驱动型”经济增长（区间 1）	河南、广西、云南、西藏、甘肃、新疆
“制度依赖型”经济增长（区间 2）	湖南、重庆、贵州
“技术依赖型”经济增长（区间 3）	山西、内蒙古、辽宁、吉林、黑龙江、安徽、江西、山东、湖北、湖南、四川、陕西、青海、宁夏
“创新驱动型”经济增长（区间 4）	北京、天津、河北、上海、广东、江苏、浙江、福建

由表 1－10 可知，到 2015 年底，我国经济增长动力已完全转换为创新驱动的有北京、天津、上海、广东等 8 个东部沿海地区，它们的增长方式为“创新驱动型”经济增长；经济增长动力为要素驱动的地区包括河南、广西、云南等 6 个地区，其中 4 个属于西部地区，其增长方式为“要素驱动型”经济增长；经济增长动力为要素和创新“双引擎”驱动的地区共有 17 个，其中湖南、重庆和贵州表现为“制度依赖型”的经济增长，剩余的 14 个地区则表现为“技术依赖型”的经济增长方式。

1.4　本章小结

在归纳已有研究的基础上，本章将制度质量、消费者的技术偏好等因素引入新经济增长理论模型中，阐述了创新驱动、制度质量与经济增长的理论关联；提出了创新驱动效应的测算方法，并根据测算结果实证检验了创新驱动经济增长的门槛效应，最后通过双重变量门槛模型的估计结果剖析了经济增长动力转换的内在路径。

研究发现：我国经济发展中的创新驱动效应以东部沿海地区为集聚中心，在时间维度上持续增长，且在经济发展的不同阶段表现出不同的特征，在空间维度上，则呈现出沿着由东南向西北方向扩散的“蔓延式”发展格局；创新对经济发展的驱动作用具有明显的门槛效应，当创新驱动效应低于门槛值时，地区经济增长的主要动力是劳动力、物质资本及人力资本等要素投入，随着创新驱动效应不断加强并突破相应的门槛水平，创新驱动开始成为经济增长的主要动力，创新驱动效应对增长的促进作用在门槛值前后相差近 4 倍；创新推动经济增长的驱动作用在东部、中部和西部地区分别表现为加速效应、收敛效应和分化效应；在引入制度质量的双重变量门槛模型中，创新驱动和制度质量对经济增长的影响都存在显著的门槛效应，根据创新驱动效应和制度质量水平与它们自身门槛值的大小关系，可将经济增长方式细分为“要素驱动型”“制度依赖型”“技术依赖型”和“创新驱动型”，经济增长方式的有序转变形成了增长动力转换的内在路径。

2 创新要素集聚、制度质量与我国产业结构优化*

2.1 理论模型

我国区域产业发展的不均衡性、区域先进技术的溢出效应和技术承接地对溢出技术的吸收能力的差异等均会使产业结构高端化的发展出现区域不均衡性。而产业结构高端化是产业结构优化升级的一种形式，即产业结构从低级形态不断向高级形态转变的过程。于是，本章基于 Romer（1990）和 Acemoglu 等（2006）[147]的内生增长理论模型，将产业结构低级形态地区的创新要素集聚、制度质量和创新要素集聚引致的技术溢出变量纳入内生增长理论框架，探究产业结构低级形态地区的竞争性均衡，分析产业结构高端化过程中的制度选择。

2.1.1 各创新部门的运行环境

本章探究创新要素集聚驱动产业结构高端化的内生增长动力，余泳泽和张先轸(2015)[148]考虑了包含最终产品生产部门、中间产品生产部门和研发部门的三部门经济的生产决策分析，严成樑（2012）[149]探究了包含家庭在内的四部门经济的生产决策。本章在严成樑、余泳泽和张先轸的理论模型的基础上，将创新要素集聚驱动产业结构高端化的影响具体化为产品生产的三个环节，即研发创新、过程创新和产品创新，三者呈依次递进的发展过程，并将空间权重矩阵引入技术溢出的分析过程中，探究一个包含研发创新部门、过程创新部门和产品创新部门的三部门经济下创新要素集聚驱动产业结构高端化的作用方式。于是本章得出如下各部门的运行机制：首先，研发创新部门依靠人力、财力和物力等创新要素的集聚研发新兴技术，继而将其新兴的研发技术向过程创新部门出售；其次，过程创新生产商运用获得的新兴技术生产中间产品，进而将其向研发创新部门出售；最后，产品创新部门利用过程创新产品和雇佣劳动力来生产最终的创新产品，其中还有一部分创新产品被分别投入到过程创新部门和研发创新部门。

---

* 该章部分成果由陶长琪、周璇撰写并投稿于《系统工程理论与实践》，在审中。

2.1.1.1　产品创新部门

假定产品创新部门生产的产品为经济体的唯一一种最终产品，并且使用过程创新产品和雇佣劳动力 L 进行生产，得出如下产业结构高级形态地区产品创新部门的总收入：

$$Y_h = L^{\alpha}\int_0^A x(i)^{1-\alpha}\mathrm{d}i \tag{2-1}$$

其中，Y_h 为产品创新部门的最终产量，价格被单位化为 1；$x(i)$ 为第 i 种过程创新产品的数量。于是可得产业结构高级形态地区产品创新部门利润最大化的表达式，如下：

$$\pi = \max\{Y_h - wL - \int_0^A p(i)x(i)\mathrm{d}i\} \tag{2-2}$$

其中，$p(i)$ 为第 i 种过程创新产品的价格；$p(i)x(i)$ 和 w 分别为购买过程创新产品和雇佣劳动力的成本；L 为投入产品创新部门的人力。于是求解式(2-1)和式(2-2)组成的最优化问题，得到如下产品创新部门生产的产品的需求函数：

$$x(i) = \left[\frac{p(i)}{(1-\alpha)L^{\alpha}}\right]^{\alpha} \tag{2-3}$$

同理可知，产业结构低级形态地区产品创新部门的需求函数。

2.1.1.2　过程创新部门

根据 Romer（1990）和 Barro（1997）[150]的经典假定，本章作如下假设：过程创新部门生产一单位任一产品会消耗同等数量产品创新部门生产的产品，那么有过程创新部门的最优生产规划如下：

$$\max\{p(i)x(i) - x(i)\} \tag{2-4}$$

将式(2-3)代入式(2-4)可得一阶必要条件下过程创新部门的垄断定价：

$$p(i) = 1/(1-\alpha) \tag{2-5}$$

于是，将式(2-5)代入式(2-2)和式(2-3)，得：

$$x(i) = (1-\alpha)^{2/\alpha}L_Y \tag{2-6}$$

那么，过程创新部门的最优利润为：

$$\pi_1 = p(i)x(i) - x(i) = \alpha(1-\alpha)^{2/\alpha}L_Y \tag{2-7}$$

2.1.1.3　研发创新部门

借鉴 Acemoglu 等（2006）对创新模式的设定形式，本章认为产业结构低级形态地区会通过两种形式实现产业结构高端化。一是通过集聚本区域内的创新要素，二是通过吸收外来创新要素集聚引致的技术溢出。于是有产业结构低级形态地区技术知识增量的表达式如下：

$$\dot{A} = \dot{A}_I + \dot{A}_S \tag{2-8}$$

其中，$\dot{A}_I$ 为本地区创新要素集聚而引致的技术知识增量，$\dot{A}_S$ 为吸收外来技术溢出而引致的技术知识增量。于是，将$\dot{A}_I$ 和$\dot{A}_S$ 分别设定为如下形式(朱国忠等，2014)[151]：

$$\dot{A}_I = q \cdot e_I \cdot A_I \cdot H_I^{\beta} \cdot C_I^{1-\beta} \tag{2-9}$$

$$\dot{A}_S = (1-q) \cdot A_{i0}e^{\beta_S t}\prod_{j\neq i}^{n} A_{jt}^{\lambda w_{ij}} \cdot H_S^{\gamma} \cdot C_S^{1-\gamma} \tag{2-10}$$

其中，q 为制度质量①，制度质量对创新要素集聚驱动产业结构高端化具有正向促进作用，制度环境越良好，市场法制环境、创新环境等就越优良，越有利于促进创新要素的高效集聚，实现产业结构高端化。制度质量的优化有助于创新要素的高效集聚，以促进新技术的发展，最后由于其空间作用而发生技术溢出，本章认为创新要素集聚引致的技术进步会对其他地区产生溢出效应。因此如式（2-10）所示，设定经济体 i 在时刻 t 的技术表达式，初始水平 A_{i0}、增长率 β_S 及其邻省的技术增长率 A_{jt} 共同决定该技术；λ 为溢出效应的大小；w_{ij} 为邻省 j 是否存在技术溢出及这种技术溢出在多大程度上传递给其余经济体；e_I 为产业结构高级形态地区的技术创新效率；A_I 为产业结构高级形态地区的技术知识存量。H_I、C_I 为本地区创新要素集聚引致的创新人才和创新资金集聚，H_S、C_S 为吸收外来技术溢出引致的创新人才和创新资金集聚，并且假定 $H_I+H_S=H$，$C_I+C_S=C$。

研发创新部门生产的产品价格与过程创新部门垄断利润的贴现值相等（Romer, 1990），那么有：

$$P_R = \int_0^{\infty} \pi_1 e^{-\tau t} \mathrm{d}t = \frac{1}{\tau}\alpha(1-\alpha)^{(2-\alpha)/\alpha} \cdot L_Y \tag{2-11}$$

于是可得研发创新部门的总利润：

$$TR = P_R \cdot \dot{A} = P_R[q \cdot e_I \cdot A_I \cdot H_I^{\beta} \cdot C_I^{1-\beta} + (1-q) \cdot A_{i0}e^{\beta_S t}\prod_{j\neq i}^{n} A_{jt}^{\lambda w_{ij}} \cdot H_S^{\gamma} \cdot C_S^{1-\gamma}] \tag{2-12}$$

进一步得研发创新部门的总成本函数如下：

$$TC = W_H H + C \tag{2-13}$$

其中，W_H 为人力资本的报酬。

最终计算可得研发创新部门利润最大化的最优决策为：

$$\max_{\{H_I, C_I\}}[P_R \cdot \dot{A} - W_H H - Y] \tag{2-14}$$

通过求解一阶条件可得如下结果：

$$\begin{cases} H_I = \dfrac{\beta(1-\gamma)H - J\gamma(1-\beta)C}{\beta-\gamma}, \quad C_I = \dfrac{\beta(1-\gamma)H - J\gamma(1-\beta)C}{J(\beta-\gamma)} \\ H_S = \dfrac{\gamma(1-\beta)(JC-H)}{\beta-\gamma}, \quad C_S = \dfrac{\beta(1-\gamma)(JC-H)}{J(\beta-\gamma)} \end{cases} \tag{2-15}$$

有：

$$J = [\frac{(1-q)N(1-\gamma)^{1-\gamma}\gamma^{\gamma}}{qe_I A_I(1-\beta)^{1-\gamma}\beta^{\gamma}}]^{\frac{1}{\beta-\gamma}}, N = A_{i0}e^{\beta_S t}\prod_{j\neq i}^{n} A_{jt}^{\lambda w_{ij}} \tag{2-16}$$

2.1.2 制度质量对创新要素集聚的影响

当产业结构低级形态地区的产值 Y_l 既定时，本章探究制度质量对创新要素集聚驱动产业结构高端化的影响效应。

假定 $H_I=C_I=0$，此时产业结构低级形态地区完全依靠吸收外来技术溢出，本地区不

① 此处的 q 为单位化后的指标，指的是一部分的制度质量被用于进行本地区创新要素集聚，剩余部分的制度质量则被用于促进吸收外来技术溢出。

存在由创新要素集聚引致的技术知识存量增加，那么由式(2-15)的 H_I 可得：

$$\beta(1-\gamma)H-J\gamma(1-\beta)C<0 \tag{2-17}$$

将式(2-16)代入式(2-17)，可得：

$$q<\left[1+\frac{\beta^{\beta}H^{\beta-\gamma}(1-\beta)^{1-\beta}e_I A_I}{A_{i0}e^{\beta s t}\prod_{j\neq i}^{n}A_{jt}^{\lambda w_{ij}}(1-\gamma)^{1-\beta}\gamma^{\beta}C^{\beta-\gamma}}\right]^{-1}=a_1 \tag{2-18}$$

当 $H_S=C_S=0$ 时，产业结构低级形态地区完全依靠本地区创新要素集聚引致其技术知识存量增加，不吸收外来的技术溢出，那么由式(2-15)的 H_S 可得：

$$\gamma(1-\beta)(JC-H)<0 \tag{2-19}$$

将式(2-16)代入式(2-19)，可得：

$$q>\left[1+\frac{H^{\beta-\gamma}e_I A_I(1-\beta)^{1-\gamma}\beta^{\gamma}}{C^{\beta-\gamma}(1-\gamma)^{1-\gamma}\gamma^{\gamma}A_{i0}e^{\beta s t}\prod_{j\neq i}^{n}A_{jt}^{\lambda w_{ij}}}\right]^{-1}=a_2 \tag{2-20}$$

当产业结构低级形态地区同时依靠本地区创新要素集聚和吸收外来技术溢出促使其技术知识存量增加时，并假定以本地区创新要素集聚引致的技术进步为主，那么有$\dot{A}_I>\dot{A}_S$，联立式(2-9)、式(2-10)、式(2-15)和式(2-16)，可得：

$$q>\left[1+\frac{H^{\beta-\gamma}\beta^{\beta}(2-\gamma-\beta)^{\beta-\gamma}e_I A_I(1-\beta)^{1-\beta}}{C^{\beta-\gamma}(1-\gamma)^{1-\gamma}(\beta+\gamma)^{\beta-\gamma}\gamma^{\gamma}A_{i0}e^{\beta s t}\prod_{j\neq i}^{n}A_{jt}^{\lambda w_{ij}}}\right]^{-1}=a_3 \tag{2-21}$$

产业结构低级形态地区通过本地区创新要素（人力资本和资金）集聚引致的技术进步往往比吸收外来技术溢出获得的技术知识增量更多。现实中通过创新要素集聚的形式促进技术增长进而实现产业结构高端化的人力资本投入更大，而吸收外来技术溢出在一定程度上属于模仿创新，其需要投入大量的资金等物质资本，于是有 $H_I/C_I>H_S/C_S$。又结合对 $\dot{A}_I$ 和$\dot{A}_S$ 的分析可得$\beta>\gamma$。于是综合式(2-18)、式(2-20)和式(2-21)分析结果可知 $a_1<a_3<a_2$，而 a_1、a_2 和 a_3 分别是产业结构低级形态地区获得技术进步方式的临界点。

那么，当 $q<a_1$ 时，产业结构低级形态地区主要通过吸收外来技术溢出取得技术知识存量；当 $a_1<q<a_3$ 时，通过本地区创新要素集聚和吸收外来溢出相结合的形式实现技术进步，但以吸收外来技术溢出为主；当 $a_3<q<a_2$ 时，同样通过本地区创新要素集聚和吸收外来溢出相结合的形式实现技术进步，但以本地区创新要素集聚为主；当 $q>a_2$ 时，采取本地区创新要素集聚引致技术进步的形式获取技术知识存量。产业结构低级形态地区要实现由吸收外来技术溢出向自身创新要素集聚的形式转变时，必须在优化自身制度环境的背景下实现技术优化，即跨过一定程度的制度环境“门槛”，助力于创新要素集聚驱动产业结构高端化。

进而本章根据式(2-18)、式(2-20)和式(2-21)的结果，有：

$$\partial a_i/\partial H<0,\ \partial a_i/\partial A_I<0 \tag{2-22}$$

说明，当人力资本水平提升和技术知识存量增加时，制度质量在创新要素集聚驱动产业结构高端化的作用效应下降。基于式（2-18）、式（2-20）和式（2-21）的理论推导过程，并结合分析结果，本章得出以下理论假说。

2.1.3 理论假说

产业结构高端化是产业结构从低级形态不断向高级形态转变的过程，于是本章将我国的省域划分成产业结构低级形态地区和产业结构高级形态地区，结合上述理论模型的推断，进行如下创新要素集聚驱动产业结构高端化制度选择的讨论。

制度是经济增长的关键因素（Acemoglu 等，2005），影响着社会中的人力、物质或技术资本等的投资决策。我国具有显著的区域经济发展不均衡的特征（李梅和柳士昌，2012）[152]，不同地区的制度存在显著的差异性，造就了区域制度环境的差异性。省域制度质量越好，其对应的法制环境、市场环境和创新环境等就会越好，制度环境越优良，将会吸引大量以创新人才、创新资金为代表的创新要素，实现创新要素集聚，促进省域进行以自主创新为主的技术创新，实现省域产业结构高端化（余泳泽和张先轸，2015）。此时，制度质量将成为这些地区的比较优势（Levchenko，2007；戴翔和金碚，2014）[153-154]，它们凭借其自身优良的制度环境保护政策，吸引更多的外来技术溢出，共同促进省域产业结构高端化。与之对应的制度环境较差的省域，对专利等的保护强度弱，将吸引更少的创新要素，此时省域倾向于选择以模仿创新为主的技术创新，推进产业结构低级形态地区的产业结构高端化进程。综上，制度质量的作用效应存在转折点，当省域制度跨过一定的制度门槛时，有助于创新要素集聚，促使省域企业通过自主创新的形式提升自身的核心竞争力，驱动产业结构高端化。那么，可得本章的假说 1：制度质量对创新要素集聚驱动产业结构高端化具有空间门槛作用效应。

在不同的制度门槛层级条件下，省域集聚的创新要素在一定的触发条件下转化成先进技术，制度质量的差异将促使省域形成不同的技术溢出壁垒，引致省域技术溢出存在不同程度的差异。以产业结构低级形态地区为例，制度质量不够完善导致省域对新兴技术的保护力度不强，易引起区域技术向外溢出，导致省域内的企业无法集中力量依靠自主研发实现技术改造和技术升级，只能通过吸收技术溢出来实现自身的技术进步，进而优化产业结构（傅元海等，2014）。而技术溢出包含产业内部和外来技术的嵌入，此时产业结构低级形态地区将会以吸收邻省域或国外等外来技术溢出为主，获得横向或纵向的技术溢出效应（Malik，2015）[155]，即通过模仿创新的形式促进产业结构高端化。而产业结构高级形态地区拥有更加优良的制度环境，对自身研发出的先进技术具有较好的保护能力，其将依据集聚的创新要素以自主创新的形式实现产业结构高端化。于是，可得本章的假说 2：在制度质量的不同空间门槛条件下，创新要素集聚促使技术进步，部分先进技术会以技术溢出的形式作用于产业结构高端化。

差异化的省域制度质量对创新要素集聚的影响效应存在分层递进的现象。当省域的制度环境优良时，其将具备更完善的法制环境、市场环境和创新环境，具有更高的比较优势（Bernard 等，2010）[156]，使专利保护制度更加严格，有利于具备高技术和自主研发要素的创新要素实现集聚，进而高效促进产业结构高端化。当省域制度环境缺失时，对集聚的创新要素不具有相应的保护措施，引致集聚的创新要素出现流失，技术溢出现象普遍存在，那么省域将缺乏依靠自身创新要素集聚实现技术提升的内生增长动力，主要通过模仿创新等形式提升技术水平，促进产业结构高端化。同时还存在一些制度质量处于中等完备程度的省域，其对创新要素集聚的影响效应也处于中等水平。综上，在不同的制度质量强度下，创新要素集聚对产业结构高端化的驱动作用具备差异性。那么，可得本章的假说3：不同空间门槛条件下制度质量将引致不同程度的创新要素集聚，变动省域技术知识存量，促进省域产业结构高端化。

2.2　制度质量对创新要素集聚驱动产业结构高端化的空间门槛作用效应

为了更系统地验证上述三个理论假说，探究制度质量的空间门槛效应，本章将构建空间门槛模型以探究制度质量存在的门槛重数，进而分析在制度质量影响下创新要素集聚驱动产业结构高端化的作用机理。如下首先探究制度质量对创新要素集聚驱动产业结构高端化的空间门槛作用效应，即制度质量存在的门槛重数。

2.2.1　变量测度与计量模型

本章选取我国2001～2015年30个省份（西藏数据缺失严重，舍去）的数据，数据来源于《中国高技术产业统计年鉴》《中国统计年鉴》《中国科技统计年鉴》、中经网数据库和EPS数据库，缺失的数据根据前后年份使用牛顿插值算法补足。接下来，本章逐一介绍创新要素集聚驱动产业结构高端化相关变量的测算。

（1）制度质量。本章参照樊纲等（2003）的中国地区市场化进程报告，选择政府支持度、非国有经济发展度、要素市场发育度和市场法律规范度四个指标度量制度质量SQ_{it}。政府支持度的加大有助于改善基础设施资源的配置，提升全要素生产率；经济结构转变之前国有经济在我国的经济中占据主导地位，改革以后我国非国有经济的发展趋势持续上升，非国有经济在整个市场经济中的占比持续上升，推动市场经济的发展，实现产业结构高端化；要素市场发育度越良好，市场的竞争程度越大，越有利于有效的市场资源配置，促进产业结构高端化；市场法律规范度越高，越能有效保护市场中生产者的合法权益，以便市场得以正常有效运行。各指标的构成要素如表2－1所示。

表2－1　制度变量的指标构成

制度变量指标	明细指标
政府支持度	科技经费筹集额中政府资金占R&D经费的比重
非国有经济发展度	非国有经济就业人数占城镇总就业人数的比重
要素市场发育度	引进外资度（FDI与GDP的比值）
	技术市场成交额占省域科技从业人员数量的比重
市场法律规范度	三种专利申请受理数量与科技人员数的比例
	三种专利申请批准数量与科技人员数的比例

注：选择方差最大化旋转的因子分析法测算要素市场发育度、市场法律规范度和制度变量各明细指标的权重，使用加权求和法综合各指标。

（2）创新要素集聚。结合上述对创新要素集聚的定义，本章将选择人才要素集聚 TG_{it} 和资金要素集聚 CG_{it} 两个变量描述创新要素集聚，借鉴区位熵和 Henderson（1995）[157] 的测算方法分别测度人才要素集聚和资金要素集聚。

$$TG_{it} = \frac{RP_{it}/EP_{it}}{\sum_{i=1}^{n} RP_{it}/\sum_{i=1}^{n} EP_{it}}, CG_{it} = \frac{RF_{it}/GDP_{it}}{\sum_{i=1}^{n} RF_{it}/\sum_{i=1}^{n} GDP_{it}} \tag{2-23}$$

其中，RP_{it} 指省域 i 在 t 年的 R&D 人员数，EP_{it} 指省域 i 在 t 年的就业人员，RF_{it} 指省域 i 在 t 年的 R&D 经费，GDP_{it} 指省域 i 在 t 年的国内生产总值。

（3）产业结构高端化。本章提出的产业结构高端化定义为各省域实现自身由低附加值产业向高附加值产业不断转变，最终实现产业高度集约化的过程。现有文献大多从产业结构合理化和高度化角度分析产业结构优化升级（何平等，2014；干春晖等，2011）[158]。本章在产业集约化水平测度公式的基础上，结合高技术产业产值，设定如下产业结构高端化 IH_{it} 的测算方法：

$$IH_{it} = \frac{HV_{it}/\sum_{i=1}^{n} HV_{it}}{Area_{it}/\sum_{i=1}^{n} Area_{it}}$$

其中，HV_{it} 表示省域 i 在 t 年的高技术产业总产值，$Area_{it}$ 表示省域 i 在 t 年的行政区划面积。

（4）技术溢出。创新要素不仅会以集聚的形式促进产业结构高端化，还会转化成技术，以技术溢出的形式促进产业结构高端化。研发的外溢效应来源于两个方面，产业内部和外部的技术嵌入（Regev，1995）[159]。本章选择技术消化吸收经费与国外技术引进合同数乘积的占比表示技术溢出 TS_{it}。

（5）外贸依存度。外贸依存度（FD_{it}）指一定时期内商品的进出口总额①占国内生产总值的比重。度量区域内各产业参与全球生产销售的水平和程度，衡量产业在世界市场中的融入情况。外贸依存度必须适度，数值过小就会导致产业市场出现闭关自守的状况，数值过大则会造成经济对外依存度过高的隐患（唐末兵等，2014）。

（6）固定资产投资率。我国经济发展的实践证明，合理的固定资产投资规模有助于维持平稳的经济发展速度，并且有助于优化投资结构和区域布局，对产业结构高端化产生显著的影响。本章选择省域固定资产投资占比表示固定资产投资对产业结构高端化的影响（付宏等，2013）。

（7）金融发展度。金融过度或金融抑制均有害于作为现代经济增长核心的金融发展，合理的金融结构会影响投资储蓄，进而影响资金流量结构和生产要素的分配结构，最终通过变动资金存量结构的形式影响产业发展。本章选择省域贷款金额占比表示金融发展度（付宏等，2013）。

（8）三资企业占比。开放的经济环境背景下，外商直接投资有利于我国的省域产业结构高端化，通过这种方式引进先进技术，作用于创新要素集聚，实现产业结构高端化。

① 用每年的汇率将进出口总额的美元单位换算成人民币。

本章选择省域三资企业数占比表示。

综上可得，所有变量的统计特征如表 2-2 所示。

表 2-2 变量的统计特征

变量类型	变量名称	变量符号	最大值	最小值	均值	标准差	观测值数	截面数
因变量	产业结构高端化	IH_{it}	46.376	0.012	3.058	7.069	450	30
核心解释变量	人才要素集聚	TG_{it}	7.827	0.195	1.151	1.180	450	30
	资金要素集聚	CG_{it}	10.827	0.098	1.044	1.889	450	30
	技术溢出	TS_{it}	5.947	0.023	0.933	0.955	450	30
	制度质量	SQ_{it}	0.589	0.069	0.187	0.079	450	30
控制变量	外贸依存度	FD_{it}	0.037	0.001	0.007	0.008	450	30
	固定资产投资率	IR_{it}	0.107	0.003	0.033	0.023	450	30
	金融发展度	FV_{it}	0.139	0.004	0.033	0.029	450	30
	三资企业占比	FE_{it}	0.287	0.002	0.033	0.059	450	30

2.2.2 实证分析

2.2.2.1 模型设定

上述理论假说表明制度质量对创新要素集聚驱动产业结构高端化具有空间门槛作用效应，于是本章构建空间面板门槛模型验证我国创新要素集聚驱动产业结构高端化的制度选择状况。从计量经济学角度而言，模型可能存在多重门槛，进而在创新要素集聚和技术溢出变量上加入空间权重矩阵。结合 Hansen（1999）的面板门槛回归模型和龙小宁等（2014）[160]的两区制空间计量模型，最终构建 3 个空间门槛面板计量模型（以单一门槛模型为例）。

模型 1：$IH_{it}=\alpha_0+\alpha_{11}W^E TG_{it}I(SQ_{it}\leqslant\gamma)+\alpha_{12}W^E TG_{it}I(SQ_{it}>\gamma)+\alpha_2 W^E CG_{it}+\alpha_3 W^K TS_{it}+\alpha_4 SQ_{it}+\alpha_5 FD_{it}+\alpha_6 IR_{it}+\alpha_7 FV_{it}+\alpha_8 FE_{it}+\varepsilon_{it}$

模型 2：$IH_{it}=\alpha_0+\alpha_1 W^E TG_{it}+\alpha_{21}W^E CG_{it}I(SQ_{it}\leqslant\gamma)+\alpha_{22}W^E CG_{it}I(SQ_{it}>\gamma)+\alpha_3 W^K TS_{it}+\alpha_4 SQ_{it}+\alpha_5 FD_{it}+\alpha_6 IR_{it}+\alpha_7 FV_{it}+\alpha_8 FE_{it}+\varepsilon_{it}$

模型 3：$IH_{it}=\alpha_0+\alpha_1 W^E TG_{it}+\alpha_2 W^E CG_{it}+\alpha_{31}W^K TS_{it}I(SQ_{it}\leqslant\gamma)+\alpha_{32}W^K TS_{it}I(SQ_{it}>\gamma)+\alpha_4 SQ_{it}+\alpha_5 FD_{it}+\alpha_6 IR_{it}+\alpha_7 FV_{it}+\alpha_8 FE_{it}+\varepsilon_{it}$

其中，括号内的 SQ_{it} 为门槛变量。ε_{it} 为随机干扰项。$I(\cdot)$ 为示性函数，当括号内的条件成立时，$I(\cdot)=1$，否则 $I(\cdot)=0$。γ 为特定的门槛值。W^E 和 W^K 分别是创新要素集聚对应的创新要素集聚空间权重矩阵和技术溢出对应的知识溢出空间权重矩阵①。

本章借鉴 Jaffe（1986）的技术距离和赵增耀（2016）[161]的人力资本距离权重矩阵

① W^E 和 W^K 均为行标准化的空间权重矩阵。

的思想构建创新要素集聚空间权重矩阵。Jaffe 从企业的 R&D 活动的特征角度定义了企业间的技术距离概念，通过测算其他企业的知识存量可度量企业间的技术溢出效应，并使用技术距离权重矩阵对知识存量进行加权。Jaffe 定义了一个技术距离测算公式衡量企业间的产出效率是否受其 R&D 活动的影响，用式（2－24）衡量企业间 R&D 活动的溢出效应。

$$rd_{ij} = \frac{F_i F'_j}{\sqrt{(F_i F'_i) \times (F_j F'_j)}} \tag{2-24}$$

Jaffe 将 F_i 和 F_j 定义为整个制造业行业中企业 i 和企业 j 的产出份额行向量，F_i 和 F_j 分别是行业 i 和行业 j 的工业总产值占所有行业工业生产总值的比重（朱平芳等，2016）。本章认为构建创新要素集聚空间权重矩阵时，人才集聚是创新要素集聚的核心，区域所拥有的技术人力资本能提升其技术成果的转化效率和能力，而区域的技术资本存量是吸引人才集聚的关键。此外，创新要素集聚还会受技术距离的影响。于是，本章选用如下人才集聚矩阵 W^S 与地理距离矩阵 W^d 的乘积度量创新要素集聚空间权重矩阵 W^E。

$$ks_{ij} = \frac{K_i K'_j}{\sqrt{(K_i K'_i) \times (K_j K'_j)}},\ w_{ij} = \begin{cases} 1/\mathrm{d}^2,\ i \neq j \\ 0,\ i = j \end{cases},\ W^E = W^d \cdot W^S$$

其中，ks_{ij} 为 W^S 矩阵中的元素，w_{ij} 为 W^d 矩阵中的元素，d 为省会城市之间的直线距离（赵增耀，2015），K_i 和 K_j 分别是省域 i 和省域 j 的国内专利申请授权数。

而构建知识溢出空间权重矩阵时，本章认为技术距离和地理距离是其主要的影响因素，省域间的技术势差会影响技术溢出效果，技术溢出强度随着地理距离衰减。于是，选用如下技术距离矩阵 W^T 与地理距离矩阵 W^d 的乘积度量知识溢出空间权重矩阵 W^K。

$$rd_{ij} = \frac{F_i F'_j}{\sqrt{(F_i F'_i) \times (F_j F'_j)}},\ W^K = W^d \cdot W^T$$

其中，rd_{ij} 为 W^T 矩阵中的元素，F_i 和 F_j 分别是省域 i 和省域 j 的工业总产值①占全国总产值的比重。

2.2.2.2 实证结果

本章对空间门槛面板计量模型的相关指标进行 BDS 和平稳性检验后，可知构建上述空间门槛面板计量模型是合理的。选择自抽样法②进行空间门槛特征分析（Hansen，1999；Hansen，2000），得出如表 2－3 所示的门槛抽样结果。

表 2－3 中模型 1 的结果显示，门槛变量 SQ 的单一、双重门槛值分别在 5% 和 10% 的置信水平下显著，而三重门槛值包含于双重门槛中且其在相应的置信区间内不显著，于是在模型 1 角度下应构建双重门槛模型。同理可得模型 2 和模型 3 的门槛重数也为 2。综上，制度质量对创新要素集聚驱动产业结构高端化具有双重空间门槛作用效应，印证了假说 1 关于制度质量对创新要素集聚驱动产业结构高端化具有空间门槛作用效应的猜想。于是可得表 2－4 中的以制度质量为门槛变量的 3 个空间门槛计量模型的回归结果。

① 工业总产值用省域工业生产出厂价值指数进行平减（以 2003 年为基期）。

② 各种重数门槛的自抽样次数均为 300 次。

表 2-3　空间门槛面板计量模型特征检验结果

模型 1

门槛变量	门槛数	F 值	P 值	门槛估计值	95%置信区间	临界值		
						1%	5%	10%
SQ	单一	18.885*	0.097	0.192	[0.192, 0.192]	51.988	29.258	18.809
	双重	13.692**	0.020	0.274	[0.244, 0.326]	17.968	10.033	7.424
	三重	3.946	0.130	0.326	[0.087, 0.326]	14.009	5.348	3.552

模型 2

门槛变量	门槛数	F 值	P 值	门槛估计值	95%置信区间	临界值		
						1%	5%	10%
SQ	单一	20.890*	0.083	0.192	[0.192, 0.192]	59.145	29.824	17.834
	双重	13.389**	0.027	0.274	[0.257, 0.326]	16.555	9.629	7.001
	三重	4.669	0.216	0.326	[0.107, 0.326]	10.410	3.946	2.821

模型 3

门槛变量	门槛数	F 值	P 值	门槛估计值	95%置信区间	临界值		
						1%	5%	10%
SQ	单一	17.283**	0.083	0.192	[0.192, 0.192]	52.332	28.953	18.117
	双重	13.617***	0.010	0.274	[0.244, 0.326]	14.645	8.960	6.581
	三重	3.803	0.113	0.326	[0.285, 0.326]	10.250	5.145	3.175

表 2-4　空间门槛面板计量模型的估计结果

解释变量	模型 1	模型 2	模型 3
_cons	27.338** (2.51)	27.470** (2.53)	27.314** (2.50)
$W^E TG_{it}$	—	1.269 (0.46)	1.556* (1.56)
$W^E CG_{it}$	3.384* (1.53)	—	2.929 (0.48)
$W^K TS_{it}$	8.726*** (4.19)	8.860*** (4.26)	—
SQ_{it}	4.105* (3.95)	4.329* (1.26)	3.861* (1.11)
$SQ_{it} \leqslant 0.192$	2.046** (1.98)	-3.559*** (-2.59)	8.509*** (4.09)
$0.192 < SQ_{it} \leqslant 0.274$	3.423*** (2.49)	4.151* (1.36)	3.962*** (4.28)
$SQ_{it} > 0.274$	6.775*** (3.66)	7.375* (1.39)	1.031** (1.91)
FD_{it}	-2.046*** (-3.95)	-2.013*** (-3.89)	2.020*** (3.89)
IR_{it}	1.489 (1.03)	1.405** (1.98)	1.498* (1.04)
FV_{it}	-1.745* (-1.48)	-1.548* (-1.43)	-1.640 (-0.45)
FE_{it}	7.149*** (6.56)	7.104*** (6.53)	7.132*** (6.53)
R^2	0.716	0.714	0.713
F 统计量	80.85***	80.80***	79.92***

注：括号内为 t 值，***、**、*分别表示通过 1%、5%和 10%的显著性水平检验。

表2-4给出了在制度质量的各种门槛条件下，产业结构高端化的受影响状况。可见，创新要素集聚和技术溢出对产业结构高端化均产生了正向的空间溢出效应，这验证了假说2中部分先进技术会以技术溢出的形式作用于产业结构高端化的准确性。在制度质量的影响下，创新要素集聚对产业结构高端化的空间作用效应不同。制度质量在门槛区间内对创新要素集聚具有显著的促进作用，表现为门槛区间对应的系数逐渐递增，说明增强制度质量有助于创新要素集聚驱动产业结构高端化。而制度质量的提升对技术溢出驱动产业结构高端化的影响效应趋于下降，并且其系数的显著性也相对更低。当考察制度选择对创新要素集聚驱动产业结构高端化的作用效应时，可见外贸依存度对产业结构高端化产生显著的负向作用效应，说明我国大部分地区对外贸的依存性很大，这不利于我国省域的创新要素集聚。只有合理控制进出口的数量并确保其质量，才能有效推进产业结构高端化。固定资产投资率和三资企业占比均对产业结构高端化产生正向促进作用，而金融发展程度会制约产业结构高端化进程。综上，不同强度的制度质量会对创新要素集聚驱动产业结构高端化产生显著的阶段性影响，不同的制度选择首先会影响创新要素集聚的不同反应形式，进而作用于产业结构高端化。于是，本章将进一步构建模型分析不同的制度选择背景下，创新要素的集聚程度对产业结构高端化的空间作用效应。

2.3 不同制度选择下的创新要素集聚驱动产业结构高端化

2.3.1 制度差异下创新要素集聚驱动产业结构高端化的机理分析

王立平和吕民乐（2005）[162]基于知识的MAR外部性、Porter外部性、Jacobs外部性和租金外部性的特征，认为知识溢出具有规模经济、范围经济和联结经济，进而衍生出对水平式、垂直式和联结式知识溢出形式的探究。宋琦等（2010）[163]借助生物学中的种群增长曲线，对创新集群的生命周期进行阶段划分。干春晖等（2011）从动态的角度指出一个经济体的产业结构变迁具备两种维度，继而从产业结构合理化和产业结构高级化两个角度衡量产业结构变迁。Fan等（2014）优化了产业结构合理化指标，认为科技财政支出的提升有助于促进产业结构合理化。本章基于上述研究成果和空间门槛回归结果，并基于理论假说3，将创新要素集聚划分成初级、中级和高级三阶段，分别探究各阶段的创新要素集聚驱动产业结构高端化的制度选择效应。上述实证结果表明制度质量存在双重空间门槛效应，对应的门槛值将制度质量的严格程度划分成三个阶段，于是本章按照门槛区间将制度质量划分成三个等级。当 $SQ_{it} \leqslant 0.192$ 时，制度质量的严格程度为一级；当 $0.192 < SQ_{it} \leqslant 0.274$ 时，制度质量的严格程度为二级；当 $SQ_{it} > 0.274$ 时，制度质量的严格程度为三级。其中，初级创新要素集聚指在一级严格程度的制度质量下，省域对新兴技术的保护力度不强，技术溢出壁垒低，省域通过人力资本投入和技术引进经费投入实现的创新要素集聚；中级创新要素集聚指在二级严格程度的制度质量下，省域通过本地创新要素集聚和吸收外来技术溢出相结合的形式实现技术进步，此时通过科研活动人员投入和科研经费投入实现创新要素集聚；高级创新要素集聚指在三级严格程度的制度质量下，省域的制度质

量趋于完善，省域将吸引大量的高技术人才流入，实现自主创新，即通过高技术R&D人员投入和自主研发经费投入的形式实现创新要素集聚。

在差异化制度质量的作用条件下，具备梯度发展特征的省域创新要素也会出现不同层级的集聚程度，进而带来创新要素的递进变化，引致省域间阶梯型的技术进步，最终促进产业结构高端化。即制度质量影响下，各层级的创新要素集聚均会通过中间变量的作用驱动产业结构高端化，而创新要素集聚、技术进步等变量的递进作用效应也是产业结构逐步趋于高端化的影响因素。如图2-1所示，本章仅考虑制度质量影响下的创新要素集聚驱动产业结构高端化的三条作用主线。上述实证结果表明制度质量存在双重空间门槛效应，本章认为制度质量按照其严格程度对省域创新要素集聚产生不同程度的影响效应，进而影响创新要素在区域间的空间配置情况，提升省域的技术水平，最终实现产业结构高端化。如图2-1所示，将其划分成初级创新要素集聚、中级创新要素集聚和高级创新要素集聚，以产业结构低级形态地区和产业结构高级形态地区为例，制度质量影响下的创新要素集聚驱动产业结构高端化的作用如下三条主线：①以人力资本投入和技术引进经费投入为主的初级创新要素集聚会改变省域创新要素的空间配置，主要通过吸收外部省域的技术溢出来提升自身的技术知识存量，促进产业结构高端化。当制度质量的严格程度为一级时，对应产业结构低级形态地区，制度不够完善的产业结构低级形态地区主要以投入人力资本和技术引进经费为主，初级创新要素集聚将影响产业结构低级形态地区的要素配置，制度质量欠严格的产业结构低级形态地区的知识产权保护意识不强，省域倾向于通过吸收外来技术溢出获得技术知识存量，提升自身的产业结构水平。②以科研活动人员投入和科研经费投入为主的中级创新要素集聚会变换省域的创新要素空间结构，结合本地创新要素集聚和吸收外部省域技术溢出的形式实现技术进步，促进产业结构高端化。当制度质量的严格程度为二级时，省域的制度环境逐步趋于完善，该类地区会吸引大量的科研活动人员，进而通过投入大量的科研经费，完善该类区域的产业价值链，区域通过本地区创新要素集聚和吸收外来溢出相结合的形式实现技术进步，最终实现产业结构高端化。③以高技术R&D人员投入和自主研发经费投入为主的高级创新要素集聚将影响创新要素本质，主要通过集聚本地的创新要素提升现技术创新效率，促进产业结构高端化。当制度质量的严格程度为三级时，采取本地区创新要素集聚引致技术进步的形式是产业结构高级形态地区进一步提升其经济发展水平、升级产业价值链的关键路径，此时产业结构高级形态地区凭借其发达的经济体、充足的高技术R&D人员和自主研发经费，提升产业链的价值，促进产业结构高端化。

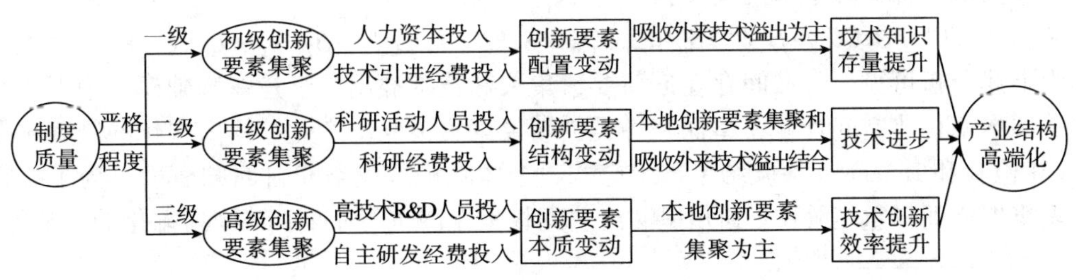

图2-1　制度差异下创新要素集聚驱动产业结构高端化的作用机理

2.3.2 变量测度与计量模型

2.3.2.1 变量测算

在制度质量的影响下，我国区域呈现出不均衡的发展特性，产业结构不同层级形态的地区会表现出不同程度的创新要素集聚。如初级创新要素集聚中的人才集聚表现为基础的人力资本集聚。选择与式（2-23）相同的方法测算初级、中级和高级创新要素集聚。

（1）初级创新要素集聚。用初级人才要素集聚 TG_{it}^{1} 和初级资金要素集聚 CG_{it}^{1} 描述初级创新要素集聚，测度如下：

$$TG_{it}^{1} = \frac{HC_{it}/EP_{it}}{\sum_{i=1}^{n} HC_{it}/\sum_{i=1}^{n} EP_{it}},CG_{it}^{1} = \frac{TI_{it}/GDP_{it}}{\sum_{i=1}^{n} TI_{it}/\sum_{i=1}^{n} GDP_{it}}$$

其中，HC_{it} 指省域 i 在 t 年的人力资本，使用居民人均受教育年限表示①；TI_{it} 指省域 i 在 t 年的技术引进经费（余泳泽和张先轸，2015）。

（2）中级创新要素集聚。用中级人才要素集聚 TG_{it}^{2} 和中级资金要素集聚 CG_{it}^{2} 度量中级创新要素集聚，测度如下：

$$TG_{it}^{2} = \frac{ST_{it}/EP_{it}}{\sum_{i=1}^{n} ST_{it}/\sum_{i=1}^{n} EP_{it}},CG_{it}^{2} = \frac{ES_{it}/GDP_{it}}{\sum_{i=1}^{n} ES_{it}/\sum_{i=1}^{n} GDP_{it}}$$

其中，ST_{it} 指省域 i 在 t 年的科技活动人员；ES_{it} 指省域 i 在 t 年的科技经费投入（唐末兵等，2014）。

（3）高级创新要素集聚。用高级人才要素集聚 TG_{it}^{3} 和高级资金要素集聚 CG_{it}^{3} 度量高级创新要素集聚，测度如下：

$$TG_{it}^{3} = \frac{HP_{it}/EP_{it}}{\sum_{i=1}^{n} HP_{it}/\sum_{i=1}^{n} EP_{it}},\quad CG_{it}^{3} = \frac{IR_{it}/GDP_{it}}{\sum_{i=1}^{n} IR_{it}/\sum_{i=1}^{n} GDP_{it}}$$

其中，HP_{it} 指省域 i 在 t 年的高技术产业 R&D 人员；IR_{it} 指省域 i 在 t 年的自主研究与开发经费投入。

2.3.2.2 实证模型

为检验上述假说的准确性，本章从创新要素集聚的视角，考虑人才要素集聚和资金要素集聚，进而将技术溢出、制度质量、外贸依存度、固定资产投资率、金融发展程度和三资企业占比纳入分析范畴，探究上述八个因素对省域产业结构高端化的影响，以初级创新要素集聚为例，构建如下基准模型：

$$IH_{it} = \beta_1 TG_{it}^{1} + \beta_2 CG_{it}^{1} + \beta_3 W^{K} TS_{it} + \beta_4 SQ_{it} + \beta_5 FD_{it} + \beta_6 IR_{it} + \beta_7 FV_{it} + \beta_8 FE_{it} + \varepsilon_{it}$$

由上述分析可见，省域间存在创新要素集聚和技术溢出，于是在基础模型中引入空间因素，即本章构建空间计量模型探究各类创新要素集聚驱动产业结构高端化的制度选择效应。LM 检验和 Hausman 检验结果显示应构建个体随机效应空间自回归模型，为了探究创新要素集聚空间权重矩阵 W^{E} 和知识溢出空间权重矩阵 W^{K} 对产业结构高端化的影响效应，

① 计算方法为 E=16e1+12e2+9e3+6e4+2e5，e1、e2、e3、e4 和 e5 分别为大专以上、高中、初中、小学和文盲半文盲文化人口占总人口的比重，16、12、9、6 和 2 是对应的受教育年数。

本章构建如下三区制的空间自回归模型进行实证分析（Elhorst 和 Fréret，2009；龙小宁等，2014）[164]。

模型（1）~模型（3）：

$$IH_{it} = \lambda W^K IH + \beta_{11} W^E TG_{it}^m + \beta_{12} W^E CG_{it}^m + \beta_2 W^K TS_{it} + \beta_3 SQ_{it} + \beta_4 FD_{it} + \beta_5 IR_{it} + \beta_6 FV_{it} + \beta_7 FE_{it} + u_{it} + \varepsilon_{it}$$

模型（4）~模型（6）：

$$IH_{it} = \lambda W^E IH + \beta_{11} W^E TG_{it}^m + \beta_{12} W^E CG_{it}^m + \beta_2 W^K TS_{it} + \beta_3 SQ_{it} + \beta_4 FD_{it} + \beta_5 IR_{it} + \beta_6 FV_{it} + \beta_7 FE_{it} + u_{it} + \varepsilon_{it}$$

其中，$m=1$、2 和 3，u_{it}是个体效应的随机误差项。

2.3.2.3 实证结果

本章分别从全局和局部的角度探究创新要素集聚驱动产业结构高端化的制度选择问题。在全局的角度下，探究不同等级的制度质量严格程度下各类创新要素集聚驱动产业结构高端化的实证结果。在局部的角度下，本章将我国的 30 个省份按照进制度质量的空间门槛数值划分成三部分，分别探究各个制度质量门槛阈值内创新要素集聚驱动产业结构高端化的制度选择问题。

表 2-5 各类创新要素集聚驱动产业结构高端化结果

变量	知识溢出空间权重矩阵 W^K			创新要素集聚空间权重矩阵 W^E		
	模型（1）	模型（2）	模型（3）	模型（4）	模型（5）	模型（6）
$W^K IH$	-0.612** (-2.576)	-0.998*** (-3.001)	-0.994*** (-2.964)			
$W^E III$				-0.635* (-1.650)	-0.999*** (-3.000)	-0.999*** (-2.977)
$W^E TG_{it}^1$	5.368* (1.746)			5.690 (0.648)		
$W^E TG_{it}^2$		11.844*** (3.451)			11.972*** (3.460)	
$W^E TG_{it}^3$			13.869** (1.881)			14.055** (1.940)
$W^E CG_{it}^1$	0.674** (1.980)			0.672*** (2.374)		
$W^E CG_{it}^2$		6.358*** (3.940)			6.355*** (3.943)	
$W^E CG_{it}^3$			20.519** (1.851)			20.915** (1.879)
$W^K TS_{it}$	19.106* (1.221)	17.538* (1.552)	11.772 (1.018)	19.994* (1.212)	17.765** (1.920)	11.893** (1.995)

续表

变量	知识溢出空间权重矩阵 W^K			创新要素集聚空间权重矩阵 W^E		
	模型（1）	模型（2）	模型（3）	模型（4）	模型（5）	模型（6）
SQ_{it}	9.897*** (4.234)	10.631*** (4.962)	12.120*** (5.660)	9.898*** (4.239)	10.635*** (4.963)	12.214*** (5.696)
FD_{it}	-18.070*** (-3.526)	-17.036*** (-3.179)	-11.207*** (-2.113)	-18.225* (-1.554)	-16.999*** (-3.175)	-11.224*** (-2.115)
IR_{it}	3.180*** (2.192)	3.831*** (2.636)	4.199*** (2.860)	3.127* (1.155)	3.850* (1.625)	4.267*** (2.841)
FV_{it}	-3.686** (-1.983)	-3.866* (-1.143)	-2.792* (-1.738)	-3.697 (-0.986)	-3.843* (-1.138)	-2.764 (-0.731)
FE_{it}	7.962*** (6.809)	7.675*** (6.892)	7.789*** (6.855)	7.696*** (6.812)	7.680*** (6.904)	7.793*** (6.867)
$logL$	-856.561	-847.021	-856.285	-856.224	-846.348	-855.507
R^2	0.946	0.947	0.945	0.946	0.947	0.945
σ^2	2.913	2.834	2.953	2.913	2.828	2.946

注：括号内为 t 值，***、**、*分别表示通过1%、5%和10%的显著性水平检验。

（1）全局角度。表2-5的结显示本省域的产业结构高端化受相邻区域产业结构高端化负向溢出效应的影响。由模型（1）至模型（3）的结果可见，随着制度质量严格程度的递增，创新要素集聚（人才要素集聚和资本要素集聚）对产业结构高端化的空间作用效应呈现递增的趋势，说明当制度趋于严格时，采取以自主研发创新为主的技术创新形式是快速实现省域产业结构高端化的有效途径。选择创新要素集聚中的人才要素集聚进行分析，在知识溢出空间权重矩阵角度下，初级、中级和高级的人才要素集聚对产业结构高端化的作用力度依次为5.368、11.844和13.869，而对应的技术溢出对产业结构高端化的作用力度依次为19.106、17.538和11.772，说明创新要素集聚对产业结构高端化的空间作用效应与制度质量的严格程度成正比，技术溢出对产业结构高端化的空间作用效应与制度质量的严格程度成反比。

当制度质量的严格程度处于第一层级时，省域制度的完善程度低，省域对知识产权的保护力度最低，导致侵犯知识产权的行为出现，使省域难以通过拥有知识产权的方式获取市场垄断，那么其他市场主体将可通过廉价或无偿的方式使用知识产权，最终出现知识产权人的垄断利润被分享的局面，即技术溢出显著，上述结果显示技术溢出的空间溢出效应最大。此时，省域应立足现有的知识产权保护强度，选择以吸收外来技术溢出为主的技术进步形式促成本地区的产业结构高端化，同时提升省域的知识产权保护力度；当制度质量的严格程度处于第三层级时，省域对知识产权的保护力度加强，激励省域进行知识产权创造，使省域技术创新成果的权益归属明晰化，这将进一步激励省域从事研发活动的企业，提升企业自主研发创新的积极性，即省域更多依靠自身的综合竞争力实现其产业结构高端化；当制度质量的严格程度处于第二层级时，省域对知识产权的保护力度适中，于是省域依靠吸收外来技术溢出和自主创新的形式实现产业结构高端化。创新要素集聚对产业结构高端化的作用效应呈递增趋势，同样选择创新要素集聚中的人才要素集聚进行分析，初级、中级和高级的人才要素集聚下，制度质量对产业结构高端化的作用效应依次为9.897、10.631和12.120，高级人才集聚以高技术R&D人员投入和自主研发经费投入为主，提升制度质量有助于强化我国省域核心技术能力的受保护力度，高级人才集聚对产业结构优化升级的作用效应最强烈。外贸依存度对产业结构高端化产生显著的负向影响，主要原因可能是在技术创新的背景下，省域应加大力度进行自主创新，通过自主研发的投入等形式来促进产业结构高端化。模型(1)~模型(3)的结果同样适用于模型(4)~模型(6)。分别对比模型（1）与模型（4）、模型（2）与模型（5）、模型（3）与模型（6）的结果可见，当制度质量的严格程度一致时，大部分情形下，创新要素集聚空间权重矩阵背景下产业结构高端化的受影响效应大于知识溢出空间权重矩阵下的结果，说明制度质量的优化有助于提升省域创新要素的集聚度，对产业结构高端化的影响更大。因此，通过提升省域的自主研发创新能力促进本地区创新要素集聚能更快实现产业结构高端化。

综上所述，当制度质量处于第一层级时，此时技术溢出对产业结构高端化的作用效应最大，省域应选择吸收外来技术溢出实现技术进步；当制度质量处于第二层级时，通过本地区创新要素集聚和吸收外来溢出相结合的形式实现技术进步是促进产业结构高端化的路径；当制度质量处于第三层级时，创新要素集聚对产业结构高端化的作用效应最大，那么依靠本地区创新要素集聚实现产业结构高端化是主要的产业发展形式。

（2）局部角度。上述实证结果表明制度质量存在双重空间门槛效应，即制度质量的门槛值为0.192和0.274，于是本章以门槛值为分界点，将我国的30个省份划分成三个部分，分别探究各个空间门槛阈值内创新要素集聚驱动产业结构高端化的制度选择问题。

如表2-6所示，除了黑龙江、海南、江西和重庆之外，我国制度质量呈现出东中西的区域分布特征。本章进一步按照制度质量空间门槛阈值内的三个省域分类，分别探究三个制度质量的空间门槛阈值对应的三个制度质量层级下，制度质量影响下创新要素集聚驱动产业结构高端化的结果。

表2-6 制度质量空间门槛阈值内的省域划分

门槛阈值	$SQ_{it} \leq 0.192$	$0.192 < SQ_{it} \leq 0.274$	$SQ_{it} > 0.274$
省域划分	北京、天津、河北、上海、江苏、浙江、福建、山东、广东	黑龙江、海南、山西、辽宁、吉林、安徽、河南、湖北、湖南、重庆	江西、内蒙古、广西、四川、贵州、云南、陕西、甘肃、青海、宁夏、新疆

由表2-7可见，各制度质量空间门槛阈值条件下，创新要素集聚对产业结构高端化呈现递增的作用趋势，在相应的阈值范围内，创新要素集聚对产业结构高端化的促进作用显著，并且创新要素集聚中的创新人才集聚对产业结构高端化的作用效应更大，说明创新人才在产业结构高端化中占据重要地位。那么，在制度质量的各层级内，选择对应合适层级的创新要素集聚是快速实现产业结构高端化的关键。例如，当制度质量的严格程度处于第一层级时，对应以人力资本投入和技术引进经费投入为主的初级创新要素集聚，初级创新要素集聚对产业结构高端化的空间作用效应数值为23.704和2.612。

表 2-7　各类创新要素集聚驱动产业结构高端化结果

变量	知识溢出空间权重矩阵 W^K			创新要素集聚空间权重矩阵 W^E		
	模型（1）	模型（2）	模型（3）	模型（4）	模型（5）	模型（6）
阈值	$SQ_{it} \leqslant 0.192$	$0.192 < SQ_{it} \leqslant 0.274$	$SQ_{it} > 0.274$	$SQ_{it} \leqslant 0.192$	$0.192 < SQ_{it} \leqslant 0.274$	$SQ_{it} > 0.274$
$W^K IH$	-0.487*** (-2.095)	-0.045*** (-2.251)	-0.944** (-1.942)			
$W^E IH$				-0.502*** (-2.155)	-0.067* (-1.366)	-0.863*** (-2.500)
$W^E TG^1_{it}$	23.704*** (2.366)			22.643* (1.321)		
$W^E TG^2_{it}$		29.273*** (2.630)			30.257*** (2.590)	
$W^E TG^3_{it}$			32.191*** (2.739)			22.952* (1.679)
$W^E CG^1_{it}$	2.612*** (2.594)			2.609*** (2.593)		
$W^E CG^2_{it}$		4.888*** (2.974)			5.040*** (2.017)	
$W^E CG^3_{it}$			5.208*** (3.725)			5.279* (1.766)
$W^K TS_{it}$	11.063*** (2.541)	14.468* (1.127)	11.029*** (4.252)	12.218*** (2.568)	4.488* (1.130)	9.995** (1.937)
SQ_{it}	1.899*** (3.919)	2.225*** (4.366)	2.835*** (6.835)	1.903*** (3.943)	2.245*** (4.380)	2.444*** (2.648)
FD_{it}	-3.542*** (-3.105)	-1.598*** (-2.103)	-4.357*** (-2.157)	-3.562*** (-3.121)	-1.707*** (2.109)	-1.621* (-1.378)
IR_{it}	4.985* (1.134)	6.757** (1.831)	7.656** (1.808)	5.272** (1.942)	6.781** (1.833)	8.443*** (2.218)
FV_{it}	-9.391** (-1.907)	-4.136*** (2.540)	-7.870*** (-5.038)	-9.755*** (-2.111)	-4.208* (-1.549)	-8.412** (-1.992)
FE_{it}	7.231* (1.532)	3.728** (1.940)	10.828*** (2.428)	7.253*** (3.544)	3.719*** (2.391)	8.401*** (2.500)
$logL$	-327.576	-364.358	-375.713	-327.355	-264.368	-328.764
R^2	0.923	0.817	0.651	0.923	0.816	0.917
σ^2	8.825	7.027	8.072	8.828	7.527	9.514

注：括号内为t值，***、**、*分别表示通过1%、5%和10%的显著性水平检验。

通过对比表2-5和表2-7可见，对我国30个省域的制度质量按照阈值划分后，其各个层级的创新要素集聚对产业结构高端化的作用效应均大于未进行省域划分的结果，比如当制度质量的严格程度处于第一层级时［表2-5中第（1）列］，1单位的初级创新要素集聚将分别增加5.368个和0.674个单位的产业结构高端化，而表7中第（1）列中的数值分别是23.704和2.612。通过对我国30个省域进行划分，使得制度质量相近的省域归为一个区域，有助于区域内的省域合理利用资源，结合区域发展实情，制定最优的制度政策促进区域的产业结构高端化。

2.3.3 模型的检验

表2-5的结果显示，知识溢出空间权重矩阵背景下空间自回归结果的显著性趋于更高，于是本章选择模型（1）至模型（3）进行内生性检验和显著性检验。

2.3.3.1 内生性检验

在上述空间自回归模型的估计过程中，可能存在双向或逆向因果关系等原因导致的模型内生性问题，如某一类新产品销售过量而导致的产业结构不协调现象，于是选择工具变量法（IV）进行克服。根据工具变量的选取原则①，本章构建的工具变量是［$W^{E2}TG_{it}^{m}$，$W^{E2}CG_{it}^{m}$］②（Acemoglu等，2003；Lee和Yu，2014）[165]。如表2-8所示。

表2-8 创新要素集聚驱动产业结构高端化的内生性检验结果

变量	模型（1）	模型（2）	模型（3）
常数项	-25.527（-1.45）	-28.849***（-2.78）	22.906（0.106）
$W^{K}IH$	-2.769***（4.88）	-2.839***（-2.46）	-2.260*（-1.22）
$W^{E}TG_{it}^{1}$	17.686**（2.59）		
$W^{E}TG_{it}^{2}$		13.206*（1.45）	
$W^{E}TG_{it}^{3}$			18.495***（3.18）
$W^{E}CG_{it}^{1}$	1.718**（2.81）		
$W^{E}CG_{it}^{2}$		1.146*（3.24）	
$W^{E}CG_{it}^{3}$			3.857*（1.76）
$W^{K}TS_{it}$	31.361*（1.95）	33.441***（2.42）	32.893**（1.89）
SQ_{it}	1.544（0.40）	1.222（0.33）	1.739*（1.45）
FD_{it}	8.789***（20.33）	8.748***（21.17）	8.181***（18.89）
IR_{it}	4.871***（3.23）	5.301***（3.45）	3.702***（2.42）
FV_{it}	-2.734***（-2.67）	-3.118***（-3.12）	-3.143***（-3.09）
FE_{it}	3.407***（5.19）	3.631***（5.50）	2.778***（4.23）
F	94.59***	97.33***	93.68***
Sargan	2.194	7.188	3.200

注：括号内为t值，***、**、*分别表示通过1%、5%和10%的显著性水平检验。

① 工具变量的选取原则是工具变量需要与被解释变量的扰动项不相关并与内生解释变量高度相关。

② 针对每种创新要素集聚阶段分别设定对应的工具变量，其中m=1、2和3。

表2－8的结果显示，所有的工具变量均通过Sargan检验，各个变量的正负性水平与表2－5的基本一致，这进一步验证了创新要素集聚驱动产业结构高端化的显著的正向效应。

2.3.3.2 稳健性检验

为保障上述模型在解析创新要素集聚驱动产业结构高端化实证分析中的稳健性，本章通过减少指标的形式（分别去掉核心解释变量SQ和控制变量FD）进一步检验实证结果的稳健性。

由表2－9可见，大多数创新要素集聚驱动产业结构高端化变量的正负性与表2－5的结果基本趋于一致，即通过分别减少模型的核心解释变量和控制变量后得出的实证结果与原结果相同，说明本章构建的三区制空间自回归模型是稳健的。

表2－9 创新要素集聚驱动产业结构高端化的稳健性检验结果

变量	模型（1）	模型（2）	模型（3）	模型（1）	模型（2）	模型（3）
$W^K IH$	-0.472*** (-2.082)	-0.998*** (-2.989)	-0.998*** (-2.916)	-0.180 (-0.896)	-0.997*** (-2.801)	-0.995*** (-2.824)
$W^E TG_{it}^1$	0.263 (0.037)			3.467 (0.487)		
$W^E TG_{it}^2$		12.356*** (3.581)			16.684*** (4.457)	
$W^E TG_{it}^3$			5.395*** (2.694)			6.439*** (2.948)
$W^E CG_{it}^1$	0.363* (1.338)			0.713*** (2.449)		
$W^E CG_{it}^2$		5.550*** (3.467)			7.392*** (4.329)	
$W^E CG_{it}^3$			20.771** (1.843)			4.321*** (3.998)
$W^K TS_{it}$	15.364* (1.228)	17.018* (1.489)	12.657 (1.089)	15.830* (1.244)	11.892 (1.026)	11.782** (1.998)
SQ_{it}	14.110*** (6.816)	11.639*** (5.418)	10.932*** (4.758)			
FD_{it}				-26.459*** (-5.317)	-21.174*** (-3.881)	-16.000*** (-3.028)
IR_{it}	5.544*** (4.261)	6.066*** (4.715)	5.635*** (4.324)	3.667*** (2.478)	4.666*** (3.140)	4.573*** (3.068)
FV_{it}	-1.941* (-1.516)	-2.096* (-1.565)	-1.599 (-0.425)	-3.534** (-1.917)	-3.463** (-1.908)	2.346 (0.608)

续表

变量	模型（1）	模型（2）	模型（3）	模型（1）	模型（2）	模型（3）
FE_{it}	7.926*** (6.949)	7.914*** (7.039)	7.939*** (6.964)	7.708*** (6.631)	7.690*** (6.708)	7.786*** (6.715)
logL	-863.170	-852.371	-858.667	-874.280	-859.949	-865.176
R^2	0.944	0.946	0.944	0.942	0.944	0.943
σ^2	2.980	2.902	2.985	3.084	3.004	3.075

2.4 本章小结

本章从制度质量对创新要素集聚作用强度的角度探究创新要素集聚驱动产业结构高端化的相关问题。首先构建了三部门的内生增长模型和空间门槛面板模型，分别从理论和实证角度探究了制度质量对创新要素集聚的空间门槛作用效应；其次分析了制度质量三个不同层级下创新要素集聚的变动情形，进而探究其对产业结构高端化的影响机理；最后基于创新要素集聚空间权重矩阵和知识溢出空间权重矩阵，构建了三区制的空间自回归模型，实证检验了不同制度选择影响下的各级创新要素集聚驱动产业结构高端化的作用效应。

研究发现：制度质量对创新要素集聚驱动产业结构高端化具有双重空间门槛作用效应，制度质量在门槛区间内对创新要素集聚具有显著的促进作用。不同严格程度的制度质量对创新要素集聚产生不同程度的影响效应，一级严格的制度质量会促进人力资本投入和技术引进经费投入为主的初级创新要素集聚，进而通过吸收外来技术溢出提升自身的技术知识存量，促进产业结构高端化；二级严格的制度质量会引致以科研活动人员投入和科研经费投入为主的中级创新要素集聚，选择结合本地创新要素集聚和吸收外来技术溢出来实现技术进步，促进产业结构高端化；三级严格的制度质量会加速以高技术 R&D 人员投入和自主研发经费投入为主的高级创新要素集聚，通过集聚本地的创新要素提升技术创新效率，促进产业结构高端化。创新要素集聚对产业结构高端化的空间作用效应与制度质量的严格程度成正比，当制度趋于严格时，采取以自主研发创新为主的技术创新形式是快速实现省域产业结构高端化的有效途径。技术溢出对产业结构高端化的空间作用效应与制度质量的严格程度成反比，当制度质量的严格程度处于第一层级时，技术溢出的空间溢出效应最大，此时应该选择以吸收外来技术溢出为主的技术进步形式促成本地区的产业结构高端化。综上，省域在进行经济决策时，应充分考量自身的制度质量，在合适的制度环境中进行集聚创新要素，才能使技术进步的效用发挥到最大化，以顺利实现产业结构高端化。

3 技术创新对产业结构升级的影响机制*

3.1 要素集聚下的技术创新效应分析

3.1.1 理论基础

已有文献大多通过构建技术创新体系来评价或表达技术创新能力，在指标选取上会出现选择的评价指标过多、指标过度偏向某一方面如企业 R&D 能力等，导致运算困难、指标主观片面等。而“集聚效应”表现的是经济、产业活动在空间层级的向心活动，本章通过论证各集聚要素与技术创新间紧密的动态关联性，以期得出技术创新能力表达可替代性的结论。

技术创新与资本、技术、劳动力和创新要素的集聚为相辅相成的共生演化关系，技术创新能力的地理集聚性同样显著，两者是相互依赖的耦合关系。以往均选择构建技术创新系统和技术创新体系表征技术创新能力，而本节选择对技术创新有显著作用效应的各类集聚要素作为影响技术创新的核心变量。鉴于技术创新与集聚的交互依赖性，创新也会表现出地理集聚性，即创新要素集聚会通过溢出效应影响技术创新效率。于是，本节做出如下假设：

假设 1：除创新要素外的其余要素（劳动力、技术、资本要素）都将通过外溢效应对技术创新产生显著影响；

假设 2：影响技术创新效率的因素同样是影响产业结构优化升级内在机制的关键。

3.1.2 各集聚要素的测算

综合以上论述及假设 1、假设 2，本节选择各集聚要素替代技术创新体系探究技术创新对产业结构优化升级的影响效应，选取如下各集聚要素为解释变量：

技术要素集聚 T（黄晖和金凤君，2011）[166]：技术要素集聚是技术作为一种经济要素，在不同的技术层级间发生交互影响，使要素在协调组织过程中实现技术改造和产业结构优化升级。我国技术要素集聚的影响因素有产业集聚、政策要素和制度因素，分别使用

---

* 该章部分成果由陶长琪、周璇撰写，发表在《当代财经》2016 年第 1 期，第 83 ~ 94 页。

行业的基尼系数 G（文玫，2004）[167]、科技经费筹集额中政府资金 Gov 和国有及国有控股工业增加值 Inc 在各地区工业增加值中所占比重（肖兴志等，2012）[168]表示。构建以专利申请授权数为被解释变量的面板数据模型，得通过 ADF 检验、PP 检验和 Hausman 检验后的技术要素集聚变量的个体时点固定效应面板模型为 $I=0.052+0.076G+0.005Gov-0.080\mathrm{Inc}$（$T=0.052+0.076G+0.005Gov-0.080\mathrm{Inc}$），进而根据上式计算得技术要素集聚变量 T。基尼系数的计算方式为：

$$G_i = \frac{1}{2n^2\bar{s}_i}\sum_{k-1}^{n}\sum_{j=1}^{n}|s_{ij}-s_{ik}| \qquad (3-1)$$

其中，$\bar{s}_i$ 为省域工业增加值占总工业增加值比重的均值，n 为省域个数，s_{ij}、s_{ik} 为省份 j 和 k 的工业增加值占总工业增加值的比重。

资本要素集聚（余泳泽，2011）：资本要素集聚包括物质资本要素集聚 W 和人力资本要素集聚 H，资本要素集聚的充足度正相关于资本深化度，合适的物质资本充足度有利于促使技术创新按完整的资源禀赋路径对产业结构产生正向作用，人力资本的集聚更是驱动高新技术、先进知识外溢的可靠保障，分别使用省域物质资本、人力资本存量在全国（物质、人力）资本存量中的占比度量。物质资本存量依照张军等（2004）的测算方法，人力资本存量选取人均受教育年限表示，用大专以上（16 年）、高中（12 年）、初中（9 年）、小学（6 年）和文盲半文盲的人口（0 年）占总人口的比重与受教育年数的加权比表示。

劳动力要素集聚 L（齐亚伟和陶长琪，2014）[169]：劳动力集聚是区域经济发展水平的代名词，劳动力结构的完整性是创新实现的前提条件。受 Henderson（1995）创新要素计算方法的启发，本章劳动力要素集聚的计算公式为：

$$劳动要素集聚=\frac{(省域工业就业人数/工业总就业人数)}{(省域全部就业人数/全国总就业人数)} \qquad (3-2)$$

劳动力用省域年末从业人员数占全国年末从业人员数表示。

创新要素集聚 C（Henderson，1995）：创新要素的溢出效应正相关于技术创新效率，创新技术重叠使产业结构正向有效率并逐步递增，那么创新要素集聚使创新效率受到极大的影响。借鉴 Henderson 的做法，本章创新要素集聚的测算式为：

$$创新要素集聚 = \frac{(创新总投入_{ij}/\sum_i 创新总投入_{ij})}{(\sum_j 创新总投入_{ij}/\sum_i\sum_j 创新总投入_{ij})} \qquad (3-3)$$

其中，i 为技术创新主体，j 为地区。

3.2 要素集聚下的技术创新系统动态 GMM 估计

3.2.1 模型构建

本章在探究要素集聚下的技术创新效应时，选择专利申请授权数作为被解释变量，引入 C－D 生产函数模型探究集聚要素对技术创新体系的可替代性。

C－D 生产函数模型为：

$$Y_t = A_t K_t^a L_t^b \quad (3-4)$$

其中，Y 为经济产出，A 为技术进步，K 为资本投入，L 为劳动投入，a 和 b 分别表示资本和劳动的弹性。

改进上述模型，选择各集聚要素替代原模型中的生产要素，在希克斯中性技术进步条件下，分别使用人力资本要素和劳动力要素集聚替代资本投入，使用技术要素和创新要素集聚替代劳动力投入，得如下生产函数模型：

$$I_t = A_t W_t^a (H_t L_t)^b (T_t C_t)^c \quad (3-5)$$

其中，I 为技术创新能力，H 为人力资本集聚，L 为劳动力集聚，T 为技术要素集聚，C 为创新要素集聚，同时希克斯中性技术进步条件下有 $a+b+c=1$。为消除模型的异方差性，对式（3－5）两边取对数得：

$$\ln I_t = a_t + a\ln W_t + b\ln H_t + b\ln L_t + c\ln T_t + c\ln C_t \quad (3-6)$$

3.2.2 系统动态 GMM 估计

为更清晰地分析各集聚要素对技术创新指标的可替代性以及两者间的联动效应，本章构建要素集聚下的技术创新系统动态 GMM 估计模型，考察变量间的联动程度，即：

$$\ln I_t = a_t + b\ln W_t + c\ln H_t + d\ln L_t + e\ln T_t + f\ln C_t \quad (3-7)$$

平稳的模型检验结果（见表 3－1）显示，可进行系统动态 GMM 估计。

表 3－1 面板数据模型的类型确定

变量	LLC 检验	ADF 检验	结论	变量	LLC 检验	ADF 检验	结论
lnI	－3.850*** (0.000)	－1.635** (0.051)	平稳	lnW	－3.654** (0.037)	－1.825** (0.049)	平稳
lnH	－8.619*** (0.000)	－6.121*** (0.000)	平稳	lnL	－1.793** (0.064)	－1.851** (0.068)	平稳
lnT	－2.340** (0.010)	－1.354** (0.016)	平稳	lnC	－10.673*** (0.000)	－10.170*** (0.000)	平稳

注：括号内为对应的 p 值。

系统动态 GMM 估计方法在估计时不仅能同时考虑不随时间变化的其他变量以及非观测界面的个体效应，而且对于任意时间和截面条件下均为有效估计，于是得估计结果如表 3－2 所示。

表 3－2 各集聚要素对技术创新影响的系统 GMM 估计结果

变量	系数估计值	P 值	变量	系数估计值	P 值
C	0.089*	0.092	lnW	－0.067***	0.000
lnH	0.033**	0.011	lnL	0.011*	0.090

续表

变量	系数估计值	P 值	变量	系数估计值	P 值
LnT	-0.045***	0.005	LnC	0.004***	0.000
Wald 检验	4100.690***	0.000	Sargan 检验	509.215***	0.000
模型的稳健性分析					
C	0.004***	0.000	LnW（-1）	-0.081***	0.000
LnH（-1）	0.030**	0.036	LnL（-1）	0.003*	0.065
LnT（-1）	-0.044***	0.009	LnC（-1）	0.004***	0.000
Wald 检验	3745.350***	0.000	Sargan 检验	430.945***	0.000

注：*、**、***分别表示在10%、5%与1%的置信水平上显著。

由表3-2可见，结果中各变量的系数估计值均显著，说明要素集聚对技术创新的影响不是单一的正向关系，而会受集聚水平和集聚要素的差异化作用。使用滞后一期的解释变量与被解释变量检验模型的稳健性，可见技术创新与要素集聚间的正负作用效应和显著性均表现出与原模型的相似性，证明原模型是稳健的。可见要素集聚有提升技术创新能力的作用，同时也会出现集聚的负外部性效应，在技术创新和产业结构优化升级的分析中担当“双刃剑”的角色。综上，技术创新变量可由各集聚要素显著表达，可使用各集聚要素作为技术创新变量分析产业结构优化升级的受影响效应，验证了假设的可行性，于是可进一步运用集聚要素替代技术创新体系探究技术创新与产业结构优化升级的非线性关联。

3.3 技术创新与产业结构优化升级的非线性关联分析

影响技术创新的产业结构优化升级效应随着资本、技术、区域等因素的变动而改变，影响因素的多重性及影响机理的复杂性导致技术创新对产业结构优化升级的作用效应表现出渐近动态性和区域异质性，而 PSTR 模型是诠释此类变量连续变化性的首选。本章构建技术创新与产业结构优化升级的 PSTR 模型，为了进一步消除随机误差项与各集聚要素间的相关性，削减模型的异方差性，本章一改原始模型使用最小二乘法最优估计模型参数的思路，使用加权最小二乘法估计 PSTR 模型的参数，以使结果更确切。

3.3.1 PSTR 模型

PSTR 模型较面板门槛模型而言能较好地克服集聚要素在阈值处发生的机制瞬时转变性，它通过各要素集聚变量系数的缓慢变化来刻画变量间的非线性关联，可精确捕捉面板数据的截面异质性。其可被看作一外生回归的固定效应模型，它的一般形式如下两机制模型：

$$y_{it}=\mu_i+\beta'_0x_{it}+\beta'_1x_{it}G(q_{it};\ \gamma,\ c)+\varepsilon_{it},\ i=1,\ \cdots,\ N,\ t=1,\ \cdots,\ T \tag{3-8}$$

$$G(q_{it};\gamma,c) = \{1 + exp[-\gamma\prod_{j=1}^{n}(q_{it} - c_j)]\}^{-1},\gamma > 0,c_1 \leqslant c_2 \leqslant \cdots \leqslant c_n \qquad (3-9)$$

其中，y 为产业结构优化升级变量，N 为截面维度，T 为时间维度，μ_i 为个体固定效应，ε_{it}为随机误差项，$G(q_{it};\gamma,c) \in [0,1]$为转移函数，$q_{it}$为转换变量，分别代表5个集聚要素，$\gamma>0$ 为确定转换速度的斜率系数，c 为参数转换的门槛条件，$c=(c_1,c_2,\cdots,c_n)'$是 n 维的位置参数向量，与 γ 一同作为模型的识别条件。其中，$(\beta'_0,\beta'_0+\beta'_1)$为 x_{it} 的连续平滑转移区间。

PSTR 模型一般选用固定效应非线性最小二乘法（NLS）进行估计。应用 NLS 法前，需移除个体特定效应均值，之后运用组内去心转换法标准化面板模型，本模型需估计的参数为 $\theta=(\beta'_0,\beta'_1,\gamma,c')'$，由式(3-8)可得紧凑格式：

$$y_{it} = \mu_i + (\beta'_0,\beta'_1)'(x'_{it},x'_{it}g(q_{it};\gamma,c))' + \varepsilon_{it} \qquad (3-10)$$

进而对式（3-10）进行去个体均值处理，为进一步剔除随机误差项与各集聚要素间的相关性，减轻模型的异方差性，并受 Tang 等（2002）[170]启发，本章使用加权最小残差平方和替代原始模型的最小残差平方和，得改进后模型的最佳估计[30]：

$$(\hat{\gamma},\hat{c}) = \underset{(\gamma,c)}{\operatorname{argmin}}\sum_{i=1}^{N}\sum_{t=1}^{T}\omega_{it}(\hat{y}_{it} - \hat{\beta}(\gamma,c)\hat{x}_{it}(\gamma,c))^2 \qquad (3-11)$$

其中，ω_{it}代表权重，这里选择的权重为 $\omega_{it}=1/\sqrt{y_{it}}$。每一次迭代均选择非线性最优化算法，$\hat{\beta}(\gamma,c)$ 通过式（3-10）去个体均值处理后的 OLS 计算得到，而 NLS 的迭代初值用格点搜索法下的最小（$\hat{\gamma}$，$\hat{c}$）表示。

3.3.2 模型的估计

本章从模型设定、参数估计以及模型稳健性分析三个角度构建 PSTR 模型分析技术创新对产业结构优化升级的非线性效应。

（1）数据和变量的选择。数据来自《中国高技术产业统计年鉴》《中国统计年鉴》和 EPS 数据库。选择 1995~2013 年的面板数据进行样本分析。选择的主要变量是：被解释变量为第三产业增加值占比（TR），代表产业结构从高度化向高效化转变的过程；解释变量分别是物质资本集聚 W、人力资本集聚 H、劳动力集聚 L、技术要素集聚 T 和创新要素集聚 C 的对数；门限变量用 5 个解释变量依次表示。

（2）模型的建立。于是本章需构建 5 个技术创新与产业结构优化升级的非线性模型，即在保持解释变量不变的条件下，依次以物质资本集聚 W、人力资本集聚 H、劳动力集聚 L、技术要素集聚 T 和创新要素集聚 C 为门限变量（q_{it}依次为 $\mathrm{Ln}W_{it}$、$\mathrm{Ln}H_{it}$、$\mathrm{Ln}L_{it}$、$\mathrm{Ln}T_{it}$和 $\mathrm{Ln}C_{it}$），构建如下多因素的 *PSTR* 模型：

$$\ln TR_{it} = \mu_i + \beta_{01}\ln W_{it} + \beta_{02}\ln H_{it} + \beta_{03}\ln L_{it} + \beta_{04}\ln T_{it} + \beta_{05}\ln C_{it} + (\beta_{11}\ln W_{it} + \beta_{12}\ln H_{it} + \beta_{13}\ln L_{it} + \beta_{14}\ln T_{it} + \beta_{15}\ln C_{it})(1+\exp(-\gamma(q_{it}-c_j)))^{-1} + \varepsilon_{it} \qquad (3-12)$$

（3）模型的检验。表 3-1 结果显示各解释变量均是平稳的，进而对被解释变量 IR 进行单位根检验，可得 LLC 和 ADF 检验均在 1% 的置信水平下显著。于是继续对上述 5 个模型分别进行非线性检验，结果如表 3-3 所示。

表 3-3 PSTR 模型的非线性检验

门限变量		LnW		LnH		LnL		LnT		LnC	
位置参数		n=1	n=2	n=1	n=2	n=1	n=2	n=1	n=2	n=1	n=2
H_0: p=0	D	521.774***	769.617***	517.513**	760.744**	530.554**	782.567***	525.942**	775.764**	541.257**	798.354***
H_1: p=1	F	97.764***	48.333***	89.255***	43.994***	91.647***	45.325***	94.578***	46.774***	85.836***	42.451***
H_0: p=1	D	106.690	525.089	204.228	537.937	390.937	532.404	359.345	489.376	405.351	515.624
H_1: p=2	F	20.400	50.498	30.049	28.997	37.721	35.279	67.470	72.354	71.397	65.317

注：其中，D 表示 LM_{χ} 统计量，F 表示 LM_F 统计量，*、**、*** 分别表示在10%、5%和1%的置信水平下拒绝原假设。

由表 3-3 可见，本章分别选择 5 个集聚要素作为门限变量进行技术创新与产业结构优化升级间非线性关系的存在性检验，选择的检验统计量为 LM_{χ} 和 LM_F 统计量。当 $n=1$ 和 $n=2$ 时，LM_{χ} 和 LM_F 统计量均拒绝模型的线性假设，论证出技术创新与产业结构优化升级间的关系为非线性，并且模型的转换函数个数为 $p=1$，那么选择 PSTR 模型是合适的。

继而选择施瓦兹（SC）准则和赤池信息（AIC）准则确定位置参数个数，如表 3-4 所示。

表 3-4 PSTR 模型的位置参数个数设定检验

门限变量	LnW		LnH		LnL		LnT		LnC	
位置参数	n=1	n=2	n=1	n=2	n=1	n=2	n=1	n=2	n=1	n=2
转换函数	p=1	p=1	p=1	p=1	p=1	p=1	p=1	p=1	p=1	p=1
AIC	-5.106	-4.420	-5.450	-4.591	-5.245	-4.454	-5.374	-4.560	-5.419	-4.476
SC	-3.817	-3.269	-4.162	-3.440	-3.956	-3.302	-4.085	-3.409	-4.130	-3.325

由表 3-4 可见，各门槛变量条件下，以 5 个集聚要素为解释变量的模型中的 AIC 和 SC 的值在 $n=1$ 的情况下均小于 $n=2$ 的情形，那么选择的位置参数为 $n=1$。综上检验，得出模型的转换函数个数 p=1，位置参数个数 n=1。

3.3.3 实证结果分析

本节分别测算以 5 个集聚要素为门限变量的 PSTR 模型，得出如表 3-5 所示的结果。

表 3-5 的结果显示，各要素集聚下的技术创新对产业结构优化升级的影响效应，结果总体表达出技术创新对产业结构优化升级显著的正向非线性关联。由表 3-5 可见，在低要素集聚区制和高要素集聚区制下，除了物质资本要素集聚变量外，其余集聚要素下的技术创新对产业结构优化升级的作用度均显著为正。说明固定资本存量弱化了其对技术

进步的促进效应，引致技术创新产生对产业结构优化升级的作用也显著为负，使转移函数角度的物质资本和劳动力要素集聚下的技术创新对产业结构优化升级的边际作用均为负数。为了更加清晰地进行分析，选择物质资本要素集聚为门限变量进行非线性特征分析。

表 3-5　PSTR 模型结果

模型		模型 1	模型 2	模型 3	模型 4	模型 5
门限变量		Ln*W*	Ln*H*	Ln*L*	Ln*T*	Ln*C*
斜率系数		5.625	7.320	8.923	67.210	24.208
位置参数		5.216	6.518	9.214	8.240	6.983
解释变量系数	β_{01}	-0.058** (-1.25)	-0.095*** (-1.47)	-0.049* (-1.06)	-0.113*** (-2.69)	-0.253** (-3.72)
	β_{02}	0.759*** (8.35)	0.169*** (1.55)	0.721** (7.48)	0.829*** (9.41)	0.562*** (5.43)
	β_{03}	0.496 (1.32)	0.412*** (1.32)	-0.315** (-2.74)	0.208 (2.12)	0.973*** (12.06)
	β_{04}	1.099*** (8.87)	1.287*** (10.48)	1.29* (4.60)	2.91 (11.81)	2.24*** (7.75)
	β_{05}	-0.760*** (-7.71)	0.244** (1.62)	0.704*** (3.42)	0.594*** (6.60)	0.624* (7.34)
转移函数系数	β_{11}	-0.395** (-4.85)	-0.297* (-3.95)	-0.534** (-5.31)	-0.851*** (-9.24)	-0.713*** (-9.53)
	β_{12}	0.928*** (10.27)	0.726*** (8.96)	0.435* (5.61)	0.890*** (9.26)	0.560*** (5.98)
	β_{13}	-0.421 (-1.92)	-0.387*** (-3.55)	-0.203** (1.31)	-0.199*** (-1.13)	-0.860** (3.04)
	β_{14}	0.726*** (4.03)	0.697*** (8.35)	-0.567 (-2.58)	1.625 (6.87)	0.956*** (10.35)
	β_{15}	0.571** (2.61)	0.579*** (3.02)	0.727* (5.29)	0.697** (8.35)	1.167** (4.64)
$\beta_{01}+\beta_{11}$		-0.453	-0.392	-0.583	-0.967	-0.966
$\beta_{02}+\beta_{12}$		1.687	0.895	1.156	1.719	1.122
$\beta_{03}+\beta_{13}$		0.075	0.025	-0.518	0.009	0.113
$\beta_{04}+\beta_{14}$		1.825	1.984	0.723	4.535	3.196
$\beta_{05}+\beta_{15}$		-0.189	0.823	1.431	1.291	1.791

于是，在物质资本要素集聚条件下，产业结构优化升级对 5 个集聚要素（物质资本集聚、人力资本集聚、劳动力集聚、技术要素集聚和创新要素集聚）的弹性区间分别为

（－0.453，－0.058）、（0.759，1.687）、（－0.421，0.496）、（0.726，1.825）和（－0.76，0.571）。物质资本集聚的边际效用递减，原因可能是物质资本一直以固定资本存量的形式存在，故而不能很好地激活技术，不利于持久技术创新，于是对产业结构优化升级产生负向效应。物质资本集聚对人力资本和技术要素的作用显著为正，说明随着物质资本集聚度的增强，被用于固定资产投资的集聚要素显著增加，进一步带动省域经济的发展，促进高技术人才、先进技术向有投资项目的省市流动。随着物质资本要素的日益集聚，用于投资的资产剧增，人力资本和技术资本的集聚效率上升，最终促成技术创新对产业结构优化升级的正向边际作用。劳动力资本集聚受物质资本集聚度变化的作用效应不明显，物质资本集聚指的是以生产物质形式长期存在的固定资产，物质资本集聚的增加会导致产出的减少，与劳动力资本集聚带来的劳动力增长，进而体现出的边际报酬递增趋势相违背，因此劳动力集聚受物质资本集聚度的作用较小。创新要素集聚下的物质资本集聚效应不显著，创新是用旧的思维提出新的想法，以新的思路为导向创造满足社会需求的新事物，而物质资本集聚则为固定资本存量的留存，缺乏新元素的注入，因此随着物质资本要素的集聚，创新要素集聚反而受到负向的减弱作用。于是，在物质资本要素集聚条件下，适度的物质资本要素集聚和创新要素集聚，正向的人力资本集聚和技术要素集聚将促使技术创新对产业结构优化升级的非线性效应显著增强。以此类推，总体而言，要素集聚下的技术创新对产业结构优化升级的非线性门限效应显著存在。

此外，本章使用如下方法进行 PSTR 模型的稳健性检验：①对上述变量使用 PSTR 模型的特殊形式 PTR 模型进行分析，得出技术要素集聚对产业结构优化升级的作用系数呈现先下降后上升的 U 形作用机制，其余集聚要素变量下技术创新对产业结构优化升级的非线性效应与 PSTR 模型类似；②在相应集聚要素为门限变量的条件下，从原始的 PSTR 模型中依次剔除 5 个集聚要素以检验模型的稳健性。实践证明，除了在人力资本要素集聚门限变量下剔除技术要素集聚变量和在创新要素集聚门限变量下剔除物质资本存量时，劳动力要素集聚对产业结构优化升级的作用参数变为负，其余的作用效应都与未剔除时类似，即分别剔除相应解释变量对技术创新与产业结构间的非线性效应结果影响甚微。综上说明，本章构建的 PSTR 模型是稳健的，以上得出的结论可信程度高。

上述 PSTR 模型探究的是要素集聚下的省域间技术创新对产业结构优化升级的非线性效应，主要探究省市间的交互非线性关系对省域的影响力度和影响方式，受省域要素资源禀赋差异的影响。

3.4　本章小结

本章主要分析要素集聚下技术创新对产业结构升级的作用机制，对其创新效应和非线性关联进行分析，首先通过对各要素集聚进行测算，其次通过系统动态 GMM 估计和 PSTR 模型具体进行实证分析，最后为降低模型的异方差性和随机干扰项的误差扰动，本章使用加权最小二乘法改进模型进行实证分析。

研究表明：①省域物质资本和劳动力要素集聚下的技术创新对产业结构优化升级的作

用呈边际递减趋势，最终收敛；②省域人力资本、技术和创新要素集聚下的技术创新对产业结构优化升级的作用边际递增，最终呈现发散特征。那么，基于上述结论，本章认为物质和劳动力资本属于陈旧资本要素，对技术创新产生负向作用，在实际投资或者利用过程中应适度选择。而人力资本、技术和创新要素是新兴科技生命力的代名词，省域应加强产学研联盟合作，实现技术扩散、知识交流和人才流动，从而提高技术创新效率，实现产业结构优化升级。

4 技术创新对产业结构升级的空间效应*

4.1 技术创新与产业结构优化升级的溢出效应研究

要素的空间集群现象随着要素集聚度的上升而出现，此后要素集聚随之引致知识溢出。这种溢出形式则为空间相关性的完美体现，并通过溢出作用实现区域技术创新效率的提升，最终促成产业结构优化升级。本章将利用各集聚要素的面板数据，构建空间计量模型，考察要素集聚下省域的技术创新对产业结构优化升级作用的差异化作用效应。

4.1.1 空间计量模型溢出效应的原理

作为经济计量模型的衍生，空间计量模型主要用于探究复杂的空间依存作用和交互效应。通过对模型条件的改变，可得出空间计量模型族，如图 4 - 1 所示。

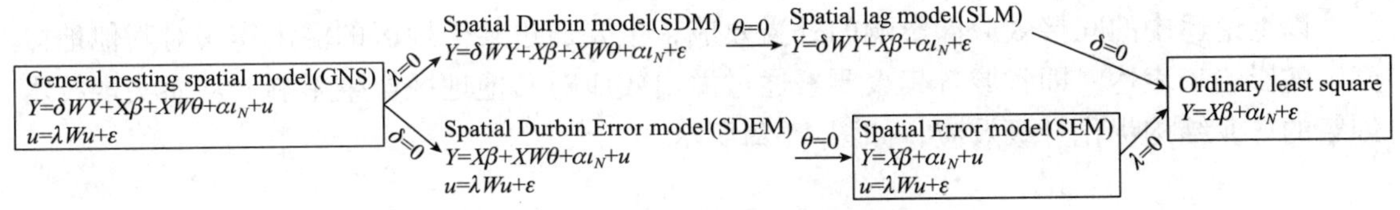

图 4 - 1 空间计量模型关联图

由图 4 - 1 可见，包含所有交互效应的一般嵌套空间模型（GNS）通过施加限制条件得出相对应的 SDM（空间杜宾模型）、SDEM（空间杜宾误差模型）、SLM（空间滞后模型）、SEM（空间误差模型）以及 OLS（最小二乘模型）。于是省域各要素通过上述模型的作用效应对产业结构优化升级产生影响，其不仅会通过集聚效应对各省的技术创新产生作用，继而使产业结构优化升级表现出省域异质性，即空间计量模型的直接效应；而且会通过外溢效应对邻近省市的技术创新产生影响，促成产业结构优化升级显现出空间关联性，即空间计量模型的间接效应。本章通过 GNS 模型分析技术创新对产业结构优化升级

* 该章部分成果由陶长琪、彭永樟撰写，发表在《产业经济研究》2017 年第 3 期，第 91 ~ 103 页。

作用的直接、间接效应。

一个包含所有交互效应的 GNS 模型如下：

$$Y=\delta WY+X\beta+XW\theta+\alpha\iota_N+u$$

$$u=\lambda Wu+\varepsilon \tag{4-1}$$

其中，WY 表示被解释变量间的内生交互效应，WX 表示解释变量间的外生交互效应，Wu 表示不同扰动项间的交互效应。δ 表示空间自回归系数，θ 和 β 均代表 $K\times1$ 维未知待估参数向量，W 为空间权值矩阵。于是，简化上述模型得：

$$Y=(1-\delta W)^{-1}(X\beta+XW\theta)+R \tag{4-2}$$

其中，$R=(1-\delta W)^{-1}(\alpha\iota_N+u)$ 包含截距项和误差项的多余项，那么关于 Y 的期望对第 1 个到第 N 个单位的第 K 个解释变量的偏导数矩阵为：

$$\left[\frac{\partial E(Y)}{\partial x_{1k}}\cdots\frac{\partial E(Y)}{\partial x_{Nk}}\right]=\begin{bmatrix}\frac{\partial E(y_1)}{\partial x_{1k}}\cdots\frac{\partial E(y_1)}{\partial x_{Nk}}\\ \cdots\\ \frac{\partial E(y_N)}{\partial x_{1k}}\cdots\frac{\partial E(y_N)}{\partial x_{Nk}}\end{bmatrix}=(1-\delta W)^{-1}\begin{bmatrix}\beta_k & w_{12}\theta_k & \cdots & w_{1N}\theta_k\\ w_{21}\theta_k & \beta_k & \cdots & w_{2N}\theta_k\\ & \cdots & & \\ w_{N1}\theta_k & w_{N2}\theta_k & \cdots & \beta_k\end{bmatrix} \tag{4-3}$$

上述偏导存在，那么第一，若一个特殊单位里的特殊解释变量发生变化，那么不仅该单元而且其他单元的被解释变量都会受到影响，第一种称为直接效应，第二种叫作间接效应，对应式(4-3)，矩阵的对角线元素代表直接效应，其他非主对角线元素为间接效应。因此当 $\delta=0$ 和 $\theta_k=0$ 时，所有的非主对角线元素将会为0，那么间接效应就不会发生。第二，对不同的单元直接效应和间接效应存在差异，不同单元的 $(I_N-\delta W)^{-1}$ 矩阵的对角线元素的差异性使存在直接效应的差异性($\delta\neq0$)，而间接效应的不相同则体现在不同的矩阵 $(I_N-\delta W)^{-1}$ 和 W 的主对角线元素上($\delta\neq0$，$\theta_k\neq0$)。

以上论述中的间接效应即影响的外溢效应，主要通过某个地区的溢出作用对其他地区产生的影响来表达，即省域各集聚要素通过溢出效应对其他地区产生影响，从而实现技术创新的产业结构优化升级效应，如图 4-2 所示。

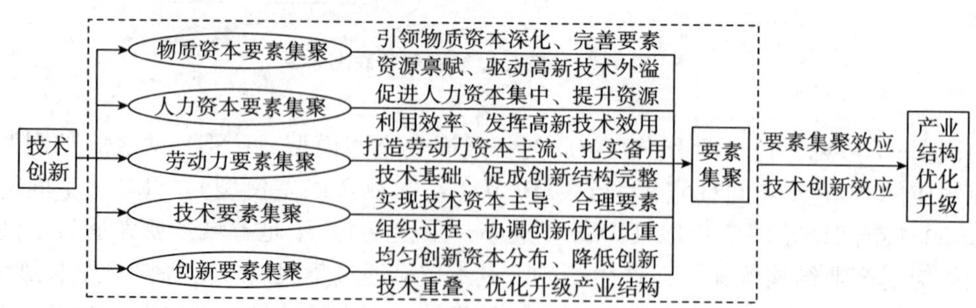

图 4-2 要素集聚下技术创新对产业结构优化升级的溢出效应

上述技术创新对产业结构优化升级的溢出效应，通过技术创新受要素集聚间接作用的影响对产业结果优化升级产生作用。

4.1.2 模型的实证结果分析

基于不同的模型条件限制，上述空间计量模型族均可通过空间面板回归实现技术创新对产业结构优化升级的空间溢出效应，那么本章将通过比较得出技术创新对产业结构优化升级作用的最优模型。继而考察各要素集聚变量的间接效应，于是得 Moran’s I 的全局自相关性检验（见表 4－1）。

表 4－1 产业结构优化升级的 Moran 指数检验

年份	Moran I	临界值 Z（I）	年份	Moran I	临界值 Z（I）
1995	0.467	0.642	2005	0.218	2.137
1996	0.807	0.911	2006	0.295	1.955
1997	0.246	2.054	2007	0.110	2.134
1998	0.326	2.817	2008	0.120	1.219
1999	0.305	2.653	2009	0.145	2.427
2000	0.243	2.203	2010	0.093	2.342
2001	0.267	2.421	2011	0.131	1.823
2002	0.215	1.967	2012	0.142	1.459
2003	0.378	2.026	2013	0.168	1.967
2004	0.680	2.275			

表 4－1 中 5% 置信水平下大多数 Moran 值的显著性［大部分 Z（I）对应的值都大于 1.96］说明技术创新与产业结构优化升级间的空间正自相关性显著，要素集聚作用效应引致的产业升级效果明显，于是选择空间计量模型进行产业结构优化升级分析。使用上述空间计量模型族进行回归分析，空间加权矩阵选择 0－1 矩阵。结果如表 4－2 所示。

表 4－2 技术创新对产业结构优化升级的空间效应结果

指标	GNS 模型	SDM 模型	SDEM 模型	SLM 模型	SEM 模型	OLS 模型
$\ln W_{it}$	0.002 (0.597)	0.005 ** (2.099)	0.002 (0.829)	0.005 ** (2.022)	0.002 (0.944)	0.010 ** (2.481)
$\ln H_{it}$	−0.170 *** (−3.665)	−0.065 ** (−1.738)	−0.134 *** (−2.939)	−0.070 * (−1.878)	−0.141 *** (−3.100)	−0.262 *** (−4.503)
$\ln L_{it}$	−0.033 *** (−3.455)	−0.023 *** (−3.011)	−0.041 *** (−4.059)	−0.023 *** (−3.080)	−0.041 *** (−4.092)	−0.006 (0.857)
$\ln T_{it}$	0.042 ** (1.989)	0.026 ** (1.617)	0.028 (1.311)	0.024 * (1.434)	0.025 (1.141)	0.133 *** (6.976)
$\ln C_{it}$	0.153 *** (5.470)	0.061 *** (2.657)	0.141 *** (5.042)	0.059 ** (2.593)	0.137 *** (4.975)	−0.047 (−1.228)

续表

指标	GNS 模型	SDM 模型	SDEM 模型	SLM 模型	SEM 模型	OLS 模型
$W \times \ln TR_{it}$	0.809*** (36.063)	0.597*** (16.409)	0.663*** (20.090)	—	—	—
$W \times \ln W_{it}$	0.025** (4.621)	0.048** (1.934)	0.034 (0.642)	—	—	—
$W \times \ln H_{it}$	-0.195 (-5.295)	-0.153*** (-4.217)	0.103*** (1.267)	—	—	—
$W \times \ln L_{it}$	-0.015*** (-1.461)	-0.094** (-1.537)	-0.092 (-7.036)	—	—	—
$W \times \ln T_{it}$	0.034* (4.217)	0.058*** (3.694)	0.037** (2.176)	—	—	—
$W \times \ln C_{it}$	0.132** (2.861)	0.091*** (3.812)	0.264*** (3.460)	—	—	—
空间回归（误差）系数ρ	—	—	—	0.611*** (17.157)	0.651*** (19.289)	—
调整后的R^2	0.702	0.780	0.752	0.727	0.558	0.647
对数似然函数值	992.289	998.775	998.775	1011.581	1023.068	854.274

注：***、**、*分别表示在1%、5%和10%显著性水平下显著，括号内的为t值。

由表4-2可见，SLM模型和SDM模型的各变量均显著，而SDM模型的拟合优度高于SLM模型。此外，GNS模型为包含所有交互效应的空间计量模型，那么模型分析过程中不能更好地侧重某方面特征，易造成模型分析的误差；SLM模型和SEM模型中对空间权重矩阵W的非对称性要求和对δ、λ的参数限制使模型的参数估计异常复杂，并会影响其方差估计的准确性；OLS模型的假设过于严格，影响参数估计的可靠性；而SDM和SDEM模型同时从模型的内生和外生交互效应角度描述变量的空间特性，使对模型空间意义的解释更加多元化。综上，SDM模型各解释变量的显著性、模型的拟合优度均最大，因此，本章选择构建要素集聚下技术创新对产业结构优化升级的SDM模型进行空间相关性分析，并探究技术创新对产业结构优化升级的作用效应。

于是，物质资本要素集聚、技术要素集聚和创新要素集聚效应下的技术创新对省域产业结构优化升级具有积极影响。这种积极效应受益于要素的累积效应，物质资本、技术和创新要素的累积促进技术进步，进一步提升全要素生产率。物质资本要素集聚奠定了扎实的技术创新基础，坚实的物质基础正向作用于技术创新从而决定产业结构优化升级的上层建筑；技术要素集聚作为促进产业结构优化升级的中坚科技力量，促使新兴技术不断向高技术区集合，实现技术融合、扩散，促进产业结构不断向高度化进程演化；创新是助力省域经济实力飞跃的灵魂，有效的创新措施对提升区域协同竞争效率，加速传统产业改造以及高技术产业主导目标的顺利实现有举足轻重的作用，并且有利于本省的技术溢出，以高效化产业结构。

而省域人力资本要素集聚和劳动力要素集聚度的变化对本省市的产业结构优化升级产

生消极作用。高级知识分子倾向于选择更高的平台，选择的就业范围主要为经济相对本省更加发达的省市，导致熟悉新兴技术、进行创新活动的高技术人才不足，进一步降低技术创新水平降低，最终使产业结构优化升级的驱动力不足；而劳动力主要集聚在低层级的产业发展阶段，在以重工业为主或处于发展壮大中的省市，劳动力集聚度较大，本地技术市场轻易被相邻省市挤占，于是本省的技术创新效益不显著，从而弱化省域技术创新力度，负向作用于产业结构优化升级进程。

最终分析要素集聚下的技术创新对产业结构优化升级的影响效应。创新和技术要素集聚下的技术创新对产业结构优化升级的正向作用最大，说明增加创新投入、提升技术水平是保持技术创新能力对产业结构优化升级最大效用的根本保障。而技术创新对产业结构优化升级的作用效果不一致，那么扬长避短、合理配置各集聚要素是促进产业结构合理化、高度化和高效化的必要路径。创新始终是促使科技进步、技术革新的内在中坚驱动力，这进一步验证了集聚经济背景下创新性人才的不可或缺性，技术创新、技术进步才是促进省域发展、引领产业结构优化升级的必备条件。那么，本章进一步测算 SDM 模型的间接效应，即 SDM 模型要素集聚下技术创新对产业结构优化升级的溢出效应，得出的结果如表 4－3 所示。

表 4－3 要素集聚下技术创新对产业结构优化升级的溢出效应结果（基于 SDM 模型）

指标	$\ln W_{it}$	$\ln H_{it}$	$\ln L_{it}$	$\ln T_{it}$	$\ln C_{it}$
溢出效应值	－1.341 （－3.620）***	－0.145 （－5.684）**	－0.254 （－8.476）*	－1.573 （2.017）*	－1.026 （1.943）***

注：***、**、*分别表示在1%、5%和10%置信水平下显著，括号内是 t 值。

上述 5 个变量的溢出效应分别是 －1.341、－0.145、－0.254、－1.573 和 －1.026，表明省域的物质、人力、劳动力、技术和创新要素集聚的变化下的技术创新对邻近省域的产业结构优化升级或者邻近省域对本省域技术创新具有负向溢出效应，这与省域要素禀赋的差异性以及省域集聚要素作用机制的差异性息息相关。物质、人力、劳动力、技术和创新要素集聚量每增加 1%，产业结构优化升级受周边省域的负向作用效应分别是 1.341%、0.145%、0.254%、1.573% 和 1.026%。可见技术要素集聚引致的技术创新溢出效应对邻近省市的产业结构优化升级负向作用效应最明显，其次是物质资本要素集聚和创新要素集聚，说明技术、创新作为促进省域进步的无形资产，其对省域产业发展的作用极其重大，掌握核心创新技术才是促发展的关键，一切模仿都不是技术创新的源泉。而人力和劳动力要素集聚的溢出效应不明显，主要归因于人力资本的流动性大，可将其视为流动的知识、技术资本，促进省域的发展只需靠流动就能实现，造成其外溢效应不显著。总体而言，要素集聚下的省域技术创新对产业结构优化升级的间接作用效应不显著，那么持续增加省域核心竞争力，以加强省域内生增长动力，是实现省域技术创新高效促成产业结构协调化、高度化和高效化的关键路径。

此外，为检验上述 SDM 模型的稳健性，同样进行稳健性检验：①使用滞后一期的各解释变量、被解释变量替代原来的变量进行溢出效应分析，得出结果可见各变量的系数值变化不大，变量间的非线性关系依然存在，并且正负作用效应与表 4－3 的结果一致；②原始构建的 SDM 模型选择 5 个集聚要素作为解释变量，为验证模型的稳定性，本章逐一剔除解释变量，对 SDM 模型进行逐步回归，可见除了在剔除人力资本要素集聚变量条件下创新要素集聚参数变为负数之外，各解释变量系数的正负向与原 SDM 模型（见表 4－2）的参数一致。综上，本章构建的 SDM 模型的稳健度高，可以使用 SDM 模型得出的结果进行实证解析。

4.2　经济集聚下技术创新强度对产业结构升级的空间效应分析

4.2.1　理论基础

通过技术升级、管理模式改进、产业链升级等方式推动高产品附加值产业的发展，提高现有经济结构中的总产品附加值是产业结构升级的最终目的。技术创新活动是基于多重要素投入，以获取研发成果、实现新产品生产为目的的价值转移过程，是推动产业结构升级的有效途径，可划分为研发创新和成果转化两个阶段。

余泳泽等（2013）以创新的价值链理论（Hansen 和 Birkinshaw，2007）[171] 为分析框架，依据内生技术能力假设条件（Mairesse 和 Sassenou，1991；Lööfa H. 和 A. Heshmatib，2002）[172－173]，构建了技术创新能力内生化的生产模型。

$$F(X,\ I) = Ae^{\alpha t}X^{\beta}I(h,\ r,\ p) \tag{4-4}$$

其中，F 表示区域经济总产出，A 表示区域生产条件（外生常量），α 表示外生技术进步，X 表示要素投入，β 表示要素弹性，$I(h,\ r,\ p)$ 表示内生化处理后的技术创新，h 和 r 表示研发创新过程的人力、资本投入，其成果为 p，可作为产品创新阶段的投入，三者共同构成技术创新过程的投入。

基于式（4－4），他们从个体创新价值最大化的比较静态分析入手，得出了“技术创新在空间与价值链维度上均表现出显著的溢出效应，且其研发、成果转化活动都对创新价值链中的投入要素具有正向的溢出”的结论。

经济集聚对生产、创新活动具有重要影响。张丽华等（2011）基于超越对数生产函数——反要素需求函数框架开展理论研究，指出了经济集聚促进技术创新强度提升的传导路径：集聚的外部性红利提升要素生产效率，从而强化技术创新；要素生产率的变动会影响要素价格，要素价格的波动又对要素供给和需求产生影响，因此集聚还能通过要素需求效应影响技术创新强度。

前人的上述研究结论构成了本章探究经济集聚、技术创新和产业结构三者之间关系的理论基础。

本章将区域经济总产出划分为低附加值产业产出 F_l 和高附加值产业产出 F_h 两个部分，产业结构升级的目的是提高经济中的总产品附加值，因此，可以用高附加值产业产出占比 $IS = F_h/F$ 来表示地区产业结构升级的水平。我们将式（4－4）推广到高附加值产业

的生产过程中，得到其产出为：

$$F_h(X, I) = A_h e^{\alpha_h t} X_h^{\beta} I_h(h, r, p) \tag{4-5}$$

由式（4-4）和式（4-5）得到：

$$\ln IS = \ln F_h/F = \ln A_h/A + (\alpha_h - \alpha)t + \beta \ln X_h/X + \ln \frac{I_h(h, r, p)}{I(h, r, p)} \tag{4-6}$$

在高附加值产业中，创新价值链的知识、研发及产品创新环节的效率是高于地区平均水平的（这是保证其产出具有高附加值的前提）。由于技术创新具有显著的价值链外溢效应，在等量 h、r、p 的投入下，随着地区技术创新强度 ITA 的提升，高附加值产业技术创新产出增长必然会高于地区平均水平，它在地区创新总产出中的比重会提升，即：

$$\frac{\partial I_h/I}{\partial ITA} > 0 \tag{4-7}$$

由式（4-6）和式（4-7）可知：

$$\frac{\partial IS}{\partial ITA} > 0 \tag{4-8}$$

根据以上模型，本章提出命题1。

命题1：区域技术创新强度的提升能够通过创新价值链的外溢效应显著推动地区的产业结构升级。

在式（4-6）中，为外生变量，设 $A(h) = A_h/A$；X_h/X 表示高附加值产业要素投入占地区要素总投入的比重，反映了地区的要素投入结构，它是在要素市场价值规律的作用下，由要素价格和要素需求结构共同决定的，根据张丽华等的研究结论，地区要素价格、需求结构均会受到经济集聚度 U 的影响，因此，本章将高附加值产业要素投入比重与地区经济集聚水平之间的关系设定为 $R(U) = X_h/X$；根据式(4-4)，高附加值产业技术创新产出占地区创新总产出的比重与技术创新强度之间也存在函数关系，设为 $K(ITA) = I_h/I$，代入式（4-6）中，就得到经济集聚、技术创新强度和产业结构升级三者之间的关系式：

$$\ln IS = \ln A(h) + (\alpha_h - \alpha)t + \ln R^{\beta}(U) \times K(ITA) \tag{4-9}$$

对式（4-9）进行等价变换，得到地区 i 产业结构升级的动力模型：

$$IS_i = A(h) e^{(\alpha_h - \alpha)t} R^{\beta}(U_i) K(ITA_i) \tag{4-10}$$

上述分析过程中，并未考虑技术创新的空间效应，根据余泳泽等的研究，技术创新在空间维度上也存在外溢效应。本章假设地区间技术创新外溢的“冰山成本”（溢出损耗）为 η，$0 < \eta < 1$，在考虑技术扩散的情况下，式（4-10）可改写为：

$$IS_i = A(h) e^{(\alpha_h - \alpha)t} R^{\beta}(U_i) K(ITA_i)[(1-\eta) \times K(ITA_j)] \tag{4-11}$$

其中，$j \neq i$，$(1-\eta) \times K(ITA_j)$ 表示地区 j 的技术溢出被地区 i 吸收的部分，它能作用于地区的产业结构升级。由式(4-8)和式(4-11)不难得出：

$$\frac{\partial IS_i}{\partial ITA_j} > 0；\frac{\partial^2 IS_i}{\partial ITA_j \partial U_i} > 0 \tag{4-12}$$

基于上述分析，本章提出命题2。

命题2：当地区生产、创新的外在条件保持不变时，技术创新强度能够通过对创新价值链中各投入要素的溢出与扩散作用影响产业结构升级，即技术创新强度对产业结构升级具有显著的空间效应；此外，这一空间效应能在经济集聚的作用下进一步强化。

4.2.2 指标的测度

4.2.2.1 技术创新强度（ITA）

为测算我国各地区技术创新强度，本章构建了如表 4－4 所示的综合评价指标体系，选取 1997～2014 年我国内地 30 个省份（西藏除外）的数据，采用多维主成分分析方法对数据进行分析，以此求出的综合得分作为技术创新强度的综合水平。

表 4－4 技术创新强度综合评价指标体系

<table>
<tr><th colspan="2">创新阶段</th><th>指标</th><th>符号</th></tr>
<tr><td rowspan="10">技术创新强度（ITA）</td><td rowspan="4">创新研发投入</td><td>R&D 经费内部支出</td><td>X1</td></tr>
<tr><td>R&D 全时人员当量</td><td>X2</td></tr>
<tr><td>新产品开发经费支出</td><td>X3</td></tr>
<tr><td>科技支出占财政支出比重</td><td>X4</td></tr>
<tr><td rowspan="4">创新研发产出</td><td>技术市场成交合同数</td><td>X5</td></tr>
<tr><td>SCI、EI、ISTP 科技论文数</td><td>X6</td></tr>
<tr><td>专利申请受理数</td><td>X7</td></tr>
<tr><td>专利授权数</td><td>X8</td></tr>
<tr><td rowspan="2">创新成果转化</td><td>高新技术产业主营业务收入</td><td>X9</td></tr>
<tr><td>新产品销售收入</td><td>X10</td></tr>
</table>

根据累计方差贡献率大于 90% 的准则，测算得到我国各地区技术创新强度综合得分，为方便比较分析，本章对综合得分做了归一化处理，结果如表 4－5 所示。

表 4－5 我国各地区技术创新强度综合得分、排名一览表

年份	1998	2000	2002	2004	2006	2008	2010	2012	2014	排名
北京市	0.470	0.493	0.508	0.508	0.574	0.637	0.695	0.763	0.948	3
天津市	0.471	0.477	0.466	0.453	0.499	0.542	0.624	0.740	0.910	6
河北省	0.447	0.419	0.419	0.457	0.534	0.648	0.646	0.731	0.786	26
山西省	0.456	0.453	0.476	0.466	0.506	0.630	0.651	0.737	0.861	19
内蒙古自治区	0.443	0.399	0.438	0.478	0.546	0.619	0.699	0.791	0.869	18
辽宁省	0.474	0.472	0.433	0.442	0.488	0.572	0.685	0.683	0.901	10
吉林省	0.516	0.514	0.476	0.526	0.547	0.559	0.630	0.789	0.889	15
黑龙江省	0.471	0.485	0.486	0.514	0.549	0.594	0.711	0.761	0.895	12
上海市	0.560	0.512	0.542	0.595	0.553	0.607	0.709	0.880	0.931	4
江苏省	0.504	0.497	0.483	0.546	0.552	0.600	0.621	0.807	0.956	2
浙江省	0.443	0.460	0.427	0.428	0.473	0.571	0.647	0.801	0.925	5
安徽省	0.460	0.489	0.488	0.490	0.511	0.584	0.652	0.795	0.884	17
福建省	0.398	0.430	0.445	0.495	0.529	0.610	0.637	0.735	0.907	8

续表

年份	1998	2000	2002	2004	2006	2008	2010	2012	2014	排名
江西省	0.456	0.427	0.465	0.464	0.486	0.558	0.637	0.802	0.855	21
山东省	0.381	0.382	0.457	0.447	0.520	0.592	0.706	0.806	0.908	7
河南省	0.446	0.402	0.469	0.442	0.492	0.582	0.683	0.816	0.841	24
湖北省	0.437	0.447	0.423	0.477	0.516	0.602	0.684	0.797	0.906	9
湖南省	0.414	0.438	0.485	0.496	0.502	0.617	0.660	0.790	0.886	16
广东省	0.458	0.493	0.478	0.527	0.527	0.628	0.720	0.881	0.970	1
广西壮族自治区	0.405	0.455	0.489	0.487	0.531	0.616	0.615	0.721	0.781	28
海南省	0.388	0.408	0.463	0.505	0.517	0.636	0.646	0.741	0.857	20
重庆市	0.484	0.413	0.448	0.431	0.471	0.505	0.637	0.787	0.890	13
四川省	0.503	0.439	0.454	0.423	0.501	0.543	0.637	0.757	0.889	14
贵州省	0.493	0.503	0.455	0.461	0.521	0.553	0.614	0.644	0.726	30
云南省	0.488	0.477	0.476	0.483	0.518	0.616	0.671	0.683	0.745	29
陕西省	0.459	0.468	0.423	0.457	0.479	0.564	0.627	0.725	0.898	11
甘肃省	0.455	0.471	0.466	0.431	0.499	0.593	0.673	0.762	0.847	23
青海省	0.471	0.456	0.490	0.473	0.492	0.564	0.606	0.688	0.801	25
宁夏回族自治区	0.480	0.444	0.474	0.488	0.479	0.561	0.620	0.707	0.847	22
新疆维吾尔自治区	0.363	0.433	0.487	0.478	0.551	0.647	0.689	0.710	0.781	27

注：限于篇幅，未给出所有年份技术创新强度综合得分，排名为2014年得分排名。

从时间维度来看，1997~2014 年，我国各地区均表现出技术创新强度不断提升的趋势，其中广东、江苏、浙江、北京、上海等地区技术创新强度已处于较高水平，因此年均增长率不高；甘肃、宁夏、青海等地区技术创新不够活跃，强度低因而增长率较高。从区域维度来看，2014 年我国技术创新强度存在较大差异，整体呈现出东部 > 中部 > 西部的格局。

4.2.2.2 *产业结构升级指标测度*

（1）产业结构合理化（RIS）。产业结构合理化可分为产业间投入和产出结构的合理化，是对产业间要素配置结构与产出结构匹配情况的概括。多数学者采用结构偏离度（E）来衡量产业结构合理化[174-175]，公式如下：

$$E = \sum_{i=1}^{3} \left| \frac{Y_i/L_i}{Y/L} - 1 \right| = \sum_{i=1}^{3} \left| \frac{Y_i/Y}{L_i/L} - 1 \right| \tag{4-13}$$

其中，Y 代表产值，L 代表就业，i 代表产业。当 E 趋近 0 值时，表明产业产出结构与就业结构（人力投入）基本匹配，经济贴近均衡状态；E 值越大，经济越偏离均衡状态，产业结构越不合理。结构偏离度能反映产业产出结构与就业结构的耦合情况，但该指标认为各个产业在经济中的地位同等重要，显然不够恰当。因此有些学者运用 Hamming 贴近度方法将现有产业产出结构与国际标准结构的贴近程度作为产业结构合理化指标[176-177]，这又忽视了产业就业结构的合理性，且国际标准结构的可参照性会随时间推移不断减弱，这就要求我们在测度产业结构合理化时做出新的尝试。

本章结合结构偏离度指标与 Hamming 贴近度方法来测度产业结构的合理化，将一般的 Hamming 贴近度模型中国际标准模式三次产业的产出结构替换成当期产业间就业结构，如此既能兼顾产出结构与就业结构，又能体现产业间的差异性。具体公式为：

$$RIS = 1 - \frac{1}{3}\sum_{i=1}^{3} |S_i^y - S_i^l| \tag{4-14}$$

其中，$S_i^y = Y_i/Y$ 和 $S_i^l = L_i/L$ 分别代表区域产业结构中各产业的产值比重与就业比重。*RIS* 越大，表明现有产业产出结构与就业结构越贴近，经济体结构模式越合理。

根据处理（主要是运用移动平均法对个别缺失数据补足）后的产业结构相关数据，对照式（4-15），可测算得到 1997~2014 年我国各地区的产业结构合理化水平（RIS）。其中，我国产业结构合理化平均水平的发展情况如图 4-3 所示。

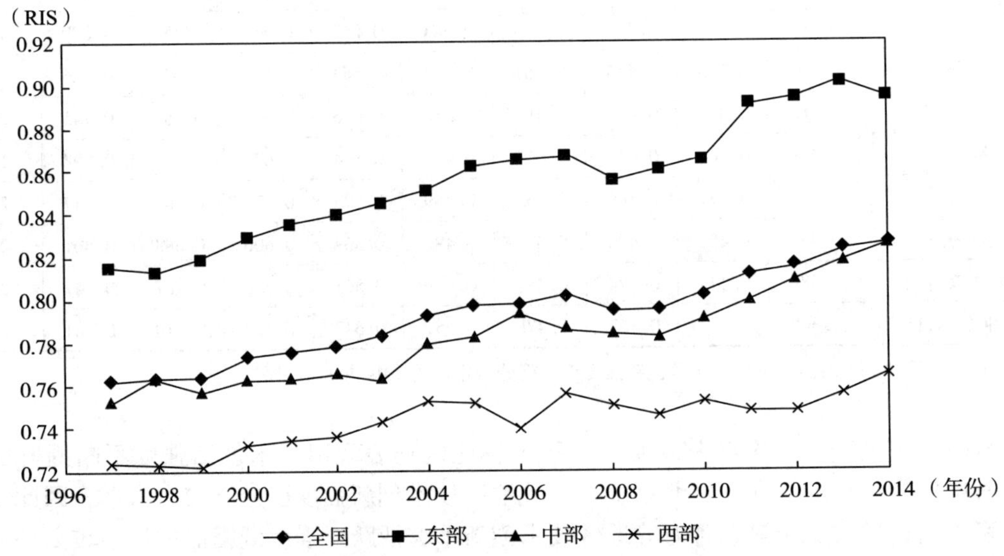

图 4-3　1997~2014 年我国各地区产业结构合理化平均水平

由图 4-3 可知，我国产业结构合理化在时间维度上稳步提升，且存在一定的阶段性。1997 年以来，改革开放初显成效，我国产业结构合理化水平震荡上升；2000~2007 年，受益于积极的财政政策、西部大开发战略等一系列宏观规划，我国开始大力调整优化产业结构，合理化水平不断上升；2008~2010 年，我国产业结构合理化水平停滞不前甚至出现倒退，这是由于全球金融危机对我国经济带来冲击，抵消了 2007 年开始的强势发展趋势；2011 年后，金融危机的影响减弱，我国产业结构合理化水平再次向前迈进。

此外，从图 4-3 与表 4-6 我国产业结构合理化的东部、中部、西部的对照可知，1997~2014 年我国各地区产业结构合理化表现为逐年递增态势，东部各地区产业结构合理化水平最高，其均值为 0.856，接下来依次是中部地区 0.782 和西部地区 0.743，全国的平均水平为 0.792，高于中西部而低于东部，这表明我国中部、西部产业结构合理化还存在较大的提升空间，尤其是西部地区，资源型产业比重过高，产业结构布局有待进一步改善。总体而言，我国产业结构合理化水平表现为东部 > 西部 > 中部的格局。

表 4-6 我国东部、中部、西部地区产业结构合理化水平

年份	东部均值	中部均值	西部均值	年份	东部均值	中部均值	西部均值
1997	0.815	0.752	0.723	2006	0.865	0.793	0.740
1998	0.813	0.764	0.722	2007	0.867	0.786	0.756
1999	0.818	0.757	0.722	2008	0.855	0.783	0.750
2000	0.829	0.762	0.732	2009	0.860	0.782	0.746
2001	0.835	0.763	0.734	2010	0.865	0.790	0.752
2002	0.840	0.765	0.736	2011	0.891	0.799	0.748
2003	0.845	0.763	0.743	2012	0.894	0.809	0.748
2004	0.850	0.779	0.753	2013	0.901	0.817	0.756
2005	0.861	0.782	0.752	2014	0.895	0.825	0.765

（2）产业结构高级化（*AIS*）。通过比较现有产业结构高级化度量指标的相关文献，本章采用付凌晖（2010）[178]等学者的一般做法即夹角余弦法来构建产业结构的高级化指标（*AIS*）。夹角余弦法的主要思路是：首先根据各产业产值比重构建结构向量 $Y_0=(y_{1,0}, y_{2,0}, y_{3,0})$；其次计算结构向量与基准向量 $X_1=(1, 0, 0)$，$X_2=(0, 1, 0)$，$X_3=(0, 0, 1)$之间的夹角为 θ_1、θ_2、θ_3：

$$\theta_j = \arccos \frac{\sum_{i=1}^{3}(x_{i,j} \cdot y_{i,0})}{\sum_{i=1}^{3}(x_{i,j}^2)^{1/2}\sum_{i=1}^{3}(y_{i,0}^2)^{1/2}}, \ j=1, 2, 3 \tag{4-15}$$

基于此，得到产业结构的高级化指标为：

$$AIS_y = \sum_{k=1}^{3}\sum_{j=1}^{k}\theta_j \tag{4-16}$$

同理，根据就业结构向量 $L_0=(l_{1,0}, l_{2,0}, l_{3,0})$，计算出产业就业结构高级化水平 AIS_l，得到产业产出、就业结构高级化之后，利用因子分析方法求出两者的因子得分分别为 0.305 和 0.714，以因子得分为权重加权求和，得到产业结构高级化综合水平 $AIS = 0.305AIS_y + 0.714AIS_l$。

三个基准向量依次反映了产业中全为第一、第二、第三产业的极端情况，且 *AIS* 计算中对 θ_3 的赋权也最大，因此，*AIS* 指标值的大小能够准确反映产业结构的高级化水平。利用各地区三大产业的产值、就业数据，测算得到我国产业结构高级化平均水平如图 4-4 所示。

图 4-4 反映了我国产业结构高级化在时间维度上的发展情况，由表 4-7 可知，我国产业结构高级化水平除个别时间有所震荡，其他时间都表现出近似匀速的稳定增长态势。

就区域维度而言，我国各地区产业结构高级化水平逐年提升，其中东部地区高级化水平最高，均值为 6.309，高于全国平均水平（5.984），中部、西部情况相当，分别为

5.843 和 5.772 均低于全国平均水平；在东部沿海服务业大力发展、中部工业化进程深入、西部大开发战略成功实施的背景下，产业结构高级化水平仍呈现出东部 > 中部 > 西部的格局。

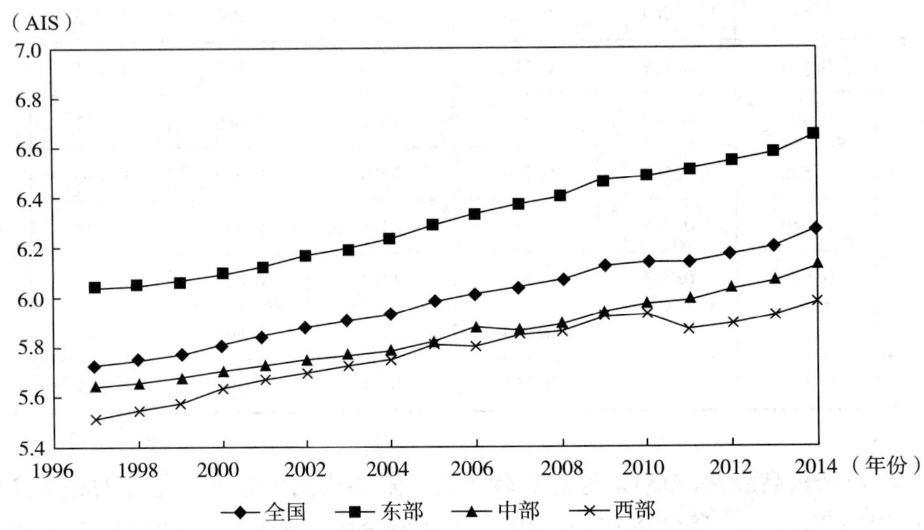

图 4－4　1997～2014 年我国各地区产业结构高级化平均水平

表 4－7　我国东部、中部、西部地区产业结构高级化水平

年份	东部地区	中部地区	西部地区	年份	东部地区	中部地区	西部地区
1997	6.040	5.638	5.510	2006	6.331	5.866	5.797
1998	6.055	5.646	5.540	2007	6.370	5.863	5.845
1999	6.063	5.668	5.577	2008	6.400	5.885	5.859
2000	6.090	5.702	5.627	2009	6.460	5.929	5.917
2001	6.119	5.720	5.667	2010	6.482	5.968	5.926
2002	6.161	5.744	5.694	2011	6.510	5.980	5.864
2003	6.189	5.766	5.724	2012	6.541	6.025	5.890
2004	6.231	5.780	5.745	2013	6.577	6.064	5.922
2005	6.287	5.815	5.809	2014	6.649	6.119	5.977

4.2.3　实证与结果分析

4.2.3.1　模型设定

本节的研究目标是在中国经济集聚的背景下，通过建立空间计量模型，依次分析技术创新强度对产业结构合理化与产业结构高级化这两个维度具有怎样的空间效应，并尝试探究经济集聚这一现实背景对此空间效用有怎样的影响。为实现研究目标，且同时兼顾滞后效应与误差效应，本节建立空间杜宾模型来开展实证。

（1）空间杜宾模型。产业结构升级会受到技术创新强度及经济集聚程度的共同影响，因为经济集聚会促使要素集聚，继而促使单位投入的创新研发和产品产出增长；伴随信息技术的进步，区域间的创新合作关联不再取决于地理距离，地区经济的集聚状况是否趋同显得更为重要，因此，在研究技术创新对产业结构升级的空间效应时，应将经济集聚指标作为空间权重矩阵，结合 SDM 模型的一般形式（Lesage 和 Pace，2009）[179]，本章将实证模型设定为：

$$\ln IS_{it} = c + \rho \sum_{i \neq j} w_{ij} \ln IS_{it} + \beta_1 \ln ITA_{it} + \beta_2 \ln i_{it} + \beta_3 \ln tr_{it} + \beta_4 \ln fdi_{it} + \beta_5 \ln g_{it} + \theta_1 \sum_{i \neq j} w_{ij} \ln ITA_{it} + \theta_2 \sum_{i \neq j} w_{ij} \ln i_{it} + \theta_3 \sum_{i \neq j} w_{ij} \ln tr_{it} + \theta_4 \sum_{i \neq j} w_{ij} \ln fdi_{it} + \theta_5 \sum_{i \neq j} w_{ij} \ln g_{it} + \mu_i + \lambda_i + \varepsilon_{it} \quad (4-17)$$

其中，被解释变量 IS_{it} 表示产业结构发展水平，包括产业结构合理化、产业结构高级化两个维度；解释变量 ITA_{it} 表示技术创新强度；控制变量 i_{it}、tr_{it}、fdi_{it} 和 g_{it} 分别表示固定资产投资（地区固定资产投资完成额）、国际贸易（地区进出口总额）、外商直接投资和政府消费支出比重（政府消费支出占 GDP 的比重）；w_{ij} 表示空间权重矩阵。

（2）基于经济集聚度的空间权重矩阵。经济主体的发展状况和它在地理空间上的位置关联紧密。空间区位相近的经济主体之间，创新强度往往具有较强相关性。空间节点的邻接关系可以数学化为基于空间邻近的权重矩阵，该矩阵的构建方式为：只要空间节点之间存在相邻关系，就将它们在权重矩阵中对应的值设为 1。此矩阵能够反映不同主体之间是否存在关联，但同时也将相邻主体间的影响程度视为无差异的，这显然不能客观反映区域间技术创新的现实关联。因此，有些学者尝试通过地理距离标准构造空间权重矩阵，这也符合“邻近事物之间联系的紧密程度与地理距离成反比”这一地理学定律的观点。

随着信息技术的发展，地理距离在技术创新强度中的所起的作用越来越小，基于地理距离的空间权重矩阵也不再适用，因此需要从其他角度出发构建空间权重矩阵。本章的研究命题是经济集聚下技术创新强度对产业结构升级的空间效应，是以经济的集聚现象为背景的，同时，经济集聚程度相似的两个地区，相应的行业经济行为、要素的集聚与配置方式、研发模式也会趋同，这就使经济集聚水平相似的地区之间技术创新及产业结构发展的联系也会更加紧密，基于此现实背景，本章构建了基于经济集聚度的空间权重矩阵 W。W 矩阵的元素为：

$$w_{ij} = 1/[1 + abs(R_i - R_j)]$$

其中，R_i 表示地区 i 在 1997～2014 年的平均经济集聚度，本章引用地理集中度指数来代表地区经济集聚度。地理集中度指数综合考虑了事物的集中程度及其所处的区域大小，能有效反映经济集聚的实际水平。其计算公式为：

$$R_i = \frac{X_i \Big/ \sum_{i=1}^{N} X_i}{TER_i \Big/ \sum_{i=1}^{N} TER_i} \quad i = 1, 2, 3, \cdots, N \quad (4-18)$$

其中，X_i 指地区 i 的生产总值，TER_i 指地区 i 的建成区面积；N 为地区数量。

为了全面深入地分析技术创新对产业结构升级的空间效应，我们首先应该检验产业结构升级是否存在空间自相关性，即计算出产业结构合理化、产业结构高级化的全局及局部 Moran'I 指数，一旦计算结果显示产业结构“两化”具有空间自相关关系，就可运用前面设定好的空间计量模型分析技术创新、经济集聚等对产业结构的影响。

4.2.3.2 空间相关性检验

（1）全局空间自相关检验。利用1997~2014年我国30个省份的产业结构合理化和产业结构高级化指标数据，计算得到两者的 Moran'I 值及统计量如表4-8所示。

表4-8 产业结构合理化与产业结构高级化 Moran'I 值及统计量

年份	产业结构合理化 Moran'I 值	统计量 Z（I）	产业结构高级化 Moran'I 值	统计量 Z（I）
1997	0.405	2.726	0.233	2.404
1998	0.297	2.883	0.217	2.084
1999	0.357	2.536	0.259	2.313
2000	0.455	2.855	0.203	2.705
2001	0.339	2.635	0.266	2.907
2002	0.365	2.883	0.235	2.669
2003	0.407	2.687	0.285	2.635
2004	0.324	2.505	0.324	2.147
2005	0.300	2.696	0.309	2.637
2006	0.326	2.612	0.255	2.945
2007	0.320	2.826	0.279	2.349
2008	0.326	2.638	0.258	2.098
2009	0.394	2.549	0.245	2.553
2010	0.337	2.577	0.275	2.240
2011	0.433	2.882	0.289	2.317
2012	0.393	2.497	0.312	2.845
2013	0.432	2.564	0.272	2.001
2014	0.366	2.587	0.217	2.155

表4-8中，产业结构合理化的所有 Moran'I 指数以及大部分产业结构高级化的 Moran'I 指数在5%置信水平下是显著的（统计量 Z 值大于1.96），这表明产业结构合理化、产业结构高级化在空间上具有显著的空间依赖性（正自相关关系）。也就是说，我国产业结构的合理化、高级化情况在空间上的分布并非是完全随机的，而是表现出具有相似产业结构发展水平的地区在空间上的趋于集聚。

（2）局部空间自相关检验。局部空间自相关检验又称 LISA 检验，是利用局部Moran'I 指数来检验局部地区是否存在集聚性。根据我国各省市 2014 年产业结构合理化、产业结构高级化的局部空间相关指数的计算结果，给出对应的空间 LISA 如图 4 – 5 和图 4 – 6 所示。

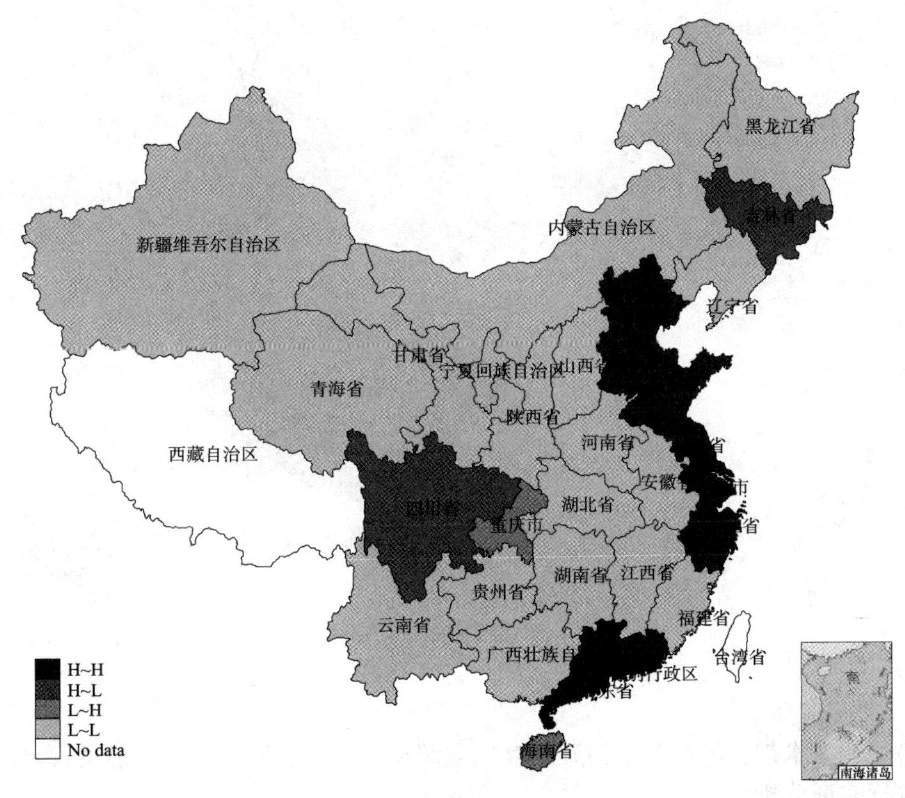

图 4 – 5　产业结构合理化空间 LISA

比较分析图 4 – 5 和图 4 – 6，第一类区域为“H – H”地区，即其自身产业结构合理化、高级化水平高，扩散力强，周边地区“两化”水平及扩散能力也强。图 4 – 5 中这类地区有北京、天津、河北、山东、江苏、浙江、上海和广东；图 4 – 6 中这类地区有北京、江苏、浙江、上海、广东和海南。这几个省市处于环渤海经济圈和长三角经济带上，产业结构合理化及高级化在空间上的扩散与渗透力强，对比而言，产业结构合理化局部空间相关性强于产业结构高级化。第二类区域为“H – L”地区，即其自身产业结构水平高，但是对周边地区的渗透和扩散较弱，没有带动周边的发展，图 4 – 5 中这类地区有吉林和四川，图 4 – 6 中这类地区有山西和湖南。第三类区域为“L – H”地区，这类地区自身产业结构合理化、高级化水平不高，但是得益于周边地区强有力的渗透、扩散作用，发展空间较大，图 4 – 5 中这类地区有海南和重庆，图 4 – 6 中这类地区有江西和河北。第四类区域为“L – L”地区，这类地区自身发展水平不高，自身和周边地区的渗透力都弱，溢出效应不显著。其他地区由于数据缺失，无法计算其局部空间指数。

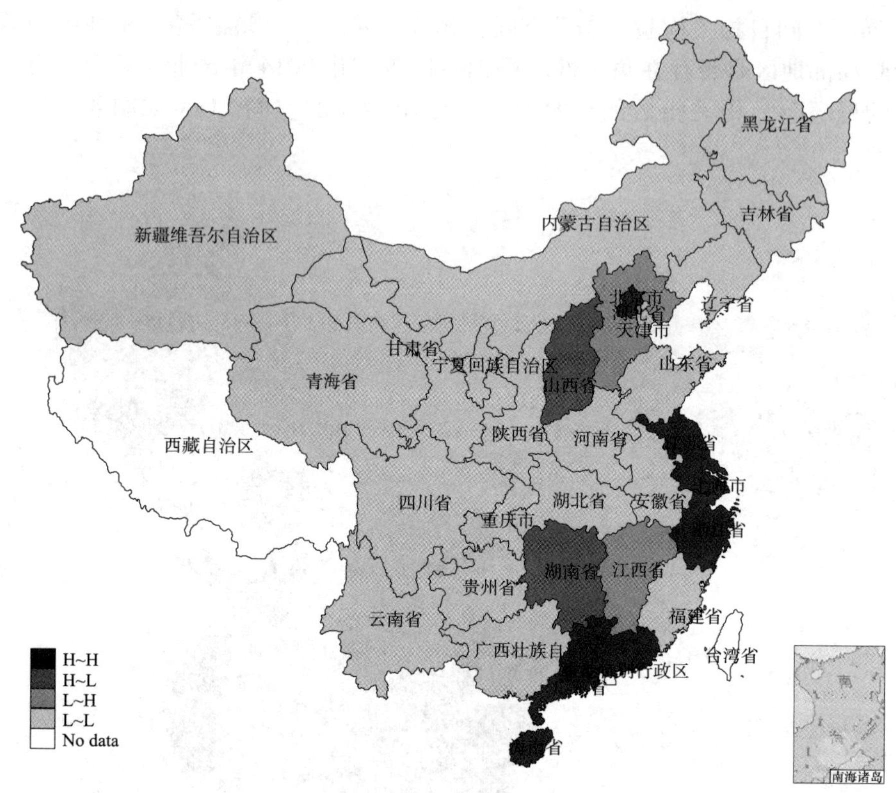

图 4－6　产业结构高级化空间 LISA

4.2.3.3　实证分析

经检验，技术创新与产业结构升级存在空间相关关系，因此，采用前文设定的空间杜宾模型进行实证分析。

（1）经济集聚下技术创新对产业结构合理化的空间效应。为研究技术创新对产业结构合理化的空间效应，将模型（7）中的产业结构水平 IS 设为 RIS，用 MATLABR2013a 完成空间计量模型的分析。模型选用的效应为常系数固定效应（FE）。估计结果如表 4－9 所示。

从全局看，首先，在 1% 和 5% 的显著性水平下，各变量对产业结构合理化均有显著影响。其中，国内投资及国际贸易对我国产业结构合理化的发展起阻碍作用，这与我国一直以来“以市场换技术”的政策有关，更重要的是，在开放的贸易环境下，外资企业常处于比较优势的地位，这些企业获取较大比例的市场份额后，将本土企业挤迫到产业链的低端位置，且市场对国内投资的引导也因此发生结构性偏差，产业建设及资金流向均与合理的结构相悖，从而限制了我国的产业结构合理化发展。其次，技术创新强度、外商直接投资和政府消费支出的系数显著为正，共同构成了产业结构合理化发展的核心动力，产业结构合理化对这三个变量的增长弹性依次为 0.0406、0.0131 和 0.0269，外商直接投资和政府消费支出有助于从宏观上引导产业结构向更为正确合理的方向调整，技术创新强度作为核心动力，通过优化产业运作模式、提升产业全要素生产率、催生高效新兴产业等具体方面来驱动产业的合理化发展。最后，经济的集聚效应在化解国内投资及国际贸易对产业结构合理化的负面影响、取代政府消费支出作用的同时，也激发了技术创新强度对产业结构合理化的空间溢出效应，使其影响系数大幅提升。经济的集聚不仅意味着产业间及产业内各部门之间的集聚，它还能带来各种生产要素在空间上的集聚，促使知识、科研设备、科研人才、科研成果等技术创新价值链的方方面面深化交流合作，得益于此，知识、技术、创新研发成果的空间溢出与渗透效应在经济集聚背景下得到显著强化，产业结构合理化发展从中收益良多。

表 4-9 经济集聚下产业结构合理化与技术创新强度的 SDM 模型估计结果

	产业结构合理化 *RIS*			
	全国	东部地区	中部地区	西部地区
ln*ITA*	0.0406*** (6.96)	0.0365*** (3.35)	0.0633*** (3.21)	0.0298 (1.26)
ln*i*	-0.0341** (-2.66)	0.0478* (1.99)	-0.0388** (-2.54)	0.000172 (0.01)
ln*tr*	-0.0299*** (-3.41)	-0.00224 (-0.24)	0.0128 (0.49)	-0.00777 (-0.49)
ln*fdi*	0.0131** (2.71)	0.0341* (2.28)	0.0724*** (6.94)	0.00362 (0.49)
ln*g*	0.0269*** (4.53)	0.0327*** (4.14)	0.0253 (0.43)	0.0311*** (4.96)
W×ln*ITA*	0.742*** (4.95)	0.222* (2.22)	0.449* (2.39)	0.301 (1.34)
W×ln*i*	-0.602 (-1.86)	0.328 (1.37)	-0.218 (-0.91)	0.342 (1.20)
W×ln*tr*	-0.0923 (-0.46)	-0.0478 (-0.52)	0.0802 (0.48)	-0.0604 (-0.39)
W×ln*fdi*	0.284* (2.34)	0.346** (2.75)	0.426*** (6.28)	0.0494 (0.73)
W×ln*g*	-0.454 (-0.59)	-0.419 (-0.80)	-0.157 (-0.41)	2.973*** (5.09)
ρ	-5.849*** (-7.14)	-3.974*** (-9.68)	-3.602*** (-11.44)	-5.009*** (-13.18)
R^2	0.853	0.762	0.786	0.694
Log Likelihood	1182.23	1216.91	1224.65	1175.24

注：括号内为 t 值，*、**、*** 分别表示在 10%、5% 及 1% 水平下显著。

从区域层面看，东部地区在产业结构合理化的建设过程中既充分发掘了技术创新强度、外商直接投资和政府消费支出的积极作用，也成功规避了国际贸易的负面影响，同时，由于其产业的合理化发展已经处于较高水平，市场对国内投资的引导得到修正，国内市场投资对产业结构合理化开始发挥正向积极作用；中部地区产业结构合理化对技术创新强度的增长弹性最大，表明其正处于高速发展阶段，期间需加强对负面影响的规避；西部地区除了政府消费支出外的其他变量对产业结构合理化的影响均不显著，这表明西部地区产业结构的合理化发展主要依赖政府的调控，没能实现经济集聚下产业升级和技术创新强度的空间联动。实证结果显示，我国东部地区产业结构合理化处于较高水平、中部地区处于高速发展阶段，西部地区产业结构合理化水平低，这与前文的测算结果是一致的。

根据 SDM 模型的估计结果，本章进一步测算了经济集聚下技术创新强度对产业结构合理化的空间效应，结果如表4－10所示。

表4－10 经济集聚下技术创新对产业结构合理化的空间效应

	全国	东部地区	中部地区	西部地区
直接效应	0.0203***（5.03）	0.0250***（4.66）	0.00556（0.61）	0.000277（0.03）
间接效应	0.0945***（3.92）	0.0265（1.28）	0.106*（2.45）	0.0539（1.34）
总效应	0.115***（4.80）	0.0515*（2.37）	0.111*（2.25）	0.0542（1.31）

注：括号内为t值，*、**、***分别表示在10%、5%及1%水平下显著。

就全国范围而言，经济集聚下技术创新强度对产业结构合理化的空间效应显著为正，其中直接效应为0.0203，间接效应为0.0945，间接效应是直接效应的4倍，这表明经济集聚对技术创新强度与产业结构合理化之间的空间效应具有重要的影响。就地区而言，东部地区集聚已经成熟，技术对产业结构合理化的间接效应不再显著，技术的直接效应显著，这提示我们在东部地区要坚持以技术创新来指导产业结构合理化发展；中部地区则表现为间接效应显著，提升中部地区产业结构合理化的有效途径是加强集聚经济区的建设；西部地区空间效应不显著，在发展西部产业时要既注重集聚经济的建设，又坚持技术创新强度，发挥东部、中部地区的先动优势，带动西部地区协同发展。

（2）经济集聚下技术创新对产业结构高级化的空间效应。为分析技术创新强度对产业结构高级化的空间效应，将模型（7）中的产业结构水平IS设为AIS，估计结果如表4－11所示。

表4－11 经济集聚下产业结构高级化与技术创新强度的SDM模型估计结果

	产业结构高级化AIS			
	全国	东部地区	中部地区	西部地区
ln*ITA*	0.0362**（2.61）	0.0524*（2.14）	0.0480**（3.21）	0.0424*（2.48）
ln*i*	−0.00135（−0.04）	0.148**（2.74）	0.00328（0.04）	−0.0913（−1.01）
ln*tr*	−0.0409（−1.94）	0.0836***（3.92）	0.304***（5.69）	−0.00808（−0.18）
ln*fdi*	0.0397***（3.42）	0.0658（1.94）	−0.00198（−0.10）	0.00354（0.17）
ln*g*	−0.0397（−0.52）	0.184（1.04）	−0.0800（−0.67）	−0.224（−1.24）
W×ln*ITA*	0.917**（2.61）	0.701**（3.11）	0.320**（3.28）	0.424**（2.62）
W×ln*i*	−0.510（−0.67）	1.238*（2.30）	−0.140（−0.28）	−1.350（−1.65）
W×ln*tr*	−1.364*（−2.50）	0.542**（2.61）	1.862***（5.48）	−0.0799（−0.18）
W×ln*fdi*	0.987***（3.41）	0.721*（2.49）	−0.0375（−0.28）	0.0236（0.12）

续表

	产业结构高级化 *AIS*			
	全国	东部地区	中部地区	西部地区
$W \times \ln g$	-1.207 (-0.65)	-0.135 (-0.08)	-0.0846 (-0.11)	-1.478 (-0.88)
ρ	-7.261*** (-8.92)	-4.262*** (-10.24)	-4.219*** (-16.25)	-4.785*** (-11.47)
R^2	0.843	0.804	0.765	0.732
Log Likelihood	1151.18	1275.76	1059.54	1158.32

注：括号内为t值，*、**、***分别表示在10%、5%及1%水平下显著。

根据表4-11结果，首先，国内投资及国际贸易的估计系数仍表现为负向，但在统计上不再显著，这表明全球贸易开放带来的低端产业链和结构偏离对产业结构的影响并未涉及高级化的内容，就全国的平均水平而言，国内投资及国际贸易对产业结构高级化没有显著影响。其次，技术创新强度、外商直接投资也是产业结构高级化发展的核心动力，产业结构高级化对它们的增长弹性依次为0.0362、0.0397，外商直接投资倾向于服务化产业，这能显著提升产业结构的高级化水平，技术创新强度高的行业多为服务业内部行业，且其同样能通过前述产业模式、生产率、新兴产业等具体方面促进产业结构高级化，政府近年来提倡发展制造业，而制造业多为第二产业，而又包含一些新兴的服务化行业，这导致政府消费支出对产业结构高级化影响不显著。最后，与产业结构合理化的情况类似，经济集聚同样能显著强化技术创新强度对产业结构高级化的影响。

从区域层面看，技术创新强度、投资、国际贸易等都是东部地区产业结构高级化的驱动因素；而中部地区产业结构高级化则受到技术创新强度和国际贸易的推动；在经济集聚的条件下，西部地区产业结构高级化能享受到技术创新的外溢助力。总体来看，经济集聚下技术创新强度对我国产业结构高级化的促进作用也表现为东部>中部>西部的格局。

经济集聚下技术创新强度对产业结构高级化的空间效应如表4-12所示。

表4-12 经济集聚下技术创新强度对产业结构高级化的空间效应

	全国	东部地区	中部地区	西部地区
直接效应	0.00656* (1.98)	-0.0247 (-1.94)	0.00625 (1.29)	0.00169 (0.27)
间接效应	0.109* (2.27)	0.168*** (3.58)	0.0637*** (3.31)	0.0758** (2.64)
总效应	0.116** (2.55)	0.143** (2.91)	0.0700*** (3.29)	0.0802** (2.58)

注：括号内为t值，*、**、***分别表示在10%、5%及1%水平下显著。

经济集聚下，技术创新强度对产业结构高级化的空间效应有一个明显的特征，不论是全国还是东部、中部、西部地区，都表现为间接效应接近总效应，直接效应不显著或者是在10%水平下显著，哪怕是显著的情况，其直接效应也很小，这说明经济集聚是促进技术创新对产业结构高级化空间效应的最主要动因，离开了经济集聚，创新对产业结构高级化的空间效应就难以为继。

（3）内生性检验。在上述SDM模型的估计过程中，双向或逆向因果关系的存在会导致模型产生内生性问题，由于技术创新与产业结构升级之间存在双向因果关系，需要进行内生性检验。系统GMM估计法是内生性检验常用的方法，它将内生解释变量的差分滞后项设为工具变量，能够较好地解决模型估计的有偏及不一致问题，且能够克服一阶差分GMM的弱变量问题（Arellano和Bover，1995；Blundell和Bond，1998）[180-181]，因此本章采用系统GMM估计法进行模型内生性检验，检验结果如表4-13和表4-14所示。

表4-13　产业结构合理化模型内生性检验

	产业结构合理化 RIS			
	全国	东部地区	中部地区	西部地区
L. RIS	0.642*** (16.71)	0.750*** (12.22)	0.617*** (9.75)	0.642*** (11.00)
D. ln*ITA*	0.0204*** (4.02)	0.0312** (2.83)	0.0719** (3.16)	0.0233 (1.09)
D. ln*i*	-0.0317*** (-3.83)	0.0278 (1.75)	-0.0363 (-1.27)	-0.0338** (-2.62)
D. ln*tr*	-0.0338*** (-3.82)	-0.00160 (-0.13)	-0.0122 (-0.77)	-0.0282 (-0.53)
D. ln*fdi*	0.00640 (1.57)	0.0372* (2.39)	0.0622*** (5.09)	0.00754 (1.34)
D. ln*g*	-0.0102 (-2.38)	0.197** (3.25)	0.102 (1.44)	0.126** (2.82)
AR (2)	0.149	0.125	0.138	0.068
Sargan	0.695	0.523	0.233	0.148

注：括号内为t值，*、**、***分别表示在10%、5%及1%水平下显著。

表4-14　产业结构高级化模型内生性检验

	产业结构高级化 AIS			
	全国	东部地区	中部地区	西部地区
L. RIS	0.593*** (15.46)	0.869*** (17.70)	0.669*** (11.96)	0.674*** (13.69)
D. ln*ITA*	0.0312*** (4.85)	0.0438** (3.29)	0.0327* (1.97)	0.0384** (3.22)
D. ln*i*	-0.0699** (-3.13)	0.0426* (2.01)	0.275** (3.14)	0.0198 (0.38)
D. ln*tr*	-0.0208 (-1.46)	0.0763*** (3.98)	0.0536** (3.07)	-0.0453 (-1.39)
D. ln*fdi*	0.0148* (2.49)	0.0925*** (4.32)	0.0159 (0.57)	0.0145 (0.48)
D. ln*g*	-0.175* (-2.09)	-0.145 (-1.22)	-0.252 (-1.10)	0.185 (0.39)
AR (2)	0.183	0.176	0.137	0.065
Sargan	0.537	0.362	0.316	0.278

注：括号内为t值，*、**、***分别表示在10%、5%及1%水平下显著。

表4-13和表4-14的结果表明，各个模型的工具变量均通过了Sargan检验，说明工具变量是有效的。此外，系统GMM估计得到系数的方向与表4-9和表4-11各变量系数一致，进一步验证了区域技术创新强度是推动产业结构合理、高级化发展的核心动能，技术创新是产业发展的关键动力。

（4）稳健性检验。本章选择调整实证模型的方式来检验技术创新强度对产业结构升级"两化"促进作用及经济集聚对其空间效应影响的稳健性，共有模型（1）~模型（4）四种方式。其中模型（1）是在原有模型的基础上增加了个体消费（居民消费）这一控制变量的 SDM 模型；模型（2）为空间动态面板模型（SDPD），其被解释变量、解释变量、控制变量和空间权重矩阵与原模型一致；模型（3）是静态面板模型，变量与原模型一致；模型（4）是在模型（3）的基础上，将解释变量替换为经济集聚与技术创新强度的交叉项。稳健性检验的结果如表 4－15 和表 4－16 所示。

表 4－15 产业结构合理化模型稳健性检验

	产业结构合理化 RIS			
	模型（1）	模型（2）	模型（3）	模型（4）
ln*ITA*	0.0250** （3.28）	0.0440*** （7.10）	0.0254*** （4.49）	
ln*i*	－0.0457*** （－3.34）	－0.0176*** （－3.92）	－0.0336*** （－5.32）	－0.0289*** （－5.88）
ln*tr*	－0.0395*** （－4.28）	－0.0428* （－2.09）	－0.0210*** （－4.97）	－0.0185*** （－5.67）
ln*fdi*	0.00523（0.97）	0.00210（0.09）	0.0188* （2.53）	0.0146** （2.92）
ln*g*	0.0224（－0.66）	－0.0249（－0.18）	0.00375（0.19）	0.00304（0.20）
$W\times\ln RIS$		0.621*** （4.14）		
$\ln RIS_{-1}$		0.654*** （4.76）		
$W\times\ln RIS_{-1}$		0.542*** （3.53）		
$R\times\ln ITA$				0.228*** （3.58）
ln*rc*	0.0742* （2.38）			
$W\times\ln ITA$	0.274（1.40）			
$W\times\ln i$	－1.158*** （－3.37）			
$W\times\ln tr$	－1.136*** （－4.81）			
$W\times\ln fdi$	0.0853（0.64）			
$W\times\ln g$	－1.886* （－2.24）			
$W\times\ln rc$	3.104*** （3.91）			
ρ	－5.849*** （－7.14）			
R^2	0.8712	0.8043	0.7683	0.7486

注：括号内为 t 值，*、**、***分别表示在 10%、5%及 1%水平下显著；以上模型均以全国范围为样本，限于篇幅，对应的东部、中部、西部地区样本下的结果未列出。

表 4－16 产业结构高级化模型稳健性检验

	产业结构高级化 AIS			
	模型（1）	模型（2）	模型（3）	模型（4）
ln*ITA*	0.0846*** （4.57）	0.0827*** （4.04）	0.0517** （3.20）	
ln*i*	－0.0667* （－2.02）	－0.0293** （－2.79）	－0.0378（－0.70）	－0.0128（－0.12）
ln*tr*	－0.0755*** （－3.35）	－0.0322* （－2.35）	－0.0326*** （－3.70）	0.0320（0.59）
ln*fdi*	0.0162（1.24）	0.0150（2.05）	0.0124（0.49）	0.0124（0.56）
ln*g*	－0.184* （－2.22）	－0.0579*** （－3.38）	－0.0167（0.11）	－0.266（－1.42）

续表

	产业结构高级化 AIS			
	模型（1）	模型（2）	模型（3）	模型（4）
$W\times\ln AIS$		0.758** （2.39）		
$\ln AIS_{-1}$		0.792*** （5.15）		
$W\times\ln AIS_{-1}$		0.620*** （4.02）		
$R\times\ln ITA$				0.0439*** （4.55）
$\ln rc$	0.370*** （4.89）			
$W\times\ln ITA$	1.831*** （3.91）			
$W\times\ln i$	−1.226 （−1.48）			
$W\times\ln tr$	−2.202*** （−3.83）			
$W\times\ln fdi$	0.443 （1.37）			
$W\times\ln g$	−3.466 （−1.69）			
$W\times\ln rc$	4.758* （2.44）			
ρ	−6.817*** （−7.58）			
R^2	0.876	0.8544	0.7408	0.7157

注：括号内为 t 值，*、**、***分别表示在10%、5%及1%水平下显著；以上模型均以全国范围为样本，限于篇幅，对应的东部、中部、西部地区样本下的结果未列出。

对照表4－9和表4－11中全国样本的估计结果，上述模型（1）至模型（4）解释变量的估计系数方向和显著性均与原模型一致，这验证了技术创新强度对产业结构合理化和高级化的正向空间效应是稳健的；此外，根据模型（4）中 $R\times\ln ITA$ 项的系数估计结果，经济集聚对这一空间效应的推动作用也是稳健的；由此可见本章关于经济集聚下技术创新强度对产业结构升级空间效应的实证结果是稳健的。

4.3 技术势能集聚促进高技术产业发展的驱动机制与空间效应

4.3.1 机理分析

4.3.1.1 概念界定

（1）技术势能，在物理学中，重力势能为物体质量、重力加速度和高度的乘积，即 $EP=mgh$，其中质量 m 代表的是物质自身的特征，重力加速度 g 代表的是物质所处的环境特征，高度 h 则表征物质的潜在水平特征，能反映其势能的“加速能力”，即势能提升的潜能；也就是说，物体的重力势能是由它本身的特征、所处环境的特征和潜在的水平特征共同决定的。

为衡量区域技术创新水平的提升潜能，提出技术势能的概念。本章将技术势能定义为：技术势能是指在同一参照系下，某一时期或时点的指定元素（个体、组织或区域）所具有的技术创新环境（专利保护制度、人才培养制度等软环境和科技基础设施、教育资源等硬环境）、技术创新能动性（创新主体进行技术创新活动的主观意愿）以及创新要素的吸引力（创新要素包括与技术创新相关的资本、劳动力、信息等要素；创新要素吸引力分为对外来要素的吸收能力和对内部要素的凝聚力）的综合概括，它反映了该元素所具有的技术创新态势，技术势能水平代表了指定元素的技术创新潜能（在做出技术创新决策时该元素可能实现的最大技术提升）。

（2）技术势能集聚，指的是技术提升潜能的三个维度即技术创新环境、技术创新能动性和创新要素吸引力在特定空间区域上的集中程度。技术势能集聚水平越高，表明单位空间区域内技术创新的潜在能力越大，技术势能集聚可以进一步分解为技术势能的多样化集聚和技术势能的专业化集聚。

技术势能的多样化集聚，指的是多样化的技术势能在空间区域上的集中程度。多样化的技术势能具有以下特征：能够通过其三大维度的作用实现多元化的技术创新；能够有效匹配规模较大、结构较为完善的产业发展需求；能够带来较为全面的创新成果，最终实现形式多样的综合性产业发展目标。

技术势能的专业化集聚，指的是专业化的技术势能在空间区域上的集中程度。专业化的技术势能具有以下特征：能够实现较大限度的技术进步；能够有效突破单一或联系紧密的技术难题；能够有针对性地推动某一产业或产业某一方面的深入发展；能有效促进核心技术的研发并培育产业的核心竞争力。

4.3.1.2　理论模型①

假设经济体由高技术产业和中低技术产业两大部门组成。其中，高技术产业部门投入中研发的占比相对较高，且具有更先进的生产方式，属于技术密集型产业，部门的投入要素包括物质资本、人力资本、生产技术和知识存量，知识积累的主要方式为自主研发和协同创新。中低技术产业部门则属于劳动密集型产业，该部门知识积累的主要方式为模仿式创新。在不考虑技术势能的影响时，产业部门之间不存在技术溢出，根据新经济增长理论的基本框架（Romer，1990），构建生产函数如下：

$$Y = K^{\alpha}[AH_p]^{1-\alpha} \tag{4-19}$$

在此基础上推导得到产业的知识生产函数为：

$$\dot{A}[H_pK]^{\beta}[H_rA]^{\beta} \tag{4-20}$$

其中，Y、K、A 和 $\dot{A}$ 分别表示产业生产过程的总产出、物质资本投入、知识存量以及产业知识产量；β 和 θ 分别表示协同创新和自主研发对产业知识积累的产出弹性；H_p 和 H_r 分别表示投入于生产和投入于技术研发的人力资本。t 时期的人力资本 $H(t)=L(t)G(E)$，$L(t)$ 为经济体中的劳动力总量，劳动力增速为固定值 n；$G(E)$ 为从业人员的人力资本函数，E 为平均受教育水平，为外生定值。当 $\beta+\theta<1$ 时，产业知识生产存在规模报酬递减效应，此时，在储蓄率为外生常量且不考虑技术势能影响的条件下，高技术产业部门和中低技术产业部门具有相等的稳态知识增长率：

① 限于篇幅，关于数理模型的中间推导过程未列出。

$$g_{h0}^* = g_{l0}^* = \frac{2\beta + \theta}{1 - \beta - \theta} \cdot n \tag{4-21}$$

此时，高技术部门知识存量高于中低技术部门且两者知识增长率相等，两大产业部门的平衡增长路径表现为平行增长路径。

（1）技术势能的多样化集聚与中低技术产业高技术化。根据新经济增长理论，经济增长的主要源泉是要素投入、知识积累，其中，知识积累与知识流动和知识扩散密不可分。不同产业间的技术密集度差异，高技术产业和中低技术产业间的技术差异，深刻影响着产业间的知识流动和扩散（Hauknes 和 Knell，2009）[182]。随着地区技术势能多样化集聚水平的提高，更多的中低技术产业能够找到与自身发展匹配的技术储备，进而通过模仿式创新将这些技术内生化。此时中低技术产业的知识生产函数为：

$$\dot{A} = [H_{lp}K_t]^{\beta}[H_{lr}A_l]^{\theta}A_h^{\phi} \tag{4-22}$$

其中，下标 h 和下标 l 分别表示所属部门为高技术产业部门和中低技术产业部门，其他符号含义与前文一致。在式(4－22)中，A_h^{ϕ} 这一项表示中低技术产业向高技术产业进行模仿式创新实现的知识产出，这一知识增长是由技术势能的多样化集聚促成的，ϕ 代表的是技术势能多样化集聚促进中低技术产业知识增长的产出弹性。中低技术产业部门的稳态知识增长率为：

$$g_{l1}^* = \frac{n(2\beta + \theta)}{1 - \beta - \theta} \cdot \left(1 + \frac{\phi}{1 - \beta - \theta}\right) \tag{4-23}$$

式（4－23）表明，g_{l1}^* 的变化与 β、θ 和 ϕ 有关。由技术势能的多样化集聚能够促进中低技术产业的知识积累，可知 $\phi > 0$，当 $\beta + \theta < 1$ 且 $n \neq 0$ 时，中低技术产业的知识增长率会高于高技术产业，从而两大部门间的知识差距逐渐缩小，中低技术产业表现出明显的高技术化趋势。基于上述分析，本章提出以下假设：

假设 1：技术势能的多样化集聚能够有效促进知识传播和技术扩散，进而推动中低技术产业在对高技术产业进行模仿创新时实现“嵌入式”发展，促进中低技术产业高技术化。

（2）技术势能的专业化集聚与高技术产业高端化。关于集聚效应，Marshall（1890）[183]指出，专业化集聚将带来原始投入的“蓄水池”效应、中间投入品的规模效应以及知识产出的溢出效应，学界将其统称为马歇尔外部性。在技术势能的专业化集聚过程中，同样存在初始研发投入的“蓄水池”效应、研发的规模效应和知识产出的溢出效应，这将使高技术产业的劳动生产率进一步提高。设技术势能专业化集聚对高技术产业知识积累促进作用的产出弹性为 ω，则高技术产业的知识生产函数可改写为：

$$\dot{A}_h = [H_{hp}K_h]^{\beta}[H_{hr}A_h]^{\theta}A_h^{\omega} \tag{4-24}$$

与之对应的稳态知识增长率为：

$$g_{h1}^* = \frac{n(2\beta + \theta)}{1 - \beta - \theta} \cdot \left(1 + \frac{\omega}{1 - \beta - \theta}\right) \tag{4-25}$$

对比式（4－24）和式（4－25）可知，技术势能的专业化集聚将带来高技术产业稳态知识增长率的提升，推动高技术产业的技术进步。当 $\beta + \theta < 1$ 且 $n \neq 0$ 时，高技术产业将以每单位 $\omega/(1 - \beta - \theta)$ 的速度突破现有的技术瓶颈。基于上述分析，本章提出以下假设：

假设 2：技术势能的专业化集聚显著强化高技术产业的知识积累和技术进步，进而推动高技术产业在自主创新时实现“跨越式”发展，促进高技术产业高端化。

（3）技术势能集聚的空间效应。Jacobs（1969）认为，多样化集聚能够促进知识的空间溢出。技术势能专业化集聚的空间效应具有不确定性，地区间的知识技术势差会直接影响知识技术主体之间的协同模式，进而影响其吸收、学习和自主创新能力（沈能等，2012）[184]。当技术势差处于合理范围时，技术势能的空间效应表现为正反馈效应，其强度取决于高技术产业部门之间的协同合作（Santamaría 等，2009）[185]；当技术势差过大时，具有高技术势能的地区难以通过协同创新获取技术突破，因而更倾向于对其他地区进行技术封锁以维持相对较高的技术水平带来的垄断利益，技术势能集聚的空间效应表现为负反馈效应。

为简化分析，不妨设技术势能多样化集聚空间效应的弹性为 ϕ，同时设技术势能专业化集聚空间效应的正负反馈强度为 ω_1 和 $-\omega_2$，ϕ、ω_1、ω_2 均大于 0。在地区 j 技术势能集聚空间效应的作用下，地区 i 的知识生产函数为：

$$\dot{A}_i[H_{ip}K_i]^{\beta}[H_{ir}A_i]^{\theta}A_j^{\phi+\omega_1-\omega_2} \tag{4-26}$$

与之对应的稳态知识增长率为：

$$g_i^* = \frac{n(2\beta+\theta)}{1-\beta-\theta}\cdot\left(1+\frac{\phi+\omega_1-\omega_2}{1-\beta-\theta}\right) \tag{4-27}$$

由式（4-27）可知，技术势能集聚对高技术产业发展的空间效应具有不确定性。在 $\beta+\theta<1$ 且 $n\neq 0$ 的条件下，当 $\phi+\omega_1>\omega_2$ 时，技术势能集聚的空间溢出效应能显著促进中低技术产业高技术化和高技术产业的高端化；当 $\phi+\omega_1<\omega_2$ 时，技术势能集聚的空间效应将阻碍高技术产业的高端化。基于上述分析，本章提出如下假设：

假设 3：当技术势能的专业化集聚处于适当范围时，技术势能集聚对高技术产业发展的空间效应显著为正；当技术势能的专业化集聚差异过大时，技术势能集聚对高技术产业发展的空间效应显著为负。

基于以上分析，技术势能集聚可以通过中低技术产业高技术化和高技术产业高端化为促进高技术产业的发展，如图 4-7、图 4-8 所示。

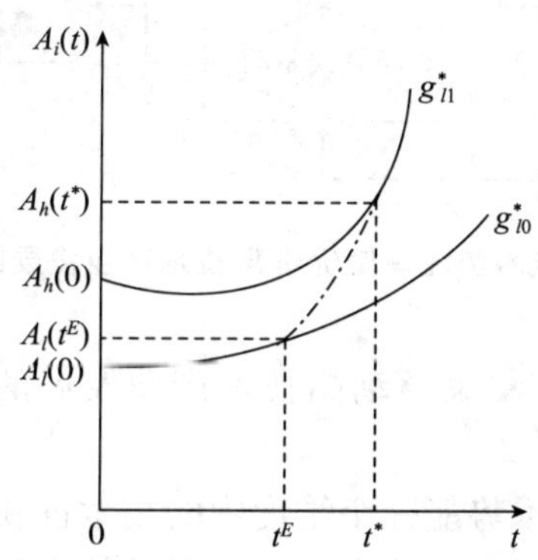

图 4-7　中低技术产业高技术化

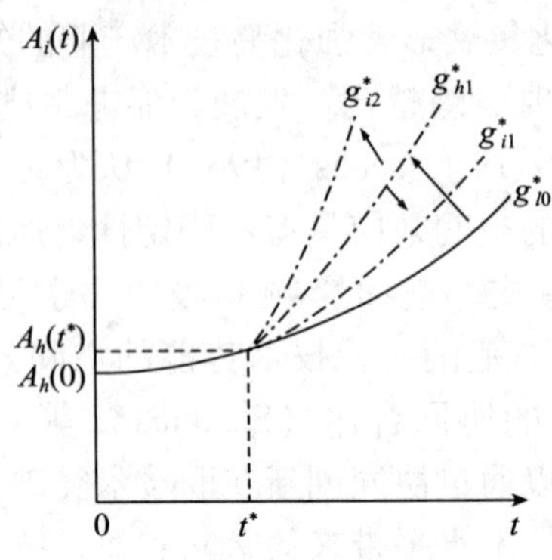

图 4-8 高技术产业高端化

4.3.1.3 技术势能集聚促进高技术产业发展的内在机理

区域高技术产业的发展，指的是不同产业的技术水平逐渐收敛于较高技术水平，并进一步突破现有技术瓶颈从而达到更高技术水平的过程。技术势能集聚促进高技术产业发展的路径包括两个方面：①在地区自身技术势能多样化集聚的直接推动和其他地区技术势能"两化"集聚空间溢出效应的作用下，中低技术产业部门技术水平不断向高技术产业部门趋近，最终实现地区中低技术产业的高技术化；②在地区自身技术势能专业化集聚的直接作用和其他地区技术势能"两化"集聚的空间影响下，高技术产业部门技术水平突破现有技术瓶颈，进一步实现高技术产业的高端化。技术势能集聚促进高技术产业发展的机理如图 4-9 所示。

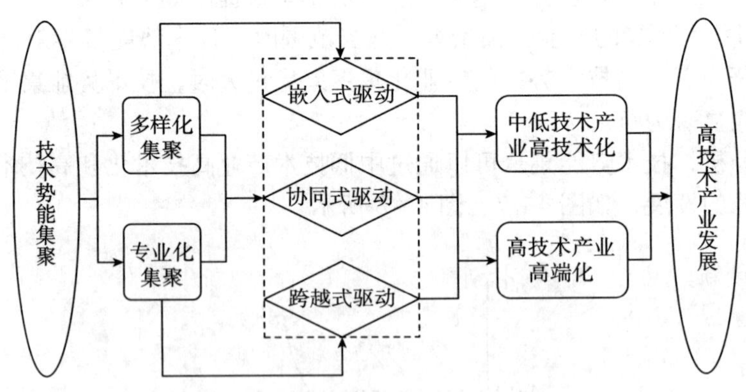

图 4-9 技术势能集聚促进高技术产业发展的内在机理

由图 4-9 可知，技术势能集聚驱动高技术产业发展的方式共有三种：嵌入式驱动、协同式驱动和跨越式驱动。

在嵌入式驱动过程中，技术势能三个维度中的技术创新环境起主导作用。随着技术势能多样化集聚水平的提高，地区产业能够实际接触的技术种类与知识层面也更多样化，这使地区产业尤其是中低技术产业能够从中获取的知识、技术进一步丰富。地区技术创新环境的这一改善为创新能力弱、创新需求大的中低技术产业提供了弥合与高技术产业技术差距的机会和潜力。随着中低技术产业创新系统的主体、结构、组织或制度等要素嵌入高技术产业创新系统并与后者发生交互作用，前者的技术水平不断趋近后者，最终实现中低技术产业的高技术化。

在跨越式驱动过程中，技术势能三个维度中的创新要素吸引力起主导作用。随着技术势能专业化水平的提高，更有针对性的技术储备行为使地区创新要素的吸引力与产业发展特征更为匹配。在高技术产业自身技术能力具有一定积累的条件下，这种创新要素与产业特征的匹配将逐步修正现有的创新支撑结构，这为高技术产业“干中学”与自主研发能力的强化创造了条件，使其在锁定既有优势的同时突破现有“瓶颈”的约束，最终实现高技术产业的高端化。

在协同式驱动过程中，技术势能三个维度中的技术创新能动性起主导作用。在技术势能多样化集聚和专业化集聚空间溢出效应的作用下，地区创新系统受到外部因素的冲击后，通过不断的创新行为调整，最终形成内部系统和外部系统之间的新的平衡。在这种平衡中，技术势能的空间溢出将提升整个经济体改善创新行为的动力和意愿，提高区域间进行协同创新合作的能动性，最终可以通过正反馈效应实现中低技术产业高技术化和高技术产业高端化的同步发展。当然，在技术势能集聚空间外溢的作用下，区域创新行为也可能调整为倾向于竞争的技术封闭、封锁行为，给高技术产业的发展带来负效应。本章将在实证检验中对技术势能集聚的空间效应做进一步判定。

4.3.2 各地区技术势能集聚水平的测算

为了有效评价中国各地区的技术势能集聚水平，本部分将根据前文技术势能的定义，定量测算技术势能的实际大小，以此探究其集聚水平和时空演变情况。

4.3.2.1 测算方法

如前文所述，技术势能包含三个维度：技术创新能动性、技术创新环境和创新要素吸引力。参照重力势能的计算公式，本章将技术势能的计算公式设定为 $TPE = TI \times TE \times AIF$，其中 TPE 为技术势能水平；TI 为技术创新能动性，反映创新主体自身的特征；TE 为技术创新环境，反映技术创新的环境特征；AIF 为创新要素吸引力，反映技术创新潜在的水平特征。只要分别量化技术势能的三个维度，就能够完成区域技术势能的测度。

（1）技术创新能动性 TI。技术创新能动性指的是创新主体对外界或内部的创新激励做出的创新选择，其表现形式为创新主体的主观意愿，由决策者针对创新行为或成果制定的激励机制直接影响。Zhang L. 等（2008）[186] 的研究表明，良好的激励机制有助于提升组织中的知识交流效率；反之，不公正的激励机制则会对知识转移构成障碍。基于此，本章采用地区发明专利的奖金额作为量化创新能动性的指标。

（2）技术创新环境 TE。技术创新环境指的是进行技术创新活动的环境，包括制度政策方面的软环境和产学研机构情况、技术创新综合服务体系等硬环境。其中，软环境主要包括人才引进制度、知识产权保护制度和产业扶持政策，硬环境则包括高等教育资源、科研机构布局、科技综合服务设施和科技产业规模等方面。

本章将采用主成分分析（Principal Component Analysis，PCA）方法实现技术创新环境的量化。技术创新环境是由多个因素组成的复杂总体，主成分分析方法是对这种复杂系统进行综合评价的常用方法，如樊纲和王小鲁等（2003）在研究市场化指数时采用的就是

PCA 方法，PCA 最大的特点和优势在于客观性，即权重不是根据人的主观判断形成的，而是由数据自身的特征所确定的。运用 PCA 方法建立的技术创新环境综合指标体系如表 4－17 所示。

表 4－17　技术创新环境综合评价指标体系

综合指标	一级指标	二级指标	拟采用的数据指标
技术创新环境 TE	软环境	人才引进制度	人才引进力度
		知识产权保护制度	知识产权相关官司数
		产业扶持政策	产业扶持力度
	硬环境	高等教育资源	地区高校教师数
		科研机构布局	地区科研机构数
		科技基础设施	科技支出占地区总支出的比重
		科技产业规模	高技术产业产值占地区生产总值的比重

（3）创新要素吸引力 AIF。创新要素的吸引力决定了地区对外来创新要素的吸收能力和对本地区创新要素的凝聚能力，较高的创新要素吸收能力和凝聚能力最终都体现为创新要素在地区上具有较高的集聚水平。基于此，本章采用地区创新要素集聚水平来表示创新要素吸引力。

参照 Ellison 和 Glaeser（1997）提出的 EG 集聚指数进行创新要素集聚的量化。设经济系统中共有 N 个地区，M 类创新要素，时间跨度为 T。RF_{ijt} 表示第 t 年第 j 类创新要素在地区 i 的集聚度：

$$RF_{ijt}=\frac{GN_{ijt}-[1-(x_{ijt})^2]H_{ijt}}{[1-(x_{ijt})^2](1-H_{ijt})},x_{ijt}=\frac{F_{ijt}}{\sum_i F_{ijt}},H_{ijt}=\frac{F_{ijt}}{\sum_t F_{ijt}}$$

GN_{ijt} 表示基尼系数，参照文玫（2004）[24] 的做法，计算公式如下：

$$GN_{ijt}=\frac{1}{2N^2\bar{x}_t}\sum_{k=1}^{N}\sum_{l=1}^{N}\left|F_{ljt}\Big/\sum_i F_{ijt}-F_{kjt}\Big/\sum_i F_{ijt}\right|,\bar{x}_t=\sum_t x_{ijt}/n$$

其中，$i=1, 2, 3, \cdots, N$；$j=1, 2, 3, \cdots, M$；$t=1, 2, 3, \cdots, T$；F_{ijt} 表示第 t 年地区 i 中创新要素 j 的拥有量。

为衡量所有创新要素在地区上的综合集聚水平，以各创新要素对创新的贡献度 CD_j 为权重对地区 i 上各创新要素的集聚度进行加权求和，以此完成创新要素吸引力的量化。

CD_j 可根据创新生产过程推出。不妨设创新生产过程中各创新要素对创新产出的作用是内生且弹性为 α_j 的，则创新产出为：

$$C=\prod_{j=1}^{M}F_j^{\alpha_j}$$

创新要素 j 对创新的贡献度为：

$$CD_j=\alpha_j\ln F_j\Big/\sum_j\alpha_j\ln F_j$$

综上，得到创新要素吸引力为：

$$AIF_i = \sum_{j=1}^{M} CD_j RF_{ij}$$

区域 i 的技术势能为：

$$TPE_i = TI_i \times TE_i \times AIF_i$$

（4）技术势能集聚水平的测算。本章采用修正的 Getis – Ord 统计量来测算技术势能集聚水平。用技术势能的测算结果替换传统 Getis – Ord 统计量中的经济增长指标，即得到了技术势能集聚水平。

$$G_i = \frac{\left(\sum_j w_{ij}TPE_j - W_i TPE^*\right) - (TPE_i - TPE^*)}{s\{[(nS_i) - W_i^2]/(n-1)\}^{1/2}} \tag{4-28}$$

其中，w_{ij} 为空间权重矩阵的元素，其值为两地区间距离的倒数，$W_i = \sum_{i \neq j} w_{ij}$，$S_i = \sum_j w_{ij}^2$，$s$ 为技术势能的方差，TPE^* 为技术势能的均值。

G_i 值越大说明地区 i 技术势能的集聚水平越高，对周边地区的影响也越大，这符合节点势能越大对其他节点产生势能流动的可能性越大的特征。

4.3.2.2 测算结果

根据前文所述的方法，得到我国各地区技术势能集聚水平的测算结果①（见表 4 – 18）。

表 4 – 18 2001 ~ 2015 年我国各地区技术势能集聚水平一览表

地区＼年份	2001	2003	2005	2007	2009	2011	2013	2015	排名
北京	0.3901	0.4197	0.5410	0.5466	0.6417	0.6776	0.7704	0.8012	1
天津	0.4009	0.4440	0.5225	0.5238	0.6113	0.6317	0.7346	0.7463	3
河北	0.2255	0.2348	0.2934	0.3099	0.3500	0.3727	0.4272	0.5082	25
山西	0.2386	0.2447	0.2801	0.2848	0.3399	0.3608	0.4293	0.5278	19
内蒙古	0.2421	0.2630	0.3269	0.3688	0.4268	0.4472	0.5357	0.5707	15
辽宁	0.2596	0.3063	0.3479	0.3972	0.4461	0.4540	0.5735	0.6190	9
吉林	0.2444	0.2498	0.2895	0.3020	0.3513	0.3774	0.4284	0.5715	14
黑龙江	0.2210	0.2579	0.3046	0.3326	0.3926	0.4101	0.4717	0.5441	17
上海	0.3778	0.4493	0.5262	0.5486	0.6199	0.6363	0.7106	0.7670	2
江苏	0.2550	0.2704	0.3214	0.3522	0.4246	0.4789	0.5414	0.6546	4
浙江	0.3315	0.3445	0.3947	0.4044	0.4718	0.4928	0.5545	0.6474	6
安徽	0.2164	0.2208	0.2589	0.2925	0.3402	0.3601	0.4048	0.5333	18
福建	0.2438	0.2694	0.3199	0.3335	0.3757	0.3906	0.4586	0.6344	8
江西	0.2562	0.2706	0.3361	0.3591	0.4155	0.4214	0.5021	0.5152	23
山东	0.2085	0.2551	0.2997	0.3692	0.4816	0.4873	0.5508	0.6140	10

① 限于篇幅，技术势能三个细分维度的具体测算结果未列出。

续表

地区 \ 年份	2001	2003	2005	2007	2009	2011	2013	2015	排名
河南	0.2788	0.2885	0.3332	0.3500	0.4088	0.4182	0.4886	0.5273	20
湖北	0.2490	0.2895	0.3566	0.3714	0.4229	0.4450	0.5440	0.6014	12
湖南	0.2236	0.2407	0.3214	0.3330	0.3861	0.4217	0.4910	0.5561	16
广东	0.2205	0.2353	0.3238	0.3304	0.4322	0.4839	0.5586	0.6501	5
广西	0.2152	0.2175	0.2734	0.2844	0.3308	0.3597	0.4362	0.4987	27
海南	0.2202	0.2570	0.2980	0.3008	0.3504	0.3702	0.4534	0.5034	26
重庆	0.2063	0.2298	0.2813	0.2958	0.4359	0.4585	0.5450	0.6046	11
四川	0.2238	0.2888	0.3473	0.3734	0.4419	0.4577	0.5601	0.5822	13
贵州	0.2223	0.2598	0.3100	0.3357	0.3839	0.3954	0.4437	0.4609	30
云南	0.2217	0.2387	0.2976	0.3235	0.3678	0.3950	0.4623	0.4922	28
陕西	0.3454	0.3569	0.4144	0.4199	0.5398	0.5423	0.6274	0.6395	7
甘肃	0.2461	0.2583	0.3093	0.3212	0.3863	0.3988	0.4592	0.5146	24
青海	0.2220	0.2512	0.2853	0.3098	0.3540	0.3771	0.4360	0.5153	22
宁夏	0.2265	0.2378	0.3156	0.3215	0.3608	0.3910	0.4556	0.5176	21
新疆	0.2227	0.2329	0.2669	0.2709	0.3208	0.3613	0.4259	0.4649	29

注：限于篇幅，只给出了技术势能集聚水平在奇数年的测算结果；排名是2015年各地区技术势能集聚水平的排名情况。

表4－18给出了30个地区历年技术势能集聚水平的计算结果以及在2015年的排名情况。经过简单计算可知，我国2001年技术势能的地区平均集聚水平为0.2552，2005年均集聚水平为0.3366，2010年技术势能平均集聚水平提升至0.4311，到2015年末，技术势能的地区平均集聚水平达到0.5795；在2001～2015年的15年间，我国区域技术势能集聚水平增幅超过120%，其中，21世纪前5年的年平均增长率为5.69%，随后的两个5年期中，年均增长率分别为5.07%和6.10%。总体而言，我国30个地区技术势能集聚水平在时间维度上呈现持续增长的态势，且增长速度表现为增减交替的阶段性特征。

为更直观分析我国区域技术势能集聚水平的时空演变趋势，本章依次选取2001年、2005年、2010年及2015年末技术势能集聚的测算结果序列，将其值设为气泡的面积大小，据此绘制了我国区域技术势能集聚的时空演变气泡图（见图4－10）。

从技术势能集聚水平的空间分布格局来看，上海、江苏、浙江和天津等沿海地区始终处于领先地位，内陆地区则有北京市和陕西省发挥着同样的集聚中心作用，东北地区、大西北地区、西南沿海以及黄河中游经济区的技术势能集聚水平则一直处于全国中下游；此外，在2001～2015年的10多年里，我国各地区技术势能集聚水平都呈上升的趋势，但由于地区间的资源禀赋、创新意识和创新环境都有所差异，并且它们对于高水平创新要素的吸引力和凝聚力也存在差异，导致各地区技术势能的集聚水平具有明显的地域差异。起初的5年中，只有北、上、苏、浙、津等地区有明显增长，它们作为中国的技术势能集聚中心，具有更强的创新要素吸引力；而在2005～2010年，得益于上海、江苏等沿海地区以及北京的技术势能飞速发展，由此带来的外部性效应和空间溢出效应也开始向周边地区辐

射，东部沿海地区技术势能集聚水平有明显提升；近年来，随着创新驱动经济发展战略的提出，全国范围内均对技术势能的培育更为重视，各地区技术势能呈现普涨格局。

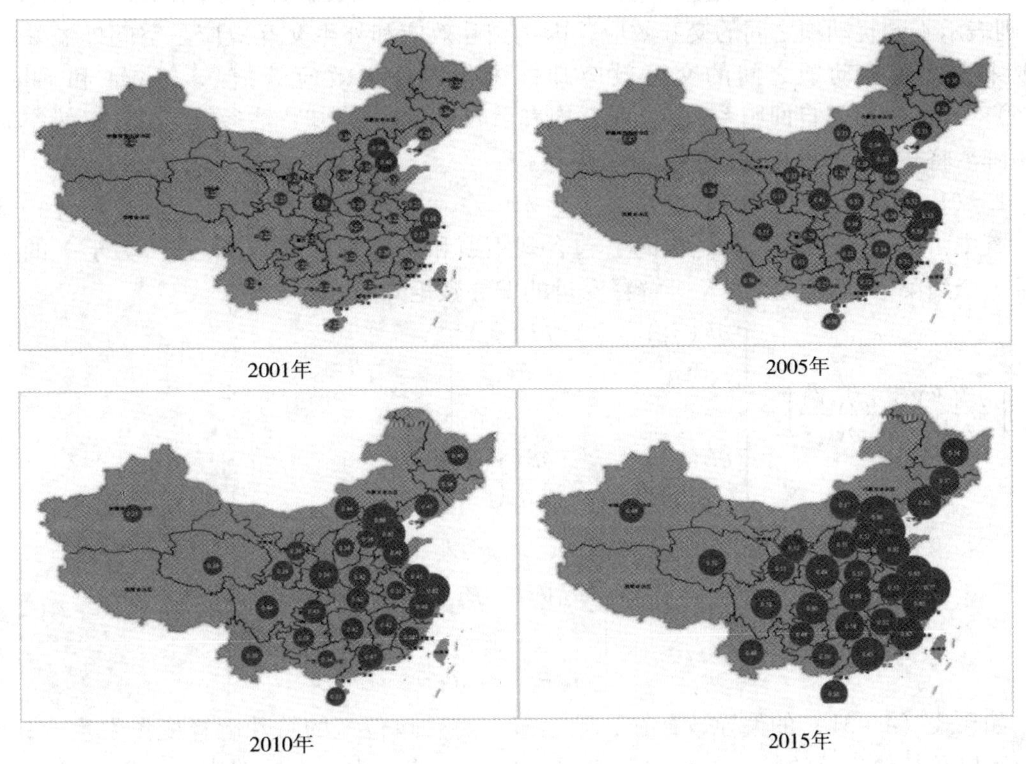

图 4-10 我国区域技术势能集聚水平时空演变气泡

总体而言，我国地区技术势能集聚在时间维度上持续增长，且在经济发展的不同阶段表现出不同的特征；在空间维度上，则表现出了以东部、北部沿海地区和北京、陕西为集聚中心，沿着由东北向西南的方向扩散的“传导式”发展格局。

4.3.3 实证分析

区域技术势能集聚水平的提升能够诱发创新环境与创新意愿的潮涌现象，同时还会带来创新要素的空间集群，最终引致区域内和区域间的知识共享以及技术溢出。这种溢出效应在具有较强空间关联的地区之间表现得尤为明显，并通过空间溢出效应实现中低技术产业的高技术化和高技术产业自身的效率改善，最终促进高技术产业发展。本章将利用技术势能集聚水平、高技术产业产出等指标的面板数据，构建空间计量模型实证检验技术势能集聚对高技术产业发展的直接与间接效应。

4.3.3.1 计量模型设定

本章运用一般嵌套空间模型（GNS）来进行技术势能集聚对高技术产业发展空间溢出效应的实证检验。包含所有交互效应的 GNS 模型如下（Lesage 和 Fischer，2008；Elhorst，2014）[187-188]：

$$Y=\rho WY+X\beta+XW\theta+\alpha\iota_N+u \tag{4-29}$$
$$u=\lambda wu+\varepsilon$$

其中，WY 代表被解释变量间的内生交互效应，XW 代表解释变量间的外生交互效应，Wu 则表示不同扰动项之间的交互效应，内生交互效应和外生交互效应是空间外溢效应的主要来源，而扰动项之间的交互效应却并未包含外溢效应的信息（Vega 和 Elhorst，2015）[27]。ρ 为空间自回归系数，θ 和 β 均表示 $K\times1$ 维的未知待估参数向量，W 为空间权重矩阵。将式（4－29）进行简化，可得：

$$Y=(1-\rho W)^{-1}(X\beta+XW\theta)+R \tag{4-30}$$

其中，$R=(1-\rho W)^{-1}(\alpha\iota_N+u)$，包含截距项和误差项的多余项，那么关于 Y 的期望对第 1 个到第 N 个单位的第 K 个解释变量的偏导数矩阵为：

$$\left[\frac{\partial E(Y)}{\partial x_{1k}}\cdots\frac{\partial E(Y)}{\partial x_{Nk}}\right]=\begin{bmatrix}\frac{\partial E(y_1)}{\partial x_{1k}} & \cdots & \frac{\partial E(y_1)}{\partial x_{Nk}}\\ \cdots & \cdots & \cdots\\ \frac{\partial E(y_N)}{\partial x_{1k}} & \cdots & \frac{\partial E(y_N)}{\partial x_{Nk}}\end{bmatrix}$$
$$=(1-\rho W)^{-1}\begin{bmatrix}\beta_k & \omega_{12}\theta_k & \cdots & \omega_{1N}\theta_k\\ \omega_{21}\theta_k & \beta_k & \cdots & \omega_{2N}\theta_k\\ \cdots & \cdots & \cdots & \cdots\\ \omega_{N1}\theta_k & \omega_{N2}\theta_k & \cdots & \beta_k\end{bmatrix} \tag{4-31}$$

如果式（4－31）的偏导数存在，则当某一特殊单位里的特殊解释变量发生变化时，该单元以及其他单元的被解释变量都会受到影响，前者称为直接效应，后者则是间接效应。式（4－27）中矩阵的对角线元素代表直接效应，其他非对角线元素为间接效应。因此，当 $\rho=\theta_k=0$ 时，所有的非对角线元素为 0，此时没有间接效应。此外，对于不同的单元，直接效应和间接效应是存在差异的，不同单元的 $(I_N-\rho W)^{-1}$ 矩阵的对角线元素的差异导致直接效应存在差异性 $(\rho\neq0)$，而间接效应的差异则体现在矩阵 $(I_N-\rho W)^{-1}$ 和 W 的主对角线元素差异上 $(\rho\neq0,\ \theta_k\neq0)$。上述表达中的间接效应即表示空间溢出效应。

通过对空间自回归系数和待估参数施加一定的限制条件，GNS 可以转化为各类空间计量模型。在实际计量检验中，若 $\rho\neq0$、$\theta=0$、$\lambda=0$，则式（4－29）为空间自回归滞后模型（SAR），该模型测度了由内生交互作用带来的空间外溢效应；若 $\rho=0$、$\theta=0$、$\lambda\neq0$，则式（4－29）为空间误差模型（SEM），该模型考察了随机干扰过程的空间依赖性；若 $\rho=0$、$\theta\neq0$、$\lambda=0$，则式（4－29）为空间滞后解释变量模型（SLX），该模型仅包含了外生的空间交互效应；若 $\rho\neq0$、$\theta\neq0$、$\lambda=0$，则式（4－29）为空间杜宾模型（SDM），该模型同时包含了内生和外生的空间交互效应；若 $\rho\neq0$、$\theta=0$、$\lambda\neq0$，则式（4－29）为广义空间自回归模型（SAC），该模型同样仅包含内生的空间交互效应；若 $\rho=0$、$\theta\neq0$、$\lambda\neq0$，则式（4－29）为空间杜宾误差模型（SDEM），也仅包含外生空间交互效应；当 $\rho=\theta=\lambda=0$ 时，式（4－29）为普通最小二乘模型（OLS）。

4.3.3.2 变量选取与计算方法

本部分研究所涉及的变量可以分为被解释变量、核心解释变量及其他控制变量三个部分，模型中各个变量的具体计算方法如表 4 - 19 所示。

表 4 - 19 变量计算方法

变量分类	变量名称	变量计算方法
被解释变量	高技术产业发展水平（*HIL*）	各地区高技术产业主营业务收入/就业人数
门槛变量	技术势能集聚水平（*G*）	如表 4 - 2 所示测算结果
控制变量	金融支持（*Fin*）	金融机构从业人数占总人口比重
	经济发展水平（*Eco*）	地区人均 GDP
	政府行为（*Gov*）	地区科技支出占总支出的比重
	产业结构水平（*Is*）	第二、第三产业产值占总产值的比重
	外贸依存度（*Dft*）	地区进出口贸易总额占 GDP 的比重

（1）被解释变量。高技术产业发展水平 *HIL*，采用各省（市）高技术产业主营业务收入[①]与高技术产业就业人数的比重来表示，单位就业人数带来的收入增长能够有效地反映地区高技术产业的生产效率。

（2）核心解释变量。相较于其他产业，高技术产业的发展对技术的依赖性表现得更为明显，因此，地区的技术进步潜能即技术势能是影响高技术产业发展的首要因素。本章的核心解释变量是地区技术势能集聚水平 *G*，采用表 4 - 2 的测算结果作为实证使用的指标数据。

（3）其他控制变量。技术势能反映了地区可能获取的技术水平，企业想利用地区技术势能实现自我的技术突破，资金支持必不可少，金融机构可以在短期内为企业筹集充足的资金，并进一步拓展企业融资渠道，因此，引入金融支持(*Fin*)作为模型的一个控制变量。除了金融支持外，地区经济发展水平(*Eco*)、政府行为(*Gov*)、产业结构(*Is*)、外贸依存度(*Dft*)等因素在高技术产业的发展中也具有不可替代的作用，因此，本章引入上述变量作为控制变量，着重考察技术势能对高技术产业发展的作用。事实上，地区的人力资本和信息化水平也对高技术产业发展也具有重要影响，但由于技术势能的集聚水平是对地区人才和技术发展潜能的概括性指标，已经包含了人力资本和信息化水平的成分，因此不引入这两个指标作为控制变量。

4.3.3.3 空间相关性检验

在进行空间计量分析之前，需要先检验地区高技术产业发展水平是否存在空间相关关系。本章采用 Moran' s I 来检验地区高技术产业发展的空间相关性，具体公式如下：

$$Moran's\ I = \frac{n}{\sum_{i=1}^{n}\sum_{j=1}^{n}W_{ij}} \times \frac{\sum_{i=1}^{n}\sum_{j=1}^{n}W_{ij}(X_i - \bar{X})(X_j - \bar{X})}{\sum_{i=1}^{n}(X_i - \bar{X})^2} \tag{4-32}$$

其中，X_i 表示高技术产业发展水平在地区 i 的样本观测值，W_{ij} 为行标准化的空间权

① 由于统计口径的变化，高技术产业总产值在 2012 年之后就不再统计，考虑到数据可得性，本章采用高技术产业主营业务收入作为替代变量。

重矩阵。当前常用的空间权重矩阵包括邻接矩阵和地理距离矩阵。其中邻接矩阵仅通过空间中个体是否相邻（有共同的顶点或边）来判断区域间的空间关系，无法反映区位相近但并不相连的区域之间的空间影响；同时，考虑到地区之间的技术关联与它们的制度水平存在直接关联，两个制度都较为包容开放的地区之间总是更容易进行技术交流、合作和共享的。因此，本章参照侯新烁等（2013）[189]的方法，采用引力模型构建了基于地理区位和制度关联的综合权重矩阵。

$$W_{ij}=\begin{cases}0 & i=j\\(S_i\times S_j)/d_{ij}^2 & i\neq j\end{cases} \tag{4-33}$$

其中，S_i 和 S_j 分别表示两个地区的制度质量。

制度质量指的是地区制度的完善程度，可以用市场体制中地区的市场化进程来表示。制度变量很难被量化，但制度质量的好坏将直接影响区域经济增长中的创新驱动效应。本章参照樊纲等（2003）的中国地区市场化进程报告，选择如下指标度量制度质量：政府支持度、非国有经济发展度、要素市场发育度和市场法律规范度。政府支持度的加大有助于改善基础设施资源的配置，提升创新效率；经济结构转变之前国有经济在我国的经济中占据主导地位，改革开放以后我国非国有经济的发展趋势持续上升，非国有经济在整个市场经济中的比重持续上升，推动市场经济的发展；要素市场发育度越良好，市场的竞争程度越大，越有利于有效的市场资源配置；市场法律规范度越高，越能有效保护市场中生产者的合法权益，以便市场得以正常有效运行。各指标的构成要素如表 4－20 所示。

表 4－20　制度质量的指标构成

制度变量指标	明细指标
政府支持度	科技经费筹集额中政府资金占 R&D 经费的比重
非国有经济发展度	非国有经济就业人数占城镇总就业人数的比重
要素市场发育度	引进外资度（FDI 与 GDP 的比值）
	技术市场成交额占地区科技从业人员数量的比重
市场法律规范度	三种专利申请受理数量与科技人员数的比例
	三种专利申请批准数量与科技人员数的比例

注：选择方差最大化旋转的因子分析法测算要素市场发育度、市场法律规范度和制度变量各明细指标的权重，使用加权求和法综合各指标。

利用 2001～2015 年我国 30 个省份的高技术产业发展水平相关数据，计算得到其 Moran'I 及统计量如表 4－21 所示。

表 4－21 中，高技术产业发展水平的所有 Moran'I 指数在 5% 置信水平下是均显著（统计量 Z 值大于 1.96），这表明高技术产业的发展在空间上具有显著的空间依赖性（正自相关关系）。也就是说，我国高技术产业发展水平在空间上具有较强的关联性，具有相似高技术产业发展水平的地区在空间上趋于集聚。

4.3.3.4　空间计量估计结果

本章的研究目标为探究技术势能集聚对高技术产业发展的空间溢出作用，因此将重点

表 4 - 21 高技术产业发展水平的空间相关性检验

年份	Moran'I	Z 统计量	年份	Moran'I	Z 统计量
2001	0.340	2.290	2009	0.274	2.194
2002	0.249	2.422	2010	0.269	2.374
2003	0.300	2.130	2011	0.274	2.216
2004	0.382	2.398	2012	0.331	2.141
2005	0.285	2.213	2013	0.283	2.165
2006	0.307	2.422	2014	0.364	2.421
2007	0.342	2.257	2015	0.330	2.097
2008	0.272	2.104	—	—	—

研究 SAR、SEM、SLX、SDEM 与 SDM 模型，并选择最优估计模型。为获得一致性的参数估计，本章采用最大似然法进行模型估计，模型的估计结果如表 4 - 22 所示。

从控制变量的参数估计结果来看，地区产业结构水平对高技术产业的影响不稳定且不显著，在不同的模型下，产业结构对高技术产业发展的作用均很小且不显著，方向也是不稳定的，两者之间并没有实质性关联。在 5% 的显著性水平下，外贸依存度和地区经济发展水平对高技术产业的影响显著为正，而金融支持对高技术产业发展的影响在 10% 的水平下显著为正，这三者对省域高技术产业发展水平的提升有积极影响。这种积极效应主要受益于资金的积累，其中金融支持直接拓宽了高技术产业的融资渠道，区域经济发展水平和对外贸易依存度则提升了地区收入总量，流入到高技术产业的资金也会相应增加，更多的资金意味着在人才等创新要素的区域竞争中占据更有利的地位，从而促进了高技术产业的发展。在 10% 的显著水平下，政府行为对于区域高技术产业的发展具有显著的负效应，这表明在市场经济环境下，过多的政府干预不利于高技术产业持续、稳定地增长，独立自主的决策模式是高技术产业良性发展的先决条件。

表 4 - 22 中所有模型的估计结果均表明，区域技术势能集聚在 1% 的水平下对高技术产业具有显著正向作用，即区域技术势能集聚能够显著促进高技术产业的发展。从 SDM 模型的参数估计值来看，区域技术势能集聚水平每提升 1%，就能够促进该地区高技术产业总收入增加 0.8697%，可见技术势能集聚是高技术产业发展的主要驱动因素。技术势能集聚对高技术产业发展的促进作用主要体现在：随着技术势能集聚水平的提高，地区的技术创新环境得以改善、创新主体的创新意愿被有效激发、对创新要素的吸收能力和凝聚能力也有了进一步地提升，本地区的高技术产业立足于更优良的创新环境下，与更富有创新意愿的创新主体协同合作，借助于更强的创新要素吸引力有针对性地引进先进技术、挖掘高端人才，从而构成高技术产业发展的强大助力。作为技术创新的前端，技术势能集聚的优势在于，它具有与固有技术创新能力相当的革新能力，又能够避免既有技术的局限性，有助于高技术产业核心创新技术的培育，从而促进高技术产业的发展。

表 4-22 空间计量模型的估计结果

	SDM	SDEM	SLX	SAR	SEM	OLS
ln*G*	0.8697 *** (3.142)	0.8516 *** (2.988)	0.7722 *** (3.014)	0.8591 *** (2.875)	0.8132 *** (3.179)	0.8549 *** (3.066)
ln*Fin*	0.6178 ** (2.225)	0.6254 * (1.816)	0.5842 ** (1.975)	0.5983 * (1.682)	0.6143 * (1.674)	0.6365 * (1.852)
ln*Eco*	0.1162 *** (4.219)	0.1401 ** (2.037)	0.1179 *** (3.221)	0.1410 *** (2.735)	0.1443 ** (2.101)	0.1336 *** (4.109)
ln*Gov*	-0.0312 * (-1.725)	-0.0261 (-1.630)	-0.0299 ** (-2.005)	-0.0342 * (-1.789)	-0.0257 * (-1.895)	-0.0326 * (-1.855)
ln*Is*	0.0040 (0.115)	-0.0050 (-0.106)	0.0460 (-0.099)	-0.0059 (-0.108)	-0.0454 (-0.113)	0.0448 (0.102)
ln*Dft*	0.2162 *** (2.912)	0.1798 ** (1.969)	0.1896 ** (2.223)	0.1956 *** (2.594)	0.1853 ** (2.018)	0.2098 *** (2.725)
ρ	0.2284 *** (3.003)			0.2617 *** (2.923)		
λ		0.3052 *** (3.904)			0.2904 *** (4.010)	
W×ln*G*	2.0284 *** (6.247)	1.9807 *** (6.176)	2.1383 *** (6.615)			
W×ln*Fin*	1.5897 ** (2.204)	1.7248 * (1.958)	1.6342 * (1.894)			
W×ln*Eco*	0.2353 *** (3.258)	0.3775 *** (2.642)	0.3928 ** (2.847)			
W×ln*Gov*	-0.0639 ** (-2.061)	-0.0550 (-1.313)	-0.1047 * (-1.694)			
W×ln*Is*	0.0089 (0.339)	-0.0144 (-0.317)	0.0183 (-0.428)			
W×ln*Dft*	0.6816 ** (2.020)	0.0.4831 * (1.955)	0.5189 * (1.843)			
R^2	0.8293	0.7851	0.7015	0.7144	0.7428	0.6907
Log-like	1232.27	1219.22	984.18	1051.85	1208.90	901.62

注：括号内为 t 值，*、**、*** 分别表示在 10%、5% 及 1% 水平下显著，Log-like 为 Log-likelihood。

本章综合拟合优度和自然对数函数值等统计量对上述空间计量模型进行最优模型的选择与判断，结果显示，SDM 模型的拟合优度和对数似然值最大、参数的显著性也最优，因此，SDM 模型是本章实证研究的最优模型①。表 4－22 中各模型的空间自回归系数 ρ 和空间自相关系数 λ 均在 1% 水平下显著为正，这表明各地区的高技术产业发展水平在内生空间交互效应和随机冲击的空间交互作用下存在明显的空间依赖关系。进一步比较 SDM 模型和 SAR 模型的空间自回归系数 ρ 的估计值易知，SDM 模型中的估计值明显小于 SAR 模型，这表明忽略解释变量的空间滞后项将会导致内生空间交互效应被高估。为更精准地判断各个变量对高技术产业发展的空间外溢效应，本章根据表 4－22 的参数估计结果，进一步估算了 SDM 模型中所有解释变量的间接效应，间接效应刻画了空间邻近地区技术势能集聚对本地区高技术产业发展的影响，反映了技术势能集聚的空间溢出效应，结果如表 4－23 所示。

表 4－23 解释变量对高技术产业发展的空间溢出效应（基于 SDM 模型）

	ln*G*	ln*Fin*	ln*Eco*	ln*Gov*	ln*Is*	ln*Dft*
空间溢出效应	－0.2174**	0.1759***	0.0083**	0.0528**	0.0013	0.1802
	(－2.107)	(3.211)	(2.101)	(2.391)	(0.095)	(0.590)

注：括号内为 t 值，*、**、*** 分别表示在 10%、5% 及 1% 水平下显著。

表 4－23 给出了所有解释变量对高技术产业发展的空间溢出效应。其中，邻近区域的产业结构和外贸依存度对本地区高技术产业的发展并没有显著的空间溢出作用。邻近区域的经济增长能够显著促进本地区高技术产业的发展，但作用力度并不大，周边区域经济每 1% 的增长仅能带来本地区高技术产业 0.0083% 的增幅。金融机构对高技术产业的促进作用不受空间区位的限制，邻近区域的金融支持力度提升 1%，能促进本地区高技术产业增长 0.1759%。在示范效应的作用下，本地区政府的行为将会根据周边地区的政府行为进行调整与修正，从而减少或避免不必要的政府干预，因此，政府行为对高技术产业发展的空间效应并非如预期那般不显著或显著为负，而是有显著的正向空间溢出效应。技术势能集聚对高技术产业发展的空间溢出作用也是不符合预期的，邻近区域的技术势能集聚水平每提高 1%，本地区高技术产业的总收入就会减少 0.2174%，这一现象的原因可能是：①我国各省级区域对自身的核心技术管理较为严苛，各地区技术共享意愿不高；②高端的技术创新只能依赖于自主创新，一切模仿都不是技术创新的源泉。在这两个原因的共同作用下，不同地区之间自然形成了技术创新的竞争关系。同时，能用于核心技术研发的创新资源是有限的，周边地区技术势能集聚水平提升意味着周边地区占有的创新资源增加了，相应的本地区占有的创新资源就会减少，从而阻碍本地区高技术产业的发展。

4.3.3.5 技术势能不同集聚模式下对高技术产业发展的影响

为了进一步分析区域技术势能多样化集聚和专业化集聚对高技术产业发展的作用方式及空间效应，将式（4－12）中的技术势能集聚分解为两个部分。其中，技术势能的多样

① 除了拟合优度和自然对数值最高之外，还有一些原因让我们将 SDM 模型视为最优模型：SAR、SEM 和 SLX 模型对空间权重矩阵 W 的非对称性要求和对空间自回归系数等参数的限制使模型的参数估计过程异常复杂，容易影响其方差估计的准确性；OLS 模型的假设过于严格，会影响参数估计结果的可靠性；而 SDM 模型和 SDEM 模型同时从内生和外生交互效应的角度描述变量的空间特征，使估计结果对模型空间含义的解释更加多元化。

化集聚为（各变量含义与前文一致）：

$$DG_i = \frac{\sum_j w_{ij} TPE_j - TPE_i}{s\{[(nS_i) - W_i^2]/(n-1)\}^{1/2}} \tag{4-34}$$

技术势能的专业化集聚为：

$$SG_i = \frac{TPE^* - W_i TPE^*}{s\{[(nS_i) - W_i^2]/(n-1)\}^{1/2}} \tag{4-35}$$

根据前文分析，采用SDM模型进行实证分析。首先将模型中的核心解释变量替换成技术势能多样化集聚水平或者技术势能专业化集聚水平；同时，由于产业结构对高技术产业发展影响不显著，在模型中剔除产业结构。SDM模型的主要回归结果如表4-24所示。

表4-24 不同集聚模式下的空间计量估计结果

变量	回归系数	空间效应	变量	回归系数	空间效应
ln*DG*	0.5994*** (3.083)	0.0043* (1.937)	ln*SG*	0.2538** (2.533)	-0.2181*** (-3.577)
ln*Fin*	0.6113* (1.716)	0.1467** (2.110)	ln*Fin*	0.5928** (2.026)	0.1539** (1.971)
ln*Eco*	0.1204*** (3.855)	0.0459** (1.986)	ln*Eco*	0.1358*** (3.162)	0.0491** (2.019)
ln*Gov*	-0.0325** (-2.237)	0.0279* (1.704)	ln*Gov*	-0.0291* (-1.923)	0.0503** (2.140)
ln*Dft*	0.1834*** (2.889)	0.1286 (0.411)	ln*Dft*	0.2088*** (2.803)	0.1421 (0.428)
ρ	0.2523*** (2.971)		ρ	0.2259*** (2.946)	
R^2	0.7415		R^2	0.7107	
Log-like	902.95		Log-like	963.41	

注：括号内为t值，*、**、***分别表示在10%、5%及1%水平下显著，Log-like为Log-likelihood。

对照表4-24的回归系数与表4-22中OLS模型的估计结果可知，区域技术势能集聚对本地区高技术产业发展具有显著促进作用，这一促进作用包括两个方面：技术势能的多样化集聚能显著促进中低技术产业的高技术化；技术势能的专业化集聚能显著促进高技术产业的高端化。

技术势能多样化集聚的回归系数在1%水平下显著为正，说明假设H1成立。中低技术产业通过模仿式创新嵌入到高技术产业的发展模式中，技术势能的多样化集聚促进中低技术产业高技术化的驱动力为0.5994。

技术势能专业化集聚的回归系数也在1%水平下显著为正，说明假设H2成立。高技术产业通过自主创新进一步提升自身技术水平，从而实现高技术产业的高端化，通过地区产业技术的自主创新活动，技术势能的专业化集聚对高技术产业发展具有0.2538的推动力。模仿式创新的驱动力远大于自主创新驱动力，表明在技术势能的集聚下，我国地区高技术产业具有较强的模仿式创新能力和较弱的自主创新能力。

在空间效应方面，技术势能的多样化集聚对邻近地区高技术产业发展的空间效应仅在10%水平下显著且效应大小只有0.0043；而技术势能的专业化集聚对邻近地区高技术产业发展具有显著的阻碍效应。这说明我国高技术产业不仅不注重跨地区之间的协同创新，还在一定程度上采取了封闭式的技术策略。

4.4 本章小结

本章从理论和实证两个方面对技术创新与产业结构相关研究进行了拓展与补充。首先，从理论上阐述了经济集聚背景下技术创新强度对产业结构升级空间效应的作用机理；接着是实证方面：从产值和就业协同的角度构建了产业结构合理化、产业结构高级化以及技术创新强度的评价指标。进一步将技术创新行为细分为前端技术势能集聚和终端的创新动能转换这两个子过程，并从前端视角着重研究了技术势能集聚促进高技术产业发展的直接与间接动力。在从技术创新环境、技术创新能动性和创新要素新引力三个维度界定了技术势能的含义之后，本章阐述了技术势能多样化集聚和专业化集聚驱动高技术产业发展的内在机理；提出了技术势能集聚水平的测算方法，并根据测算结果通过GNS模型的估计结果剖析了区域技术势能集聚对高技术产业发展的直接作用和空间效应。

研究表明：首先，我国产业结构“两化”与技术创新强度的时空演变情况趋同，都是在时间维度上逐步提升、区域维度上呈现出东部>中部>西部的格局；北京、江苏、浙江、上海、广东是我国最主要的经济集聚与技术溢出中心，其技术外溢对周边地区产业发展的扩散与渗透能力最强；地区之间产业结构合理化的空间关联强于高级化；创新强度对产业结构“两化”发展具有显著为正的空间溢出效应；产业结构的合理化发展东部地区技术的边际收益高、中部地区集聚的边际收益高、西部地区主要依赖政府的调控，技术创新强度对西部产业合理化的空间作用不明显；经济集聚是技术创新强度对产业结构合理化空间效应的关键催动要素，它能将空间效应放大近4倍；经济集聚是促进技术创新对产业结构高级化空间效应的最主要动因，离开了经济集聚，创新对产业结构高级化的空间效应就难以为继。其次，技术势能驱动高技术产业发展的作用包括两个方面的内容：其一，中低技术产业部门技术水平向高技术产业部门趋近的过程；其二，高技术产业部门技术水平进一步提升的过程；我国技术势能以东部沿海地区和京津冀地区为集聚中心，在时间维度上持续增长，且在经济发展的不同阶段表现出不同的特征，在空间维度上，则呈现出沿着由东北向西南方向扩散的“传导式”发展格局；过多的政府干预不利于高技术产业持续、稳定地增长；金融支持、对外贸易和区域经济增长带来资金积累能够有效推动地区高技术产业的发展；技术势能集聚是高技术产业发展的主要驱动因素。

5 知识溢出下技术创新效率的影响机制*

5.1 知识溢出对技术创新效率影响的理论基础

5.1.1 基础模型

在物理学中，重力势能为物体质量、重力加速度和高度的乘积，即 $E = mgh$，其中质量表征的是物质的现实存量，重力加速度和高度则表征物质势能的“加速能力”，即势能提升的潜能。本章定义的知识势能以此为参照，是指在同一参照系下，某一时期或时点指定元素(个体、组织或区域)所具有的知识能级水平或状态(知识能量的积累、人才、知识水平状态等)，是对该元素现有知识资源存量、知识创造与转换能力、知识留存与吸收能力的综合概括，它反映了该元素占有知识资源的优势程度。[14] 知识势能计算公式为 $E = S \times I \times A$，其中，S、I、A 分别表征的是知识资源的存量、知识创造与转化能力、知识吸收与留存能力，后两者反映了知识势能的提升潜能（创新潜能）。

本章以 Griliches – Jaffe 知识生产函数为基础来构建理论框架，因为地区的技术创新产出受常规要素投入及创新潜能的共同影响，其技术创新产出函数可以设定为：

$$T = CK^{\alpha} L^{\beta} I^{\eta} A^{\gamma} e^{\lambda t + u} \tag{5-1}$$

其中，T 表示技术创新产出，C 为常数，K 表示技术创新资本投入，L 表示技术创新人力投入，I，A 含义同上，$0 < \alpha$、β、η、$\gamma < 1$，分别表示资本投入、人力投入、知识创造与转化能力、知识吸收与留存能力对技术创新的产出弹性，u 为影响技术创新产出的不可观测因素。根据 Griliches(1979)的研究，可以设定地区技术创新生产常规要素投入集(知识资源的存量)为 $S = K^{s} L^{1-s}$，其中 $s = \alpha/(\alpha + \beta)$ 表示物质资本的要素份额，从而得到地区技术创新全要素生产率为 $TFP_T = T/S = CS^{\alpha + \beta - 1} I^{\eta} A^{\gamma} e^{\lambda t + u}$。

5.1.2 考虑知识势能的空间溢出效应

据前文分析，地区创新产出不仅取决于要素投入，同时也受到知识势能的影响。事物总是由高势能地区向低势能地区转移，由于地区要素分布不均匀、专业化水平不一致，知

* 该章部分成果由陶长琪、彭永樟撰写，发表在《21 世纪数量经济学》（第 17 卷），第 424 ~ 455 页。

识势差的存在具有必然性，因此，创新产出还会受到来自其他地区知识势能溢出的影响。为区分内、外知识势能对地区创新产出的影响，用 E_f 表示外来知识势能，$0<\delta<1$ 表示 E_f 作用于地区创新的产出弹性，在考虑知识势能空间效应的情况下，地区技术创新产出函数为：

$$T=CK^{\alpha}L^{\beta}I^{\eta}A^{\gamma}E_f^{\delta}e^{\lambda t+u}=CS^{\alpha+\beta}I^{\eta}A^{\gamma}E_f^{\delta}e^{\lambda t+u} \tag{5-2}$$

此时，技术创新全要素生产率为 $TFP_T=T/S=CS^{\alpha+\beta-1}I^{\eta}A^{\gamma}E_f^{\delta}e^{\lambda t+u}$。

5.1.3 考虑知识势能区际溢出的“冰山成本”——基于制度邻近

由于知识迁移过程几乎不受地理距离的影响，在知识势能的区际溢出过程中并不存在所谓运输成本，但它会受到诸如知识授体的知识传播意向、知识保护意识、知识受体吸收知识的意识和主动性、相关知识制度体系（人才引进制度、知识产权保护制度等）、信息基础设施的构建等因素的影响，从而导致溢出过程的知识势能损耗，产生知识势能区际溢出的“冰山成本”①。

实际影响知识势能溢出的因素复杂多样，其中最主要的是制度因素。考虑到现阶段各地区信息基础设施建设比较完善，而知识授体的知识保护意识能体现在地区知识制度体系中，因此，为简化分析，可以假设各地区均具有完全的知识传播意向和吸收知识的意识与主动性，知识势能损耗只受知识制度体系的影响。我们知道，两个地区间制度邻近水平越高，知识势能在这两个地区之间的溢出效应受到的阻碍就越小，知识势能溢出的“冰山成本”也就越小，因此，可以借助地区间制度邻近水平来测度知识势能溢出的“冰山成本”。

制度是一个多维的抽象概念，在分析不同地区之间制度邻近问题时，从研究视角选择几个存在明显地区差异的关键维度来度量其邻近关系是具有代表性的（Ejermo 和 Karlsson，2006）[190]。本章的研究对象是知识，因此，我们需要从与知识迁移相关的制度因素着手来进行度量。对知识迁移具有重要影响的制度因素包括市场化程度和地区保护程度这两个方面，其中，地方保护程度会随着市场分割程度的提升而不断强化（党兴华和弓志刚，2013；陆铭和陈钊，2009）[191]。本章认为，在知识势能的视角下，地区间的制度邻近度可以划分为市场化相似程度和市场分割相似度这两个维度。因此，可设 R_l、R_f 分别表示知识受体和知识授体的市场化指数，Z_l、Z_f 表示两者的市场分割指数，则知识受体与知识授体之间的“制度距离”为 $D=\sqrt{(R_l-R_f)^2+(Z_l-Z_f)^2}$，制度距离越大，表明地区间制度邻近水平越低，因此，可定义制度邻近水平为：

$$\tau=\frac{1}{1+\sqrt{(R_l-R_f)^2+(Z_l-Z_f)^2}} \tag{5-3}$$

τ不仅能代表制度邻近水平，还能反映知识势能溢出过程中的“冰山成本”，当制度距离 $D=0$ 时，制度邻近水平τ=1 达到最大值，“冰山成本”为零，知识溢出过程不存在势

① 根据萨缪尔森的“冰山”交易成本理论，物品在运输过程中会损失一个固定的比例，即 1 单位某个物品从区域 1 运输到区域 2，只会剩下τ（τ<1）个单位的价值，其余的部分在运输过程中“融化”了。τ越接近 1，区际交易成本越小。这里的交易成本是指广义的交易成本，包括运输过程中支付的实际费用，还包括区域间贸易障碍所引起的各种成本。

能损失；当制度距离 $D\to\infty$ 时，制度邻近水平 $\tau=0$ 达到最小值，“冰山成本”很大，使知识受体不愿意承担获取外来知识的成本，知识溢出不再发生，势能损失达到100%。

基于上述分析，在考虑知识势能溢出损失的情况下，地区技术创新产出函数为：

$$T=CS^{\alpha+\beta}I^{\eta}A^{\gamma}(\tau\times E_f)^{\delta}e^{\lambda t+u} \tag{5-4}$$

此时，技术创新全要素生产率为 $TFP_T=T/S=CS^{\alpha+\beta-1}I^{\eta}A^{\gamma}(\tau\times E_f)^{\delta}e^{\lambda t+u}$。进行等价变换，即可得到区域技术创新效率与知识势能的关系为：

$$\ln TFP_T=\ln C+(\alpha+\beta-1)\ln S+\eta\ln I+\gamma\ln A+\delta\ln(\tau\times E_f)+\lambda t+u \tag{5-5}$$

5.2 知识溢出下区域生态技术创新效率的测度及驱动因素研究

5.2.1 知识溢出下区域生态技术创新效率的测度分析

5.2.1.1 知识溢出下生态技术创新效率指标构建

知识在不同主体间可通过直接和间接的方式相互影响。知识按其是否可以记录和编码分为显性和隐性知识溢出，而根据知识在不同区域间的互动方式，将研发合作和贸易投资界定为显性知识溢出的形式，知识人才流动和企业家创业定义为隐性知识溢出的方式[192]。于是基于上述知识溢出机制，将知识溢出变量嵌入生态技术创新能力指标体系，构建如表5-1所示知识溢出下的生态技术创新效率投入产出指标体系。

表5-1 生态技术创新效率指标

生态技术创新效率投入指标				
	指标	因子载荷	权重	备注
资本投入	物质资本存量	0.578	0.110	
	全社会固定资产投资	0.540	0.102	
	劳动力资本	0.505	0.096	
	科技活动人员数量	0.554	0.105	人力资本（吸收能力）
	R&D人员	0.572	0.109	
	科技活动中科学家和工程师数	0.435	0.083	
	专业技术人员数	0.503	0.096	
	城乡私营和个体就业人数	0.587	0.112	企业家创业
	FDI	0.470	0.089	贸易投资
	OFDI	0.515	0.098	

生态技术创新效率产出指标				
	指标	因子载荷	权重	备注
经济产出	工业增加值	0.697	0.147	
	新产品销售收入	0.756	0.160	
	新产品产值	0.753	0.159	
	第三产业增加值	0.722	0.152	
	人均GDP	0.430	0.091	
	进口贸易总额	0.686	0.145	贸易投资
	出口贸易总额	0.693	0.146	
科技产出	专利申请授权量	0.306	0.189	
	国外主要检索工具收录我国科技论文数	0.328	0.203	
	技术市场成交合同数	0.334	0.206	研发合作
	技术市场成交合同额	0.305	0.189	
	国家产业化项目	0.145	0.090	
	新产品开发项目数	0.199	0.123	

续表

生态技术创新效率投入指标					生态技术创新效率产出指标				
指标		因子载荷	权重	备注	指标		因子载荷	权重	备注
科技投入	技术消化吸收经费	0.658	0.175	吸收能力	非合意产出	CO_2 排量	0.764	0.222	
	R&D 经费	0.776	0.207			工业 SO_2 排量	0.725	0.210	
	新产品开发费用	0.802	0.214			工业烟尘排量	0.671	0.195	
	知识存量	0.726	0.193			工业废水排量	0.536	0.156	
	专利申请受理量	0.791	0.211			工业废气排量	0.747	0.217	
能源投入	能源消耗量	0.778	0.500						
	焦炭消耗量	0.778	0.500						

注：使用主因子方差贡献率与旋转后因子载荷矩阵的加权和表示因子载荷。

从科技和人力资本两个维度衡量吸收能力，吸收能力和知识存量决定区域吸收溢出知识的效率，进而影响区域生态技术创新效率。其中，人力资本和企业家创业对应的指标表示隐性知识溢出，贸易投资和研发合作对应的指标表示显性知识溢出。

表 5 - 1 中从资本、科技和能源投入及对应的经济、科技和非合意产出角度构建生态技术创新效率指标体系，选择方差最大化旋转因子分析法测算各指标的因子载荷，计算各指标的因子载荷权重综合各指标，得生态技术创新效率的投入产出指标。

5.2.1.2 知识溢出下生态技术创新效率测算方法和结果分析

选择 GML 指数法测算生态技术创新效率值。全局生产技术集下的 GML 指数拥有循环累乘的优点，可把握生产效率的长期趋势，进行如下分解：

$$GML^{t,t+1} = \frac{\overrightarrow{S}^G(x^t, y^t, b^t; y^t, -b^t)}{\overrightarrow{S}^G(x^{t+1}, y^{t+1}, b^{t+1}; y^{t+1}, -b^{t+1})} = \frac{\overrightarrow{S}^t(x^t, y^t, b^t; y^t, -b^t)}{\overrightarrow{S}^{t+1}(x^{t+1}, y^{t+1}, b^{t+1}; y^{t+1}, -b^{t+1})} \times \frac{\overrightarrow{S}^G(x^t, y^t, b^t; y^t, -b^t)/\overrightarrow{S}^t(x^t, y^t, b^t; y^t, -b^t)}{\overrightarrow{S}^G(x^{t+1}, y^{t+1}, b^{t+1}; y^{t+1}, -b^{t+1})/\overrightarrow{S}^{t+1}(x^{t+1}, y^{t+1}, b^{t+1}; y^{t+1}, -b^{t+1})}$$

$$= \frac{TE^{t+1}}{TE^t} \times \left[\frac{BPG_{t+1}^{t,t+1}}{BPG_t^{t,t+1}}\right] = EC^{t,t+1} \times BPC^{t,t+1} \quad (5-6)$$

其中，$\overrightarrow{S}(x, y, b; g) = 1 + \overrightarrow{D}(x, y, b; g)$，$\overrightarrow{D}_0^G(x^T, y^T, b^T; g^T) = \max\{\beta: (y^T, b^T) + \beta g^T \in p^G(x^T)\}$ 表示全局方向性距离函数；EC 为技术进步，BPC 为效率改进。

于是得知识溢出下的区域生态技术创新效率值，为表现知识溢出下技术创新效率的时空演变特性，本章分别引入考虑和不考虑非合意产出弱可处置性的情形，如表 5 - 2 所示。

表 5 - 2　2000 ~ 2014 年知识溢出下区域生态技术创新效率的变动及其分解

考虑非合意产出								不考虑非合意产出							
省	ET1	EC1	BPC1	省	ET1	EC1	BPC1	省	ET2	EC2	BPC2	省	ET2	EC2	BPC2
东部地区				西部地区				东部地区				西部地区			
京	1.350	1.183	1.141	蒙	0.923	0.979	0.943	京	1.548	1.288	1.202	蒙	0.884	0.965	0.916
津	1.187	1.026	1.157	桂	0.843	0.921	0.915	津	1.291	1.112	1.161	桂	0.883	0.985	0.896

续表

考虑非合意产出								不考虑非合意产出							
省	ET1	EC1	BPC1	省	ET1	EC1	BPC1	省	ET2	EC2	BPC2	省	ET2	EC2	BPC2
冀	1.009	0.998	1.011	川	1.006	1.014	0.992	冀	1.234	1.225	1.007	川	1.022	1.033	0.989
沪	1.337	1.121	1.193	渝	1.008	1.005	1.003	沪	1.470	1.235	1.190	渝	1.010	1.009	1.001
苏	1.440	1.179	1.221	贵	0.947	0.951	0.996	苏	1.646	1.423	1.157	贵	1.102	1.112	0.991
浙	1.347	1.159	1.162	云	0.663	0.822	0.806	浙	1.350	1.172	1.152	云	0.621	0.821	0.756
闽	1.098	1.125	0.976	陕	0.729	0.799	0.912	闽	1.086	1.124	0.966	陕	0.736	0.821	0.896
鲁	1.085	1.032	1.051	甘	0.894	0.898	0.995	鲁	1.169	1.101	1.062	甘	0.824	0.906	0.909
粤	1.684	1.221	1.379	青	0.998	0.998	1.000	粤	1.779	1.311	1.357	青	0.999	1.056	0.946
琼	1.002	0.987	1.015	宁	0.790	0.886	0.892	琼	0.980	0.992	0.988	宁	0.850	0.959	0.886
X1	1.254	1.103	1.131	新	0.944	0.925	1.021	Y1	1.355	1.198	1.124	新	0.962	0.938	1.026
中部地区				X3	0.886	0.927	0.952	中部地区				Y3	0.899	0.964	0.928
晋	1.005	0.995	1.010	东北部地区				晋	1.006	1.007	0.999	东北部地区			
皖	1.017	0.986	1.031	辽	0.991	0.986	1.005	皖	0.983	0.977	1.006	辽	1.071	1.068	1.003
赣	0.806	0.899	0.897	吉	0.980	1.001	0.979	赣	0.884	0.989	0.894	吉	0.999	1.049	0.952
豫	1.074	1.108	0.969	黑	0.973	0.988	0.985	豫	1.102	1.166	0.945	黑	0.991	1.015	0.976
鄂	1.004	1.007	0.997	X4	0.981	0.988	0.985	鄂	1.010	1.035	0.976	Y4	1.020	1.044	0.977
湘	1.000	1.015	0.985	X5	1.038	1.007	1.021	湘	1.002	1.021	0.981	Y5	1.083	0.938	1.026
X2	0.984	1.002	0.982					Y2	0.998	1.033	0.967				

注：X1～X5、Y1～Y5 分别为考虑和不考虑非合意产出下东部、中部、西部、东北部和全国的生态技术创新效率均值。ET1 和 ET2 分别表示考虑和不考虑非合意产出下的生态技术创新效率（下同）。EC1、BPC1、EC2 和 BPC2 则为对应条件下的效率改进和技术进步。

由表 5－2 可见，考虑非合意产出时，知识溢出下我国的区域生态技术创新效率均值呈“东部 > 中部 > 东北部 > 西部”的变动趋势，生态技术创新效率主要来源于技术进步。其中，只有东部的生态技术创新效率高于全国平均水平，生态技术创新效率最高的省市均为东部的广东、江苏、北京、浙江、上海和天津。这些东部地区大多是工业基地和都市经济圈京津唐、沪宁杭和珠三角的核心城市，其知识、产学研合作和技术创新网络等知识存量丰富，促使有较强的新兴知识、技术吸收能力，有助于东部地区集聚的生态技术创新关联要素以促进知识溢出，实现技术知识的外部性效应，提升区域生态技术创新效率。不考虑非合意产出时，除区域生态技术创新效率均值呈“东部 > 东北部 > 中部 > 西部”的变动趋势和生态技术创新效率主要来源于效率改进外，上述现象仍适用。此外，津京唐地区临近的河北、辽宁和内蒙古的生态技术创新效率值均低于全国均值 1.024，说明津京唐地区的生态技术创新效率具负外部性，要素集聚大于扩散，使其对周边经济表现出负向知识溢出效应。而沪宁杭周边的安徽、山东和福建的生态技术创新值则接近或高于全国均值，说明沪宁杭对邻近省市有较强的辐射力，知识溢出的正外部性效应显著。珠三角的情形类似津京唐地区，广西、湖南和江西深受其负向知识溢出效应的影响。而中部和东北部地区生态技术创新效率的均值较接近，处于下降趋势，中部地区地理位置接近东部地区，但受东部地区负向知识溢出效应作用明显。而东北部地区的资源消耗工业较多，环境污染较严重，尽管近年来我国注重在东北部地区培育战略性新兴产业，提升传统产业，但知识溢出下东北部地区的生态技术创新效率仍有待提升。地理位置、资源禀赋和经济基础等限制造成西部地区的生态技术创新效率较低，知识溢出效应在该地区不显著，说明加大环保和西部大开发力度是促进西部地区发展的主流方向。图5－1和图5－2给出了考虑和不考虑非合意产出下区域生态技术创新效率的增长率。

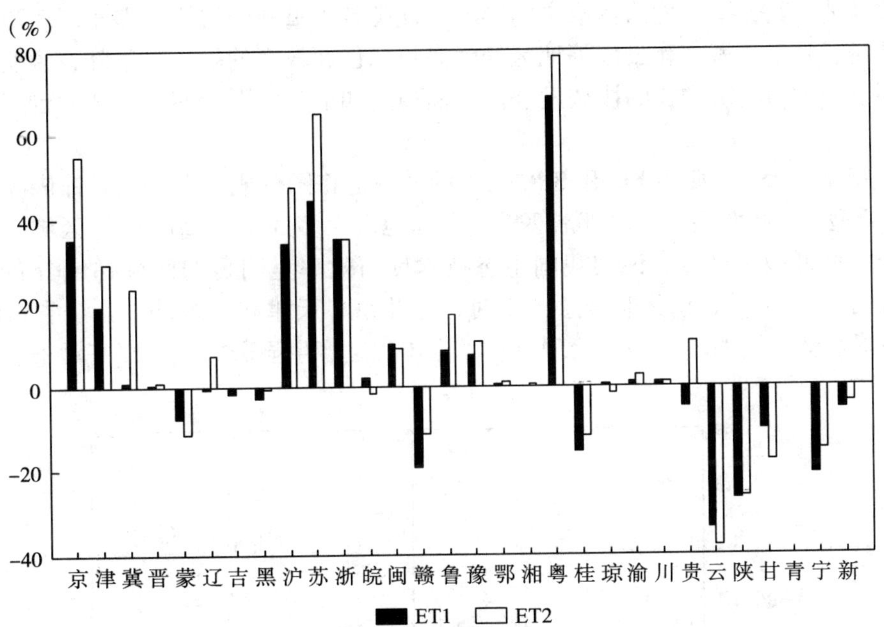

图5－1　生态技术创新效率增长率

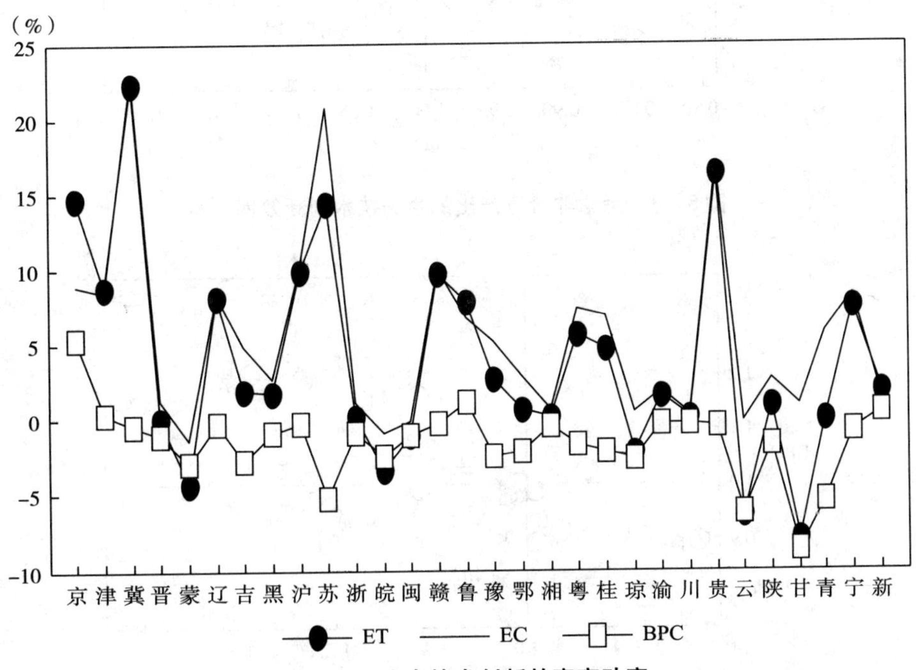

图5－2　生态技术创新效率变动率

注：图5－1中的增长率指考虑和不考虑非合意产出下生态技术创新效率值分别与1比，大于1的部分为增长率，否则为负增长率。图5－2中的变动率指考虑和不考虑非合意产出下生态技术创新效率值的变化情况。

当考虑非期望产出的治理成本时，除内蒙古、辽宁、江西、广西、贵州、四川等中西部地区的省市外，2000~2014年知识溢出下我国的生态技术创新效率均呈增长趋势，全国的平均增长率为2.4%。当非期望产出是强可处置性时，大部分省市的生态技术创新效率明显上升，全国平均增长率比不考虑非期望产出时增加4.9%，说明区域的生态技术创新效率被高估，其会受环境治污成本的影响，此类省市重视经济增长多于环境治理。而内蒙古、福建、甘肃、海南和云南等地区的生态技术创新效率的增长率下降，说明这些地区更注重环境保护与经济增长的协调发展。进而通过如下分解图考察生态技术创新效率的区域分布。

图5-3和图5-4使用EC和BPC为1的效率值将图分成四类，顺时针依次为“高高型”“高低型”“低低型”和“低高型”。东部地区大多处于“高高型”区域，西部地区普遍处于“低低型”区域，说明我国生态技术创新效率呈明显的区域梯度分布。对比两图并结合图5-2可见，剔除非合意产出时，除北京、天津和山东外，其余省市的技术进步都呈下降趋势，说明环境污染治理对技术进步程度产生显著影响，以高污染、高能耗产

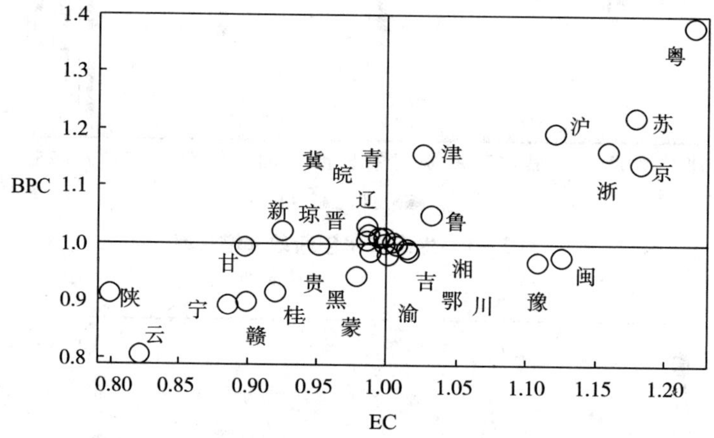

图5-3　考虑非合意产出的生态技术创新效率分解

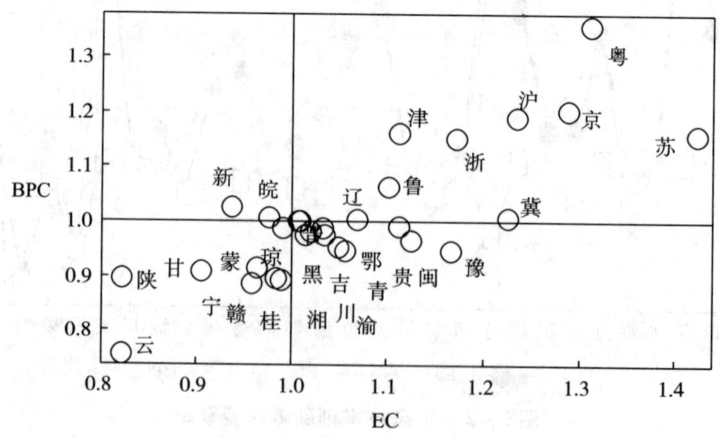

图5-4　不考虑非合意产出的生态技术创新效率分解

业为主的省市在进行生产时，通常都侧重于节能降耗，核心技术知识过度集聚在经济中心，高层级的技术知识溢出效应不显著，其他省市不能及时提升生产技术水平。而除内蒙古、安徽、福建和云南外，其余省市的效率改进都显著上升，说明在不考虑环境因素的条件下，生产者在进行生产过程中不需要选择高级的技术进行生产，而基础技术的学习门槛低，知识溢出较容易，以致多数省市的技术效率值都显著上升。

5.2.2 知识溢出下生态技术创新效率的驱动因素分析

5.2.2.1 知识溢出下生态技术创新效率的驱动因素

区域或产业等空间载体中有形或无形的要素集中将发挥作用，而人力资本、技术创新、物质资本、劳动力和环境要素的相互作用将促进要素在交互影响中实现自身价值，从而在创新、资源配置和整合中好、实现知识存量的“螺旋式”上升，提升生态技术创新效率。本章基于以上要素，分别从要素禀赋结构、平均受教育年限、环境规制强度和知识溢出吸收能力的角度分析生态技术创新效率的驱动因素。

（1）要素禀赋结构 KL[193]。资本、劳动等生产要素份额比反映生产中基本的资源配置，其比值的高低由生产的技术条件决定，其变动会影响区域生态技术创新效率。选择资本和劳动的比值探究其对区域生态技术创新效率的影响。

（2）平均受教育年限 ED。教育能提升科技意识，促进技术进步、知识流动，有助于技术改善和知识溢出，以降低能耗、提升生态技术创新效率。此外，教育能显著提升人们的环保意识，以降低污染排放，改善区域生态技术创新效率。选择居民人均受教育年限①来衡量生态技术创新效率的影响效应。

（3）环境规制强度 Env[194]。现如今，较多的企业采取先污染后治理的被动环境治理模式，不利于区域经济的可持续发展，污染治理成本也较高。较强的环境规制强度有助于区域企业通过绿色技术创新方式进行生产活动，减少污染物排放，提升区域企业的竞争力和生态技术创新效率。选择环境污染治理投资总额占 GDP 的比重表示。

（4）知识溢出吸收能力 KS × AC[195]。区域对知识溢出的吸收能力决定区域的生态技术创新效率，吸收能力和知识溢出的相互作用能促进技术、知识更好地吸收、扩散，影响区域生态技术创新效率。选择两者的交叉项测算其对生态技术创新效率的影响。

5.2.2.2 知识溢出下生态技术创新效率驱动因素的实证分析

（1）知识溢出下的区域生态技术创新效率模型。选择空间计量模型分析知识溢出下的区域生态技术创新效率。空间计量模型包括空间误差（SEM）模型和空间滞后（SLM）模型，运用拉格朗日乘数及其稳健形式检验选择更适合的模型，最终选用 SEM 模型进行实证检验。构建如下 SEM 模型：

$$\ln ET_{it} = \gamma \cdot W \cdot \ln ET_{it} + \beta_1 \cdot \ln KS_{it} \cdot \ln AC_{it} + \beta_2 \cdot W \cdot \ln KS_{it} \cdot \ln AC_{it} + \beta_3 \ln KL_{it} + \beta_4 \cdot \ln ED_{it} + \beta_5 \cdot \ln Env_{it} + \xi,\ \xi = \lambda W \xi + \mu \qquad (5-7)$$

其中，W 为行标准化的空间加权矩阵，KS 为知识溢出，AC 为吸收能力，式(5－7)昭示区域生态技术创新效率会受自身的空间溢出 $W \cdot \mathrm{Ln}ET$ 影响。地理距离远近等因素会对

① 选择大专以上、高中、初中、小学和文盲半文盲文化人口占总人口的比重与对应文化程度的受教育年数（16年、12年、9年、6年和2年）的加权和测算。

知识溢出和吸收能力产生影响，因此考虑空间和距离等因素有助于探究增长背后的力量[15]，本章在模型中引入知识溢出与吸收能力的交叉项 LnKS·LnAC 及其空间效应项W·LnKS·LnAC。此外，对上式中的变量数据进行中心化处理以消除变量间的多重共线性。

（2）区域生态技术创新效率模型空间加权矩阵的构建。为了探究影响知识溢出和吸收能力等不同因素对生态技术创新效率的影响状况，本章选择非时变的几何距离空间加权矩阵、地理统计距离空间加权矩阵和非时变的人力资本空间加权矩阵进行实证分析，以分析不同的知识溢出和吸收能力影响因素的扰动性对区域技术创新效率的影响。选择的空间加权矩阵如表 5－3 所示。

表 5－3　空间加权矩阵

类别	名称		矩阵形式
非时变空间加权矩阵	几何距离空间加权矩阵（逆距离空间加权矩阵）		$W_1=\begin{cases}1/d^5, & i\neq j\\0, & i=j\end{cases}$
	地理统计距离空间加权矩阵①	指数模型变差函数[24]	$V_2(d)=\sigma^2(1-e^{-3d/r})$
时变空间加权矩阵	人力资本空间加权矩阵[22][23]		$W_3=W_1 diag(\overline{H}_1/\overline{H}, \overline{H}_2/\overline{H}, \cdots, \overline{H}_n/\overline{H})$②

（3）知识溢出下区域生态技术创新效率的实证结果分析。本章采用极大似然估计法（MLE）估计 SEM 模型，构建表 5－3 中的 3 种空间加权矩阵，分析知识溢出下区域技术创新效率及其分解结果（考虑非合意产出）。如表 5－4 和表 5－5 所示。

表 5－4　全国的生态技术创新效率实证结果

变量系数	被解释变量 ET1			被解释变量 EC1			被解释变量 BPC1		
	W_1	W_2	W_3	W_1	W_2	W_3	W_1	W_2	W_3
γ	0.271* (2.871)	0.388** (4.082)	0.377** (3.962)	0.211* (2.084)	0.268** (2.820)	0.260 (2.737)	0.228** (3.398)	0.259*** (2.561)	0.266* (2.799)
β_1	0.246** (2.597)	0.287*** (3.022)	0.258* (2.710)	0.232** (2.521)	0.201* (2.157)	0.198** (1.959)	0.172* (1.712)	0.257* (2.705)	0.239** (2.519)
β_2	0.315* (3.148)	0.309*** (3.115)	0.283** (2.763)	0.295* (2.919)	0.336*** (3.539)	0.307** (3.237)	0.378* (3.987)	0.421*** (4.332)	0.396* (4.165)
β_3	−0.107 (−0.921)	−0.147** (−1.554)	−0.123 (−1.116)	−0.103 (−1.019)	−0.108** (−1.133)	−0.116 (−1.138)	−0.117 (−1.232)	−0.132** (−1.392)	−0.136** (−1.431)
β_4	0.212* (2.334)	0.222 (2.337)	0.200*** (2.116)	0.201** (1.643)	0.226** (1.278)	0.179 (1.882)	0.205** (2.155)	0.223 (2.350)	0.172*** (1.811)

① 用 $V(d)=\frac{1}{2N}\sum_{i=1}^{N}[y(x_i)-y(x_i+d)]^2$ 计算任意两地的变差函数，测算 σ^2，代入 $\rho(d)=1-V(d)/\sigma^2$ 测算区域关联度 $\rho(d)$，选择 $\rho(d)$ 最大时对应的 σ^2，代入 $V_2(d)$，并用其构造空间加权矩阵 W_2。r 代表变程，东部、中部、西部和东北部四个区域的 r 分别为 1856.6km、710km、2297.1km 和 207.3km。

② 对 H 的测算参照赵增耀等［23］的测算方式。

续表

变量系数	被解释变量 $ET1$			被解释变量 $EC1$			被解释变量 $BPC1$		
	W_1	W_2	W_3	W_1	W_2	W_3	W_1	W_2	W_3
β_5	-0.228 (-3.398)	-0.239* (-2.356)	-0.221* (-2.336)	-0.216** (-2.266)	-0.236* (-1.847)	-0.177 (-1.620)	-0.226 (-1.278)	-0.251* (-2.658)	-0.227 (-2.288)
λ	0.254 (2.678)	0.262** (2.107)	0.297** (3.076)	0.185 (1.769)	0.225** (2.532)	0.167* (1.655)	0.215* (2.267)	0.236 (2.486)	0.187* (1.967)
R^2	0.587	0.625	0.551	0.526	0.679	0.607	0.587	0.493	0.551
$logL$	25.978	32.794	29.471	35.761	29.677	35.389	27.594	28.886	26.352

注：***、**、*各表示在1%、5%和10%显著性水平下显著，括号内的为t值（下同）。

由表5-4可见，除要素禀赋和环境规制强度外，其余变量对生态技术创新效率的作用均为正。知识溢出和吸收能力的交叉项及其空间效应项的系数均显著为正，说明吸收能力对知识溢出具正向调节效应，知识溢出能显著促进技术进步，实现效率改善，最终提升区域生态技术创新效率。平均受教育年限对技术进步和效率改进的影响均较大，说明人们的环保意识和科技意识的提升有助于实现知识、技术溢出，改善区域生态技术创新效率，并且，人力资本矩阵下的平均受教育年限对生态技术创新效率的作用最显著，说明时变的人力资本空间加权矩阵让平均受教育年限的影响效应显著发挥。要素禀赋结构负向作用于生态技术创新效率，主要原因是随着资本劳动比重的提升，我国的经济结构由劳动密集型转向资本密集型[20]，而重污染产业是资本密集型产业的主要代表，不利于区域生态技术创新的可持续发展。要素禀赋结构对技术进步的负向影响显著，说明人力资本关联的知识溢出能有效促进技术进步，提升生态技术创新效率。环境规制强度对生态技术创新效率表现出不显著的负向作用。可能原因是政府相关部门对省域环保政策的实施监管不够，大多省域对环境规制政策的执行采取消极态度，在监管力度不大时加快生产，对环境规制采取消极态度，还可能是政府制定的政策不能很好地促进生态技术创新效率的有效发挥。

鉴于我国的区域梯度发展现状，知识溢出等正外部性与地理距离关联较大，受地理空间和行政分割等因素的制约[23]，其对区域生态技术创新效率的影响差异较大，因此本章将我国划分成东部、中部、西部和东北部地区，实证结果如表5-5所示。

表5-5 区域生态技术创新效率实证结果（被解释变量EC1）

系数	东部地区			中部地区			西部地区			东北部地区		
	W_1	W_2	W_3	W_1	W_2	W_3	W_1	W_2	W_3	W_1	W_2	W_3
γ	0.341* (3.589)	0.421* (4.432)	0.368* (3.877)	0.298* (3.048)	0.378*** (3.987)	0.313** (3.287)	0.279** (2.936)	0.298* (3.138)	0.291** (3.068)	0.277* (2.915)	0.369*** (3.882)	0.306** (3.220)
β_1	0.109* (1.151)	0.286*** (3.006)	0.241** (2.536)	0.219* (1.655)	0.237** (2.488)	0.235 (2.330)	0.178* (1.196)	0.193** (2.033)	0.188* (1.977)	0.218* (2.294)	0.227** (2.389)	0.201* (2.116)
β_2	0.406* (4.255)	0.468** (4.885)	0.435* (4.566)	0.392* (4.105)	0.407*** (4.287)	0.406* (4.255)	0.255* (2.702)	0.316** (3.119)	0.280** (2.933)	0.384 (4.041)	0.395** (4.157)	0.386* (4.063)

续表

系数	东部地区			中部地区			西部地区			东北部地区		
	W_1	W_2	W_3	W_1	W_2	W_3	W_1	W_2	W_3	W_1	W_2	W_3
β_3	-0.073 (-0.765)	-0.161*** (-1.635)	-0.141* (-1.465)	-0.079* (-0.775)	-0.093 (-0.920)	-0.085 (-0.842)	-0.037 (-0.365)	-0.055* (-0.544)	-0.046** (-0.456)	-0.076 (-0.752)	-0.087* (-0.911)	-0.083*** (-0.762)
β_4	0.256** (1.426)	0.305* (2.362)	0.286*** (2.097)	0.195 (2.108)	0.214 (2.225)	0.199*** (2.099)	0.146 (1.536)	-0.161 (-1.635)	0.155* (1.622)	0.188 (1.856)	0.225 (2.233)	0.185*** (1.177)
β_5	-0.235 (-2.478)	-0.297* (-2.965)	-0.285 (-2.958)	-0.186 (-1.705)	-0.217* (-2.212)	-0.177 (-2.053)	-0.132 (-1.365)	-0.158** (-1.663)	-0.147* (-1.554)	-0.184* (-1.933)	-0.219* (-2.337)	-0.179 (-1.139)
λ	0.266* (2.799)	0.316** (3.119)	0.295*** (3.106)	0.241** (2.536)	0.252* (2.655)	0.255* (2.662)	0.187** (1.967)	0.191* (2.008)	0.155 (1.572)	0.222 (2.337)	0.231** (2.431)	0.217* (2.328)
R^2	0.677	0.696	0.697	0.534	0.550	0.522	0.564	0.591	0.571	0.548	0.611	0.602
logL	27.267	28.145	26.571	29.487	34.791	32.690	26.646	25.176	29.654	30.225	29.781	25.672

表5-5显示，选择地理统计距离空间加权矩阵的结果在所有模型中的显著性和系数的作用强度相对更好，主要原因是进行空间加权矩阵测算的变差函数均根据变差函数值拟合得到，可根据实际选取更合适的拟合函数类型，使实证结果表现良好。分区域的各参数对生态创新效率的影响力度与全国趋于一致，影响效应大致表现为“东部>中部>东北部>西部”的梯度变动趋势。我国东部地区的空间误差项系数不论是全国还是分区域的回归中均最大，说明东部地区的技术、经济资源等集聚性强，生态技术创新效率受影响程度最大。经济更发达的东部地区具有较强的知识空间溢出效应，并且大部分模型知识溢出的作用效应均较显著，表明经济越发达的地区，技术、知识、创新等要素的流动性越大，为知识的空间溢出创造了良好的外部性条件，显著提升东部地区的生态技术创新效率。中部地区在地理位置上与东部地区较接近，那么很容易受东部地区知识、技术扩散效应的影响，使其生态技术创新效率的受影响效应也较大。东三省老工业基地的影响效应接近中部地区，说明东北部地区注重对传统产业的改革和摒弃，不断发展高技术产业和新兴产业，推进产业技术升级，改善环境质量，提升生态技术创新效率的受影响效应。鉴于地理区位、环境、知识溢出效应和区域吸收能力等多方因素的影响，西部地区的生态技术创新效率整体上处于落后阶段，于是西部地区应充分利用现有的国家倾斜政策，并积极引进人才、技术，提升知识溢出的吸收能力，同时注重环境的协调发展，最终提升区域生态技术创新效率。

此外，本章还以我国东部、中部、西部和东北部地区的技术进步和效率改进为被解释变量进行实证回归。得出各影响因素对技术进步的影响效应呈“东部>中部>东北部>西部”的梯度变动，而效率改进的受影响效应则表现为“东部>东北部>中部>西部”的梯度变动，结果的差异性表明东北老工业基地应仍积极改造原有技术，以突出老工业基地的技术新优势。

5.3 制度邻近下知识势能对区域技术创新效率的空间溢出效应

5.3.1 动态最优均衡分析

因为知识势能是对地区知识资源能级水平的综合概括，可以假设地区的技术创新产出最终有两个消费途径，第一个途径是用于生产新产品，第二个途径是用于知识势能的积累，而知识势能的积累又分为三个维度，因此，地区技术创新产出 T 的用途可分为以下四个方面：①用于生产新产品的创新产出 T_P；②用于知识资源存量积累的创新产出 T_S；③用于提升知识创造与转化能力的创新产出 T_I；④用于提升知识吸收与留存能力的创新产出 T_A；从而有 $T = T_P + T_S + T_I + T_A$。

技术创新的最终目的是增加新产品的种类和数量，在新产品生产过程中，新产品的生产商作为消费者，消费一定数量(T_P)的技术创新产出后得到新产品产出，本章采用等弹性效用函数形式，设 θ 为边际效用弹性(跨期替代弹性的倒数)、ρ 为主观时间贴现率，同时假设技术创新产出的代表性消费者以追求无限时域上所有瞬时效用贴现值加总的最大化为其目标，则代表性消费者的目标效用函数为：

$$\max\int_0^\infty \frac{T_P^{1-\theta}-1}{1-\theta}e^{-\rho t}\mathrm{d}t$$

技术创新产出还能用于知识势能三个维度的积累，各自的积累方程分别为：$\dot{S} = A_S T_S^a S^b$、$\dot{I} = A_I T_I^c I^d$、$\dot{A} = A_A T_A^e A^f$，其中 ω 为知识的过时或衰减率[196]。基于上述设定，得到最优控制问题的具体形式如下：

$$\max\int_0^\infty \frac{T_P^{1-\theta}-1}{1-\theta}e^{-\rho t}\mathrm{d}t \quad \text{s. t.} \begin{cases} T = CS^{\alpha+\beta}I^{\eta}A^{\gamma}(\tau\times E_f)^{\delta} \\ T = T_P + T_S + T_I + T_A \\ \dot{S} = A_S T_S^a S^b \\ \dot{I} = A_I T_I^c I^d \\ \dot{A} = A_A T_A^e A^f \end{cases}$$

因此，最优增长路径的 Hamilton 函数为：

$$H = \frac{T_P^{1-\theta}-1}{1-\theta}e^{-\rho t} + \lambda_1[CS^{\alpha+\beta}I^{\eta}A^{\gamma}(\tau\times E_f)^{\delta}e^{\lambda t+u} - T_P - T_I - A_S T_S^a S^h]^f + \lambda_2 A_I T_I^c I^d + \lambda_3 A_A T_A^e A \tag{5-8}$$

横截性条件为$\lim\limits_{t\to\infty}\lambda_1 Se^{-\rho t}=0$；$\lim\limits_{t\to\infty}\lambda_2 Ie^{-\rho t}=0$；$\lim\limits_{t\to\infty}\lambda_3 Ae^{-\rho t}=0$

根据式（5-8）的一阶条件以及欧拉方程，可求解得到均衡增长率为：

$$g_T = g_{T_P} = g_{T_S} = g_{T_I} = g_{T_A} = \frac{1}{\theta}\left[C(\tau\times E_f)^{\delta}\frac{(\alpha+\beta)b+\eta d+\gamma f}{(1-a)(1-c)(1-e)} - \rho\right] \tag{5-9}$$

存在性条件为：$0<\rho<C(\tau\times E_f)^{\delta}\dfrac{(\alpha+\beta)b+\eta d+\gamma f}{(1-a)(1-c)(1-e)}$且$(1-a)(1-c)(1-e)>0$

根据式（5－9）的结果进行比较静态分析，可以得到以下结论：

（1）$\dfrac{\partial g_T}{\partial(\alpha+\beta)}=\dfrac{C(\tau\times E_f)^{\delta}b}{\theta(1-a)(1-c)(1-e)}>0$ 表明，当地区创新潜能（知识创造与转化、吸收与留存能力）保持不变时，提升知识资源存量的弹性系数能促进技术创新的稳态增长，即知识资源存量对技术创新稳态增长率有正向影响。

（2）$\dfrac{\partial g_T}{\partial\eta}=\dfrac{C(\tau\times E_f)^{\delta}d}{\theta(1-a)(1-c)(1-e)}>0$ 表明，当知识势能其他维度不变时，提升知识创造与转化能力的弹性系数能促进技术创新的稳态增长，知识创造与转化能力对技术创新稳态增长率有正向影响。

（3）$\dfrac{\partial g_T}{\partial\gamma}=\dfrac{C(\tau\times E_f)^{\delta}f}{\theta(1-a)(1-c)(1-e)}>0$ 表明，知识吸收与留存能力对技术创新稳态增长率有正向影响。

（4）$\dfrac{\partial g_T}{\partial\delta}=\dfrac{C(\tau\times E_f)^{\delta}[(\alpha+\beta)b+\eta d+\gamma f]\ln(\tau\times E_f)}{\theta(1-a)(1-c)(1-e)}$，当$\tau\times E_f>1$时，$\dfrac{\partial g_T}{\partial\delta}>0$，当$\tau\times E_f\leqslant1$时，$\dfrac{\partial g_T}{\partial\delta}\leqslant0$，这表明外来知识势能溢出的弹性系数对区域技术创新稳态增长率的影响具有不确定性，取决于外来知识势能溢出的大小以及克服制度非临近的知识势能溢出损耗。

（5）$\dfrac{\partial^2 g_T}{\partial(\alpha+\beta)\partial\eta}=\dfrac{\partial^2 g_T}{\partial(\alpha+\beta)\partial\gamma}=\dfrac{\partial^2 g_T}{\partial\gamma\partial\eta}=0$，表明知识势能的三个维度对技术创新稳态增长的影响相互独立，交互效应不显著。

（6）$\dfrac{\partial^2 g_T}{\partial\delta\partial(\alpha+\beta)}$、$\dfrac{\partial^2 g_T}{\partial\delta\partial\eta}$、$\dfrac{\partial^2 g_T}{\partial\delta\partial\gamma}$的符号同样取决于$\tau\times E_f$与1的比较，因此，地区知识势能各个维度对技术创新稳态增长的影响会受到外来知识势能溢出的影响，这个影响具有不确定性。

（7）$\dfrac{\partial g_T}{\partial\tau}>0$，$\dfrac{\partial g_T}{\partial E_f}>0$ 表明，外来知识势能溢出的提高也能促进技术创新的稳态增长，制度邻近水平的提升可以加强地区间知识势能的溢出效应。

5.3.2 区域技术创新效率和知识势能的测度

5.3.2.1 区域技术创新效率的测度（*TFP*）

本章选择 DEA－Malmquist 指数法测算我国的省域技术创新效率，选取的投入变量包括 R&D 经费内部支出、R&D 全时人员当量，产出变量包括专利申请受理数、新产品销售收入以及新产品销售收入占高技术产业主营业务收入的比重。测度得到结果如表 5－6 所示。

表 5－6 2000～2013 年我国各地区技术创新效率

地区	2001 年	2005 年	2009 年	2013 年	地区	2001 年	2005 年	2009 年	2013 年
北京	0.872	1.008	1.101	1.24	河南	0.87	0.937	1.031	1.145
天津	0.822	0.916	1.115	1.16	湖北	0.841	0.934	1.031	1.213

续表

地区	2001 年	2005 年	2009 年	2013 年	地区	2001 年	2005 年	2009 年	2013 年
河北	0.838	0.955	1.027	1.174	湖南	0.842	0.935	1.026	1.171
山西	0.728	0.898	1.006	1.159	广东	0.835	0.992	1.051	1.243
内蒙古	0.763	0.889	1.03	1.228	广西	0.724	0.913	1.018	1.129
辽宁	0.863	0.977	1.074	1.196	海南	0.804	0.971	1.04	1.111
吉林	0.807	0.942	1.028	1.178	重庆	0.702	0.924	0.997	1.212
黑龙江	0.87	0.953	1.022	1.121	四川	0.817	0.919	1.107	1.166
上海	0.908	1.004	1.122	1.323	贵州	0.833	0.943	1.036	1.185
江苏	0.89	1.016	1.109	1.261	云南	0.693	0.93	1.002	1.163
浙江	0.827	0.99	1.044	1.201	陕西	0.816	0.947	0.999	1.273
安徽	0.838	0.963	1.025	1.145	甘肃	0.779	0.929	1.001	1.212
福建	0.771	0.91	0.97	1.136	青海	0.654	0.931	1.035	1.25
江西	0.743	0.927	1.002	1.168	宁夏	0.62	0.707	0.994	2.402
山东	0.882	0.958	1.052	1.265	新疆	0.841	0.93	0.98	1.126

注：限于篇幅，给出部分年份的结果。

5.3.2.2 区域知识势能的测度

（1）知识资源存量（S）。研究者关于知识存量的量化进行了大量的研究，但都是狭义的知识存量即研发资本存量的估算，仅考虑了用于技术创新生产的资本积累，而忽略了人力积累（邹珊刚、苏子仪、李顺才，2001；邓明等，2009）[197-198]。本章提出的知识资源存量，综合考虑了 R&D 人员与经费资源的积累，同样采用永续盘存法测度地区知识资源存量，即 $S_{it}=R_{i(t-\theta)}+(1-\omega)S_{i(t-1)}$。其中，$S_{it}$表示地区 i 第 t 年的知识资源存量，ω 表示知识资源折旧率，θ 表示知识资源转化为创新能力的平均滞后期，$R_{i(t-\theta)}$ 表示地区 i 在 $t-\theta$ 年折现后的知识资源常规要素投入集，$R_t=K_t^sL_t^{1-s}$。[9] K_t 为 R&D 资本存量，采用张军（2003）的做法根据 R&D 经费内部支出估算得到，L_t 用 R&D 全时人员当量表示，s 为资本份额①。知识资源存量初始值为 $S_{i0}=R_{i(-\theta)}/(g+\omega)(1+g)^{\theta}$，$g$ 为 R 的年均增长率，可通过统计数据计算得到。现有研究中，一般认为我国技术创新转化滞后期为两年，知识折旧率的国际平均水平为 15%，故取 $\theta=2$，$\omega=15\%$[19]。根据 1998～2013 年的相关数据，按照前述方法，可测算得到 2000～2013 年我国各地区的知识资源存量水平（S），我国及东部、中部、西部地区知识资源存量年平均水平如表 5-7 所示。

由表 5-7 可知，我国各地区知识资源存量在时间维度上稳步提升，就全国平均水平而言，2000～2008 年增长较为平缓，2008 年后，我国知识资源存量增速明显提升。此外，在区域维度上，我国知识资源存量整体呈现东部 > 中部 > 西部的格局，江苏、广东、北京、浙江和上海等东部地区知识资源存量处于全国领先水平。

① 根据《中国高技术产业统计年鉴》的数据，1998～2013 年，科技活动经费内部支出结构中，劳务费用比重均值约为 25%，仪器设备经费比重约为 75%，同时，经过本章回归验证，在专利生产过程中，经费投入的系数为 0.75 且在 1% 置信水平下显著，因此，取资本份额 s=0.75。

表 5-7　2000~2013 年我国各地区知识资源存量平均水平

年份	全国	东部	中部	西部	年份	全国	东部	中部	西部
2000	1210.02	1540.57	941.32	954.00	2007	2841.18	3879.10	2085.85	1827.82
2001	1368.14	1757.28	1062.72	1050.96	2008	3172.15	4358.65	2326.36	1979.33
2002	1593.25	2074.32	1225.20	1181.66	2009	3545.28	4895.81	2596.58	2157.90
2003	1803.59	2373.74	1374.47	1298.79	2010	3964.99	5493.54	2918.20	2352.92
2004	2035.48	2706.49	1537.76	1422.38	2011	4448.61	6154.08	3331.82	2595.22
2005	2271.69	3043.84	1703.49	1551.15	2012	4968.99	6882.34	3744.31	2850.49
2006	2536.64	3436.24	1876.20	1677.86	2013	5545.40	7699.90	4194.48	3113.09

（2）知识创造与转化能力（I）。为测算我国各地区知识创造与转化能力，本章构建了如表 5-8 所示的综合评价指标体系。[22] 选取 2000~2013 年我国内地 30 个省市（西藏除外）的数据，采用多维主成分分析方法对数据进行分析，以此求出的综合得分作为知识创造与转化能力的综合水平。

根据累计方差贡献率大于 90% 的准则，测算得到我国各地区知识创造与转化能力综合得分，为方便比较分析，本章对综合得分做了归一化处理，结果如表 5-8 所示。

表 5-8　知识创造与转化能力综合评价指标体系

综合指标	一级指标	二级指标
知识创造与转化能力	知识创造	专利申请授权数
		专利申请受理数
		SCI、EI、ISTP 科技论文数
	知识转化	高新技术产业主营业务收入
		新产品销售收入

从时间维度来看，2000~2013 年，我国各地区均表现出知识创造与转化能力不断提升的趋势，其中北京、上海、天津、江苏、广东等地区知识创造与转化能力年均增长快，2013 年已处于较高水平；广西、云南、新疆、贵州等地区不够重视知识创造，知识创造与转化能力较低。从区域维度来看，2013 年我国知识创造与转化能力存在较大差异，整体呈现出东部 > 中部 > 西部的格局。

表 5-9　我国各地区知识创造与转化能力、排名一览表

地区	2001 年	2005 年	2009 年	2013 年	排名	地区	2001 年	2005 年	2009 年	2013 年	排名
北京	0.418	0.471	0.616	0.98	1	河南	0.388	0.494	0.672	0.879	20
天津	0.422	0.455	0.57	0.973	3	湖北	0.4	0.485	0.637	0.916	12
河北	0.416	0.486	0.673	0.864	25	湖南	0.405	0.538	0.607	0.9	16
山西	0.404	0.463	0.644	0.887	19	广东	0.416	0.464	0.609	0.943	5
内蒙古	0.408	0.477	0.632	0.901	15	广西	0.4	0.476	0.686	0.801	27

续表

地区	2001 年	2005 年	2009 年	2013 年	排名	地区	2001 年	2005 年	2009 年	2013 年	排名
辽宁	0.408	0.471	0.611	0.924	9	海南	0.397	0.46	0.64	0.846	26
吉林	0.401	0.477	0.611	0.905	14	重庆	0.423	0.441	0.583	0.919	11
黑龙江	0.396	0.474	0.652	0.898	17	四川	0.39	0.469	0.605	0.914	13
上海	0.415	0.461	0.613	0.974	2	贵州	0.41	0.575	0.69	0.711	30
江苏	0.417	0.462	0.601	0.952	4	云南	0.465	0.469	0.569	0.778	28
浙江	0.504	0.472	0.565	0.94	6	陕西	0.415	0.456	0.626	0.935	7
安徽	0.394	0.497	0.634	0.888	18	甘肃	0.387	0.505	0.637	0.866	24
福建	0.42	0.467	0.59	0.934	8	青海	0.411	0.47	0.607	0.87	22
江西	0.391	0.475	0.657	0.868	23	宁夏	0.396	0.492	0.658	0.874	21
山东	0.413	0.461	0.639	0.923	10	新疆	0.426	0.54	0.624	0.772	29

注：限于篇幅，给出部分年份的结果，排名为 2013 年的情况。

（3）知识吸收与留存能力（A）。Zahra 和 George（2002）[199] 将知识的吸收能力分为两个维度：潜在吸收能力（Potential Absorptive Capacity，PAC）和实际吸收能力（Realized Absorptive Capacity，RAC）[23]。在知识吸收过程中，PAC 与 RAC 发挥了既相互独立又互为补充的作用，本章认为地区实际吸收能力与潜在吸收能力同等重要，因此地区知识吸收与留存能力可定义为 $A=\sqrt{PAC\times RAC}$。设地区 i 在第 t 年大中型工业企业中有研发机构的企业数为 X_{it}，技术市场流向地交易合同数为 Y_{it}，令

$$PAC_{it}=\frac{X_{it}-\min X_{it}}{\max X_{it}-\min X_{it}},\quad RAC_{it}=\frac{Y_{it}-\min Y_{it}}{\max Y_{it}-\min Y_{it}}$$

计算得到我国各地区知识吸收与留存能力、排名，结果如表 5－10 所示。

表 5－10　我国各地区知识吸收与留存能力、排名

地区	2001 年	2005 年	2009 年	2013 年	排名	地区	2001 年	2005 年	2009 年	2013 年	排名
北京	0.361	0.372	0.419	0.455	6	河南	0.348	0.357	0.38	0.398	10
天津	0.338	0.347	0.354	0.387	15	湖北	0.349	0.357	0.366	0.419	7
河北	0.346	0.353	0.359	0.383	16	湖南	0.353	0.368	0.384	0.393	13
山西	0.316	0.322	0.326	0.339	20	广东	0.416	0.465	0.527	0.61	3
内蒙古	0.311	0.315	0.321	0.332	23	广西	0.313	0.316	0.322	0.329	24
辽宁	0.361	0.368	0.377	0.389	14	海南	0.3	0.3	0.302	0.305	30
吉林	0.321	0.323	0.324	0.336	26	重庆	0.319	0.325	0.331	0.357	17
黑龙江	0.321	0.324	0.327	0.35	22	四川	0.337	0.351	0.374	0.412	8
上海	0.398	0.411	0.462	0.474	5	贵州	0.309	0.312	0.315	0.318	27
江苏	0.511	0.523	0.542	0.952	1	云南	0.317	0.322	0.325	0.343	18
浙江	0.465	0.559	0.585	0.618	2	陕西	0.327	0.333	0.344	0.394	12
安徽	0.338	0.35	0.369	0.409	9	甘肃	0.312	0.314	0.318	0.338	21
福建	0.342	0.365	0.371	0.394	11	青海	0.301	0.302	0.303	0.307	29
江西	0.325	0.326	0.329	0.341	19	宁夏	0.302	0.303	0.307	0.312	28
山东	0.424	0.457	0.495	0.537	4	新疆	0.312	0.313	0.318	0.324	25

注：限于篇幅，给出部分年份的结果，排名为 2013 年的情况。

与知识资源存量和知识创造与转化能力一致，我国各地区知识吸收与留存能力在时间维度上仍然表现为递增趋势，在区域维度上也保持着东部 > 中部 > 西部的格局，知识吸收与留存能力排名前 5 的地区依次为江苏、浙江、广东、山东、上海。

（4）知识势能（E）。知识势能的定义为 $E = S \times I \times A$，根据前面的测算结果，即可计算得到。为明确知识势能的时空分布情况，本章整理测算结果，绘制了表 5－11 和图 5－5。

表 5－11　2000～2013 年我国各地区知识势能平均水平

年份＼地区	全国	东部	中部	西部	年份＼地区	全国	东部	中部	西部
2000	180.38	243.87	125.35	130.27	2007	640.60	933.65	408.80	344.62
2001	212.83	292.54	146.86	145.11	2008	785.34	1158.72	479.21	411.49
2002	258.08	355.77	179.59	171.29	2009	1006.69	1502.39	621.34	475.70
2003	302.58	421.32	211.32	190.49	2010	1266.40	1905.64	759.77	582.37
2004	366.34	514.44	252.55	223.75	2011	1618.04	2442.24	974.58	722.40
2005	433.58	614.41	296.21	254.60	2012	2234.44	3452.76	1245.65	915.80
2006	523.44	750.40	345.87	298.77	2013	2859.28	4483.56	1514.93	1095.83

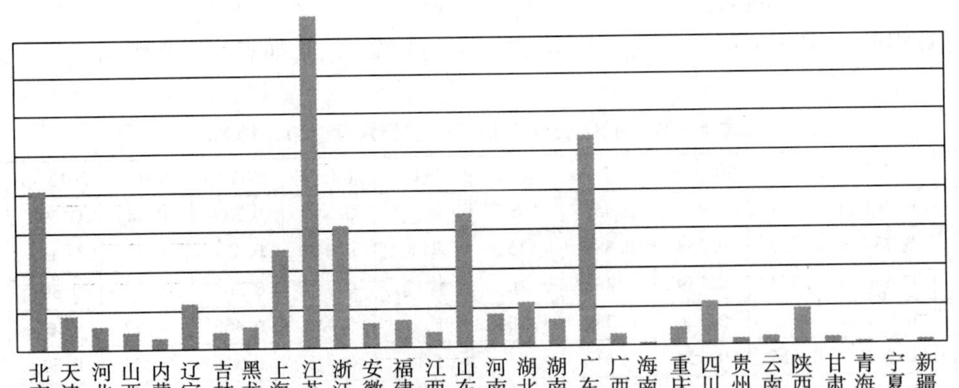

图 5－5　2013 年我国知识势能区域分布

由表 5－11 及图 5－5 很容易看出，我国各地区知识势能水平满足在时间维度上递增，在区域维度上呈现东部 > 中部 > 西部的格局。

为更直观地分析知识势能及其三个维度在空间上的分布情况，选取 2013 年知识资源存量、知识创造与转化能力、知识吸收与留存能力以及知识势能的测算结果序列，以各序列的 30%、60% 和 80% 分位数为分界点将序列分为 4 段，按其值由小到大，认为这 4 段中的地区依次处于较低、一般、较高和高水平状态，并据此绘制 2013 年知识势能及其三个维度的空间分布图，如图 5-6 所示。

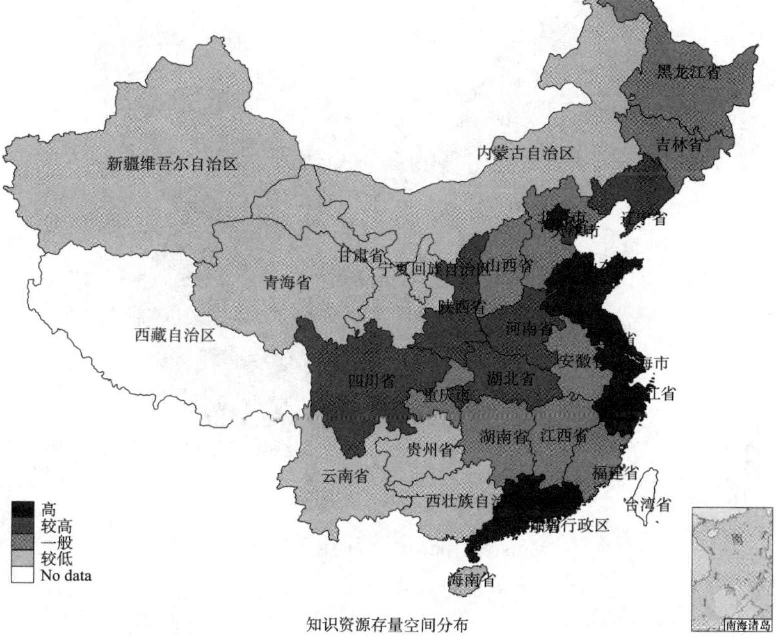

知识资源存量空间分布

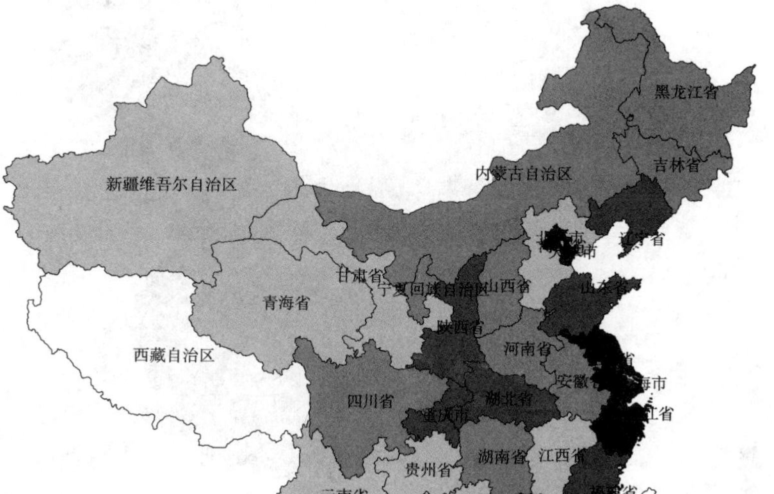

知识创造与转化能力空间分布

图 5-6 2013 年 S、I、A 和 E 的空间分布

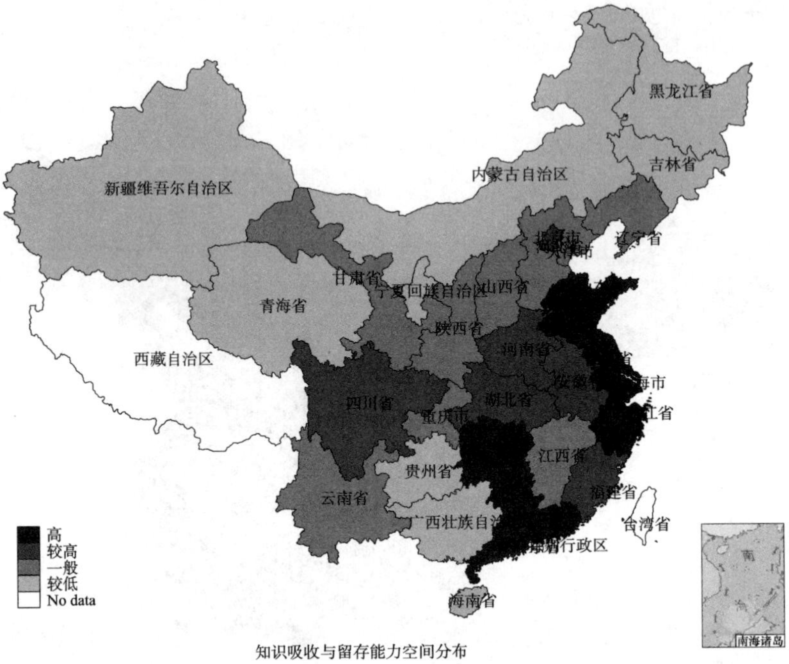

知识吸收与留存能力空间分布

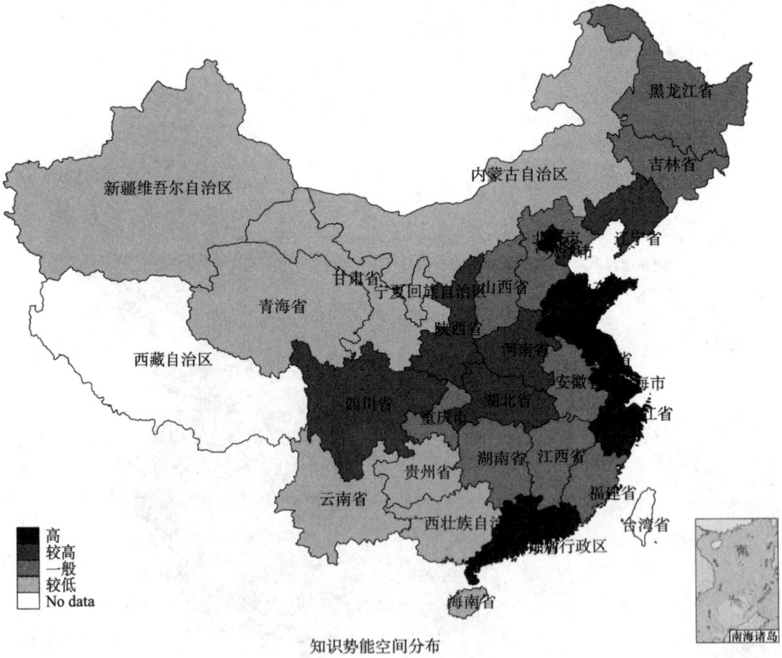

知识势能空间分布

图5-6　2013年S、I、A和E的空间分布（续图）

由图5-6可知，2013年我国知识势能及其各维度呈现出清晰的东部>中部>东北部>西部空间分布格局（知识吸收与留存能力在东北部和西部的区分不明显），知识在空间上存在集聚效应，东部的集聚中心是上海、江苏等沿海地区，中部的集聚中心是湖北和河南，西部知识势能及三个维度均处于较低水平。

5.3.2.3　控制变量的选取

企业规模、政府支持、金融支持以及对外开放度是地区技术创新环境的主要构成，对区域技术创新效率有重要影响：随着企业规模扩张，企业间的知识资源共享更加便捷，从而形成知识创造与转化的地区合力；政府支持力度增大，意味着创新资源投入增加、创新制度环境优化；金融支持水平越高，技术创新就越不容易面临资金不足的窘境；对外开放度的提升会带来更频繁的技术交流，这有利于提升地区创新潜能、缩短地区创新周期；上述四个方面均能够促进地区技术创新效率的提升。本部分选取这四个指标作为控制变量加入实证模型来反映环境因素对区域技术创新效率的影响，考虑到这些环境因素的直接测度难以实现，本部分采用间接指标和替代指标来量化，各控制变量计算方法如表5－12所示。

表5－12　控制变量计算方法

变量	企业规模	政府支持	金融支持	对外开放度
符号	*afs*	*gov*	*fin*	*tsi*
计算方法	地区总产值与规模以上工业企业单位数的比重	政府科技支出占财政收入的比重①	科技活动经费筹集总额中银行与其他金融机构贷款比重	地区贸易差额与贸易总额之间的比重

5.3.3　实证分析

5.3.3.1　制度邻近下的空间相关性检验

（1）基于制度邻近的空间权重矩阵。根据前文分析，本章定义地区 l 与地区 f 之间的制度邻近水平为：

$$\tau = \frac{1}{1 + \sqrt{(R_l - R_f)^2 + (Z_l - Z_f)^2}}$$

其中，R_l、R_f 分别表示知识受体和知识授体的市场化指数，采用樊纲等（2003）的指标体系来进行度量；Z_l、Z_f 表示两者的市场分割指数，借鉴陆铭和陈钊（2009）的方法实现量化。设 i 地区第 t 年市场化指数为 R_{it}，市场分割指数为 Z_{it}，则地区的平均值为：

$$\overline{R_i} = \sqrt[T]{\prod_{i=1}^{T} R_{it}}, \overline{Z_i} = \sqrt[T]{\prod_{i=1}^{T} Z_{it}}$$

代入制度邻近水平的公式，即可得到地区 i 和地区 j 之间的制度邻近水平 τ_{ij}。基于此，定义基于制度邻近的空间权重矩阵为 W，矩阵中的元素为：

$$w_{ij} = \begin{cases} \tau_{ij}, & i \neq j \\ 0, & i = j \end{cases}$$

（2）空间自相关检验。根据制度邻近下的空间权重矩阵，利用2000～2013年我国30

① 政府科技支出在2006年前后的统计口径不一致，在2006年以前，统计指标为科技三项费用，2007年之后统计指标为府支出中的科学技术支出，为保持数据连续性，本章对科技三项费用指标作了相应统计处理：先根据2007～2013年的数据求得各地区科技支出年均增长率，再以2007年科技支出及年均增长率为基础推算2006年科技支出，然后对2000～2006年的序列进行调整，使其相对大小不变，2006年绝对量为推算值。

个省份的技术创新效率数据，计算得到历年的 Moran'I 及统计量如表 5－13 所示。

表 5－13　2000～2013 年技术创新效率 Moran 指数及其 Z 值

年份	2000	2001	2002	2003	2004	2005	2006
Moran 指数	0.181	0.095	0.219	0.138	0.174	0.125	0.107
Z 统计量	2.032	1.419	3.031	1.967	2.264	2.184	1.959
年份	2007	2008	2009	2010	2011	2012	2013
Moran 指数	0.202	0.262	0.124	0.206	0.125	0.157	0.197
Z 统计量	2.305	2.787	2.156	2.206	2.05	1.991	2.116

表 5－13 中，我国 30 个省域间 2000～2013 年几乎所有的莫兰指数都在 5% 置信水平下显著（统计量 Z 值大于 1.96），表明区域技术创新效率在空间上具有显著的空间依赖性（正自相关关系）。也就是说，我国技术创新效率在空间上的分布并非是完全随机的，而是表现出具有相似制度环境的地区技术创新效率存在相关关系。

5.3.3.2　空间计量分析

经检验，区域技术创新效率存在空间自相关关系。区域的技术创新活动因为知识由高势能地区向低势能地区的流动而产生溢出效应，这种溢出效应在制度环境水平一致的地区表现得尤为明显，两个地区之间的制度邻近水平是影响它们之间技术创新效率溢出效应的关键因素，制度邻近水平高的地区，两者技术创新往往表现为互相促进的状态。因此，本章将利用知识势能各个维度的面板数据，构建空间计量模型，并采用基于制度邻近的空间加权矩阵，考察制度邻近下知识势能对升级区域技术创新效率的差异化作用。

（1）空间计量模型的设定。基于式（5－5）的理论模型，将最终实证模型设定为：

$$\ln TFP_{it} = c + \rho \sum_{i \neq j} w_{ij} TFP_{it} + \beta_1 \ln S_{it} + \beta_2 \ln I_{it} + \beta_3 \ln A_{it} + \Phi \times CV + \theta_1 \sum_{i \neq j} w_{ij} S_{ij} + \theta_2 \sum_{i \neq j} w_{ij} I_{it} + \theta_3 \sum_{i \neq j} w_{ij} A_{it} + \Psi \times W \times CV + \mu_1 + \lambda_i + \varepsilon_{it} \quad (5-10)$$

其中，被解释变量 TFP_{it} 表示区域技术创新效率；解释变量为知识势能三个维度 S_{it}，I_{it}，A_{it}；$\Phi = [\beta_4 \quad \beta_5 \quad \beta_6]$，$\psi = [\theta_4 \quad \theta_5 \quad \theta_6]$，$CV$ 为 4 个控制变量组成的列向量。W 为空间权重矩阵，其元素为 w_{ij}，为更深入分析制度邻近对空间效应的影响，本章分别采用基于制度邻近的空间权重矩阵 W、0－1 化的制度邻近空间权重矩阵 W_1 以及地理邻接的 0－1 权重矩阵 W_2 开展实证分析（W_1 的构造方法是选择 W 中的某个元素为分界点，令小于分界点的元素为 0，大于等于分界点的元素为 1，分界点的选择要使 W_1 中每一行都含有元素 1，并存在一行有且仅有一个元素是 1）。为简化描述，后文将 3 种权重矩阵下对应的 *SDM* 模型分别记为模型 1、模型 2 和模型 3，将具有相同变量的 *OLS* 模型记为模型 4。

（2）模型的实证结果分析。使用上述空间杜宾模型进行回归分析，得到结果如表 5－14所示。

由表 5－14 可知，模型 1 的变量均显著，且其拟合优度最高，而模型 2 和模型 3 大部分变量均不显著。这表明：首先，制度邻近度的 0－1 化矩阵弱化了各地区制度环境的实际邻近性，它将许多地区间实际存在的制度环境相似性强制抹除，认为只要地区间的制度邻近度低于某一水平，它们之间就不存在知识势能的溢出，从而使实际存在的空间溢出效应得不到体现，也就导致了大部分变量的估计结果都不显著；其次，基于地理邻近矩阵的估计结果也均不显著，反映了地理位置并不是约束知识势能溢出的外在条件，知识流通的壁垒是制度环境而非地理环境，地理位置相邻的两个地区，如果相关的制度不一致，知识也难以在二者之间顺利流通，知识势能难以形成技术溢出；相反，若两个地区相关制度规定基本一致，哪怕是二者之间在地理位置上相隔较远，知识也能够顺利流通，知识势能能够带来明显技术溢出。此外，根据拉格朗日乘子（LM）的比较可知，在5%的显著水平下，3个空间计量模型均通过了滞后效应的检验；同时，只有模型1在10%显著水平下通过了误差效应的检验，模型2和模型3都不具有显著的空间误差效应。[8]因此，空间滞后模型是更为合理的模型选择，知识势能三个维度对制度邻近地区的空间效应源于区域间势能水平的空间关联作用，而非来自区域间的异质性。

表5-14　制度邻近下知识势能与区域技术创新效率的SDM模型估计结果

	模型1	模型2	模型3	模型4
ln*S*	1.073***（6.63）	0.0262（1.79）	0.0303（1.95）	0.0340***（5.33）
ln*I*	1.282***（5.72）	0.0985**（2.92）	0.114***（3.29）	0.296***（10.62）
ln*A*	0.481***（6.34）	0.0350**（2.59）	0.0276（1.93）	-0.00107（=0.08）
ln*afs*	0.0879***（3.42）	-0.00618（-1.48）	-0.00857*（-1.98）	0.00684（1.06）
ln*gov*	0.202*（2.52）	-0.0252**（-2.60）	-0.00417（-0.37）	0.0127（1.06）
ln*fin*	1.828***（3.88）	-0.0308（-0.43）	-0.0218（-0.30）	-0.433**（-3.22）
ln*tsi*	0.362**（2.80）	0.0181（1.29）	0.0231（1.65）	0.00343（0.20）
W×ln*S*	29.47***（6.53）	0.243*（2.51）	-0.0402（-1.47）	
W×ln*I*	34.56***（5.43）	0.347*（2.07）	0.157*（2.17）	
W×ln*A*	12.75***（5.92）	0.0991*（2.13）	-0.0260（-1.00）	
W×ln*afs*	2.613***（3.53）	-0.00502（-0.30）	0.0130（1.14）	
W×ln*gov*	6.086**（2.70）	0.0240（0.59）	-0.0151（-0.58）	
W×ln*fin*	53.22***（3.96）	1.194***（3.70）	0.141（0.91）	
W×ln*tsi*	9.391*（2.57）	-0.102（-1.15）	0.00927（0.33）	
ρ	-6.617***（-5.29）	0.162（1.75）	0.271***（3.74）	
LM-lag	34.54***	21.03**	25.98***	
LM-error	21.28*	17.35	14.02	
R^2	0.718	0.701	0.551	0.656
似然对数	854.524	825.973	814.723	643.335

注：括号内为t值，*、**、***分别表示在10%、5%及1%水平下显著。

由模型 1 估计结果可知，制度邻近下的知识资源存量、知识创造与转化能力、知识吸收与留存能力以及综合的知识势能对区域技术创新效率具有积极影响。这种积极效应受益于制度环境的邻近，制度环境相近使知识资源流动更为便利、地区创新潜能（知识创造与转化能力、知识吸收与留存能力）更容易发挥作用，知识势能区际溢出损耗更小，从而进一步提升区域技术创新效率。知识势能各维度对区域技术创新效率的影响程度由大到小依次为 ln*I*、ln*S* 和 ln*A*，说明知识势能的三个维度对区域技术创新并非简单地"并列式驱动"，而是有主次之分的"递进式驱动"模式。政府及金融机构的支持，在促进知识资源积累的同时，还能够强化地区创新潜能，全面促进知识势能各个维度的增长，进而促进区域创新；贸易的顺差及逆差都能够加强地区与外界的信息交流，便于地区吸收外来先进知识，经济的规模效应能够加速知识资源的积累与转化，这些因素都能显著促进技术创新效率。模型 4 的估计结果表明，在 1% 的显著性水平下，若不考虑空间溢出效应，地区技术创新效率增长的驱动力主要来源于其自身的知识资源存量以及知识创造与转化能力，而知识吸收与留存能力指的是吸收外来知识溢出并留存下来的能力，由于不考虑空间溢出，其对技术创新效率无明显作用。

根据 SDM 模型的估计结果，本章进一步测算了制度邻近下知识势能三个维度对区域技术创新效率的空间效应，结果如表 5－15 所示。

表 5－15　制度邻近下知识势能对区域技术创新效率的空间效应

	ln*S*	ln*I*	ln*A*
直接效应	0.202*** (5.19)	0.265*** (5.03)	0.108*** (5.17)
间接效应	3.870*** (4.05)	4.515*** (3.73)	1.665*** (3.90)
总效应	4.071*** (4.10)	4.779*** (3.82)	1.772*** (4.01)

注：括号内为 t 值，*、**、*** 分别表示在 10%、5% 及 1% 水平下显著。

知识资源存量、知识创造与转化能力、知识吸收与留存能力对区域创新具有显著的溢出效应，它们的溢出效应分别是 4.071、4.779 和 1.772；表明制度邻近下的知识势能对技术创新具有正向溢出效应，这与区域知识资源存量及创新潜能密切相关，知识资源存量、知识创造与转化能力、知识吸收与留存能力每增加 1%，邻近省份的技术创新效率受到的正向影响分别是 4.071%、4.779% 和 1.772%。可见知识创造与转化能力在制度邻近下对邻近省市区域技术创新的促进作用最明显，其次是知识资源存量和知识吸收与留存能力。总体而言，制度邻近下知识势能及其各个维度对技术创新效率的空间效应显著为正。

（3）内生性检验。在上述 SDM 模型的估计过程中，双向或逆向因果关系的存在会导致模型产生内生性问题，如当两地区虽然知识势能水平和制度邻近水平都很高，但由于两者知识结构基本一致，知识重合性大，从而使两者间知识势能溢出效应不显著，并且由于获取外来知识的投入没有得到应有知识增长，还会导致技术创新效率下降。为检验知识势能及其各个维度是否存在内生性问题，根据 Hausman 检验结果，本章采用工具变量法（*IV*）进行模型的内生性检验，选取的工具变量为空间权重矩阵与解释变量平方项的交互项，选择的依据是工具变量与被解释变量的扰动项不相关而与内生变量高度相关（赵放和刘秉镰，2012；Lee 和 Yu，2014）[200,165]，得出的 GMM 回归结果如表 5－16 所示。

表 5 – 16　模型内生性检验

	模型 1	模型 2	模型 3
$W\times\ln^2 S$	0.791*** (4.27)	0.0609 (1.08)	0.0329 (0.64)
$W\times\ln^2 I$	0.558*** (4.12)	0.0324 (0.63)	0.0183 (0.41)
$W\times\ln^2 A$	0.311*** (5.04)	0.0168* (2.03)	0.0186* (2.15)
ln*afs*	0.0656** (2.85)	−0.00738 (−1.77)	−0.00909* (−1.98)
ln*gov*	0.147 (1.61)	−0.0266** (−2.80)	−0.0117 (−1.02)
ln*fin*	0.274 (0.64)	−0.0317 (−0.44)	−0.0250 (−0.34)
ln*tsi*	−0.307** (−3.24)	−0.00921 (−0.68)	0.0120 (0.89)
F	127.65	101.22	92.28
Sargan	0.783	0.676	0.5709

表 5 – 16 的结果表明，利用三种空间权重矩阵构建的工具变量都通过的 Sargan 检验，且它们的 *F* 统计量均大于 10，即不存在弱工具变量问题。此外，知识资源存量、知识创造与转化能力、知识吸收与留存能力以及知识势能所对应的工具变量估计系数的方向均与表 5 – 14 一致，进一步验证了知识势能三个维度及外来知识势能溢出是影响区域技术创新效率的关键因素，它们都是我国技术增长的关键驱动力。

（4）稳健性检验。为验证实证结果的稳健性，本章采用在原有模型的基础上减少控制变量 ln*afs* 和 ln*gov* 的方法来检验上述 SDM 模型的稳健性，检验结果如表 5 – 17 所示。

表 5 – 17　模型稳健性检验

	模型 1	模型 2	模型 3	模型 4
ln*S*	0.907*** (6.14)	0.0322* (2.20)	0.0310* (2.10)	0.0321*** (5.19)
ln*I*	1.420*** (6.36)	0.102** (3.00)	0.116*** (3.34)	0.315*** (16.47)
ln*A*	0.427*** (6.31)	0.0395** (3.12)	0.0282* (2.18)	−0.000515(−0.04)
ln*fin*	2.438*** (5.27)	−0.0816(−1.18)	−0.0616(−0.86)	−0.404** (−3.04)
ln*tsi*	0.398** (3.03)	0.0255(1.90)	0.0322* (2.41)	−0.00510(−0.32)
W×ln*S*	24.73*** (6.00)	0.267*** (3.40)	−0.0392(−1.51)	
W×ln*I*	38.46*** (6.05)	0.384* (2.48)	0.149* (2.05)	
W×ln*A*	11.11*** (5.75)	0.107* (2.38)	−0.000688(−0.03)	
W×ln*fin*	71.43*** (5.40)	1.175*** (4.09)	0.187(1.22)	
W×ln*tsi*	10.29** (2.78)	−0.0640(−0.90)	−0.00166(−0.06)	
ρ	−6.058*** (−4.93)	0.156(1.69)	0.257*** (3.55)	
R^2	0.711	0.705	0.509	0.654
似然对数	844.168	820.017	812.045	613.103

注：括号内为 t 值，*、**、*** 分别表示在 10%、5% 及 1% 水平下显著。

根据表 5 – 17 并对照表 5 – 14 结果可知，各个解释变量、解释变量与空间权重矩阵的交互项、控制变量及其空间交互项的估计系数方向与显著性在表 5 – 14 和表 5 – 17 中趋于一致，首先：制度邻近下知识势能及其三个维度对区域技术创新效率都具有显著且稳定的正向溢出效应。同时，不难注意到，知识资源存量、知识创造与转化能力、知识吸收与留存能力（知识势能的三大维度，后两个维度合称为知识创新潜能）三者估计系数的大小关系也是稳定的，在两次模型估计中均表现为$\beta_2 > \beta_1 > \beta_3$。上述结论一致验证了本章关于制度邻近下知识势能对区域技术创新效率空间效应的实证结果是稳健的。

5.4 本章小结

首先运用GML指数测算了知识溢出下的区域生态技术创新效率，并分解为技术进步和效率改进，与不考虑非合意产出的结果进行比较，分析了知识溢出下生态技术创新效率的影响因素。其次创新性地将知识势能分解为知识资源存量、知识创造与转化能力、知识吸收与留存能力三个维度，通过量化这三个维度得到地区知识势能指标，构建基于制度邻近水平的空间权重矩阵，运用我国省域面板数据，采用空间杜宾模型（SDM）实证检验了制度邻近下知识势能及其三维度对区域技术创新效率的影响。

研究表明：第一，我国区域生态技术创新效率在考虑非合意产出下呈“东部 > 中部 > 东北部 > 西部”的梯度变动趋势，技术进步在推进生态技术创新效率方面占主导地位。不考虑非合意产出时，区域生态技术创新效率均值呈“东部 > 东北部 > 中部 > 西部”的变动趋势，生态技术创新效率主要来源于效率改进；除内蒙古、福建、甘肃等地区外，我国大部分地区都忽略了环境保护与经济增长的可持续发展；要素禀赋和环境规制强度对生态技术创新效率的作用为负；知识溢出吸收能力及其空间效应、平均受教育年限对生态技术创新效率产生正向影响；知识溢出显著促进生态技术创新效率的提升，是区域生态技术创新效率最大化的不竭驱动力，其可以穿越地理空间的限制，实现全国生态技术创新效率的规模效应；技术、经济资源、知识等要素集聚性强的东部地区的知识溢出效应、空间误差项系数对生态技术创新效率的作用程度大，表明其通畅的要素流动性为知识的空间溢出创造了良好条件；相对于几何距离和人力资本空间加权矩阵，地理统计距离空间加权矩阵对应模型的回归结果更好；本章在原有的技术创新指标中加入知识溢出变量和环境因素，测算生态技术创新效率并分解。与现有的生态技术创新效率研究相比，本章不仅从更加新颖的知识溢出不同形式角度构建了生态技术创新效率指标，而且更具体地探究了生态技术创新效率分解下各驱动因素的受影响状况，还选择包含不同信息的空间加权矩阵进行回归，得出的结果拟合优度更高，最终使结果表达得更细致。第二，知识在空间上存在集聚效应，东部的集聚中心是上海、江苏等沿海地区，中部的集聚中心是湖北和河南，西部知识势能及三维度均处于较低水平，低势能集聚不产生效应；区域内的知识创新、生产合作及知识资源共享，能有效提升包括区域知识创造过程、知识向新产品转化过程等在内的创新价值链的整体效率，是地区技术创新效率的内生动力；知识势能的区际转移加强了区域间的知识交流合作，其有助于区域知识资源的合理化配置，强化区域知识创新潜能，通过势能溢出促进区域技术创新效率的提升；知识传播的渠道与特征决定了知识势能空间溢出效应的主要限制因素是制度环境而非地理环境，区域间过低的制度邻近水平意味着知识迁移面临制度壁垒，溢出的知识势能损耗过多，难以形成创新动力，只有当达到一定的制度邻近水平时，知识势能各维度才能有效发挥对制度邻近地区的正向空间溢出效应；在区域技术创新过程中，就知识势能三维度而言，知识创造与转化能力是核心驱动，知识资源存量是关键基础，知识吸收与留存能力是有效补充，三者对区域技术创新效率的影响程度依次递减；政府支持、金融支撑、对外开放和经济规模通过对知识势能三维度的正向作用，进而有效促进区域技术创新效率的提升。

6　水平式知识溢出、技术嵌入式创新与产业结构升级*

6.1　技术嵌入式创新驱动产业结构协调化的机理分析

6.1.1　相关概念

6.1.1.1　水平式知识溢出

知识溢出是知识扩散的一种方式，是对知识的一种再造。知识溢出指知识无意识地被泄露出来，知识很多时候会体现出溢出效应，如其他企业或集团通过这种方式获取利益而无须付出代价。国内企业之间、国内与国外企业之间均会发生知识溢出，Liao 和 Chen (2015)[201]认为，知识溢出即国外企业自产的知识被泄露给本地企业，此类知识不会通过正规手段被占有。本部分认为知识的溢出具有方向性，提出了水平式知识溢出的概念。如图6-1所示，水平式知识溢出指知识技术在同一产业内不同行业的溢出。

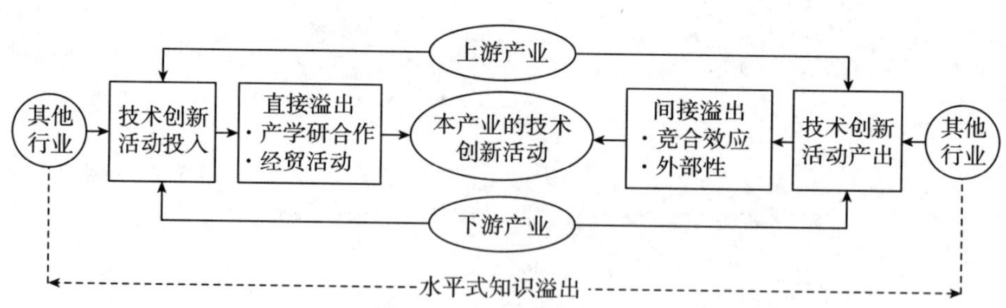

图6-1　水平式知识溢出

6.1.1.2　技术嵌入式创新

本书的嵌入式创新通过创新链嵌入产业链的方式发挥作用，嵌入式创新的本来目的就

---

*　该章部分成果由陶长琪、周璇撰写并投稿于《科研管理》，在审中。

是通过变动自身所处的环境，时刻满足市场持续变动的要求。嵌入式创新不仅局限于事物规模的扩张，事物结构的优化及其内在质量的提升才是其本质所在。嵌入式技术创新在要求嵌入式产品数量增加的同时，更要求其科技含量的提升和嵌入式创新条件下系统结构的优化。包含两方面的内容：第一，实现工艺技术装备上的创新，嵌入式创新既能够支持新产品的开发，又能保障产品的质量、实现劳动生产率的提升和生产成本的降低；第二，实现产品的创新，通过嵌入式创新来提高传统产品的技术含量，实现产品的高附加值化，并顺应消费者和市场的需求，同时为企业带来可观的超额利润。

科技进步是当今各国普遍关注的焦点，嵌入式创新更是得到众多国家的重视，依靠科技的力量推进本国的社会进步和经济发展是今后的技术展望。嵌入式技术被广泛应用于经济社会的各个领域，信息产业的应用首当其冲，主要被用于嵌入式软硬件的开发。之后是消费电子领域，日本借助嵌入式技术下的数码相机、照相手机和 DVD 录放机推动其经济的迅猛发展。很多企业均以技术创新为主体，促进了嵌入式技术的产业化过程，近年来，我国的高新技术产业如雨后春笋般，其发展也遵循以企业技术创新为主体，逐渐增加企业的研发投入，以市场为导向，促进中小企业陆续形成以产业为配套主体的企业集群，实现高技术创新成果产业化。1997 年亚洲的金融危机向全世界昭告，人口和环境的限制导致我国自 18 世纪以来的传统经济陷入了不可持续发展的境地，而新兴的嵌入式技术创新将引领一个新的可持续发展经济，即嵌入式经济。此类新兴经济形式的特点包括有效信息的不可磨灭性和可再生性两点，是对传统经济的一个良好突破，同时是其可持续发展的保障。

6.1.1.3 嵌入式创新与经济增长的关系

由以上分析可见，嵌入式创新将对经济增长产生显著的促进作用。本章探究当创新链嵌入产业链时，技术创新要素和知识的嵌入对经济增长的影响效应。假定经济产出是资本 K、劳动 L 和技术创新要素 T 的线性函数，生产函数形式如下：

$$Y=Q(K,\ L,\ T,\ t) \tag{6-1}$$

于是，有经济增长由资本加成、劳动加成和技术创新要素加成三项构成，即：

$$\frac{K\frac{\partial Q}{\partial K}}{Q}+\frac{L\frac{\partial Q}{\partial L}}{Q}+\frac{T\frac{\partial Q}{\partial T}}{Q}=1 \tag{6-2}$$

对式（6-1）两边同除以 T，得：

$$y=\frac{Y}{T}=\frac{Q(K,\ L,\ T,\ t)}{T}=\frac{TQ(K/T,\ L/T,\ 1,\ t)}{T}=g(\bar{t},\ t) \tag{6-3}$$

其中，y 表示人均产出，$\bar{t}$ 表示人均的技术创新要素加成的增长，同样可得技术创新要素加成在总产出中的占比。

$$\frac{T\frac{\partial Q}{\partial T}}{Q}=\frac{\bar{t}\frac{\partial g(\bar{t},\ t)}{\partial \bar{t}}}{g(\bar{t},\ t)} \tag{6-4}$$

由式（6-4）可见，嵌入式技术创新的成果随着 t 的变化而变化。同理可得知识要素嵌入情形下的生产函数变动情况。嵌入式技术创新是一项集资金、智力和技术于一体的新兴创新形式，其能够通过信息的扩散渗透影响经济社会的各个领域，凭借其高效益、高增值的优势产生巨大的社会和经济效益。

6.1.2 经济增长中的产业结构协调化

6.1.2.1 产业结构协调化的内涵

各个学者对产业结构协调化的理解各不相同，因此给出了各种差别化的定义。通过对现有文献的梳理和归纳，本章认为可从结构效应论、自组织能力、结构协调论、资源配置论和结构动态均衡论五个方面来阐释产业结构协调化的理论。

（1）结构动态均衡论。此类产业结构协调化的定义侧重于分析产业素质和结构的均衡性，将动态性引入产业结构协调化的讨论。苏东水（2001）[202]指出，产业结构合理化是产业间关联水平和协商能力的提升，表现为一个动态过程。Chen 等（2001）[203]认为，产业结构合理化即对初始不理想的产业结构进行对应变量的调整，通过分析变动趋势判定其合理性。田新民和韩端（2012）指出，产业结构合理化是将长久以来存在结构扭曲的累积状态纠正过来，实现产业结构的良性稳定发展，促进产业间资源的有效利用和合理配置，实现产业素质的提升和产业结构的动态均衡。干春晖等（2011）和傅元海等（2014）均认为，结构偏离度是反映产业结构合理化的一个确切变量，通过资本和劳动的充分流动实现生产要素最优配置，最终达到动态均衡的状态。此理论则阐释了产业结构合理化是在变动着的产业状态间达到的资源等的最优比例组合，体现了一个动态的思想，这与现实的投入产出经济体制较为相符，因此选择此理论进行分析能够较为准确地衡量产业间的协调能力、产业素质以及产业结构的动态均衡状态。

（2）结构效应论。此类产业结构协调化的定义认为，产业结构功能强弱是考察产业结构是否协调的首要指标（何平等，2014）。

（3）自组织能力。此类产业结构协调化的定义认为产业结构协调化理论是随着研究的发展不断进步和深入的，学术界认为产业结构是一个开放和有机相结合的系统，该系统遵循渐进、动态的发展进程，是无限逼近协调和均衡状态的系统演变结果。彭冲等（2013）[204]认为，产业结构合理化经历着结构变迁中曲折地不断前进的，表现出阶段性特征。焦勇（2015）[205]认为，产业结构合理化更多是资源投入产出形成的产业间耦合性和协调性的统一，是产业内部有序度促成产业结构合理的自组织结构。

（4）资源配置论。此类定义认为产业结构协调化指产业间的资源配置和利用的合理程度，此时的产业结构充当了资源转换器的作用。苏方林和黎文勇（2015）[206]指出，通过重新调整不合理的产业结构，以合理配置生产要素是产业结构协调化发展的关键。关雪凌和丁振辉（2012）[207]认为，产业投入产出间的耦合以及产业间协调引致的资源合理利用是产业结构协调化的实质。

资源配置的合理性与产业结构协调化不谋而合，但学术界并没有将其进一步明确化，没有形成统一的产业结构资源利用等问题的官方解决方式，使对该问题的实证方法长期缺失。

（5）结构协调论。此类产业结构协调化的定义即把产业结构协调化置于中心位置，认为合理与协调是相互等价的。刘嘉毅等（2014）[208]认为，产业之间的关联水平和协调能力的提高是产业机构合理化所表现出的典型的动态过程。韩永辉等（2015）[209]同样认为产业间关系的协调程度和比例的均衡是产业结构协调化的根本。齐亚伟和刘丹（2014）[210]认为，产业间的协调发展程度是产业结构合理化的首要决定因素。

选择产出的方式进行产业结构协调化的分析有利也有弊。其能较清晰地反映各类产品或各部门间的联系，是分析综合均衡的有用工具。但一般而言，在进行产业结构合理化分析时，都假定产业间的比例处于协调均衡的状态，一旦处于非均衡的条件下，产业结构合理化中关于技术创新产业带动产业结构优化升级的现象就不成立。此外，投入产出模型大多情况下都是由指数模型取对数变成线性模型的，这与实际情况中的产业结构变化情形不符。

6.1.2.2 产业结构协调化对经济增长的影响

经济系统中的产业由众多的门类和层次构成，一般被称为产业经济系统，产业结构则是产业经济系统中的内部构成。对于产业相关的经济理论研究中，技术经济联系、各产业间的比例和组合关系共同构成产业结构，产业结构协调化一般指产业间的比例关系趋于协调。产业结构在我国的国民经济中占据极为重要的位置，是构成社会总供需的关键部分。那么，实现产业结构的协调发展将有助于我国国民经济和产业经济系统的健康稳健发展。

满足社会市场的需求是产业生产活动的主要目的，其基本准则是实现产业供给与需求相适应。社会经济市场的需求结构会随着经济总量的发展而不断变化，那么在正常的需求变动范围内，产业的供给需要较强的适应性和应变能力以实现产业结构的合理化。若一个产业不能对需求的合理变动做出反应，即其无法通过自身的变动调整来顺应新的需求变动，长此以往，就会造成市场供需的不平衡，于是可得，该条件下的产业结构是不合理的。

以产业结构变动为中心的增长是现代经济增长的实质，产业结构的变动与经济增长息息相关，这是国家工业化进程中的关键点，其伴随着经济的发展而持续变动，所以，产业结构变动与经济增长间存在密不可分的内在关系。产业结构变动与经济增长是相辅相成的，产业结构的变动会促进经济的增长与发展，增加经济总量，而经济的增长与发展又会反作用于产业结构调整。于是，产业结构调整与经济增长间存在相互作用的交互依赖关系。

产业结构的状态一般都会对经济增长产生关键的影响，协调化程度高的产业结构将有效促进经济增长，而失衡的产业结构将对经济发展存在干扰甚至阻碍。所以，产业结构协调化是经济进一步发展的前提条件和基础，产业结构的协调化有助于经济向更高的水平发展进步。综上，产业结构的变动轨迹必须与经济发展状况相适应，这是一个动态的平衡状态，伴随着一方如经济发展到一定程度，产业结构和经济发展之间原有的平衡关系将被打破，于是将促成产业结构的改变与调整，以便其能重新适应新兴状态下的经济发展水平，直到两者达成新的平衡。这也进一步说明了产业结构多层次的合理变动促成经济的快速发展。而产业结构变动趋势和变动方式的不同也同时会带给经济发展不同的变动规律，使经济出现不同的增速，不同增长速度条件下的经济又会对产业结构的比例产生不同的要求，从而推进产业结构的进一步变动，实现新环境下的产业结构协调化，综上形成了产业结构协调化与经济增长间的辩证关系。

总体而言，产业结构协调化能促成各产业部门间资源的转移，以提升资源的使用效率，促进经济增长，即协调化的产业结构能带动经济的有效增长，而经济的快速增长也会推进产业结构协调化。可通过图 6-2 来体现。

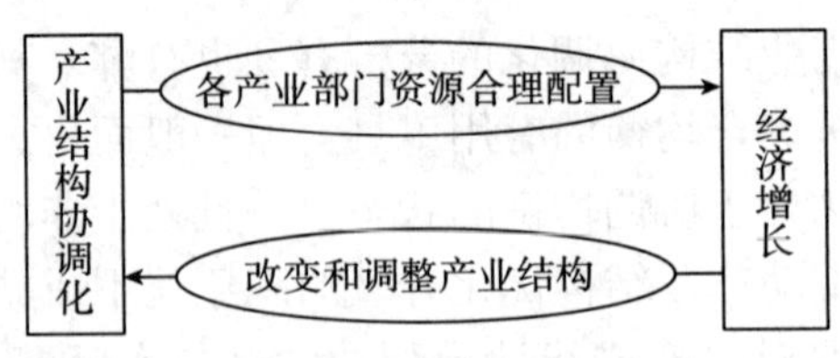

图6-2　经济增长与产业结构协调化交互影响关系

6.1.3　技术嵌入式创新驱动产业结构协调化的空间作用机理

由上述分析可见，嵌入式创新与经济增长有关，产业结构协调化与经济增长具有关联关系，于是本章探究水平式知识溢出视角下，技术嵌入式创新驱动产业结构协调化的空间效应。

技术嵌入式创新驱动产业结构优化升级存在两个维度的空间效应[133]（见图6-3）。从时间维度的角度可见，技术嵌入式创新驱动产业结构协调化存在空间演化效应。技术嵌入式创新阶段中的创新链在嵌入产业链的前端、中端或后端时，不断带入新的知识和技术创新要素，扩大企业的生产规模，提升企业的产量，使企业生产过程中的长期平均总成本下降，增加经济效益。创新链在嵌入产业链的过程也是先进知识和技术不断融入企业的过程，这类企业接触了新兴的技术后会出现实质性的变化，形成适宜自身的独特技术，助力企业的生存和发展，实现规模经济。生产走上规范化轨道之后，就会进行新产品的实验和创新，最终实现产业中产品的多样化，实现范围经济效应。时间维度上的技术嵌入式创新驱动产业结构协调化的规模经济和范围经济将持续推进城市、产业甚至区域空间格局的重构与演化，改善技术创新等要素的配置方式，实现资源禀赋的合理化分布，进而逐渐调节区域内各产业的比例关系，实现产业结构协调化。

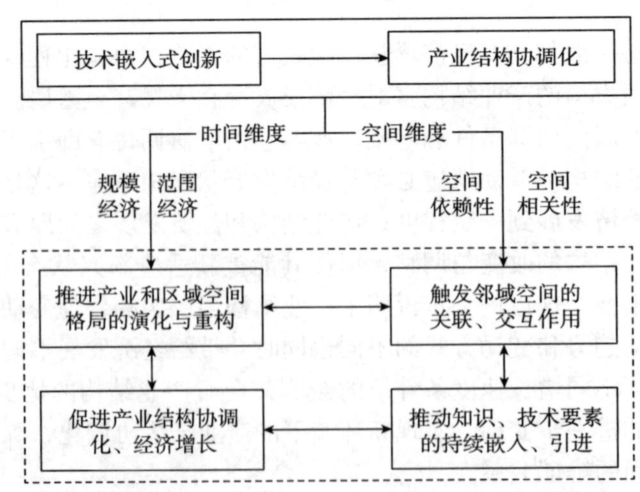

图6-3　技术嵌入式创新驱动产业结构协调化的空间作用机理

同时，产业之间的发展并非是相互独立的，它们之间往往存在空间上的相关性和依赖性。产业之间通常具有生产过程和生产要素的相似性，那么通过创新链的嵌入等形式能让企业引进新兴技术和知识，为企业的生产和发展注入新的生命力，这个过程需要通过企业间的合作来实现，使区域企业甚至跨境企业间存在强烈的关联性。而不同企业的知识存量、人力资本的梯度和发展潜力差异较大，导致不同企业对新兴的技术和知识的吸收能力相去甚远，于是会出现一些实力强的企业掌握了更加高精尖的技术，称之为高技术企业，促使很多基础较差的企业对高技术企业存在技术和人才等方面的依赖性。空间关联性和依赖性进一步触发邻域空间的依赖和相互作用，导致一些掌握特殊技能的人才会向更优越的地区流动，这一方面会激励企业改善管理方式，持续推进先进技术知识等的引进；另一方面也会促使在市场的自发作用下实现资源要素的合理配置。并且单个优秀产业的技术创新活动对临近产业具有空间联动的作用效应，将进一步触发临近产业的空间演化，推动知识和技术的要素继续被引进，最终形成区域技术嵌入式创新驱动产业结构协调化的循环回路。

6.2 嵌入式创新中知识嵌入加速产业资源合理配置的内外驱动力

技术嵌入式创新从内部和外部两方面对产业结构协调化进行驱动，嵌入式创新表现为知识的嵌入，产业结构协调化用产业资源合理配置代表，驱动力系统中内外部因素的合力作用促进产业结构协调化。于是，从知识嵌入和技术创新要素引进的角度，本章选择人力资本、技术创新战略和经费资源为内源驱动力的影响因素，外部驱动因素有政府支持、技术进步和市场竞争。

6.2.1 嵌入式创新驱动产业结构协调化的内源驱动因素

6.2.1.1 人力资本

人力资本是嵌入式创新的根本要素，同时也将制约一个产业的高速发展。在当今后工业时期和知识经济初期，智力因素逐渐受到社会各界的广泛关注，而人才这个企业的核心资源也不断被社会各方持续关注。嵌入式创新主要是将创新链嵌入产业链的相应环节，而人力资本是创新链的基本构成部分，加入人力资本的创新链就注入了新鲜的血液，有助于其发挥最大的效用，促进产业结构的比例和资源达到动态平衡的状态。在创新链嵌入产业链的不同阶段时，对人才的需要是多种多样的，不同的产业发展阶段需要怀着各种技能的人才，才能确保创新链嵌入产业链的相应环节时，人力资源能充分发挥其作用，确保产业结构比例协调。但符合各种职业、各类岗位的专业人才一直是我国稀缺的智力资源，并且整体上我国人才的分布极其不均衡，于是我国的产业结构也呈现出显著的地区差异。而人力资本质量的高低将影响创新链的质量，进而干扰我国的产业结构合理化进程，那么在人才快速流动、科技更新换代迅速的当代，唯有培育更多的新兴人才，通过转变人才培养方式的路径建设一支具有高学历、高眼光和高技术能力的“三高”队伍，壮大自己的技术创新团队，才能进一步优化技术创新链，均衡资源在国内的合理、有效配置，进而不断协调化我国的产业结构，推进产业进程的变动。

6.2.1.2 技术创新战略

技术创新战略是企业总体战略中的一个重要组成部分，指的是企业在正确、合理分析了自身的内部条件和外部环境之后，做出的有利于企业发展的技术创新总体战略部署，并提出为实现创新战略目标而做出的根本对策和谋划，技术创新战略对企业的创新行为具有统率和根本的决定作用。根据企业利用内外部组织创新方式的不同，本章认为技术创新战略包含自主创新、合作创新和模仿创新三种形式。鉴于我国现阶段有限的技术创新水平，选择合作创新和模仿创新是合适的创新战略，这有助于在技术创新链嵌入产业链的过程中，测试各类创新方式对我国产业发展的适宜度，以探索和选择更为有效的创新方式，以此缩短技术创新的周期，实现技术创新效率的改善。通过技术创新链嵌入产业链，从内部推进产业链的发展，促进产业转化效率和产业结构趋于协调。

鉴于我国的技术创新水平还具有很大的发展空间，贸然选择自主创新存在较大的风险，于是企业先选择合作创新和模仿创新而后逐渐转向独立的形式将对技术创新链的发展有显著的促进作用。产业结构协调化需要技术创新作为内在推动力，而技术创新的核心是人力资本，而全球性背景下的技术创新环境每时每刻都发生着根本性的变化，主要体现为技术创新规模、速度和范围的增大，技术创新复杂性和不确定性的持续增加。而随着技术创新联盟的兴起，技术创新的网络和模块化逐渐引领着技术创新的潮流，使企业更加倾向于合作创新，这有助于技术创新的稳步发展，为技术创新链嵌入产业链奠定了良好的技术基础。而在我国技术创新蓬勃发展的同时，还应注重核心技术的突破，实现技术的高精尖化，并不断向自主创新的方向努力，争取研发企业乃至我国专属的特色技术，以便其能更好地嵌入产业链的相应环节，有助于产业结构协调化。即企业应该在模仿创新的基础上，掌握促进产业发展和产业结构协调化的核心技术，培育企业自身的核心竞争力。只有这样，我国的技术创新才能不受制于人，甚至领先于国外同类行业，提升我国的技术创新水平。

6.2.1.3 经费资源

技术创新相关的产业均为知识技术的密集型产业，科研经费的投入比例与科技成果产出间存在密切关联，这也将进一步影响技术创新链嵌入产业链的速度和效率，不利于产业结构协调化。实现突破性的科技发展需要雄厚的研发资金做后援，而重大的科技突破和创新是经济结构实现重大调整的原动力，有利于实现经济发展的动态平衡。同时，科技创新方面的领军企业能持续获得技术创新的主动权，带领行业产生进军未知的将来，实现行业整体的不断发展进步。欧盟在 2009 年宣布，截至 2013 年，其将投资 1050 亿欧元支持欧盟地区的“绿色经济”，促进经济和就业的双重增长，力图保持欧盟在“绿色技术”领域的世界领先地位。英国的药品与生物技术企业是英国国内研发领域最强有力的部门，2016 年 5 月，英国宣布将资助“工业生物技术催化剂”计划的 16 个项目 1700 万英镑，以促进领先生物技术概念的市场转化。说明要想在日趋激烈的技术竞争中取胜，必须时刻把握时机，加大投入，才有助于我国实现产业结构的协调化，促进经济的快速发展，以缩小我国与发达国家间的差距。科学技术不断更新换代给我国的研发带来新的挑战，那么引进高技术创新人才、提升技术创新效率才是关键。而加大科研经费的投入有助于吸引大批的高素质人才、增强研发人员的科研积极性，提升企业的科技创新实力，优化技术创新链，加速技术创新链嵌入产业链，有利于我国的产业结构协调化。

6.2.2 嵌入式创新驱动产业结构协调化的外源驱动因素

6.2.2.1 政府支持

政府对技术创新政策的鼓励永远是激励企业进行技术创新的核心力量，政府在进行宏观调控时，会根据社会现阶段的发展方向和发展形势出台相应的技术创新政策，以加速企业的技术创新进度。政府在进行宏观经济调控时，会综合考察整个社会经济系统中的法律、政治、经济等的发展趋势，在权衡了经济发展方向后，再采取必要的措施影响企业的技术创新结果，调控的结果往往有助于技术创新的发展，使技术创新链能更好地嵌入产业链的内部，促成产业结构协调化。技术经济时代下，政府的干预将对技术创新产生决定性的作用。政府的干预行为主要有：首先，为企业营造良好的技术创新环境；其次，加大培养技术创新人才；最后，为企业投入技术创新资金。政府的宏观调控将对整个社会经济的变化产生显著并长期的影响，很多时候还会在微观方面做出努力，比政府会积极引导在其管理区域具有领先地位的企业，对其进行高效的管理和强有力的协调，政府还会在营造良好的就业市场、建设人力资源和保护知识产权等方面投入充足的人力、物力支持，尽力为企业构建一个市场化支持型的政策环境。政府通过宏观和微观方面对企业进行全方位的高效管理，推进企业进行技术创新，提升整体的技术创新水平，使技术创新链能够顺利嵌入产业链，实现产业间比例关系不断趋于协调，有助于产业结构进一步优化。

6.2.2.2 技术进步

无论在任何时候，科技永远是第一生产力，是众多的生产方式中表现最活跃和最革命的因素，新兴技术是技术创新得以持久发展的前提和关键力量。科学技术促进了企业同外部环境的互动，为企业技术创新营造了一个知识、产品交流和用户通信的网络虚拟环境，引导技术创新的变革。在生产过程中，技术创新担任着极其重要的角色，其在内生增长动力和宏微观因素的驱动下，已逐渐发展成为经济变革的内生性动力，而作为第一生产力，科学技术也在逐步推进企业技术创新的发展进步。此外，科技、经济和生产要素三者之间还存在交互替代的耦联现象，主要表现为：第一，鉴于科学技术所具有的内在物化本质，其可以通过将原材料进行技术化、商业化和规模化的方式逐步转变成最终产品；第二，科学技术具有的自我更新特质决定了其能够在其自身特定的生命周期内不断发生变化，系统的自我更新性能是其科学技术独特的完美体现；第三，科学技术在发展的不同阶段会表现出不同的价值特征，各个价值特性下的技术创新具备不同的价值性也各不相同。21 世纪，科技及其他领域的交叉发展给各个领域都带来了可观的发展前景，尤其科研资源的全球化趋势已经蒸蒸日上，科技共享让很多企业受到了恩惠。那么要想持续推动技术创新的稳步发展，必须发展自己的技术创新特长，尽全力触及行业技术的核心层，实现科学技术的跨越式发展，充分发挥科学技术的内生增长实力。因此，只有当科学技术不断向高层次递进，其才能在嵌入的产业链中发生质变，较好地助力产业结构协调化。

6.2.2.3 市场竞争

在市场状况持续发展变化的今天，企业间的竞争极其激烈，单纯依靠迎合市场需求来推进技术创新已经远远不能满足企业长足发展。那么，就需要融入市场竞争中去，与往昔的传统市场相比，如今市场的竞争已远远超过了传统市场，主要存在以下区别：第一，合作创新是经济全球化背景下的一个新兴互利共赢的模式，参与竞争的各个主体倾向于团体作战，使得如今的市场既更加具有规模，也更加国际化；第二，技术密集型的产业逐渐受到了广大企业和投资者的青睐，而传统竞争模式下以劳动密集型为主导特征的产业已逐渐被淘汰；第三，以往的计划经济中，很多时候会采取劳动竞赛的方式被动提升员工的劳动积极性，但在如今的市场经济效益与社会效益并存的竞争机制下，以超越性为终极目标的企业更加注重市场竞争的高效率。当今的市场竞争都处于一个较大的竞争环境中，有助于各个竞争主体自由选择竞争对象和合作对象，实现竞争力向动力的转化，使优胜劣汰特征充分体现。激烈的市场竞争会直接刺激企业进行技术创新，加大对创新研发的投入，创新研发促进科技创新，科技与企业的生产相结合，实现科学技术的嵌入式创新，逐渐驱动产业链的发展，实现产业资源的合理配置和比例处于动态平衡的范围，驱动产业结构协调化。

6.2.3 嵌入式创新驱动产业资源合理配置的驱动力机制

产业资源合理配置是产业结构协调化的主要特征，于是接下来主要分析产业资源合理配置对产业结构协调化的驱动机制。

6.2.3.1 技术嵌入式创新驱动产业结构协调化的驱动力分析图

技术创新驱动产业结构优化升级是社会发展、技术变更下市场的需求和企业的供给共同作用推动形成的。市场的需求和企业的供给均发生在特定的时空范围内，在空间中发生供需的相互作用，进而随着时间的变化而演化。那么，本章将从时空的角度，结合供需情况，对区域技术嵌入式创新驱动产业结构协调化的驱动力机制进行分析。形成区域技术嵌入式创新驱动产业结构协调化的动力来自驱动系统的内部和外部两方面，内外部驱动因素相互影响、相互制约，他们并非孤立地发挥作用，而是通过相互作用以构成整体协调的动力机制，使各自的功能都得到发挥。

如图 6－4 所示，技术嵌入式创新依靠内源和外源驱动力的协同作用驱动产业结构协调化。内部驱动模型中，技术嵌入式创新驱动产业结构协调化的驱动因素是人力资本、技术创新战略和经费资源，其中人力资本是该驱动模型的核心力量，技术创新战略引导着内部驱动力模型发挥高效的驱动作用，科研经费是驱动效果得以发挥的根本保障。外部驱动模型中，技术嵌入式创新驱动产业结构协调化的驱动因素是政府支持、技术进步和市场竞争，其中政府支持是外部驱动力模型的有效支撑，技术进步将推动外部驱动模型稳步向前发展，市场竞争对外部驱动模型起良好的拉动作用。

6.2.3.2 技术嵌入式创新驱动产业结构协调化的共生演化模型

假设图 3－3 的内部驱动因素和外部驱动因素分别构成区域技术嵌入式创新驱动产业结构协调化的非线性驱动力系统，那么可得如式（6－5）所示演化方程。

$$\frac{dx(t)}{dt}=f(x_1,\ x_2,\ \cdots,\ x_n),\ k=1,\ 2,\ \cdots,\ n \tag{6-5}$$

其中，$f(x_1,\ x_2,\ \cdots,\ x_n)$ 是 x_k 的非线性函数，其在 $x=0$ 处的 Taylor 级数展开式如下：

$$f(x_1,x_2,\cdots,x_n)=f(0)+\sum_{k=1}^{n}a_kx_k+\theta(x_1,x_2,\cdots,x_n),k=1,2,\cdots,n \tag{6-6}$$

其中，$f(0)=0$，a_k 为对应的偏导数，$\theta(x_1,\ x_2,\ \cdots,\ x_n)$ 是大于等于二次方的解

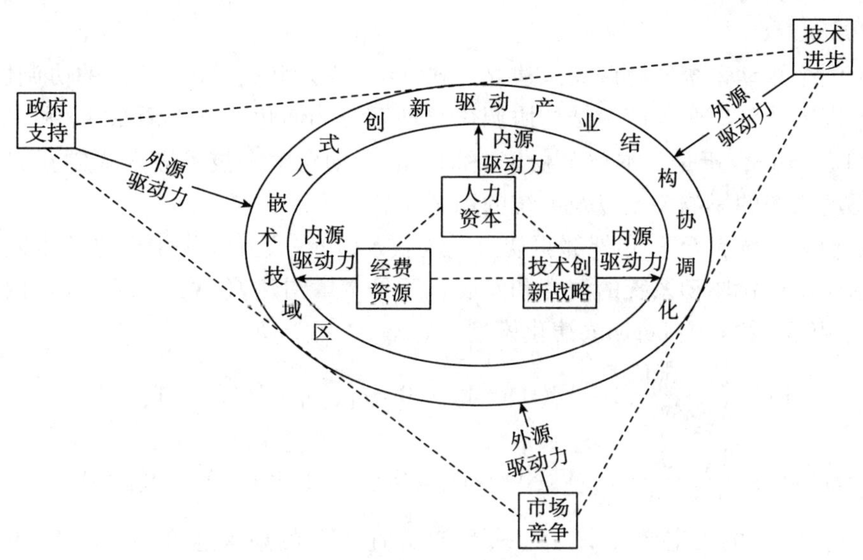

图 6－4　技术嵌入式创新驱动产业结构协调化的驱动力机制

析函数。于是，对式（6－6）使用李雅普诺夫第一近似定理，去除式（6－6）中的高次项后得如下近似系统：

$$\frac{dx(t)}{dt} = \sum_{k=1}^{n} a_k x_k, k = 1,2,\cdots,n \tag{6-7}$$

于是，分别构建如下技术嵌入式创新驱动产业结构协调化的内部驱动力系统和外部驱动力系统。

$$f(IN) = \sum_{m=1}^{3} a_m x_m, m = 1,2,3 \tag{6-8}$$

$$f(EX) = \sum_{n=1}^{3} a_n x_n, n = 1,2,3 \tag{6-9}$$

式(6－8)中的 x_m 分别代表人力资本、技术创新战略和经费资源，a_m 为 x_m 的权重，同理知式(6－9)中的 x_n 分别表示政府支持、技术进步和市场竞争，a_n 为 x_n 的权重。各驱动因素下的内部驱动力系统 $f(IN)$ 和外部驱动力系统 $f(EX)$ 共同构成了区域技术嵌入式创新驱动产业结构协调化的驱动系统。于是，依据贝塔朗菲的一般系统理论[211]，将此驱动系统中的两个重要元素 $f(IN)$ 和 $f(EX)$ 视为驱动力系统的主导部分，于是可以得到式(6－10)和式(6－11)。

$$A = \frac{df(IN)}{dt} = a_1 f(IN) + a_2 f(EX) \tag{6-10}$$

$$B = \frac{df(EX)}{dt} = b_1 f(IN) + b_2 f(EX) \tag{6-11}$$

式（6－10）和式（6－11）中的 A 和 B 分别是技术嵌入式创新驱动产业结构协调化驱动系统的演化状态。假定 A 和 B 相互影响，其中任何一个子系统的变化均将对整个系统的变化产生影响，于是有 A 和 B 的演化速度如下：

$$V_A = dA/dt \tag{6-12}$$

$$V_B = dB/dt \tag{6-13}$$

那么，整个驱动系统的协调关系建立在式（6－12）和式（6－13）的协调性基础上，把整个技术嵌入式创新驱动产业结构协调化驱动系统的演化速度 V 看成 V_A 和 V_B 的函数，即有 $V=l(V_A, V_B)$，于是，本章分析 V_A 和 V_B 的变动对整个技术嵌入式创新驱动产业结构协调化驱动系统的影响关系以及系统的稳定状态。

内部驱动力系统 $f(IN)$ 和外部驱动力系统 $f(EX)$ 在交互共生中促进技术嵌入式创新驱动产业结构协调化驱动系统的演变和发展，于是本章构建 $f(IN)$ 和 $f(EX)$ 两系统中的演化速度 V_A 和 V_B 的共生 Logistic 演化模型。

$$\begin{cases} \dfrac{dV_A}{dt} = r_A V_A\left(1-\dfrac{V_A}{N_A}+\dfrac{\delta_1 V_B}{N_B}\right), \ V_A(0)=V_{A0}, \ 0<r_A、\delta_1<1, \ N_A、V_{A0}>0 \\ \dfrac{dV_B}{dt} = r_B V_B\left(1-\dfrac{V_B}{N_B}+\dfrac{\delta_1 V_A}{N_A}\right), \ V_B(0)=V_{B0}, \ 0<r_B、\delta_2<1, \ N_B、V_{B0}>0 \end{cases} \tag{6-14}$$

其中，r_A 是 V_A 的固定增长率，V_{A0} 表示初始值，V_A 的最大速度为 N_A，δ_1 表示共生模式下 V_B 对 V_A 的作用水平；r_B 是 V_B 的固定增长率，V_{B0} 表示初始值，V_B 的最大速度为 N_B，δ_2 表示共生模式下 V_A 对 V_B 的作用水平。那么当两个系统处于共生稳定状态时，可得到如下微分方程组：

$$\begin{cases} f(V_A, V_B) = \dfrac{dV_A}{dt} = r_A V_A\left(1-\dfrac{V_A}{N_A}+\dfrac{\delta_1 V_B}{N_B}\right)=0 \\ g(V_A, V_B) = \dfrac{dV_B}{dt} = r_B V_B\left(1-\dfrac{V_B}{N_B}+\dfrac{\delta_1 V_A}{N_A}\right)=0 \end{cases} \tag{6-15}$$

那么，求解方程组可得两者共生演化关系下的均衡点（V_A^*，V_B^*），即如下两子系统的最优演化速度。

$$V_A^* = \frac{N_A(1+\delta_1)}{1-\delta_1\delta_2} > N_A \tag{6-16}$$

$$V_B^* = \frac{N_B(1+\delta_2)}{1-\delta_1\delta_2} > N_B \tag{6-17}$$

于是可得式（6－18）所代表的技术嵌入式创新驱动产业结构协调化驱动力系统的雅格比矩阵。

$$J = \begin{bmatrix} f_{V_A} & f_{V_B} \\ g_{V_A} & g_{V_B} \end{bmatrix} = \begin{bmatrix} r_A\left(1+\delta_1\dfrac{V_B}{N_B}-2\dfrac{V_A}{N_A}\right) & -\dfrac{r_A V_A \delta_1}{N_B} \\ -\dfrac{r_B V_B \delta_2}{N_A} & r_B\left(1+\delta_1\dfrac{V_A}{N_A}-2\dfrac{V_B}{N_B}\right) \end{bmatrix} \tag{6-18}$$

代入均衡点，有如下矩阵：

$$A_{Balance} = \begin{bmatrix} -r_A\dfrac{1+\delta_1}{1-\delta_1\delta_2} & -r_A\dfrac{N_A\delta_1(1+\delta_1)}{N_B\ 1-\delta_1\delta_2} \\ -r_B\dfrac{N_B\delta_2(1+\delta_2)}{N_A\ 1-\delta_1\delta_2} & -r_B\dfrac{1+\delta_2}{1-\delta_1\delta_2} \end{bmatrix} \tag{6-19}$$

于是，得到系统的稳定节点 $P\left[\dfrac{r_A(1+\delta_1)+r_B(1+\delta_2)}{1-\delta_1\delta_2}, \dfrac{r_A r_B(1+\delta_1)\times(1+\delta_2)}{1-\delta_1\delta_2}\right]$。

上述稳定节点说明，区域技术嵌入式创新驱动产业结构协调化系统是在内源驱动力和外源驱动力的交互作用下实现内外系统的共生演化效应的，并在稳定节点附近长期均衡发展。

6.2.3.3 稳定节点稳定性的相轨线分析

上述系统的稳定节点P是全局的稳定点，由图6-5可见。

在图6-5中，$\dot{V}_A = dV_A(t)/dt$，$\dot{V}_B = dV_B(t)/dt$。其中，S_1：$\dot{V}_A > 0$，$\dot{V}_B > 0$；S_2：$\dot{V}_A > 0$，$\dot{V}_B < 0$；S_3：$\dot{V}_A < 0$，$\dot{V}_B < 0$；S_4：$\dot{V}_A < 0$，$\dot{V}_B > 0$。在技术嵌入式创新驱动产业结构协调化的驱动力系统中，两个子系统间存在互利共生的现象，两者共同促进区域技术嵌入式创新驱动产业结构协调化系统的不断优化。

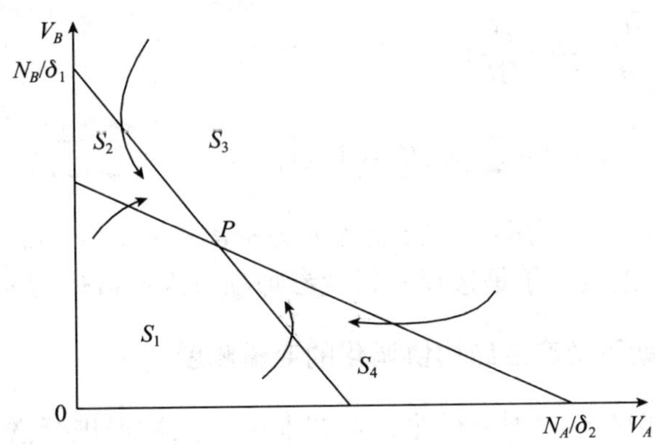

图6-5 稳定结点的相轨

于是，本章在进行水平式知识溢出下嵌入式创新与产业结构协调化的实证分析时，需同时考虑技术嵌入式创新驱动产业结构协调化内外部驱动力系统中的驱动因素，探究产业结构协调化的受影响力度。

6.3 水平式知识溢出下技术嵌入式创新驱动产业结构协调化的实证

6.3.1 水平式知识溢出下的空间权重矩阵

本章借鉴Jaffe的技术距离和赵增耀的人力资本距离权重矩阵的思想构建行业间的空间权重矩阵。Jaffe从企业的R&D活动的特征角度定义了企业间的技术距离概念，通过测算其他企业的知识存量可度量企业间的技术溢出效应，并使用技术距离权重矩阵对知识存量进行加权。Jaffe定义了一个技术距离测算公式衡量企业间的产出效率是否受其R&D活动的影响，用式（6-20）衡量企业间R&D活动的溢出效应。

$$rd_{ij} = \frac{F_i F'_j}{\sqrt{(F_i F'_i) \times (F_j F'_j)}} \tag{6-20}$$

Jaffe 将 F_i 和 F_j 定义为整个制造业行业中，企业 i 和企业 j 的产出份额行向量。本章认为行业间水平式知识溢出的最终形式体现在工业总产值的提升上，于是在行业部门层面定义技术距离，设定 F_i 和 F_j 分别是行业 i 和行业 j 的工业总产值占所有行业工业生产总值的比重[144]。那么，rd_{ij} 表示不同行业间的技术距离（$rd_{ij} \in [0, 1]$），rd_{ij} 越接近 1 表示行业 i 和行业 j 的产业结构越协调；反之越不协调。

而赵增耀认为行业的技术溢出在很大程度上取决于人才在行业间的流动性以及由此引起的知识溢出性。于是，本章选择技术距离和人力资本距离矩阵的乘积构建嵌入式创新驱动产业结构协调化的水平式知识溢出空间权重矩阵，公式如下①：

$$W^L = W_T diag\left(\frac{\bar{H}_1}{H}, \frac{\bar{H}_2}{H}, \cdots, \frac{\bar{H}_n}{H}\right) \tag{6-21}$$

其中，$\bar{H}_i = 1/(t_0 - t_1 + 2) \sum_{t_0}^{t_1} H_{it}, H = 1/(t_0 - t_1 + 1) \sum_{t=1}^{n} \sum_{t_0}^{t_1} H_{it}$。

W_T 为技术距离矩阵，$\bar{H}_i$ 为第 i 个行业的人力资本存量，H 为总人力资本存量。由于人力资本正相关于人才素质，于是选择各行业参加项目人员数作为人力资本的代理指标。

6.3.2 嵌入式创新驱动产业结构协调化的变量测度

本章选择 2003 ~ 2014 年我国分行业工业企业的相关数据进行嵌入式创新驱动产业结构协调化的实证分析②。数据来源于 2004 ~ 2015 年的《工业企业科技活动统计年鉴》、中国统计年鉴和中经网数据库，选择工业行业分类中 42 个行业的相关数据进行分析（废弃资源和废旧材料回收加工业的行业数据缺失严重，故舍去），缺失数据使用前后年份数据的插值进行补足。

6.3.2.1 嵌入式创新 *QI* 的测度

表示技术创新的指标通常有两类，分别是投入指标和产出指标，用研究人员的投入或研发资金表示投入指标，而选择新产品销售收入、新产品数量、专利引用率和专利数量衡量产出指标。根据上文对嵌入式创新的定义，嵌入式创新即知识的嵌入和技术创新要素的引进，本章认为创新链嵌入产业链时主要通过科研人员和研发资金进入各个行业的形式实现，选择研发资金和科研人员投入指标的加权值表示嵌入式创新。选取的指标如表 6 - 1 所示。

首先选择方差最大化旋转的因子分析法测算指标 a_1、a_2、a_3 和 a_4 的权重 w_1、w_2、w_3 和 w_4，并使用加权求和的方法综合各个指标，如下构建嵌入式创新变量。

---

① 张志强认为，在空间加权矩阵的构建中，使用复合空间加权矩阵能提升空间面板参数估计的效率[132]。于是本章在进行知识溢出的技术创新驱动产业结构优化升级空间效应的研究中，设定空间权重矩阵时，均选择复合空间加权矩阵。

② 国家统计局在 2002 年发布的《国民经济行业分类》（GB/T4754 - 2002）中调整了工业行业的分类，调整之前和调整之后的数据不具有延续性，于是本章选择的工业行业数据的统计起点是 2003 年。

表6-1 嵌入式创新的指标构成

嵌入式创新指标	明细指标
科研人员投入	科技活动人员 a_1
	R&D 人员折合全时当量 a_2
研发资金投入	R&D 经费内部支出 a_3
	科技活动经费内部支出 a_4

$$QI = \sum_{l=1}^{4} a_l w_l \tag{6-22}$$

其次为了消除数据的异方差性、减少数据的变动性并增强实证结果参数的经济学意义，将本章中的所有变量取对数处理。

最后根据上述步骤，得出如下嵌入式创新的指标值。

表6-2 嵌入式创新的指标数值①

行业 \ 年份	2003	2005	2007	2009	2011	2013
煤炭开采和洗选业	12.076	12.548	13.025	13.599	14.077	14.474
石油和天然气开采业	11.762	12.116	12.411	12.966	13.317	13.588
黑色金属矿采选业	7.523	8.556	9.540	10.693	11.821	12.964
有色金属矿采选业	9.172	9.768	10.422	11.077	11.651	12.186
非金属矿采选业	8.773	9.471	10.080	10.684	11.563	12.270
农副食品加工业	10.815	11.389	12.044	12.550	13.221	13.793
食品制造业	10.609	11.185	11.821	12.368	12.973	13.495
饮料制造业	11.996	12.160	12.284	12.560	12.853	12.993
烟草制品业	10.996	11.241	11.391	11.652	11.876	12.133
纺织业	12.095	12.450	12.830	13.168	13.630	13.888
纺织服装、鞋、帽制造业	10.639	11.053	11.450	11.707	12.160	12.748
皮革、毛皮、羽毛（绒）及其制品业	9.588	10.096	10.695	11.075	11.594	12.187
木材加工及木、竹、藤、棕、草制品业	9.636	10.182	10.512	10.968	11.615	12.162
家具制造业	8.791	9.501	10.241	10.794	11.435	12.194
造纸及纸制品业	11.149	11.607	12.098	12.485	12.946	13.387
印刷业和记录媒介的复制	9.678	10.107	10.669	10.891	11.485	11.898
文教体育用品制造业	9.216	9.953	10.247	11.243	11.904	12.806
石油加工、炼焦及核燃料加工业	11.597	11.852	12.118	12.440	12.797	13.066
化学原料及化学制品制造业	13.083	13.514	13.951	14.311	14.868	15.232

① 测算出2003~2014年的嵌入式技术创新指标数值，而由于篇幅的限制，本章只列出奇数年份的数据（下同）。

续表

行业 \ 年份	2003	2005	2007	2009	2011	2013
医药制造业	12.263	12.645	13.054	13.414	13.943	14.372
化学纤维制造业	11.108	11.550	12.236	12.505	13.019	13.252
橡胶制品业	11.081	11.599	12.329	12.637	13.157	13.614
塑料制品业	10.877	11.376	11.828	12.382	13.008	13.463
非金属矿物制品业	11.692	12.200	12.493	13.158	13.764	14.227
黑色金属冶炼及压延加工业	13.418	13.899	14.411	14.888	15.396	15.835
有色金属冶炼及压延加工业	11.965	12.547	13.207	13.677	14.298	14.863
金属制品业	11.195	11.792	12.413	12.890	13.548	14.170
通用设备制造业	12.752	13.246	13.787	14.260	14.807	15.221
专用设备制造业	12.344	12.934	13.594	14.168	14.780	15.300
交通运输设备制造业	13.742	14.169	14.566	15.048	15.501	15.869
电气机械及器材制造业	12.873	13.681	15.396	14.721	15.278	15.703
通信设备、计算机及其他电子设备制造业	13.726	14.414	14.769	15.117	15.540	15.860
仪器仪表及文化、办公用机械制造业	11.274	11.790	12.332	12.774	13.429	13.784
工艺品及其他制造业	9.941	10.331	10.926	11.102	11.708	11.689
电力、热力的生产和供应业	11.421	11.877	12.317	12.842	13.310	13.778
燃气生产和供应业	8.647	8.447	8.094	7.982	8.566	9.307
水的生产和供应业	8.947	9.157	8.969	9.362	9.667	10.054
医药制造业	13.270	13.338	13.054	13.340	13.480	13.599
航空航天器制造业	12.904	12.966	12.626	12.935	13.169	13.338
电子及通信设备制造业	14.866	14.914	14.558	14.801	14.935	15.009
电子计算机及办公设备制造业	13.358	13.408	13.145	13.376	13.489	13.565
医疗设备及仪器仪表制造业	12.142	12.407	12.300	12.772	13.025	13.299

6.3.2.2 产业结构协调化 RA 的测度

目前，学术界已经产生了很多测度产业结构协调化的测度方法，各种方法均有其自身的不足和优势。上述关于产业结构协调化的内涵和定义侧重于强调产业的资源配置效率、结构的聚合质量和产业的协调程度。现如今，泰尔指数和结构偏离度在产业结构协调化的测算中使用频率较高。干春晖等认为，结构偏离度在测算产业结构合理化时忽略了相异产业间的重要性，引致研究的不便，而泰尔指数可以较好地反映产业结构水平。本章在遵循产业结构协调化的资源配置假说的前提下，结合泰尔指数和结构偏离度共同进行分析，并参照韩永辉等的测算方法，以要素投入结构和产出结构相耦合的程度测度产业结构协调化，如式（6－23）所示。

$$RA = \frac{1}{(Q_i/Q)\left|(Q_i/L_i)/(Q/L)-1\right|} \qquad (6-23)$$

其中，用工业总产值 Q 表示产出，使用工业生产出厂价格指数进行平减①，选择年末从业人员年平均数 L 代表劳动力投入，i 为第 i 个行业部门。于是计算得表 6－3 的产业结构协调化的指标值。

表 6－3 产业结构协调化的指标数值

行业 \ 年份	2003	2005	2007	2009	2011	2013
煤炭开采和洗选业	4.469	4.251	4.186	4.023	4.386	4.703
石油和天然气开采业	3.279	2.915	3.813	5.280	5.477	6.964
黑色金属矿采选业	7.316	6.915	6.800	7.007	7.012	7.193
有色金属矿采选业	6.890	6.688	7.074	7.150	7.629	8.980
非金属矿采选业	7.537	7.251	7.219	7.211	6.931	6.384
农副食品加工业	5.845	5.570	5.558	4.995	5.323	6.389
食品制造业	6.042	5.859	5.541	6.077	5.696	8.463
饮料制造业	5.998	6.024	6.854	6.024	8.545	5.557
烟草制品业	3.638	3.360	3.476	2.940	2.800	3.149
纺织业	4.212	4.157	4.170	4.409	4.246	4.961
纺织服装、鞋、帽制造业	4.400	4.195	4.879	5.851	6.761	6.522
皮革、毛皮、羽毛（绒）及其制品业	5.415	5.300	5.059	5.096	5.095	5.077
木材加工及木、竹、藤、棕、草制品业	8.915	6.859	6.777	7.466	5.897	5.445
家具制造业	6.738	6.476	6.117	6.306	5.982	5.970
造纸及纸制品业	6.425	6.303	7.356	5.674	6.393	5.453
印刷业和记录媒介的复制	6.950	6.710	6.478	6.887	6.388	6.885
文教体育用品制造业	6.205	6.108	5.907	5.957	6.073	6.021
石油加工、炼焦及核燃料加工业	1.897	1.334	1.170	1.102	0.744	1.276
化学原料及化学制品制造业	2.580	3.056	3.239	3.101	3.271	9.329
医药制造业	7.181	6.250	6.492	5.074	5.971	6.917
化学纤维制造业	5.185	4.598	3.947	4.124	3.975	3.893
橡胶制品业	4.592	5.421	5.444	5.848	5.931	6.925
塑料制品业	6.132	5.861	6.353	6.467	5.076	5.387
非金属矿物制品业	5.056	4.791	5.467	5.475	5.563	5.974
黑色金属冶炼及压延加工业	2.515	1.963	1.317	1.411	1.761	1.875
有色金属冶炼及压延加工业	1.206	1.861	1.949	2.160	3.875	5.027
金属制品业	3.947	3.948	4.543	5.664	6.254	7.752
通用设备制造业	2.359	2.958	3.323	3.539	4.140	5.760

① 工业生产者出厂价格指数的数据来源于中经网数据库，其中高技术产业的数据使用《中国统计年鉴》中的年度工业生产者出厂价格指数替代。

续表

行业＼年份	2003	2005	2007	2009	2011	2013
专用设备制造业	5.027	4.915	3.930	2.907	3.617	4.554
交通运输设备制造业	1.860	2.082	1.432	4.480	4.722	5.761
电气机械及器材制造业	1.525	2.093	2.773	3.577	3.282	3.376
通信设备、计算机及其他电子设备制造业	0.717	0.784	0.090	0.225	0.071	-0.110
仪器仪表及文化、办公用机械制造业	1.630	1.832	2.226	3.202	3.537	4.240
工艺品及其他制造业	2.571	3.780	3.802	3.403	5.549	6.008
电力、热力的生产和供应业	1.270	0.865	-0.654	-0.994	-1.317	-2.200
燃气生产和供应业	-1.089	1.664	2.448	3.626	7.247	8.031
水的生产和供应业	1.857	4.140	3.966	4.040	9.642	7.364
医药制造业	0.133	0.526	0.684	0.981	1.824	2.054
航空航天器制造业	0.765	1.376	2.383	2.552	3.218	4.226
电子及通信设备制造业	-0.673	-0.962	-1.472	-1.421	-1.920	-2.278
电子计算机及办公设备制造业	-2.892	-3.121	-3.443	-3.340	-3.810	-4.090
医疗设备及仪器仪表制造业	-3.451	-3.803	-4.805	-4.805	-5.274	-5.720

6.3.2.3 技术引进经费 TI

引进先进技术能够帮助企业快速实现技术进步，是技术革新的最好方式。本章选择技术引进经费度量技术进步，技术引进经费指的是企业用于购买国外先进技术的费用支出，包括图纸、配方、工艺流程、产品设计等技术资料以及各种样机、样件、仪器设备的费用支出。作为嵌入式创新驱动产业结构协调化驱动力系统的外部驱动因素，技术进步促使嵌入式创新顺利进行，驱动产业结构协调化。

6.3.2.4 新产品销售收入（SNP）

用新产品销售收入代表内部驱动因素技术创新战略，其指企业在测算年度内销售新产品获得的销售收入，推行合适的技术创新战略能更好地实现嵌入式创新驱动产业结构协调化。选择新产品销售收入代表技术创新战略实施成果，使用工业生产出厂价格指数进行平减，工业生产出厂价格指数指工业生产产品出厂价格在某个时期内变动的相对数，反映全部工业生产出厂价格的变化趋势。以生产和销售新产品的方式践行技术创新战略，有助于实现技术创新驱动产业结构协调化。

6.3.2.5 新产品开发项目数（NPD）

在社会主义市场经济的大背景下，企业从各自的实际利益出发，为获得更多的市场资源、取得较好的产销条件而不断竞争，而优胜劣汰早已成为市场竞争的残酷现实。本章选择新产品开发项目数表示市场竞争，优质的市场竞争条件能让嵌入式创新稳步进行，驱动产业结构协调化。

6.3.2.6 各级政府对技术开发的减免税（GTB）

嵌入式创新驱动产业结构协调化离不开政府的支持，政府的调控有助于规范化市场的

运行体制，实现最优的资源配置，促进市场快速健康地发育。政府通过对企业进行创新支持，有助于把优惠政策落到实处，为企业的稳步发展营造良好的外部环境。于是本章选择各级政府对技术开发的减免税衡量政府支持，为区域技术嵌入式创新驱动产业结构优化升级提供良好的外部驱动保障。

6.3.3 嵌入式创新与产业结构协调化的空间特性分析

本章从空间异质性和空间关联性两方面阐释区域技术嵌入式创新驱动产业结构协调化的空间特性，并进一步分析这两种空间特性的成因。

6.3.3.1 空间异质性

空间异质性指产业结构协调化在空间层面的非均衡分布特性。各个省域的经济环境、地理人文因素或资源要素禀赋等均存在很大差异，各省相同的技术创新驱动因素也会造成差异化的影响效应。于是，本章采用三维立体曲面拟合图的形式初步解析技术嵌入式创新驱动产业结构协调化的空间异质性等[26]，选择三次样条插值法拟合曲面（以技术嵌入式创新和产业结构协调化下的部分指标为例），结果如图 6－6 所示。

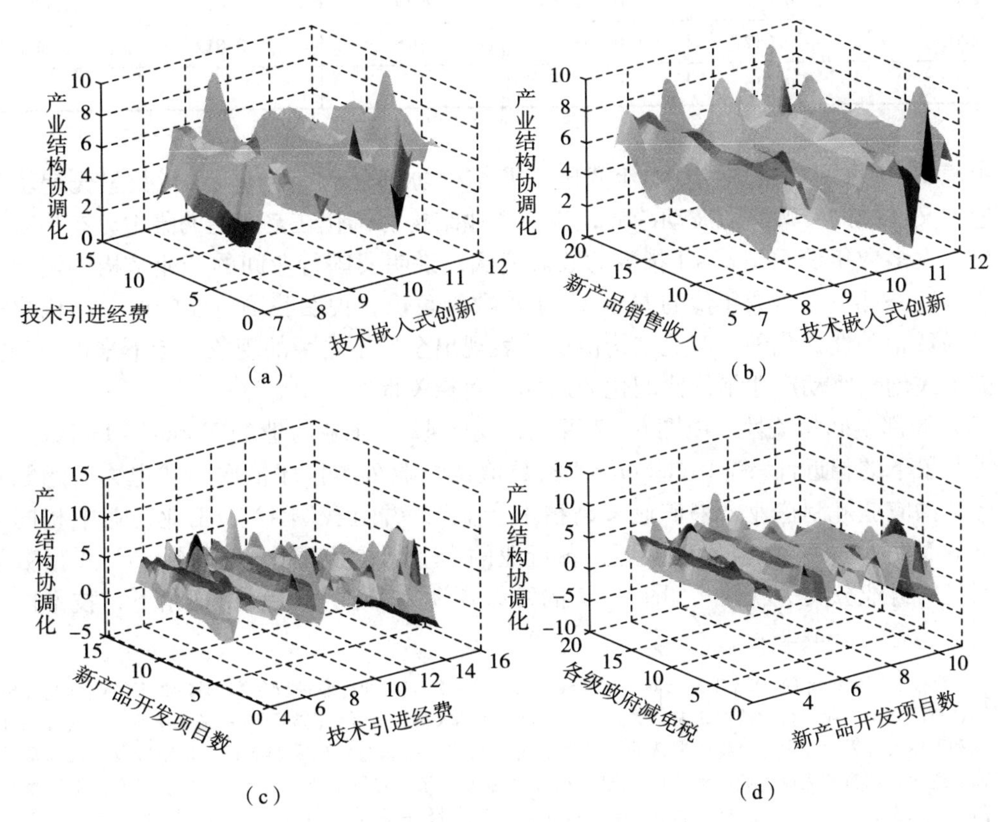

图 6－6 技术嵌入式创新、产业结构协调化与相关变量的曲面拟合

通过拟合技术嵌入式创新、产业结构协调化、技术引进经费、新产品销售收入、新产品开发项目数和各级政府减免税变量组合的变动图，可见，当技术创新环境发生变动时，产业结构协调化的变动程度即斜率的波动十分显著，几乎只在边缘极端的部分出现较为平坦的区域。说明随着嵌入式创新形式和创新进度的更新，产业结构协调化将出现明显的异质性。

6.3.3.2 空间关联性

本章从产业结构协调化的全局空间相关性和局部空间相关性两个角度分析水平式知识溢出下技术嵌入式创新驱动产业结构协调化的空间关联性。

（1）全局空间相关性。根据上述水平式知识溢出矩阵，本章测算出如表6－4所示的2003～2015年我国42个工业行业的全局Moran's I指数。

表6－4 2003～2015年我国42个工业行业产业结构协调化的全局Moran's I指数

年份	Moran's I	z	年份	Moran's I	z
2003	0.016	2.761	2010	－0.014	0.515
2004	0.018	2.881	2011	－0.015	0.671
2005	0.010	2.343	2012	－0.014	0.730
2006	0.011	2.228	2013	－0.008	1.139
2007	－0.012	0.872	2014	－0.015	1.628
2008	－0.012	0.878	2015	－0.012	0.865
2009	－0.016	0.573			

由表6－4可见，2003～2015年我国产业结构协调化的Moran's I指数呈先递增后递减再递增又递减的“M”形波动趋势，说明产业结构协调化在空间上的集中分布形态有较大变化。大多数年份Moran's I指数的数值偏低，说明我国行业间的产业结构协调化的全局关联程度偏低。大多数年份的Moran's I指数为负值，说明我国行业的产业结构协调化呈现全局负相关性，我国的产业结构协调性表现出全局不均衡的现象。接下来进一步探究技术嵌入式创新驱动产业结构协调化的局部空间相关性。

（2）局部空间相关性。由图6－7可见，我国42个工业行业的Moran's I指数呈现行业分类背景下的相近性特征，Moran's I指数值按行业分类排序依次是“电力、燃气及水的生产和供应业<制造业<采矿业<高技术产业”，并且我国42个工业行业中相同分类条件下的Moran's I指数值比较接近，各行业的产业结构协调化局部Moran's I指数的分布呈明显的行业分类关联性①。图6－7的结果说明水平式知识溢出视角下，技术嵌入式

① 本章按照国家统计局2002年发布的《国民经济行业分类》对工业行业进行分类，将42个工业行业（废弃资源和废旧材料回收加工业的行业数据缺失严重，舍去）划分成四大类，分类情况如下：一是采矿业：煤炭开采和洗选业、石油和天然气开采业、黑色金属矿采选业、有色金属矿采选业、非金属矿采选业；二是制造业：农副食品加工业、食品制造业、饮料制造业、烟草制品业、纺织业、纺织服装、鞋、帽制造业、皮革、毛皮、羽毛（绒）及其制品业、木材加工及木、竹、藤、棕、草制品业、家具制造业、造纸及纸制品业、印刷业和记录媒介的复制、文教体育用品制造业、石油加工、炼焦和核燃料加工业、化学原料和化学制品制造业、医药制造业、化学纤维制造业、橡胶制品业、塑料制品业、非金属矿物制品业、黑色金属冶炼和压延加工业、有色金属冶炼和压延加工业、金属制品业、通用设备制造业、专用设备制造业、交通运输设备制造业、电气机械和器材制造业、通信设备、计算机及其他电子设备制造业、仪器仪表及文化、办公用机械制造业、工艺品及其他制造业；三是电力、燃气及水的生产和供应业：电力、热力的生产和供应业、燃气生产和供应业、水的生产和供应业；四是高技术产业：医药制造业、航空航天器制造业、电子及通信设备制造业、电子计算机及办公设备制造业、医疗设备及仪器仪表制造业。

创新驱动产业结构协调化的局部空间效应良好，具有相似属性的工业行业显现出行业的局部集聚效应。因此，选择工业行业的分类数据进行下一步的空间效应分析。

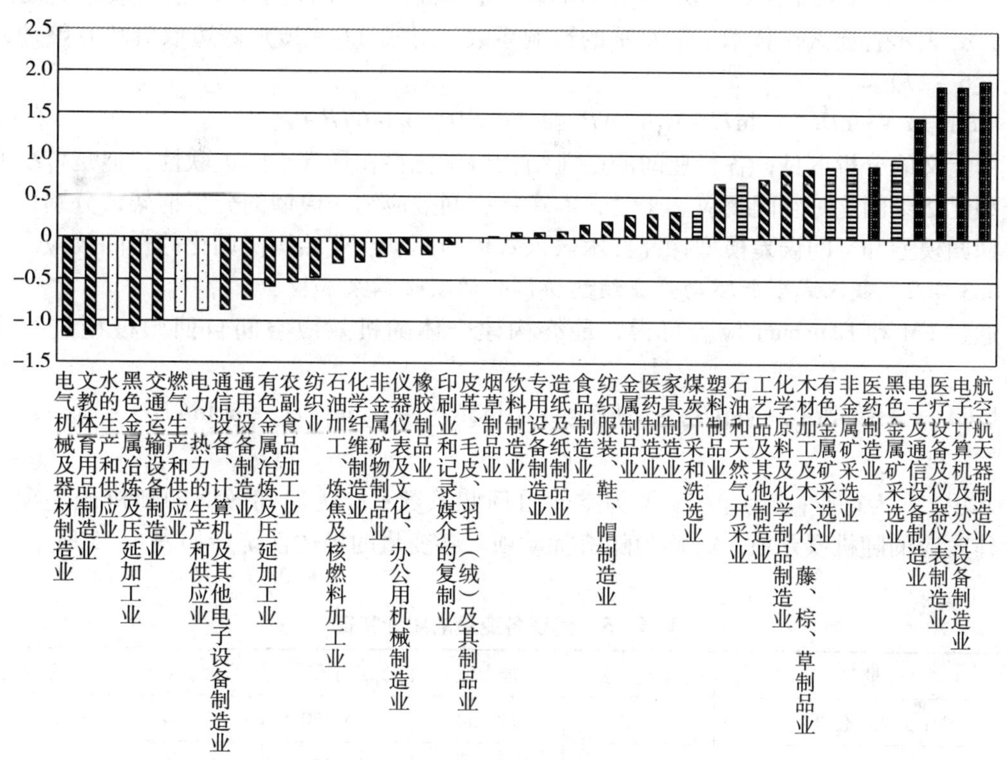

图 6-7　我国 42 个工业行业的产业结构协调化局部 Moran's I 指数分布

6.3.4　技术嵌入式创新驱动产业结构协调化的实证结果分析

6.3.4.1　构建嵌入式创新驱动产业结构协调化的测算模型

Ehrlich 和 Holdren 在 1971 年首次提出了 IPAT 模型，该模型主要用于人类活动对环境的影响研究，模型的表达式如下[212]。

$$In = PRT \tag{6-24}$$

其中，In 表示环境的影响力度；P 指人口规模；R 代表富裕程度；T 为技术水平。该模型只能反映环境因素受各驱动因素的单调影响效应。于是，York 等（2003）对模型进行了修改和完善，有效弥补了模型的不足，提出如式（6-25）所示的 STIRPAT 模型[213]。

$$Y = AP^{\alpha}R^{\beta}T^{\gamma}e \tag{6-25}$$

其中，Y 表示环境的受影响效应；A 是常数项；P 代表人口；R 为富裕程度；α、β、γ 为对应变量的系数；e 指模型的随机误差项。本章引入希克斯中性技术进步函数对上式进行改进，将改进的模型用于技术嵌入式创新驱动产业结构协调化的实证分析中，引入多元函数组合 $B(\cdot)$，得如下改进模型。

$$RA = B(\cdot)QI^{\gamma}e,\ B(\cdot) = B_{ko}TI^{\alpha_1}SNP^{\alpha_2}NPD^{\alpha_3}GTB^{\alpha_4}e^{\beta_k t} \tag{6-26}$$

其中，RA 指产业结构协调化；QI 是技术嵌入式创新；TI 为技术引进经费；SNP 为新产品销售收入；NPD 为新产品开发项目数；GTB 表示各级政府对技术开发的减免税；$B(\cdot)$为技术进步效率函数；B_{ko}为期初的技术创新效率；β_k 表示技术创新效率变动的外生性；α_i 表示各要素对技术创新水平的影响系数。对式（6－26）两边取对数并整理，可得式（6－27）。

$$\ln RA = a + \gamma \ln QI + \alpha_1 \ln TI + \alpha_2 \ln SNP + \alpha_3 \ln NPD + \alpha_4 \ln GTB + \varepsilon \quad (6-27)$$

由上文的分析可见，各行业间的产业结构协调化存在局部空间关联性，但是传统的计量模型无法刻画这一空间效应。于是，本章将空间效应纳入模型的分析框架，分别构建空间自回归模型和空间误差模型探究技术嵌入式创新驱动产业结构协调化的空间效应。

6.3.4.2　嵌入式创新驱动产业结构协调化的实证结果和检验

通过 LM 和 Hausman 检验可得，最终构建个体随机效应空间自回归模型进行实证分析。

$$\ln RA_{kt} = \lambda W^L \ln RA_{jt} + \gamma \ln QI_{kt} + \alpha_1 \ln TI_{kt} + \alpha_2 \ln SNP_{kt} + \alpha_3 \ln NPD_{kt} + \alpha_4 \ln GTB_{kt} + u_{kt} + \varepsilon_{kt} \quad (6-28)$$

其中，k 为行业；t 为年份；λ 为空间自回归系数；δ_{kt}为时间效应的随机误差项；u_{kt}为个体效应的随机误差项；ε_{kt}均为随机扰动项。各变量的描述性统计如表 6－5 所示。

表 6－5　模型各变量的统计特征

变量	表示方法	最大值	最小值	均值	标准差
技术嵌入式创新	$\ln QI$	11.250	－5.720	3.864	3.040
产业结构协调化	$\ln RA$	15.869	7.523	12.373	1.688
技术引进费用	$\ln TI$	15.129	3.091	9.906	2.272
新产品销售收入	$\ln SNP$	19.113	2.594	14.802	2.675
新产品开发项目数	$\ln NPD$	10.723	2.303	7.334	1.727
各级政府对技术开发的减免税	$\ln GTB$	15.956	0.794	9.235	2.518

由于空间计量模型中空间滞后因变量的存在违背了传统计量经济模型中关于残差项独立同分布和解释变量严格外生性的假设，于是需借助 MLE 方法来估计模型[31]。如表6－6 所示全局和局部行业的个体随机效应空间自回归模型结果。

表 6－6　技术嵌入式创新驱动产业结构协调化的结果（水平式知识溢出权重矩阵）

变量	全部行业	采矿业	制造业	电力、燃气及水的生产和供应业	高技术产业
$\ln QI$	0.489*** (3.306)	0.377** (1.828)	0.510** (1.779)	1.080** (2.052)	0.428* (2.142)
$\ln TI$	－0.013 (－0.196)	－0.128* (－1.343)	0.050** (1.458)	－0.091 (－0.931)	－0.131*** (－3.028)

续表

变量	全部行业	采矿业	制造业	电力、燃气及水的生产和供应业	高技术产业
ln*SNP*	0.263 *** (4.684)	0.044 * (1.105)	0.053 * (1.117)	-0.093 * (-1.114)	0.223 * (1.126)
ln*NPD*	0.244 ** (1.564)	0.813 * (1.211)	0.029 (0.117)	0.404 * (1.210)	0.234 *** (3.348)
ln*GTB*	0.052 * (1.026)	0.105 * (1.144)	0.012 ** (1.375)	1.369 *** (5.644)	0.047 * (1.026)
λ	0.445 *** (6.368)	-0.046 (-0.292)	0.040 * (1.212)	0.647 *** (9.695)	0.828 *** (22.750)
logL	-679.793	-54.391	-472.850	-37.977	-3.257
R^2	0.881	0.810	0.766	0.961	0.994
σ^2	1.208	0.463	1.243	0.783	0.048

注：*、** 和 *** 分别表示在 10%、5% 和 1% 的显著性水平下通过显著性检验，括号内为 t 值。

由表 6-6 可见，水平式知识溢出条件下，除采矿业外，42 个工业行业以及其余三个行业分类下的技术嵌入式创新驱动产业结构协调化的空间效应均显著为正，说明我国的大多数工业行业对临近行业均具有正向知识溢出效应。采矿业中的石油、天然气等行业均属于垄断行业，此类企业属于资源稀缺型行业并存在规模经济效益和范围经济效益，于是追求利润最大化是其终极目标，而且它们提供的服务和物品均比较单一，对其他行业不具有显著的空间作用效应。技术嵌入式创新、新产品开发项目数和各级政府对技术开发的减免税对产业结构协调化均产生积极影响。水平式知识溢出有助于技术链高效地嵌入创新链，给产业带来技术创新和技术变革，实现产业比例的动态均衡。新产品开发项目数越多，越有助于带动本地企业进行产品研发，甚至通过竞争效应带动其他企业的研发生产，实现大规模的技术嵌入式创新，合理化产业间的比例。政府对技术开发的减免税越多，越能鼓励企业投入大量的资金进行技术研发，实现创新的自主化，驱动产业结构协调化。新产品销售收入（电力、燃气及水的生产和供应业除外）对产业结构优化升级产生积极影响。新产品的销售意味着新技术研发成果的市场化，新技术嵌入产业链，有助于重新排列组合产业链，使新兴产业的比例趋于协调。采矿业、电力、燃气及水的生产和供应、高技术产业的技术引进经费对产业结构协调化呈负向作用，主要原因是先进的技术往往凝聚着研发者几年甚至十几年或更久的研究心血，没有人愿意转让这些凝聚着研发者自身经验和诀窍的技术。更为重要的是，上述这些行业大多具有较高的技术和资产壁垒，在此类技术轨道上，后进入者想要获得新兴技术非常困难，这些企业在引进先进技术时往往缺乏有效的供应链，引进的技术和知识不能很好地融入产业链中，久而久之，就会因为缺乏技术积累而被技术领先的企业扼杀在新兴技术萌芽的“摇篮”里，不利于产业结构协调化。因此，只有加大自主研发的投入力度，才能更好地实现技术嵌入式创新驱动产业结构协调化。

为保证计量结果的稳健性，本章首先选择了不与人力资本相乘的技术距离矩阵进行模型分析，得出如下结果。

表6－7估计结果中各变量系数的正负性与表6－6的结果基本趋于一致，但表6－7中各解释变量对产业结构协调化的作用效应显著不高，说明本章构建的水平式知识溢出矩阵更加符合技术嵌入式创新驱动产业结构协调化的分析结果。上述结论同时验证了本章在水平式知识溢出下构建空间自回归模型研究技术嵌入式创新驱动产业结构协调化结果的稳健性。

表6－7　技术嵌入式创新驱动产业结构协调化的结果（技术距离权重矩阵）

变量	全部行业	采矿业	制造业	电力、燃气及水的生产和供应业	高技术产业
ln*QI*	0.289 * (1.022)	0.395 * (1.297)	0.489 * (1.315)	1.273 ** (2.110)	0.472 ** (2.241)
ln*TI*	−0.017 (−0.258)	−0.131 ** (−1.378)	0.051 (0.461)	−0.053 (−0.334)	−0.132 *** (−2.882)
ln*SNP*	0.174 *** (3.845)	0.037 (0.355)	−0.048 (−0.103)	−0.218 ** (−2.332)	0.155 * (1.246)
ln*NPD*	0.288 ** (1.835)	−0.769 ** (−1.716)	0.026 (0.103)	0.354 (0.687)	0.225 *** (3.014)
ln*GTB*	0.043 (0.834)	0.101 * (1.105)	−0.010 (−0.172)	1.248 *** (4.361)	0.072 ** (1.145)
λ	0.370 *** (4.454)	−0.036 (−0.128)	0.084 (0.457)	0.645 *** (8.297)	0.840 *** (23.111)
logL	−683.405	−51.267	−472.782	−42.819	−7.362
R^2	0.880	0.812	0.766	0.946	0.993
σ^2	1.219	0.457	1.242	0.626	0.055

注：*、**和***分别表示在10%、5%和1% 的显著性水平下通过显著性检验，括号内为t值。

为保证本章构建的空间自回归模型在解析技术嵌入式创新驱动产业结构协调化实证分析中的稳健性，本章将通过变换模型的形式进一步检验实证结果的稳健性，本章选择构建如下空间动态面板数据模型（SDPD模型）进行实证检验。

$$\ln RA_{kt} = \lambda W^L \ln RA_{jt} + \gamma \ln RA_{j,t-1} + \rho W^L \ln RA_{j,t-1} + \beta_1 \ln QI_{kt} + \beta_2 \ln TI_{kt} + \beta_3 \ln SNP_{kt} + \beta_4 \ln NPD_{kt} + \beta_5 \ln GTB_{kt} + c_n + \mu_n + \varepsilon_{nt} \quad (6-29)$$

其中，$(\lambda, \gamma, \rho, \beta_1, \beta_2, \beta_3, \beta_4, \beta_5)$ 是式（6－29）中包含的所有参数；c_n 是个体固定效应的 $n\times1$ 维列向量；$\mu_n = (\mu_1, \cdots, \mu_n)'$ 表示随机效应；ε_{nt} 是空间关联误差，$\varepsilon_{nt} = (\varepsilon_{1t}, \cdots, \varepsilon_{nt})'$。于是得到如表6－8所示结果。

由表6－8可见，大多数技术嵌入式创新驱动产业结构协调化变量的正负性与表6－7的结果趋于一致，说明本章构建的空间自回归模型是稳健的。

表 6-8　技术嵌入式创新驱动产业结构协调化的结果（SDPD 模型）

变量	全部行业	采矿业	制造业	电力、燃气及水的生产和供应业	高技术产业
λ	0.322** (2.480)	-0.502** (-1.790)	-0.432** (-2.280)	1.257** (1.960)	0.084* (1.031)
$\ln RA_{j,t-1}$	0.970*** (54.700)	0.492** (2.600)	0.584*** (9.930)	0.760*** (5.350)	0.953*** (49.140)
γ	-0.285** (-2.040)	0.097* (1.255)	-0.181 (-0.980)	-0.740 (-1.020)	-0.109 (-0.720)
$\ln QI$	0.082 (0.940)	0.340* (1.090)	0.047** (1.398)	0.445* (1.029)	0.490** (1.967)
$\ln TI$	-0.018 (-0.400)	-0.113* (-1.120)	0.061* (1.125)	-0.171** (-1.160)	-0.108** (-1.580)
$\ln SNP$	0.044* (1.260)	0.111 (0.970)	0.047** (1.277)	0.146* (1.210)	0.174** (1.910)
$\ln NPD$	0.122** (1.750)	0.667** (1.400)	0.001 (0.010)	0.275** (1.115)	0.149* (1.132)
$\ln GTB$	0.006 (0.170)	0.121* (1.270)	0.005 (0.080)	0.254** (1.470)	0.073* (1.130)
常数项	-0.771 (-1.000)	11.123* (1.270)	-1.395 (-0.320)	-4.135** (-1.470)	-2.067** (-1.690)
R^2	0.992	0.991	0.955	0.978	0.989

注：*、**和***分别表示在10%、5%和1% 的显著性水平下通过显著性检验，括号内为 t 值。

此外，在估计过程中，上述空间自回归模型可能存在双向因果关系或逆向因果关系等原因造成的模型内生性问题，如某一类新产品销售过量而导致的产业结构不协调现象，于是本章选择工具变量法进行克服。选择工具变量的原则是工具变量需要与被解释变量的扰动项不相关并与内生解释变量高度相关，于是本章构建的工具变量为 $[w_n LnQI, w_n^2 LnQI]$[32-33]，得出的工具变量回归结果如表 6-9 所示。

表 6-9 解析了使用工具变量时的回归结果。结果显示，所有的工具变量均通过 Sargan 检验，各个变量的正负性水平与表 6-6 基本一致，这进一步验证了技术嵌入式创新对产业结构协调化的正向促进作用。

表 6-9　技术嵌入式创新驱动产业结构协调化的内生性检验结果（水平式知识溢出权重矩阵）

变量	全部行业	采矿业	制造业	电力、燃气及水的生产和供应业	高技术产业
常数项	12.034*** (6.320)	17.337*** (9.650)	17.967*** (9.530)	7.178 (1.015)	-15.510** (-2.120)

续表

变量	全部行业	采矿业	制造业	电力、燃气及水的生产和供应业	高技术产业
ln*QI*	0.420* (1.079)	0.637*** (3.030)	0.805*** (3.020)	0.555 (0.640)	4.556*** (3.490)
ln*TI*	-0.94** (-2.500)	-0.144** (-2.240)	-0.220** (-1.800)	-0.326** (-1.850)	-0.703** (-1.690)
ln*SNP*	0.090 (1.030)	0.158* (1.251)	0.262** (2.110)	-0.590*** (-4.980)	2.413*** (4.630)
ln*NPD*	0.406** (2.190)	0.484** (2.000)	0.361** (1.980)	1.224 (1.011)	-0.680* (-1.120)
ln*GTB*	0.134 (1.019)	0.101** (1.390)	0.045 (0.560)	0.286* (1.320)	0.390 (0.920)
λ	0.070 (0.530)	-0.617*** (-4.860)	-0.039 (-0.330)	0.846** (2.400)	0.542** (1.930)
F	25.210***	34.610***	33.790***	22.800***	3.82***
Sargan	6.080***	7.605**	4.265***	5.787*	4.083***

注：*、**和***分别表示在10%、5%和1% 的显著性水平下通过显著性检验，括号内为t值。

6.4 本章小结

本章提出技术嵌入式创新的概念并将其量化，首先探究技术嵌入式创新驱动产业结构协调化的驱动机理，继而选择2003~2015年我国分行业的工业企业数据，基于驱动机制下的内外驱动因素，构建水平式知识溢出空间权重矩阵，深入分析水平式知识溢出下技术嵌入式创新驱动产业结构协调化的空间效应。

研究表明：①说明了技术嵌入式创新驱动产业结构协调化的作用机理，认为技术嵌入式创新与产业结构协调化均会对经济增长产生正向促进作用，并且两者在时间维度和空间维度上的交互作用会形成时空的循环作用效应；②探究形成这种循环交互作用回路的原因，指出人力资源、技术创新战略和经费资源等内部驱动因素和政府支持、技术进步和市场竞争等外部驱动因素是实现技术嵌入式创新驱动产业结构协调化共生演化系统的推动力和拉动力，两者的相互作用维持系统的动态平衡；③解析了技术嵌入式创新驱动产业结构协调化空间效应存在的原因，主要是产业结构协调化在空间层面存在异质性和关联性，结果发现全局角度（42个工业行业）以及局部角度（三大行业细分）的水平式知识溢出下技术嵌入式创新驱动产业结构协调化的空间效应均显著为正。

7　垂直式知识溢出、技术融合式创新与产业结构升级*

7.1　区域技术融合式创新驱动产业结构高度化的机理分析

在垂直式知识溢出的背景下，技术融合式创新驱动企业成为技术创新主体，最终促进形成一批有自主创新能力和核心竞争优势的高技术企业，实现产业结构高度化。基于此，本章首先阐述垂直式知识溢出、技术融合式创新和产业结构高度化的内涵，继而通过技术融合式创新引致传统产业改造以实现产业结构高度化的耦联扩散关系图分析技术融合式创新驱动产业结构高度化的作用机制。这为进一步明晰技术创新子系统、产业结构高度化子系统间的作用方式，也为实证分析技术融合式创新驱动产业结构高度化的空间效应奠定理论基础。

7.1.1　垂直式知识溢出

知识溢出是知识扩散的一种方式，是对知识的一种再造。知识溢出指知识无意识地被泄露出来，知识很多时候会体现出溢出效应，如其他企业或集团通过这种方式获取利益而无须付出代价。国内企业之间、国内与国外企业之间均会发生知识溢出，本部分认为知识的溢出具有方向性，提出垂直式知识溢出的概念。垂直式知识溢出指知识技术在上下游产业间的溢出，如图 7－1 所示（朱平芳等，2016）。

7.1.2　技术融合式创新

技术融合式创新是指省域的产业链和创新链通过技术融合和技术扩散的形式实现充分融合，本章探究技术融合式创新驱动省域高技术产业和低技术产业融合的过程和机理。假定企业内部的“工艺创新（C）—产品创新（P）—服务创新（S）”创新链，企业内部的“上游企业（U）—中游企业（M）—下游企业（D）”产业链（刘友金，2006）。随着社会化分工的日益专业化，省域的创新价值链和产品生产链会逐渐变长，省域产业链上游、

---

* 该章部分成果由陶长琪、周璇撰写并投稿于《管理评论》，在审中。

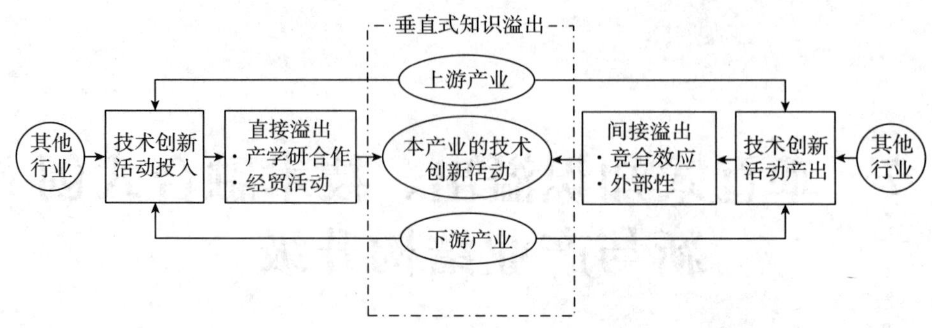

图7－1　垂直式知识溢出

产业链中游和产业链下游的企业秉承分工协作的宗旨，在分工协作过程中优化产业链的布局（见图7－2）。省域制造生产单一产品的生产过程变成由多个企业协作完成，即由省域产业中的上游企业、中游企业和下游企业来共同完成（见图7－3）。此时省域上游企业和下游企业分别为中游企业提供生产和分销的服务，使企业逐渐趋于专业化，创新链和产业链因此线性化。

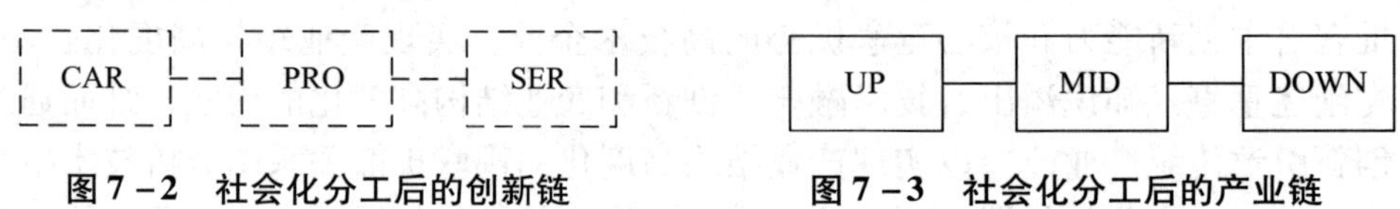

图7－2　社会化分工后的创新链　　**图7－3　社会化分工后的产业链**

注：图7－2中连接两类企业的虚线表示规则，图7－3中连接两类企业的实线代表标准。

而后在剧烈的竞争和多个企业的分工合作下逐渐呈现出网状结构，如图7－4和图7－5所示。

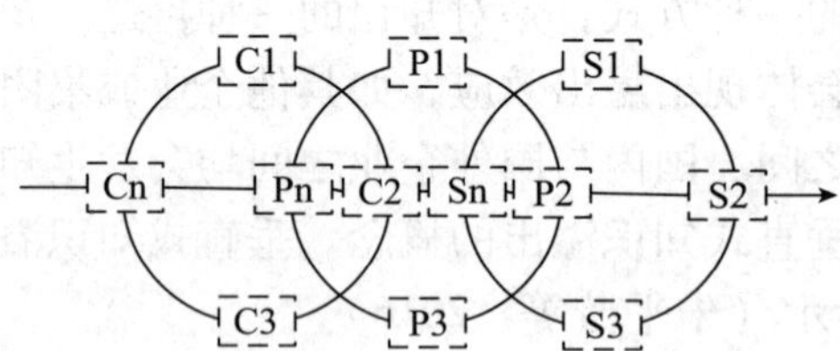

图7－4　多企业合作下的创新链

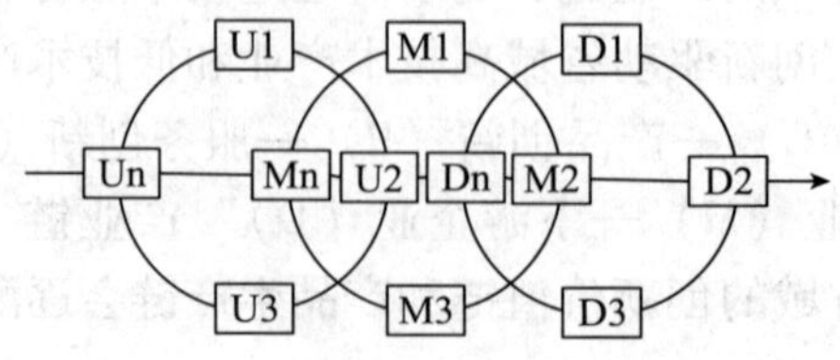

图7－5　多企业合作下的产业链

于是，在创新链和产业链的融合作用下实现技术融合式创新，如图7－6所示。

图7－6中省域的若干个企业实现创新链和产业链的融合，知识和技术在技术链和产业链关联的省域上下游企业间实现垂直溢出，每一个产业均可从该产业的上游产业部门获得生产投入，也可为其下游产业部门提供生产性的投入来源，而省域上下游产业间资源的流动现象即为垂直式知识溢出，最终形成省域技术融合式创新。

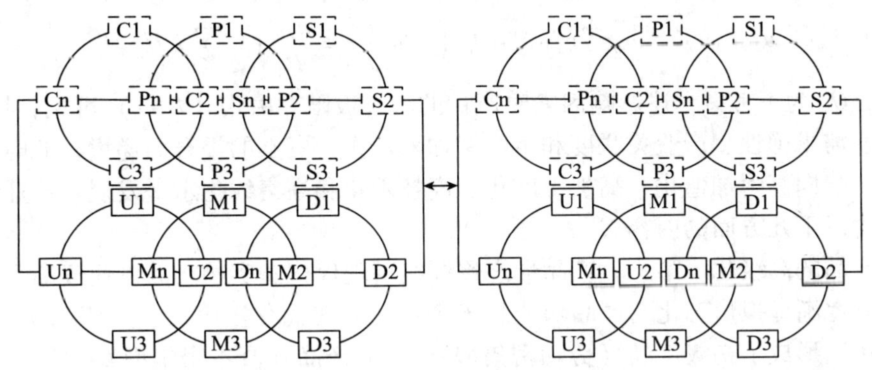

图7－6　技术融合式创新

7.1.3　产业结构高度化

产业结构高度化即不断将落后衰退的产业淘汰，并引导和扶持新兴产业，通过加速传统产业的高技术改造而实现产业结构转变。从微观角度而言，产业结构高度化表现为工艺形态和产品形态的高级化；而主导产业的新旧更替是产业结构高度化宏观角度的主要表现。长期而言，产业结构高度化是产业结构趋于高级的动态过程，随着时间的推移，产业的技术集约程度也将逐渐提升。通过如下方式阐释产业结构高度化的发展过程。

首先本章做出如下假定：

（1）某一产业某产品的价格为 P，需求的价格弹性是 ε_1，市场需求为价格的线性函数，并假设市场的最大需求量 Q 为收入的线性函数，那么有 $\Delta Q=\varepsilon_1 Q\Delta P/P$。

（2）国民收入为 I，某一产业某产品需求的收入弹性为 ε_2，那么有 $\Delta Q=\varepsilon_2 Q\Delta I/I$。

（3）产业的技术含量为 A_0，n 次创新后，产业的技术含量变成了 $A=A_0e^{\eta n}$，其中，η 为恒定的技术进步效率。

（4）与该产业并列的产业还有 n 个，这些产业的产量为 U_n，产业间的关联系数为 ζ_1，ζ_2，…，ζ_n，于是可得产业间产生的纽带需求 $\sum_{j=1}^{n}\zeta_j U_j$，那么市场的最大需求量为 $Q+\sum_{j=1}^{n}\zeta_j U_j$。

卢卡斯的生产函数模型如下：

$$Y=AK^{\alpha}(\xi Lh)^{\beta}h^{\gamma} \tag{7-1}$$

其中，K 为物质资本，ξ 为人力资本中的生产占比，L 为劳动力，h 为平均人力资本，

h^{γ} 为人力资本的外部效应。

于是得产业发展进步方程为 $dy/dx = RY(Q - Y)$。产业演进的实质是在市场需求和技术进步的共同推进下，不断追求产业市场容量最大化的过程。上述假定中，Q 代表市场需求的极限容量，标志着产业发展的最大规模，在产业发展的过程中不断提升 Q 是产业演进的主要表现形式，于是有 $Q = AK^{\alpha}(\xi Lh)^{\beta}h^{\gamma}$。那么，在考虑需求、收入弹性、技术创新和产业关联等因素对产业发展的影响时，可得产量的增长极限 Q，表示如下：

$$Q = f(A, \varepsilon_1, \varepsilon_2, \zeta, h) = A_0 e^{\eta n}(\xi h)^{\beta}h^{\gamma}Q_0\left(1 + \frac{\varepsilon_2 I}{I_0} - \frac{\varepsilon_1 P}{P_0}\right) + \sum_{j=1}^{n}\zeta_j U_j \tag{7-2}$$

其中，Q_0 为不考虑上述影响因素时产量的增长极限。由式（7－2）可见，技术进步、收入弹性、需求弹性、产业关联度和生产率均随着人力资本的提升而递增，此时可促进产业结构进一步向高附加值化、高加工度化、高技术化和高集约化水平发展。产业结构高度化主要包含以下几方面的内容[156]：

（1）产品的高级化。第一，产品形态逐渐实现现代化。实物产品占比逐渐下降，很多产品和服务逐渐虚拟形态化，产品功能趋于个性化和时尚化。第二，产值结构的高端化。产值结构逐渐形成了初级产品（劳动密集型）、中间产品（资本密集型）和最终产品（技术密集型）的转化梯度。第三，产品科技的集成性。企业中坚强有力的科研团队持续研发高技术产品，不断优化产品的功能。

（2）产业链结构的高度化。知识的垂直式溢出背景下，产业由低附加值产业为主逐渐转向高附加值产业占主导地位的趋势发展，低加工度的产业逐渐被淘汰，高加工度的产业取而代之，产品的制造等级也从初级产品向制造中间产品甚至最终产品的产业进化。在产业结构的转变过程中，逐渐实现产业优势地位的更迭，是技术创新成果的具体表现。

（3）产业结构的广度和深度持续拓展。产业广度指一个产业中所涵盖的产业群和产业的数量，产业深度则指一个产业在发展过程中必须经历的发展阶段。产业结构高度化的本质是产业不断进行横向拓展、纵向延伸和产业耦联的过程，促使产业结构水平不断提升、产业结构规模逐渐扩张、产业间联系更加紧密。在技术进步的作用下，产业结构系统不断由低级形式向高级形式转变的动态演化过程。

（4）产业间结构的高度性。产业结构高度的逐步提升主要以由劳动密集型产业占优势比重向知识密集型、技术密集型和资金密集型产业逐渐演进，并由第一产业的主导优势地位向第二、第三产业的主导优势地位方向依次演进，使产业结构由低效化向知识化演变。主要表现为产业结构水准的提升，对旧的产业结构的扬弃。

（5）产品工业形态的高标准化。随着技术的进步，生产的过程不再需要过多的劳动力，取而代之的是知识、技术要素和智力因素，并且劳动的手段逐渐趋于智能化，原始的生产工具被机械化、自动化甚至智能化取代。此外，技术基础也逐渐趋于新型化，随着技术不断向高端化发展，整个社会的产业基础体系也在不断变化，产品的更新换代速度攀升，并向更高标准的技术体系发展。

7.2　垂直式知识溢出下区域技术融合式创新引致产业结构高度化的机制分析

创新链和产业链融合角度的技术融合式创新驱动产业结构高度化的作用关系复杂，作用周期较长。而系统动力学模型能解析复杂系统间的相互作用原理，本章构建系统动力学模型分析技术融合式创新驱动产业结构高度化的耦联扩散规律（陶长琪和周璇，2015；Ropera 等，2008）。

7.2.1　技术融合式创新子系统

技术融合式创新子系统的系统边界为各类与技术创新相关的省域高中低技术产业。技术进步会引致技术融合，那么只有在省域高技术产业和低技术产业存在的环境下，区域技术融合式创新子系统模型的基本概况如下（陈晓红和万鲁河，2013）。

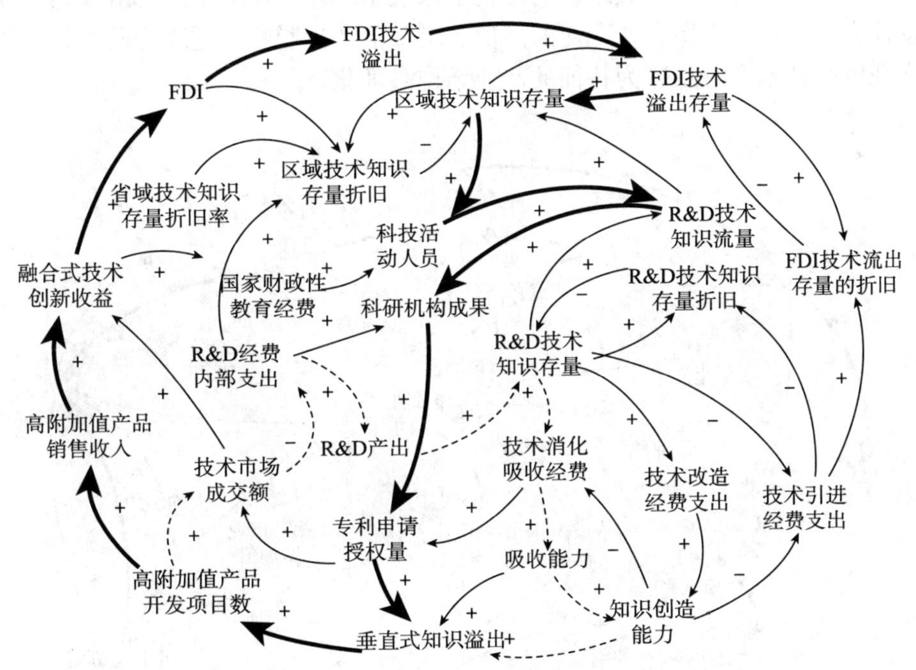

图 7-7　区域技术融合式创新子系统

注：图中加粗的实线表示区域技术融合式创新子系统中的一个正反馈环，虚线为其中的一条平衡回路。

由图 7-7 可见区域技术融合式创新子系统的两条反馈路径，高附加值产品、高附加值项目、FDI 引进的技术、科研人员等技术知识相关变量以垂直式知识溢出的形式在上下游企业或产业间存在影响效应，技术市场成交经费、R&D 经费和技术消化吸收经费等同样以垂直式知识溢出的形式作用于上下游企业或产业，其中"垂直式知识溢出→高附加值产品开发项目数”为两条反馈路径的重合线路。综上所述，区域技术融合式创新子系统主要通过 FDI、R&D 等相关变量的相互作用来影响知识创造能力和吸收能力，进而促进新产品的产销，提升技术创新收益。整个技术融合式创新子系统比较注重产品创新和过程创新，过程创新即生产商运用获得的新兴技术生产中间产品，主要体现在图 7－7 正反馈环外部的 R&D 技术知识、技术经费等相关变量的相互作用过程中；产品创新即利用过程创新产品和雇佣劳动力来生产最终的创新产品，主要体现在图 7－7 正反馈环内部的科技活动人员和高附加值产品等相关变量的正负向作用过程。

7.2.2 产业结构高度化子系统

本章研究劳动力、知识和技术等投入下的技术融合式创新对产业结构高度化的驱动机理。产业结构高度化子系统的系统边界为各类与产业升级发展相关的高中低技术产业。

由图 7－8 可见产业结构高度化子系统的其中两条反馈路径，产业转移、劳动生产率和产业结构等产业效率的相关变量在全社会固定资产投资的背景下促进产业结构高度化，产业产值水平和科研产出平等同样在全社会固定资产投资的背景下对产业结构高度化产生显著的正向影响，其中“第三产业增加值→全社会固定资产投资→GDP”为两条反馈路径的重合线路。由此可见，产业结构高度化子系统中 FDI、科技投入产出等知识技术因素间的互动性会对劳动生产率、各产业的产值和增加值产生影响，进而影响全社会固定资产投资，实现以高技术产业主导为特征的产业结构高度化。

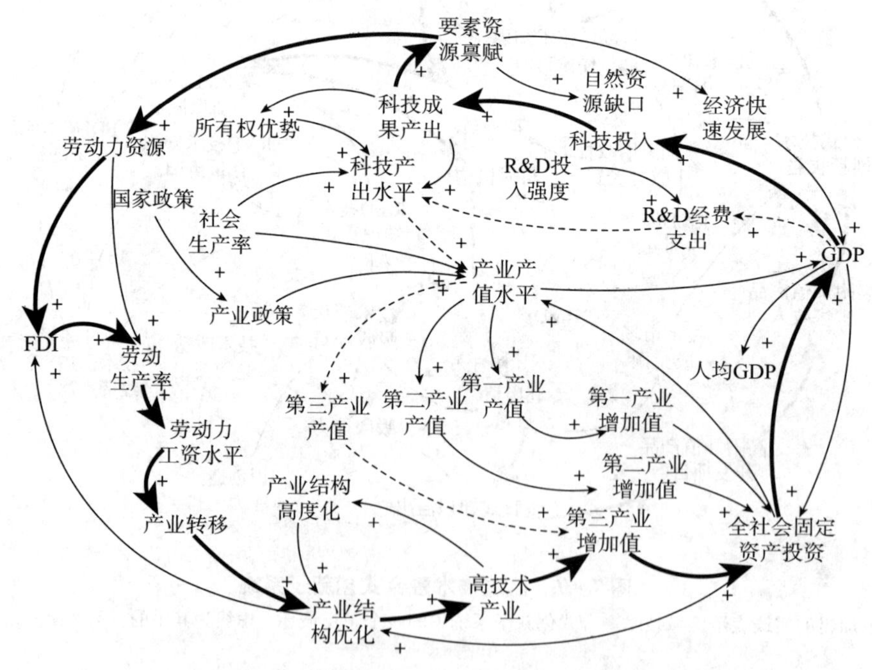

图 7－8 产业结构高度化子系统

注：图中加粗的实线表示区域技术融合式创新子系统中的一个正反馈环，虚线为其中的一条平衡回路。

7.2.3 垂直式知识溢出下区域技术融合式创新引致传统产业改造的耦联扩散规律

技术融合式创新子系统和产业结构高度化子系统在耦联扩散中互利共生，基于上述技术融合式创新子系统和产业结构高度化子系统图（陶长琪和周璇，2016），本章用如图7－9所示区域技术融合式创新驱动产业结构高度化的耦联因果关系来分析其耦合联结机制。

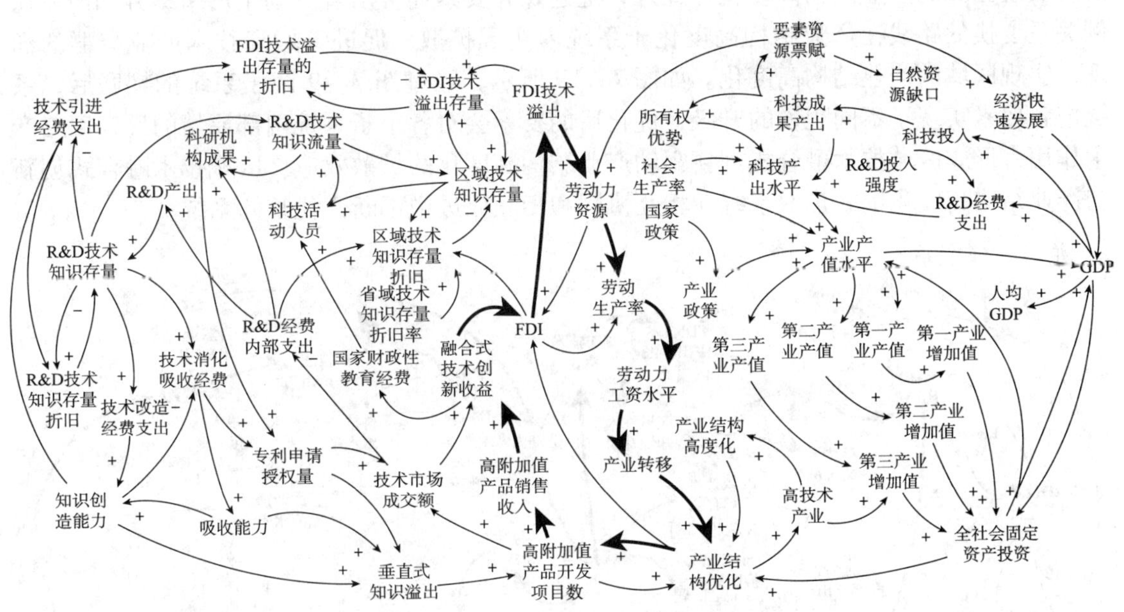

图7－9 区域技术融合式创新驱动产业结构高度化的耦联因果关系

由图7－9可见，两个子系统通过"FDI技术溢出→劳动力资源→劳动生产率→劳动力工资水平→产业转移→产业结构优化→高附加值产品开发项目数→高附加值产品销售收入→融合式技术创新收益→FDI→FDI技术溢出"这条正反馈环实现耦合联结。技术要素是耦联系统中的原始资本，是技术融合式创新的技术基础，有助于推进产业链和创新链的深度融合。创新链和产业链实现深度融合后为高校科研院所和产学研机构等技术主体提供技术知识，促进产学研联盟依据过程创新实现技术融合，进而通过转变创新链和产业链内部的信息传导方式等形式实现技术溢出，促进产品创新，最终提升融合式技术创新收益，实现产业结构高度化。此外，劳动力资源作为耦联因果关系图中的关键要素，是产业结构高度化子系统的关键组成部分，充足的劳动力资源有助于加速产品创新进度，提高省域的资源配置效率和劳动生产率，实现省域高技术产业集聚，优化产业比例关系，最终促成产业结构高度化。两个子系统以融合式技术创新收益、FDI和劳动力资源为媒介，在垂直式知识溢出的背景下，通过正反馈环的能量集聚作用，实现技术融合式创新子系统和产业结构高度化子系统间的信息、技术和知识等要素的交换，并且在相互促进、相互协调的过程中实现区域技术融合式创新驱动产业结构高度化的目标。

由图7－10可见，两个子系统依据劳动力资源、FDI、融合式技术创新收益和产业结构优化紧密联系在一起，两个子系统内部创新链和产业链的作用路径仍需经过长时间的磨合才能在相互促进中趋于协调，各个子系统内部的正反馈环和平衡回路在相互依赖和相互协调的过程中实现动态平衡。技术融合式创新子系统和产业结构高度化子系统通过耦联的形式实现产业集聚和技术集聚，动态平衡下集聚的要素会通过集聚的路径进行进一步的扩散。技术融合式创新收益、FDI 和劳动力资源等媒介要素通过产品创新和过程创新路径在技术融合式创新子系统内部实现要素扩散，使更先进的技术和更前沿的知识向邻近省域溢出，实现区域的产业结构高度化。此外，上述媒介要素还会沿着劳动生产率提升和产业比例关系变换的路线在产业结构高度化子系统内实现扩散，促进省域高技术产业集群的涌现，实现区域的产业结构高度化。如图 7－10 所示，经过图 7－9 两子系统的耦联后，系统内各要素实现了不同程度的升级，优化后的要素会对各个子系统内部原始的反馈回路产生作用，形成区域技术融合式创新驱动产业结构高度化的扩散效应。区域技术融合式创新与产业结构高度化耦联扩散系统在相互协同和相互促进中不断优化整体系统。

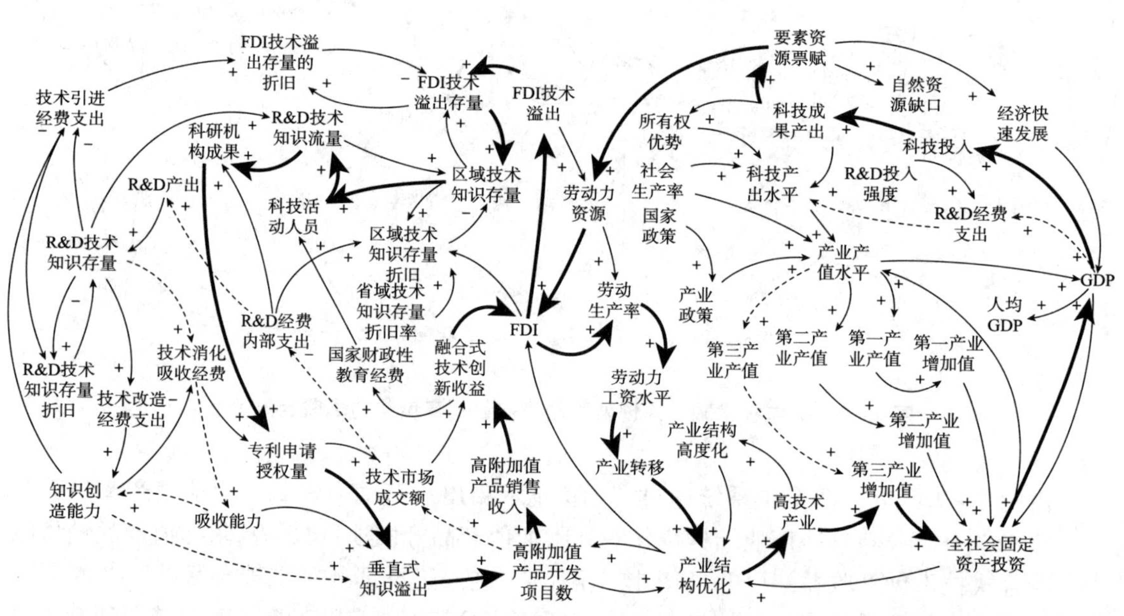

图 7－10　区域技术融合式创新驱动产业结构高度化的扩散因果关系

7.3　垂直式知识溢出下区域技术融合式创新驱动产业结构高度化的实证

基于上述系统动力学分析，本章进行如下技术融合式创新驱动产业结构高度化的讨论。图 7－9 和图 7－10 的耦联扩散系统图显示，在垂直式知识溢出的背景下，省域技术融合式创新收益增加有助于吸引外商投资，进而吸引更多的劳动力资源流入，以提升区域的劳动生产率，最终促进产业结构优化。于是提出本章的假说1：技术融合式创新收益将在FDI技术溢出的影响下对产业结构优化产生正反馈效应；耦联扩散系统图还显示，在耦联扩散图的正反馈环中，FDI通过技术溢出的形式提升劳动生产率以优化产业结构，而技术引进、改造和消化吸收等经费支出则通过影响吸收能力的形式促进垂直式知识溢出，最终实现产业结构优化。于是可得本章的第2个假设：技术溢出和模仿创新将通过不同的垂直式知识溢出形式影响高低技术产业的产业结构高度化。

上述分析可见区域技术融合式创新子系统和产业结构高度化子系统通过耦联扩散过程影响省域产业的技术水平，实现区域产业结构高度化。在整个耦联扩散过程中，制度质量、R&D人员和外贸依存度等构成区域技术融合式创新和产业结构高度化的核心驱动因素，而优越的制度质量，有助于吸引和促进人才等创新要素的集聚，并提升区域R&D人员的数量、吸引外商投资，最终促进产业结构高度化，于是提出本章第3个理论假说，在不同的知识溢出形式下，在耦联扩散系统的正反馈环内，制度质量、外贸依存度和R&D人员投入对省域产业结构高度化也会产生正反馈作用效应。继而将构建空间计量模型进一步探究垂直式知识溢出下技术融合式创新等核心驱动因素对产业结构高度化的空间影响效应。

7.3.1　垂直式知识溢出下的空间权重矩阵

垂直式知识溢出即知识在上下游产业之间的溢出。上下游产业中企业技术效率的提升不会造成其知识租金的损失，但会提升产业间耦联扩散系统的技术知识壁垒。而关联产业间的技术知识壁垒会随着产业关联度的提升而降低，说明知识溢出与产业间的关联效应相关（Javorcik，2004；Kugler，2006）[214-215]。由于知识溢出效应体现为知识和技术在上下游产业间流动，而且在上下游产业间流动方向存在差异。于是本章将这种垂直式的知识溢出效应进一步细分为前向知识溢出效应（下游产业向上游产业溢出）和后向知识溢出效应（上游产业向下游产业溢出）。

7.3.1.1　前向知识溢出效应

垂直式知识溢出下技术融合式创新主要通过技术融合和技术扩散的形式驱动产业结构高度化。本章认为对引进的外商先进技术进行消化吸收并溢出是前向知识溢出的主要表现形式，低技术产业向高技术产业的前向知识溢出形式表现为FDI的技术溢出效应（Kugler，2006）。现有关于前向关联效应研究大多通过投入产出矩阵测算产业间的直耗系数（王然等，2010），本章主要探究省域间的知识溢出效应，于是参照Jaffe（1986）的技术距离矩阵计算方式，考察知识技术流向地即高技术产业的知识溢出，并在前向知识溢出空间权重矩阵中加入地理距离因素，认为知识溢出的强度会随距离衰减，继而以知识技术流向地为考察对象，使用式（7-3）计算知识溢出的空间权重矩阵（赵增耀等，2015）。

$$W = W_T^F \cdot W^d \cdot diag(\frac{\overline{S}_1}{S}, \frac{\overline{S}_2}{S}, \cdots, \frac{\overline{S}_n}{S}) \tag{7-3}$$

其中，$rd_{ij} = \frac{F_i F'_j}{\sqrt{(F_i F'_i) \times (F_j F'_j)}}$为矩阵 W_T^F 的元素，$\overline{S}_i = 1/(t_{i-1} - t_i + 2)\sum_{t_{i-1}}^{t_i} S_{it}, S = 1/(t_{i-1} - t_i + 1)\sum_{i=1}^{n}\sum_{t_{i-1}}^{t_i} S_{it}$

W_T^F 为技术距离矩阵，前向知识溢出表现为低技术产业向高技术产业的知识溢出形式，此处考察知识技术流向地即高技术产业的知识溢出，设定 F_i 和 F_j 分别是省域 i 和省域 j 的高技术产业购买国内技术经费支出占所有省市高技术产业购买国内技术经费支出的比重；W^d 为省域地理距离空间权重矩阵①；$\bar{S}_i$ 为省域 i 的三资企业资产合计；S 为三资企业资产合计总和。进而改进 Higon（2007）[216]的方法，求矩阵 W 的里昂惕夫逆矩阵，得 W_1，最终可得如式（7－4）所示前向知识溢出的空间权重矩阵。

$$W^F = W_1 - \begin{pmatrix} a_{11} & 0 & \cdots & 0 \\ 0 & a_{22} & \cdots & 0 \\ & \cdots & \cdots & \\ 0 & 0 & \cdots & a_{nn} \end{pmatrix} \tag{7-4}$$

其中，W_1 为 W 的里昂惕夫逆矩阵，W^F 是前向知识溢出空间权重矩阵，其主对角线上的元素为0。$(a_{ii})_{n\times n}$为 W_1 的主对角线元素。

7.3.1.2　*后向知识溢出效应*

高技术产业通过技术改造和技术升级的方式实现产业结构高度化。在产业结构高度化过程中，高技术产业以技术溢出为媒介，通过技术改造升级的方式影响中低技术产业，于是此处考察知识技术流向地即低技术产业的知识溢出。构建如式（7－5）所示知识溢出的空间权重矩阵。

$$W' = W_T^{BR} \cdot W^d \cdot diag\left(\frac{\bar{R}_1}{R}, \frac{\bar{R}_2}{R}, \cdots, \frac{\bar{R}_n}{R}\right) \tag{7-5}$$

其中，$bd_{ij} = \dfrac{B_iB'_j}{\sqrt{(B_iB'_i)\times(B_jB'_j)}}$为矩阵 W_T^{ER} 的元素，$\bar{R}_i = 1/(t_{i-1} - t_i + 2)\sum\limits_{t_{i-1}}^{t_i}\dfrac{IS_{it}}{IO_{it}}$, $R = 1/(t_{i-1} - t_i + 1)\sum\limits_{i=1}^{n}\sum\limits_{t_{i-1}}^{t_i}\dfrac{IS_{it}}{IO_{it}}$。

W_T^{ER} 为技术距离矩阵，设定 B_i 和 B_j 分别是省域 i 和省域 j 的低技术产业总产值占所有省市低技术产业总产值的比重；$\bar{R}_i$ 为省域 i 的研发活动合计；R 为研发活动合计总和；IS_{it}为 i 省 t 年国外技术引进合同技术费、规模以上工业企业技术改造和技术消化吸收变量的加权和。同理改进 Higon（2007）的方法，求矩阵 W'的里昂惕夫逆矩阵，得 W''，可得如下后向知识溢出的空间权重矩阵。

$$W^{BR} = W'' - \begin{pmatrix} b_{11} & 0 & \cdots & 0 \\ 0 & b_{22} & \cdots & 0 \\ & \cdots & \cdots & \\ 0 & 0 & \cdots & b_{nn} \end{pmatrix} \tag{7-6}$$

其中，W''为 W'的里昂惕夫逆矩阵，W^{BR}是后向知识溢出空间权重矩阵，其主对角线上的元素为0。$(b_{ii})_{n\times n}$为 W_1 的主对角线元素。

① 省域地理距离空间权重矩阵表示为 $W_{ij} = \begin{cases} 1/d^2, & i \neq j \\ 0, & i = j \end{cases}$，其中 d 为省会城市之间的直线距离[25]。

7.3.2 数据来源和变量说明

7.3.2.1 数据来源

上述章节以省域层面的高技术产业和中低技术产业为例，探究区域间技术融合式创新驱动产业结构高度化的耦联扩散规律。于是本章选择2003~2015年我国30个省的高技术产业和中低技术产业的相关数据（西藏数据缺失严重，舍去）进行技术融合式创新驱动产业结构高度化的实证分析。数据来源于中国工业经济数据库、《中国科技统计年鉴》《中国高技术产业统计年鉴》《中国金融统计年鉴》和《中国统计年鉴》，缺失数据使用前后年份数据的插值进行补足。

7.3.2.2 变量说明

（1）技术融合式创新（RI）。图7－5显示，整个技术融合式创新子系统分反馈回路由产品创新和过程创新构成。于是，本章选择产品创新和过程创新的加权平均值度量技术融合式创新，以产品创新和过程创新指标的数值占指标数值和的比重设定权重。产品创新即利用过程创新产品和雇佣劳动力来生产最终的创新产品，于是选择新产品销售收入与工业销售产值的比值表示产品创新，用该指标衡量技术融合式创新有助于克服用专利数量等相关指标衡量时的缺陷，新产品销售收入与市场价值成正比，选用该指标在一定程度上反映了产品创新的市场价值和重要程度。过程创新即生产商运用获得的新兴技术生产中间产品，其表示社会和经济的巨大效应，选择微电子控制设备原价表示中间产品，使用微电子控制设备原价与年末固定资产原价的比值表示过程创新。只有选择两个指标共同表示技术融合式创新，才能让该指标所包含的意义被完整表达（严海宁和朱劲松，2008）[217]。

（2）产业结构高度化（SO）。已有的关于产业结构高度化的测算分成两类：第一类是用产业的产出比与劳动生产率的乘积表示产业结构高度化（刘伟等，2008）[218]，第二类是用第二产业和第三产业的产值比测算产业结构高度化（干春晖等，2011）。本章结合韩永辉等（2016）和干春晖等（2011）的做法，并根据本章第2节中耦联扩散机制的分析结果，对传统的产业结构高度化指标作如下改进。

$$SO = Y_{it}\frac{LP_{it}^{std}}{LP_{if}}\Big/\left(Y_{jt}\frac{LP_{jt}^{std}}{LP_{jf}}\right) \tag{7-7}$$

其中，SO 表示产业结构高度化；Y_{it}、Y_{jt} 分别表示第 i 产业和第 j 产业在 t 时的产出；LP_{it} 是第 i 产业在 t 时的劳动生产率（$LP_{it}=VA_i/L_i$，VA_i 指第 i 产业的增加值，L_i 表示第 i 产业的就业人数）；LP_{if} 指第 i 产业在完成工业化后的劳动生产率；LP_{jt} 和 LP_{jf} 具有同样的含义（$i=2$，$j=3$）。本章对上述变量进行无量纲化处理，选择式（7－8）进行标准化（刘伟等，2008）。

$$LP_{it}^{std}=\frac{LP_{it}-LP_{is}}{LP_{if}-LP_{is}},\ i=2 \tag{7-8}$$

其中，LP_{it}^{std} 代表标准化的劳动生产率（干春晖等，2011）；LP_{is} 指产业 i 在初始工业化时的劳动生产率。同理可得 LP_{jt}^{std}。依照钱纳里的标准模型，本章设定工业化起点的人均收入为986美元，工业化终点的人均收入为14784美元（Chenery 等，1986）[219]。于是，根据刘伟的计算方法测算出如表7－1所示的工业化进程中劳动生产率的标准。

继而基于上述过程，测算出省域产业结构高度化的数值。结果如表7－3所示。

表7－1 工业化进程中劳动生产率的标准

	劳动生产率（1970年美元）	劳动生产率（2015年美元）	劳动生产率（2015年人民币）
工业化起点：人均收入为986美元（2015年美元）			
第一产业	70	493	3058
第二产业	292	2056	12754
第三产业	340	2394	14850
工业化终点：人均收入为14784美元（2015年美元）			
第一产业	1442	10152	62975
第二产业	3833	26984	167387
第三产业	1344	9462	58695

（3）模仿创新（II）。本章选择技术创新和技术引进的连乘项表示高技术产业的模仿创新（唐末兵等，2014），较多文献通过构建连乘项的形式分析其影响效应，如Xu（2000）[220]构建了外资参与度与人力资本的连乘项分析外资技术溢出受本地学习吸收能力的影响程度。本章使用高技术产业R&D项目经费占GDP的比重度量高技术产业的技术创新，选用高技术产业技术引进经费支出占新增固定投资的比重表示高技术产业的技术引进（樊纲等，2003）。

（4）技术溢出（TS）。中低技术产业向高技术产业发生前向知识溢出时主要通过技术溢出的形式进行，中低技术产业在产业结构高度化过程中，须通过技术引进的形式提升企业的整体技术水平，引进的先进技术会以技术溢出的形式向高技术产业发生前向垂直式知识溢出。本章选择中低技术产业技术引进经费与新增固定资产投资的比重表示中低技术产业的技术溢出，低技术产业数据由省域变量与对应各省高技术产业变量数据的差计算得到。

（5）制度质量（IQ）。国内已有的制度质量研究为樊纲等（2011）编制的中国各地区市场化指数，国外也提出了很多制度质量的测度方法，主要有采用世界银行跨国治理指数、选择产权保护指标、侧重法律制度和权衡民主权威的测度方法（Knack和Keefer，1995；Acemoglu等，2001；Glaser等，2004）[221-222]，而制度质量是一个包含政治、经济等多位层面的庞大体系，它涉及支撑市场有效运行所必需的知识产权保护、金融规制和规则。本章综合上述研究结论并结合本章的研究方向，选择如下四个角度的指标作为制度质量的替代变量（North，1989；于斌斌，2015；Fan和Hu，2007；石明虹和胡茉，2013）[223-226]。选择多维因子分析法测算制度质量。

各指标的构成要素如表7－2所示，结果如表7－3所示。

由表7－3可见，广东、福建、浙江、江苏和上海的制度质量排名均在前6位，可见这些省市的非国有经济部门较多，政府的支持力度大，市场法制规范程度高。而宁夏、新疆、贵州和青海等省市的排名靠后，那么强化该类省市的外资投入、市场秩序和政府支持迫在眉睫。

表 7－2 制度质量的指标构成 单位:%

制度变量指标	明细指标
政府支持度	科技经费筹集额中政府资金占 R&D 经费的比重
	财政支出占财政收入的比重
非国有经济发展度	非国有经济就业人数占城镇总就业人数的比重
	全社会固定资产投资中非国有经济的比重
要素市场发育度	引进外资度（FDI 与 GDP 的比值）
	技术市场成交额占省域科技从业人员数量的比重
市场法律规范度	三种专利申请受理数量与科技人员数的比例
	三种专利申请批准数量与科技人员数的比例

表 7－3 技术融合式创新、产业结构高度化和制度质量的数值①

省份	技术融合式创新			产业结构高度化			制度质量		
	2003 年	2009 年	2015 年	2003 年	2009 年	2015 年	2003 年	2009 年	2015 年
北京	0.376	0.695	3.453	0.473	0.692	1.116	0.208	0.295	0.602
天津	0.276	0.183	0.239	0.390	0.380	1.316	0.218	0.303	0.586
河北	0.134	0.264	0.613	0.440	0.492	0.610	0.203	0.276	0.373
山西	0.066	0.062	0.068	0.400	0.126	0.219	0.147	0.222	0.311
内蒙古	0.167	0.211	0.099	0.451	0.466	0.586	0.178	0.225	0.27
辽宁	0.177	0.095	0.094	0.420	0.488	0.474	0.208	0.252	0.363
吉林	0.142	0.263	0.112	0.469	0.411	0.585	0.189	0.262	0.486
黑龙江	0.134	0.256	2.201	0.310	0.527	0.863	0.178	0.219	0.333
上海	0.274	0.211	0.249	0.530	0.688	0.861	0.228	0.317	0.621
江苏	0.232	0.252	0.165	0.387	0.630	1.208	0.234	0.343	0.674
浙江	0.142	0.132	0.273	0.485	0.596	0.952	0.229	0.401	0.643
安徽	0.436	0.127	1.619	0.541	0.432	0.672	0.209	0.301	0.407
福建	0.165	0.225	0.109	0.501	0.556	0.796	0.236	0.319	0.421
江西	0.082	0.050	0.062	0.338	0.456	0.668	0.187	0.264	0.328
山东	0.117	0.088	0.117	0.356	0.552	0.693	0.214	0.315	0.607
河南	0.056	0.062	0.091	0.362	0.435	0.632	0.186	0.232	0.366
湖北	0.092	0.104	0.141	0.403	0.382	0.720	0.191	0.251	0.387
湖南	0.126	1.705	0.188	0.375	0.488	0.572	0.188	0.276	0.413
广东	0.173	0.248	0.333	0.573	0.626	0.689	0.250	0.408	0.741
广西	0.253	0.110	0.116	0.366	0.389	0.505	0.176	0.216	0.302

① 测算出 2003～2015 年的技术融合式创新、产业结构高度化和制度质量的指标数值，由于受篇幅的限制，本章只列出 2003 年、2009 年和 2015 年的数据。

续表

省份	技术融合式创新			产业结构高度化			制度质量		
	2003 年	2009 年	2015 年	2003 年	2009 年	2015 年	2003 年	2009 年	2015 年
海南	0.167	0.056	0.102	0.418	0.586	0.785	0.212	0.305	0.574
重庆	0.253	0.268	0.777	0.303	0.415	0.396	0.190	0.271	0.398
四川	0.116	0.138	0.516	0.293	0.393	0.480	0.194	0.236	0.37
贵州	0.119	0.090	0.063	0.177	0.284	0.270	0.151	0.208	0.364
云南	0.053	0.053	0.052	0.310	0.446	0.582	0.163	0.215	0.291
陕西	0.170	0.193	0.299	0.171	0.257	0.347	0.157	0.224	0.322
甘肃	0.142	0.078	0.285	0.388	0.370	0.461	0.154	0.212	0.306
青海	0.288	0.248	0.004	0.286	0.360	0.512	0.155	0.203	0.29
宁夏	0.145	0.058	0.071	0.360	0.480	0.627	0.125	0.173	0.241
新疆	0.038	0.054	0.182	0.086	0.109	0.195	0.129	0.175	0.282

（6）外贸依存度（DF）。外贸依存度指一定时期内商品的进出口总额[①]占国内生产总值的比重。该指标度量区域内各产业参与全球生产销售的水平和程度，衡量产业在世界市场中的融入情况。外贸依存度必须适度，数值过小就会导致产业市场出现闭关自守的状况，数值过大则会出现经济对外依存度过高的隐患（唐末兵等，2014）。

（7）R&D 人员投入（RP）。科技人员是推进产业结构高度化的内在关键因素和直接动力，科技人员在企业中从事的科技创新活动将不断提升生产过程中的专业化程度和社会化分工，最终调节产业系统内各个产业的比重。选择地区大中型工业企业研究与试验发展人员数占全国人数的比重表示（付宏等，2013）。

（8）金融发展度（FD）。金融业的蓬勃发展为新兴产业或工业提供资金和信贷支持，为中低技术产业转变注入活力。金融业的发展与省域的经济发展正相关，越发达的省域的金融市场配套设施越完善，这为技术集聚和产业集聚提供坚实的后盾。选择省域贷款余额占全国贷款余额的比重表示（付宏等，2013）。

7.3.3 区域产业结构高度化的空间特性分析

基于技术融合式创新与产业结构高度化间存在的耦联扩散关系，本章从区域产业结构高度化的空间相关性和空间扩散性两个方面探究其空间特性。

7.3.3.1 空间相关性

（1）全局相关性。全局相关性主要用于分析相邻地域间的空间关联性。本章将其用于探究垂直式知识溢出下技术融合式创新驱动产业结构高度化的问题，分析区域间的关联度。使用全局 Moran's I 指数测度全局相关性。而垂直式知识溢出分为前向知识溢出效应和后向知识溢出效应，于是分别测算不同溢出效应形式下的全局 Moran's I 指数。如图 7－11 所示。

① 用每年的汇率将进出口总额的美元单位换算成人民币。

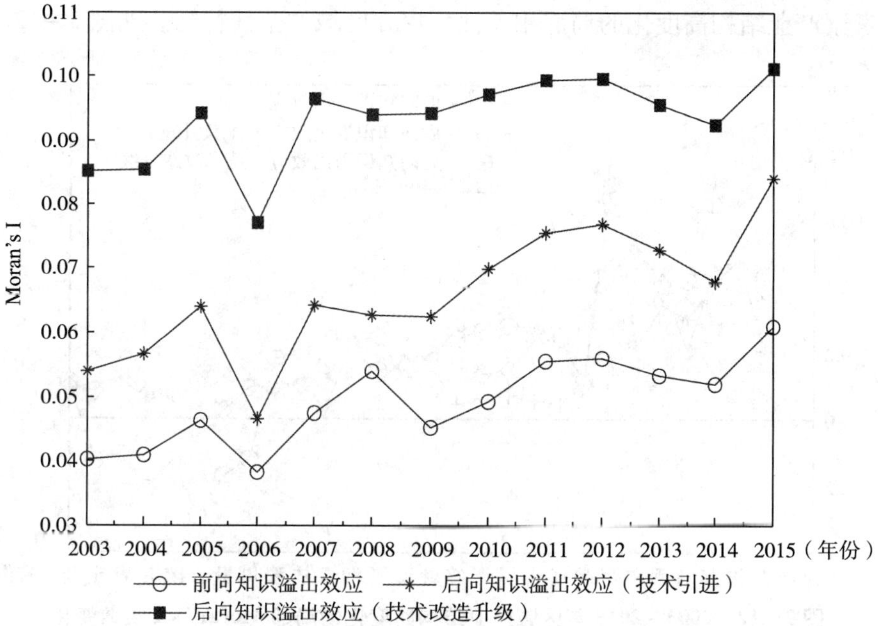

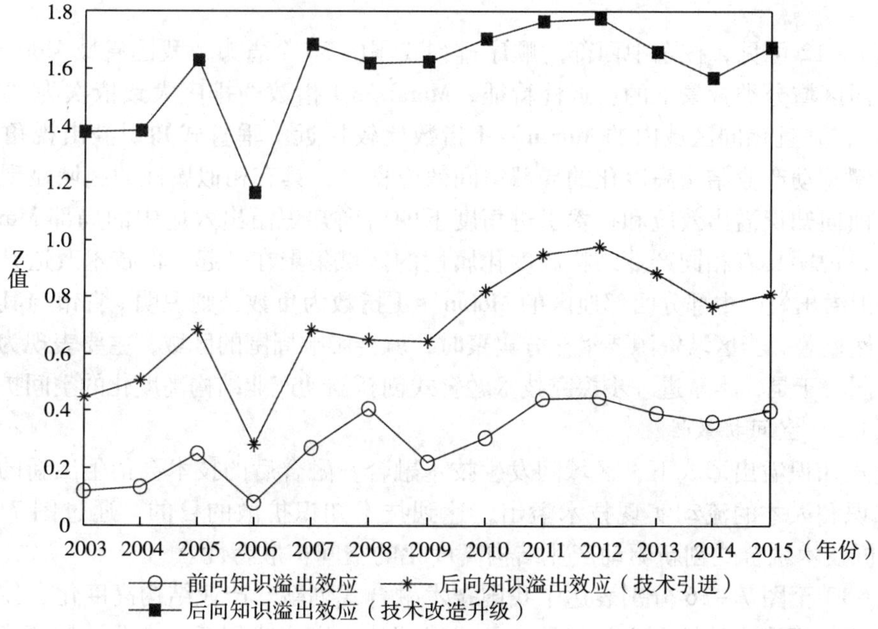

图 7－11 2003～2015 年区域产业结构高度化的全局 Moran's I 指数和 Z 值变化

由图 7－11 可见，2003～2015 年我国的所有 Moran's I 指数均大于 0，说明我国省域之间的产业结构高度化的空间分布呈全局正向关联关系，并非是随机存在的。在三种知识溢出效应的空间权重矩阵下，Moran's I 指数呈现出在波动中整体上升的特性，这说明三种知识溢出形式下产业结构高度化的区域空间依赖性较强，区域空间的集聚扩散效应显著。

（2）局部空间相关性。我国的区域经济发展水平一直存在较大差异，这也将引致区域技术融合式创新和产业结构高度化出现区域发展的不平衡性。于是本章构建局部空间关联性指标考察产业结构高度化的局部相关性，探究区域的个性特征。如图 7－12 所示。

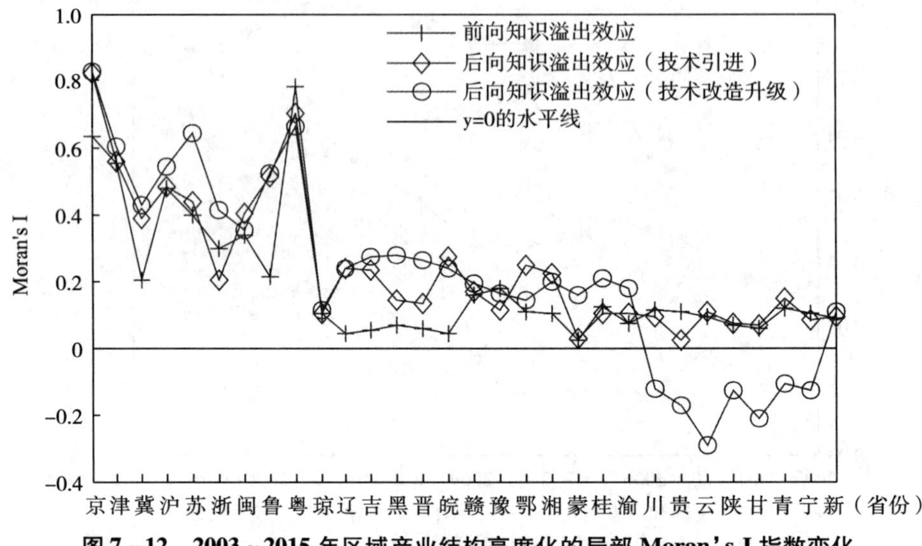

图 7－12　2003～2015 年区域产业结构高度化的局部 Moran's I 指数变化

由图 7－12 可见，按东中西部的顺序排列我国的 30 个省市，我国省域 Moran's I 指数呈现东中西区域分类背景下的相近性特征，Moran's I 指数的排序大致依次为“东部 > 中部 > 西部”，并且相同区域内的 Moran's I 指数比较接近。垂直式知识溢出视角下，技术融合式创新驱动产业结构高度化的局部空间效应良好，具有相似属性的区域显现出局部集聚效应。前向知识溢出效应和技术引进角度下的后向知识溢出效应中的局部 Moran's I 指数均为正，说明具有相同产业结构高度化属性的区域集聚在一起。但技术改造升级角度下的后向知识溢出效应中部分西部地区的 Moran's I 指数为负数，则说明 i 省市与其邻近省域的负相关性显著。当区域资源要素充分集聚时，就会影响周围的区域，主要表现为知识溢出的形式不同。于是，本章进一步探究技术融合式创新驱动产业结构高度化的空间扩散性质。

7.3.3.2　空间扩散性

垂直式知识溢出形式下，区域间发生技术融合，融合后的技术会衍生出新的技术，继而通过知识和人才的流动实现技术溢出，达到技术知识扩散的目的。通过图 7－13 至图 7－16 分析技术融合式创新驱动产业结构高度化的空间扩散特性。

图 7－13 至图 7－16 分别表达了我国技术融合式创新、产业结构高度化、技术溢出和制度质量的空间演变特性和空间格局，可见我国技术融合式创新、产业结构高度化及其关联变量的空间结构均呈现显著的外溢性和空间分布的非平稳性。以图 7－13 为例，我国的技术融合式创新呈现出以津京唐、长三角、珠三角和东三省地区为集聚中心的“中心—外围”格局，技术融合式创新分别以北京市、上海市、广东省和黑龙江省为增长极向周边省市辐射，即技术融合式创新体现出外向式扩散的特性。技术融合式创新强度的分布密度呈现出“东部 > 中部 > 西部”的整体变化趋势，在垂直式知识溢出效应的作用形式下，技术融合式创新的外部性显著，通过技术融合扩散的形式实现技术外溢。同理，其他变量也呈现较显著的区域扩散性。

综上可见，我国技术融合式创新、产业结构高度化、技术溢出和制度质量的空间分布

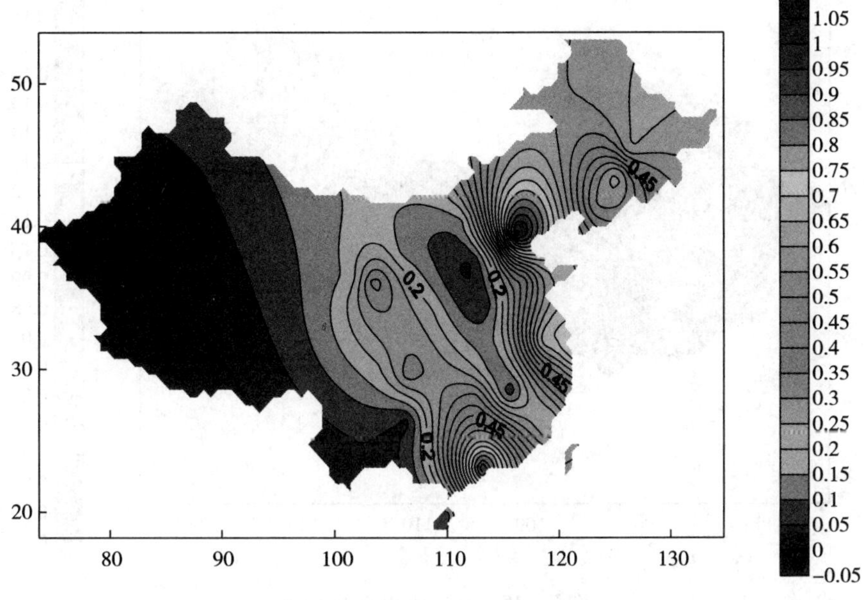

图 7-13 技术融合式创新空间扩散

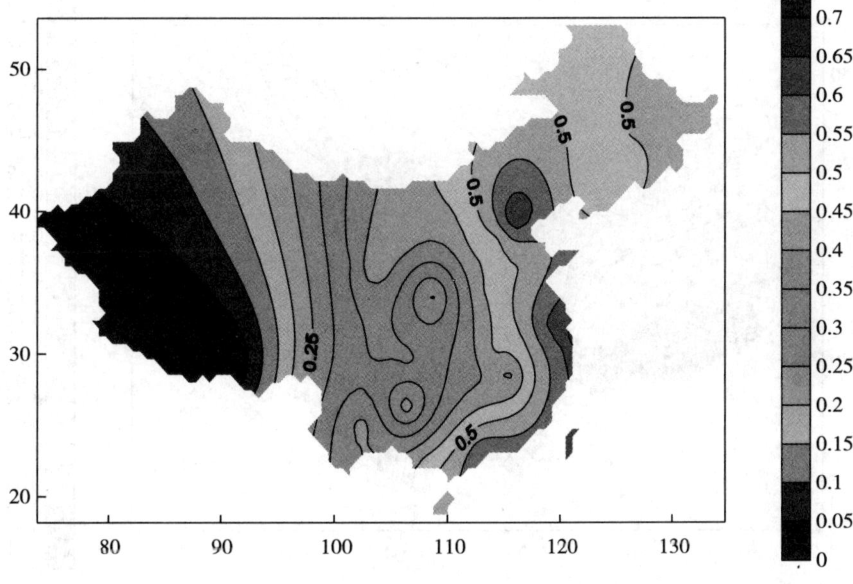

图 7-14 产业结构高度化空间扩散

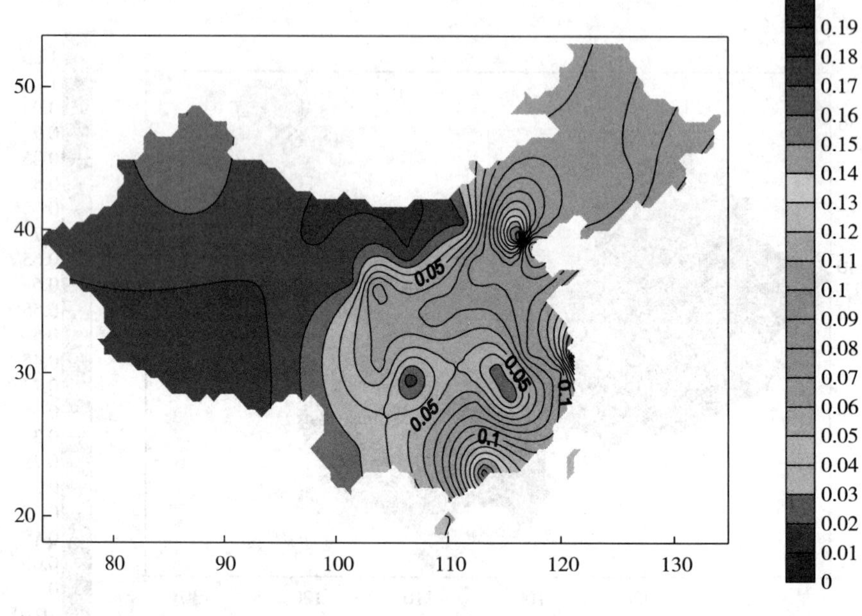

图7－15　技术溢出空间扩散

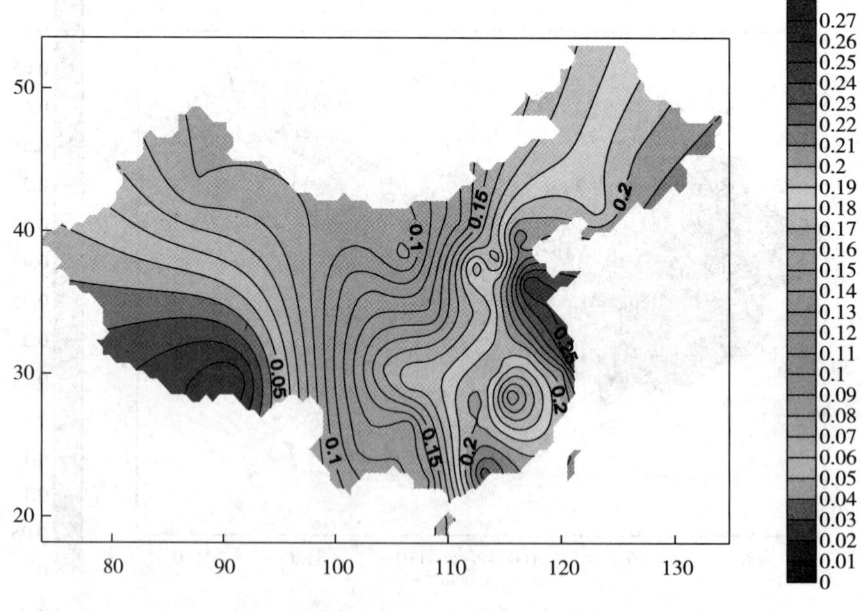

图7－16　制度质量空间扩散

图均呈现出以津京唐、长三角和珠三角为增长极的中心扩散特性。那么，垂直式知识溢出背景下，区域技术融合式创新驱动产业结构高度化的作用效应如何？是否还存在显著的技术外溢性？本章将通过区域技术融合式创新驱动产业结构高度化的实证分析探究其空间

效应。

7.3.4　技术融合式创新驱动产业结构高度化的实证结果分析

7.3.4.1　构建技术融合式创新驱动产业结构高度化的测算模型

为考察技术融合式创新对产业结构高度化的驱动效应，本章先设定如式（7－9）所示不包含空间效应的线性面板数据模型。

$$SO_{it} = \alpha_0 + \alpha RI_{it} + X_{it}\gamma + v_{it} \tag{7-9}$$

其中，SO_{it}为 i 省在 t 年的产业结构高度化；RI_{it}指省域技术融合式创新变量；X_{it}指其他影响产业结构高度化的控制变量。本章认为制度质量 IQ 和外贸依存度 DF 是影响产业结构高度化的主要因素。

于是，基于 Gauss－Markov 假说，假定式（7－10）中的变量相互独立，那么忽略了地域间相互作用机制的模型将不符合现实中区域间存在普遍联系的事实，于是需进一步加入被解释变量的空间加权项。此外，本章认为垂直式知识溢出效应包括前向知识溢出效应和后向知识溢出效应。而前向知识溢出效应主要表现为下游产业向上游产业的溢出效应，于是选择中低技术产业的技术溢出与前向知识溢出效应空间权重矩阵的乘积表示前向知识溢出效应。同理，后向知识溢出效应表现为上游产业向下游产业的溢出效应，选择高技术产业的模仿创新与后向知识溢出效应空间权重矩阵的乘积表示后向知识溢出效应，并从技术引进和技术改造升级两个角度分别探究后向知识溢出效应的作用形式。由于原始的空间自回归模型主要用于研究相邻省域的行为对其他省域行为产生的直接影响，即溢出效应。本章为了避免产业结构高度化的溢出效应对前后向知识溢出效应的影响，构建如下两区制的空间计量模型进行分析（龙小宁等，2014）。

模型 1：$SO_{it} = \alpha RI_{it} + \beta_1 W^F TS_{it} + \beta_2 W^{BR} II_{it} + \gamma_1 IQ_{it} + \gamma_2 DF_{it} + \varepsilon_{it}$，$\varepsilon_{it} = \lambda W^F \varepsilon_{jt} + u_{it}$　（7－10）

模型 2：$SO_{it} = \alpha RI_{it} + \beta_1 W^F TS_{it} + \beta_2 W^{BR} II_{it} + \gamma_1 IQ_{it} + \gamma_2 DF_{it} + \varepsilon_{it}$，$\varepsilon_{it} = \lambda W^{BR} \varepsilon_{jt} + u_{it}$　（7－11）

其中，TS_{it}为 i 省 t 年中低技术产业的技术溢出；II_{it}为 i 省 t 年高技术产业的模仿创新；IQ_{it}指 i 省 t 年的制度质量；DF_{it}指 i 省 t 年的外资依存度；W^F 表示前向知识溢出效应的空间权重矩阵；W^{BR}表示后向知识溢出效应的空间权重矩阵；ε_{it}为误差扰动项；u_{it}为残差扰动项。

7.3.4.2　技术融合式创新驱动产业结构高度化的实证结果和检验

上述模型 1 和模型 2 中各变量的描述性统计如表 7－4 所示。

表 7－4　实证变量的描述性统计

变量	表示方法	样本数	最大值	最小值	均值	标准差
技术融合式创新	*RI*	390	5.234	0.003	0.235	0.438
产业结构高度化	*SO*	390	1.241	0.081	0.458	0.169
模仿创新	*II*	390	10.753	0.001	0.259	1.068
技术溢出	*TS*	390	2.875	0.002	0.034	0.181

续表

变量	表示方法	样本数	最大值	最小值	均值	标准差
制度质量	*IQ*	390	0.528	0.075	0.182	0.069
外贸依存度	*DF*	390	0.037	0.001	0.007	0.008
R&D 人员投入	*RP*	390	0.136	0.001	0.033	0.032
金融发展度	*FD*	390	0.124	0.003	0.033	0.027

同样选择 MLE 测算模型的结果，分别得出全国以及分区域（东部、中部和西部①）的实证结果，如表 7－5 所示。

表 7－5　技术融合式创新驱动产业结构高度化的结果（模型 1）

变量	全国	东部	中部	西部
RI	0.064 ** (1.115)	0.092 *** (3.024)	0.058 * (1.236)	0.018 *** (2.528)
$W^F * TS$	0.036 *** (2.744)	0.045 * (1.622)	0.025 * (1.688)	−0.016 *** (−2.735)
$W^{BR} * II$	0.051 * (1.023)	0.049 ** (2.117)	0.032 *** (5.209)	0.025 * (1.648)
IQ	0.706 *** (5.338)	0.755 *** (4.705)	0.607 * (1.851)	0.182 * (1.172)
DF	1.589 ** (2.178)	1.168 * (1.774)	1.136 * (1.600)	−4.597 (−0.929)
RP	0.905 (0.383)	0.936 * (1.106)	0.709 ** (2.147)	0.775 * (1.877)
FD	0.821 *** (4.663)	1.211 *** (5.776)	0.518 ** (2.115)	0.181 (0.592)
λ	0.326 *** (4.771)	0.529 *** (7.997)	0.459 ** (2.124)	0.323 (5.293)
logL	358.338	129.303	196.641	227.570
R^2	0.723	0.733	0.371	0.914
σ^2	0.009	0.008	0.008	0.012

注：*、** 和 *** 分别表示在 10%、5% 和 1% 的显著性水平下通过显著性检验，括号内为 t 值。

由表 7－5 可见，在前向知识溢出角度下，首先，除西部地区外，技术融合式创新对产业结构高度化产生显著的正向空间滞后效应。说明东部和中部地区的大部分中低技术产业会向高技术产业发生知识溢出，即东中部地区的中低技术产业主要依靠吸收外来技术溢

① 本章分析全国 30 个省市的实证结果，将我国分成东部、中部和西部三个区域。其中，东部包括北京、天津、河北、黑龙江、上海、江苏、浙江、福建、山东、广东和海南共 11 个省市；中部包括山西、辽宁、吉林、安徽、江西、河南、湖北和湖南共 8 个省市；西部包括内蒙古、广西、重庆、四川、贵州、云南、陕西、甘肃、青海、宁夏和新疆共 11 个省市。

出的形式进行模仿创新以提升自身的技术融合式创新能力，其具备模仿以实现二次创新的条件和能力，此部分的新兴技术会向高技术产业溢出。西部地区的技术融合式创新能力和基础设施较弱，导致其对产业结构高度化的前向溢出效应不显著。上述结论与区域技术融合式创新驱动产业结构高度化的耦联扩散系统中的正反馈效应相吻合，验证了假设 1 的正确性。其次，前向知识溢出下的技术溢出和后向知识溢出下的模仿创新（西部除外）的空间溢出效应显著为正，说明本区域内高技术产业和中低技术产业间技术溢出和模仿创新的外部性能显著提升周边区域的产业结构水平。再次，技术溢出（前向知识溢出）角度的空间溢出效应均小于模仿创新（后向知识溢出）角度的空间溢出效应，中低技术产业主要通过向其邻近区域的高技术产业模仿创新的形式实现自身的产业结构高度化，中低技术产业的技术融合式创新能力低，但若其能充分利用后向知识溢出效应，吸收外来先进的技术知识进行模仿创新，其将能实现区域技术融合式创新能力的“跨越式”发展，提升区域产业结构高度化水平。结果显示在区域技术融合式创新驱动产业结构高度化的耦联扩散系统中，知识溢出会以不同的形式影响高低技术产业间的相互作用，进而对产业结构高度化的正向作用效应，验证了假设 2 的正确性。最后，制度质量、外贸依存度、R&D 人员投入和金融发展度在水平式和垂直式知识溢出的作用下，正向促进产业结构高度化，这与区域技术融合式创新驱动产业结构高度化的耦联扩散系统内正反馈环的正向促进作用相一致，验证了假设 3 的正确性。

表 7－6　技术融合式创新驱动产业结构高度化的结果（模型 2）

变量	全国	东部	中部	西部
RI	0.082* (1.113)	0.096*** (2.830)	0.053* (1.312)	0.018*** (2.58)
$W^F \times TS$	0.094** (2.107)	0.082* (1.498)	0.079*** (2.556)	0.055*** (2.735)
$W^{BR} \times II$	0.105* (1.656)	0.090 (0.563)	−0.071 (−0.463)	0.062** (2.128)
IQ	0.613*** (4.635)	0.933*** (5169)	0.458* (1.346)	0.182* (1.172)
DF	1.511** (2.116)	1.759* (1.457)	1.247** (2.125)	−1.596** (−2.212)
RP	1.828** (2.198)	1.676* (1.471)	1.645** (2.166)	1.552** (1.877)
FD	0.790*** (4.514)	0.528*** (5.277)	0.353* (1.472)	0.181* (1.536)
λ	0.352*** (5.077)	0.606*** (5.540)	0.312** (2.210)	0.386*** (5.293)
log*L*	360.781	117.057	94.756	257.570
R^2	0.726	0.661	0.332	0.914
σ^2	0.009	0.010	0.009	0.005

注：*、**和***分别表示在10%、5%和1%的显著性水平下通过显著性检验，括号内为t值。

由表7-6可见，在后向知识溢出空间权重矩阵下，首先，技术融合式创新对产业结构高度化产生显著的空间滞后效应，说明高技术产业对中低技术产业的知识溢出效应显著，区域内的中低技术产业通过吸收高技术产业知识溢出是促进产业结构高度化的有效途径。对比表7-5和表7-6可知，除中部地区外，后向知识溢出矩阵下的空间滞后效应大于前向知识溢出矩阵下的空间滞后效应，说明高技术产业对中低技术产业的知识溢出效应更显著，不具备扎实的技术融合式创新能力的中低技术产业应充分利用和消化吸收高技术产业的技术知识存量，实现自身的高技术化，驱动产业结构高度化。当发生前向知识溢出时，周边区域主要通过吸收技术溢出的形式提升本区域的技术融合式创新水平，进而实现产业结构高度化。当发生后向知识溢出时，本区域主要通过模仿创新的形式吸收周边区域的知识溢出外部性，实现技术融合式创新，驱动产业结构高度化。制度质量能提升区域的知识存量，提升区域的创新潜能，促进垂直式知识溢出，进而推动产业结构高度化。外贸依存度的提升和下降均有助于提升我国的国际交流频率，增加我国的外商投资活动，那么区域可以通过垂直式知识溢出的形式吸收外来先进知识，促进产业结构高度化。R&D人员投入的增加能高效驱动产业的专业化分工，提升产业技术创新效率，优化产业系统，调节产业结构。金融业的快速发展助力企业摆脱融资难的问题，为企业提供充足的技术创新资金，实现产业结构高度化。

本章在进行技术融合式创新驱动产业结构高度化实证结果的估计时，分别选择了前向知识溢出效应和后向知识溢出效应的估计模型，并且这些模型得出的结果显示各变量的正负向以及显著性都大致趋于一致，说明本章的估计模型具有较高的稳健性。为保证本章构建的两区制空间计量模型在解析技术融合式创新驱动产业结构高度化实证分析中的稳健性，本章将通过变换指标的形式进一步检验实证结果的稳健性。上述实证结果表明，外贸依存度系数的绝对值对产业结构高度化的作用效应最大，因此本章选择技术资本存量（*TCS*）替代外贸依存度（*DF*）进行稳健性检验。技术资本存量源于技术引进或者自主研发，是一个知识的累积到再创造的过程，能够在一定程度上推进产业结构高度化，使产业部门的生产率水平出现差异性，进而出现要素投入从低生产率部门流向高生产率部门的现象，提升全社会的生产率水平，逐渐扩大区域产业规模，实现高技术产业主导产业升级的目标。本章选择省域科技资本存量衡量技术资本存量，包括技术引进经费支出和自主研究与开发经费支出，参照吴延兵的方法计算科技资本存量①，选取的折旧率为15%（吴延兵，2008；樊纲等，2011）[227]。最终使用科技资本存量占全国科技资本存量的比重度量技术资本存量。得到如表7-7所示结果（以模型1为例）。

由表7-7同样可见，大多数技术融合式创新驱动产业结构高度化变量的正负性与表7-5的结果趋于一致，即通过变换模型后得出的实证结果与原结果相同，说明本章构建的两区制空间计量模型是稳健的。

在估计过程中，上述模型同样可能存在双向因果关系或逆向因果关系等原因造成的模型内生性问题，如某一区域的制度质量不合理而导致产业结构高度化过程受阻，于是选择工具变量法克服上述问题。选择工具变量的原则是工具变量需要与被解释变量的扰动项不

---

① 吴延兵用永续盘存法测算了R&D存量，即 $K_{it}^R = E_{it}^R + (1-\delta) K_{i,t-1}^R$。其中，$K^R$ 表示R&D资本存量；E^R 为 *R&D* 支出；δ 为折旧率；t 为时间；i 为地区。本章借鉴其方法测算科技资本存量。

相关但与内生解释变量高度相关，于是本章构建的工具变量为［$w^F RI$，$w^{F^2} RI$］（Alvarez 和 Arellano，2003；Lee 和 Yu，2014）[228]，并选择模型 1 进行模型的内生性检验，得出的工具变量回归结果如表 7－8 所示。

表 7－7 技术融合式创新驱动产业结构高度化的结果（替换指标）

变量	全国	东部	中部	西部
RI	1.032* (1.145)	0.091*** (3.028)	0.075 (0.302)	0.018*** (2.516)
$W^F \times TS$	0.082 (0.558)	0.076 (0.310)	0.072*** (4.778)	0.067* (1.714)
$W^{BR} \times II$	0.050*** (4.399)	0.093** (2.128)	0.053* (1.068)	0.051*** (3.163)
IQ	0.793*** (6.207)	0.790*** (5.045)	0.779*** (2.547)	0.532*** (2.638)
TCS	1.729* (1.101)	1.132** (2.161)	0.953 (0.471)	0.721* (1.200)
RP	0.257* (1.098)	1.055** (1.717)	1.033** (2.154)	0.998*** (2.332)
FD	1.789*** (4.412)	1.062*** (5.052)	0.937* (1.869)	−0.156 (−0.447)
λ	0.326*** (4.774)	0.548*** (8.591)	0.315** (2.169)	0.313*** (4.798)
logL	356.416	130.129	95.412	253.501
R^2	0.720	0.738	0.352	0.908
σ^2	0.009	0.008	0.009	0.003

注：*、**和***分别表示在 10%、5%和 1% 的显著性水平下通过显著性检验，括号内为 t 值。

表 7－8 技术融合式创新驱动产业结构高度化的内生性检验（模型 1）

变量	全国	东部	中部	西部
常数项	0.352*** (15.321)	0.646*** (17.210)	0.476*** (10.329)	0.303*** (8.424)
RI	0.188 (1.012)	0.091*** (3.366)	0.052* (1.516)	0.025* (1.396)
$W^F * TS$	0.387* (1.949)	0.142* (1.435)	0.123*** (5.556)	0.107 (0.482)
$W^{BI} * II$	0.080*** (6.483)	0.093*** (4.972)	0.076* (1.395)	0.070*** (3.822)

续表

变量	全国	东部	中部	西部
IQ	0.080 (0.682)	0.795*** (5.156)	0.146* (1.131)	0.140* (0.893)
DF	1.508*** (6.937)	1.937*** (4.748)	1.210 (0.728)	1.115*** (5.127)
RP	1.383* (1.749)	1.580* (1.902)	1.153** (2.137)	1.089*** (2.878)
FD	0.594* (1.225)	1.085** (2.167)	0.474* (1.637)	0.551*** (2.704)
F	25.820***	11.480***	6.560***	6.510***
Sargan	11.462***	9.286**	4.029**	6.359**

注：*、**和***分别表示在10%、5%和1%的显著性水平下通过显著性检验，括号内为t值。

表7-8解析了工具变量条件下的回归结果。结果显示所有的工具变量均通过Sargan检验，各个变量的正负性水平与表7-5、表7-6的结果基本一致。这进一步验证了在前向知识溢出效应和技术引进的后向知识溢出效应下，技术融合式创新对产业结构高度化的正向作用。技术改造升级的后向知识溢出效应下，技术融合式创新对产业结构高度化的负向作用。

7.4 本章小结

本章选择2003～2015年我国的省域面板数据，首先，从创新链和产业链融合的角度定义技术融合式创新，选择知识溢出的其中一个维度即垂直式知识溢出，量化并测算了技术融合式创新、前向知识溢出空间权重矩阵和后向知识溢出空间权重矩阵；其次，构建系统动力学模型阐述了知识溢出下区域技术融合式创新驱动产业结构高度化的耦联扩散机制；最后，构建两区制空间计量模型，深入分析两种垂直式知识溢出下技术融合式创新驱动产业结构高度化的空间效应。

研究表明：①本区域内技术融合式创新的外部性能显著驱动周边区域的产业结构高度化，表现为前向知识溢出下（西部除外）和后向知识溢出下的技术融合式创新对产业结构高度化的显著的正向空间滞后效应；②除中部地区外，后向知识溢出矩阵下的空间滞后效应大于前向知识溢出矩阵下的空间滞后效应；③省域高技术产业主要通过技术溢出的形式向邻近区域的中低技术产业发生后向知识溢出，促进邻近区域的中低技术产业实现产业结构高度化，低技术产业主要通过模仿创新的形式吸取邻近区域高技术产业的前向知识溢出外部性，促进邻近区域中低技术产业的产业结构高度化；④劳动力资源、FDI、融合式技术创新收益和产业结构优化等要素是区域技术融合式创新子系统和产业结构高度化子系统耦联扩散的核心因素；⑤制度质量、外贸依存度、R&D 人员投入和金融发展度通过正向作用于技术融合式创新，对产业结构高度化产生有效的促进作用；⑥技术融合式创新等变量呈现以津京唐、长三角、珠三角和东三省地区为集聚中心的“中心—外围”格局，技术融合式创新分别以北京市、上海市、广东省和黑龙江省为增长极向周边省市辐射，技术融合式创新强度的分布密度呈梯度变化趋势。

8 土地财政制度、技术创新与产业结构升级*

8.1 土地财政、技术创新水平和产业结构升级的作用机理分析

首先，对土地财政推动技术创新的作用机理进行分析，阐述在土地财政制度导向下资源向创新部门流动，进而提升技术创新水平的机制。在推动作用的机理分析基础上，加入土地财政通过影响政府投入和人才流动对技术创新产生的作用，分析土地财政对技术创新的非线性作用和空间作用机制。其次，分析土地财政对产业结构升级的作用机理。

8.1.1 土地财政对技术创新的推动作用

Hansen 和 Prescott（2002）[229]从土地对全要素生产率影响的角度建立模型，验证了经济发展从土地资源密集型的马尔萨斯增长（Malthus technology）向技术进步导向的索洛增长（Solow technology）的过程。岳树民和卢艺（2016）[230]在 Hansen 和 Prescott 的模型中加入了土地财政的因素，将其运用于中国经济增长问题的研究。在该模型的基础上，本章对土地财政推动资源从传统部门向创新部门转移的机理进行分析。

Hansen 和 Prescott 模型中的假设如下：①一个经济体中存在两个部门，部门 1 是依靠土地等传统资源的马尔萨斯部门（Malthus Sector），部门 2 是新兴的索洛部门（Solow Sector）；②在马尔萨斯部门中的生产要素包括资本、劳动力和土地，而索洛部门的生产要素仅有资本和劳动力；③土地要素的供给是固定的，土地资源既不能被生产出来，也不会削减。

由于在实际的生产活动中，尤其是房地产行业蓬勃发展的情况下，土地资源在新兴产业也发挥了重要作用。因此，本章在 Hansen 和 Prescott 模型的基础上把土地要素加入索洛部门的生产函数中，并且假设两部门中要素的使用成本存在差异。

在经济体中土地的供给是一定的，记为 L，其中用于马尔萨斯部门的部分为 L_m，用于

* 该章部分成果由陶长琪、刘振撰写，发表在《财贸经济》2017 年第 2 期，第 54 ~ 63 页。

索洛部门的记为 L_s。同样地，资本和劳动力分别记为 K_m 和 K_s、N_m 和 N_s，则有：

$$L = L_m + L_s \tag{8-1}$$

$$K = K_m + K_s \tag{8-2}$$

$$N = N_m + N_s \tag{8-3}$$

马尔萨斯部门的生产函数可以表示为：

$$Y_m = A_m K_m^{\alpha} N_m^{\beta} L_m^{1-\alpha-\beta} \tag{8-4}$$

对应的索洛部门的生产函数为：

$$Y_s = A_s K_s^{\theta} N_s^{\varphi} L_s^{1-\theta-\varphi} \tag{8-5}$$

其中，Y_m、Y_s 为两部门的产出，A_m 和 A_s 为两部门的全要素生产率。企业的生产活动目的是利润的最大化，因此将企业生产的资本租金率、劳动力租金率即工资率、土地租金率分别记为 r、w 和 q，则两部门在利润最大化前提下的目标函数为：

$$\max\{A_m K_m^{\alpha} N_m^{\beta} L_m^{1-\alpha-\beta} - r_m K_m - w_m N_m - q_m L_m\} \tag{8-6}$$

以及

$$\max\{A_s K_s^{\theta} N_s^{\varphi} L_s^{1-\theta-\varphi} - r_s K_s - w_s N_s - q_s L_s\} \tag{8-7}$$

该经济体的利润最大化函数为：

$$\max\{(A_m K_m^{\alpha} N_m^{\beta} L_m^{1-\alpha-\beta} - r_s K_m - w_s N_m - r_s L_m) + (A_s K_s^{\theta} N_s^{\varphi} L_s^{1-\theta-\varphi} - r_s K_s - w_s N_s - q_s L_s)\} \tag{8-8}$$

在得到利润最大化前提下两部门的生产函数关系之后，进一步考虑资源在两部门之间的配置情况。对上述函数关于资本、劳动力和土地求导，获得在资源配置达到均衡状态时马尔萨斯部门的资本租金率 r、工资率 w 和土地租金率 q：

$$r_m = \alpha A_m K_m^{\alpha-1} N_m^{\beta} L_m^{1-\alpha-\beta} \tag{8-9}$$

$$w_m = \beta A_m K_m^{\alpha} N_m^{\beta-1} L_m^{1-\alpha-\beta} \tag{8-10}$$

$$q_m = (1-\alpha-\beta) A_m K_m^{\alpha} N_m^{\beta} L_m^{-\alpha-\beta} \tag{8-11}$$

根据式（8-9）、式（8-10）和式（8-11），可以求得马尔萨斯部门土地租金率与资本租金率、工资率的比值：

$$\frac{q_m}{r_m} = \frac{(1-\alpha-\beta) A_m K_m^{\alpha} N_m^{\beta} L_m^{-\alpha-\beta}}{\alpha A_m K_m^{\alpha-1} N_m^{\beta} L_m^{1-\alpha-\beta}} = \frac{1-\alpha-\beta}{\alpha} \cdot \frac{K_m}{L_m} \tag{8-12}$$

$$\frac{q_m}{w_m} = \frac{(1-\alpha-\beta) A_m K_m^{\alpha} N_m^{\beta} L_m^{-\alpha-\beta}}{\beta A_m K_m^{\alpha} N_m^{\beta-1} L_m^{1-\alpha-\beta}} = \frac{1-\alpha-\beta}{\beta} \cdot \frac{N_m}{L_m} \tag{8-13}$$

类似地，可以求得索洛部门土地租金率与资本租金率、工资率的比值：

$$\frac{q_s}{r_s} = \frac{(1-\theta-\varphi) A_s K_s^{\theta} N_s^{\varphi} L_m^{-\theta-\varphi}}{\theta A_s K_s^{\theta-1} N_s^{\varphi} L_s^{1-\theta-\varphi}} = \frac{1-\theta-\varphi}{\theta} \cdot \frac{K_s}{L_s} \tag{8-14}$$

$$\frac{q_s}{w_s} = \frac{(1-\theta-\varphi) A_s K_s^{\theta} N_s^{\varphi} L_m^{-\theta-\varphi}}{\varphi A_s K_s^{\theta} N_s^{\varphi-1} L_s^{1-\theta-\varphi}} = \frac{1-\theta-\varphi}{\varphi} \cdot \frac{N_s}{L_s} \tag{8-15}$$

在资本租金率和工资率一定的情况下，土地价格的上涨将导致 K_s/L_s 和 N_s/L_s 的升高，即资本和劳动力也将更大幅度地流向索洛部门。

在财政分权的制度下，地方政府为了招商引资和进行基础设施，依靠土地财政获取预算外收入，大量征用马尔萨斯部门的土地资源用于索洛部门的生产活动，因此相较于马尔萨斯部门的土地使用价格即土地租金率 q_m，索洛部门的土地价格 q_s 不断上涨，土地价格与资本资金率、工资率的比值也不断增大。在政府政策的导向下，土地资源流向索洛部门，为了追逐利润的最大化，资本和劳动力也随着土地资源向索洛部门配置。因此，土地财政政策不仅导致了土地资源向高利润的创新部门转移，也对资本和劳动力资源产生了带动作用。

在土地财政制度下，由于制度导向和土地价格优势，资本和劳动力资源也随着土地资源一起流向创新的索洛部门，对技术创新产生了直接的推动作用。但是，土地价格的过度增长也导致了一系列的副作用，土地财政通过这些副作用对技术创新也存在一定的间接影响。因此，与上文路径分析相对应，现将土地财政制度下的拥挤效应加入理论模型，对土地财政影响技术创新的间接作用进行分析。

Piras（2011）[231]指出公共支出存在拥挤效应。类似地，在土地财政制度下，地方政府土地财政收入以及公共支出的上升导致房价上涨，劳动者的生活成本上升，实际收入水平下降，劳动者受到挤出效应的影响。因此，在前文加入土地因素的生产函数模型基础上，考虑土地财政所导致的拥挤效应。本章借鉴 Piras 的做法，在生产函数中引入拥挤系数 ρ，对土地财政下政府支出与人才流动的非线性关系进行分析。企业的产出模型为：

$$Y=AK^{\alpha}\left(\frac{L}{N^{\rho}}\right)^{\beta}N^{1-\alpha-\beta}=AK^{\alpha}L^{\beta}N^{1-\alpha-\beta-\rho\beta} \tag{8-16}$$

其中，A 表示技术进步，K、N 和 L 分别为第 t 期的资本、劳动力和地方土地财政水平，且有 $0<\alpha<1$，$0<\beta<1$，$0<\alpha+\beta<1$，$0\leqslant\rho\leqslant1$。则生产厂商的最优规划为：

$$\mathrm{Max}\Pi=AK^{\alpha}\left(\frac{L}{N^{\rho}}\right)^{\beta}N^{1-\alpha-\beta}-wN-rK \tag{8-17}$$

对式（8－17）求解得到：

$$r=\alpha AK^{\alpha-1}L^{\beta}N^{1-\alpha-\beta-\rho\beta} \tag{8-18}$$

$$w=(1-\alpha-\beta-\rho\beta)AK^{\alpha}L^{\beta}N^{-\alpha-\beta-\rho\beta} \tag{8-19}$$

由于此处分析土地财政对劳动力的挤出效应，因此重点考虑工资率 w 和土地财政水平 L 的关系。假设税率为 t，则劳动者的实际收入为：

$$w=(1-t)(1-\alpha-\beta-\rho\beta)AK^{\alpha}L^{\beta}N^{-\alpha-\beta-\rho\beta} \tag{8-20}$$

对式（8－20）关于 L 求导，有：

$$\frac{\partial w}{\partial L}=\beta(1-t)(1-\alpha-\beta-\rho\beta)AK^{\alpha}L^{\beta-1}N^{-\alpha-\beta-\rho\beta} \tag{8-21}$$

因为有 $\beta>0$ 和 $0<t<1$，因此当拥挤系数 ρ 低于临界值，即 $\rho<(1-\alpha-\beta)/\beta$ 时，$\partial w/\partial L>0$，即劳动者的工资率随土地财政水平的升高而上涨，土地财政水平的提升导致劳动者效用提升，对劳动力产生吸引作用；而当拥挤系数 ρ 高于临界值，即 $\rho>(1-\alpha-\beta)/\beta$ 时，$\partial w/\partial L<0$，地区出现过度拥挤的现象，劳动者的实际工资率开始随着土地财政水平的提升而下降，土地财政对人才具有挤出作用，进而对生产活动和创新产出产生负面影响。

8.1.2 土地财政对技术创新水平的空间作用机制

土地财政和政府支出对劳动力迁移的影响呈现倒 U 形特征。从空间上看，由于邻近地区地方政府的晋升竞争，这种拥挤效应又呈现出空间相关性特征。地方政府官员受到晋升激励，通过土地出让获得财政收入进行地方建设，地区之间的竞争越大，土地财政水平越高。因此，本章借助李勇刚等（2013）[232]的晋升激励模型，在生产函数中加入晋升激励因素，对土地财政影响技术创新的空间效应进行分析。

在地区生产函数中加入制度因素 I_i 代表地方政府官员受到的晋升激励，则地区 i 的生产函数为：

$$Y_i = A_i K_i^{\alpha} I_i^{\beta} L_i^{\gamma} \tag{8-22}$$

其中，Y_i 表示地区 i 的产出，A_i 和 K_i 分别代表地区 i 的资源禀赋和资本投入，L_i 为土地财政水平。由于除了函数中包含的要素，还有其他要素投入对产出产生影响，因此 $\alpha+\beta+\gamma<1$。

地区 i 的地方政府效用函数为：

$$U_i = (1-t)Y_i + \lambda_i G_i + p_i^1 L_i \tag{8-23}$$

其中，t 为税率，λ_i 为地方政府的公共支出偏好，p_i^1 为地方政府的土地出让价格。假设地方政府财政收支相抵，则有：

$$G_i + C_i(I) + p_i^0 L_i \leqslant S + tY_i + T_i + p_i^1 L_i \tag{8-24}$$

其中，$C_i(I)$ 为地方政府官员晋升的成本函数，且有 $C_i'(I)>0$；p_i^0 为地方政府的土地征收价格，且有 $p_i^0<p_i^1$。将式(8-24)代入式(8-23)，得到：

$$U_i = (1-t)Y_i + \lambda_i[S + tY_i + T_i + p_i^1 L_i - C_i(I) + p_i^0 L_i] + p_i^1 L_i \tag{8-25}$$

对式（8-25）关于 I_i 求导，并使其等于0，有：

$$(1-t+t\lambda_i)\frac{\partial Y_i}{\partial I_i} - C'(I) = 0 \tag{8-26}$$

整理得：

$$\frac{\partial Y_i}{\partial I_i} = \frac{C'(I)}{1-t+t\lambda_i} \tag{8-27}$$

将式（8-27）代入式（8-22），得到：

$$L_i(A_i, K_i, I_i) = \left[\frac{C'(I) I_i^{1-\beta}}{(1-t+t\lambda_i)\beta A_i K_i^{\alpha}}\right]^{1-\gamma} \tag{8-28}$$

由于 $1-t+t\lambda_i>0$，地区 i 的土地财政水平 $L_i(A_i, K_i, I_i)$ 和产出 Y_i 均为 I_i 的增函数，即有 $\partial Y_i/\partial I_i>0$ 和 $\partial L_i/\partial I_i>0$。因此，在地区之间的晋升竞争下，各地区的政府官员处于晋升激励，纷纷通过土地出让获得财政收入进行地方建设，导致土地财政水平和产出水平攀升。土地财政水平的提升在空间上呈现出相关性特征，进而对技术创新水平产生空间溢出效应。

8.1.3 土地财政影响产业结构升级的作用机理

土地财政对产业结构升级的影响主要通过以下两条途径来实现：

（1）通过影响城市的土地使用结构和土地的使用成本直接促进相关产业的发展，带动产业结构趋于合理。首先，在工业化初期，在劳动力成本低廉、创新研发投入较少的环境下，制造业企业得到了快速发展。同时，在以 GDP 增长为政绩的指导下，地方政府通过推行土地优惠政策进行招商引资，廉价的劳力和地租使制造业产业快速发展，劳动力从农村流入城市，城镇化水平迅速提高。其次，由于城市土地产权明晰、流动性好，随着工业化的发展，土地价格不断上涨，出让收益低的制造业用地开始转向收益高的商业服务用地，第三产业发展快于第二产业。最后，在后工业化时期，随着土地市场机制的完善和房地产行业的发展，城市用地流向商品住房，第三产业的规模空前庞大。当然，我们也不能忽视由房价上涨推动产业发展所带来的不稳定因素。

（2）通过增加土地税收性收益加强了地方政府的财力，地方政府再通过财政投入的分配引导优势产业的发展，间接促进产业结构趋于合理。一方面，通过税收优惠和财政补贴改变扶持产业的比价关系，提高产品的潜在需求，引导该产业内企业扩大投资，利润上升。另一方面，税收优惠和财政补贴会通过收入效应和替代效应对所扶持产业的产品消费产生影响。收入效应是指税收优惠和财政补贴变相增加了消费者的实际购买力，使消费者预算外移，增加产品需求。替代效应是指税收优惠和财政补贴改变了产品的相对价格，从而改变消费者偏好，修改消费计划。毫无疑问，收入效应和替代效应将会影响各产业的产品产量，促使扶持产业的发展，从而优化产业结构。

土地财政制度直接影响了土地的供求关系，但对各产业间的其他资源配置未能产生较大影响。因此，土地财政一般对产业结构的合理化作用显著，而对产业结构高级化的作用相对有限。接下来，本章借鉴 Cai 和 Tresiman（2005）的做法，进行进一步的机理分析，假设社会的生产函数为：

$$Y_{it} = AK_{it}^{\alpha_i}L_{it}^{\beta_i}D_{it}^{\gamma_i} \tag{8-29}$$

其中，i 表示不同产业，t 表示时间，$\alpha_i > \beta_i > \gamma_i > 0$，$\alpha_i + \beta_i + \gamma_i < 1$，$A > 0$，$A$ 表示资源禀赋水平，长期不随时间 t 变化，K_{it}表示资本存量，L_{it}表示劳动力，D_{it}表示土地出让面积。另外，假定储蓄率为 s，劳动的增长率为 m_i，土地的增长率为 n_i。

由储蓄等于投资，资本增量为 sY_{it}，资本增长率为 $g_{ik} = sY_{it}/K_{it} = sA_{it}K_{it}^{\alpha-1}L_{it}^{\beta}D_{it}^{\gamma}$。求关于时间 t 的导数，有：

$$g'_{ik} = (\alpha-1)\cdot g_{ik}\frac{K'_{it}}{K_{it}} + \beta\cdot g_{ik}\frac{L'_{it}}{L_{it}} + \gamma\cdot g_{ik}\frac{D'_{it}}{D_{it}} \tag{8-30}$$

简化，得：

$$g'_{ik} = (\alpha-1)g_{ik}g_{ik} + \beta g_{ik}m_i + \gamma g_{ik}n_i \tag{8-31}$$

当 $g'_{ik} = 0$ 时，达到稳态。此时 $g_{ik} \neq 0$，所以有 $g_{ik} = \frac{\beta_i m_i + \gamma_i n_i}{1-\alpha_i}$。只考虑两种产业，即产业 i 和产业 j 时，我们计算产业 i 和产业 j 的产出增量之比为：

$$\frac{g_{ik}}{g_{jk}} = \frac{\beta_i m_i + \gamma_i n_i}{\beta_j m_j + \gamma_j n_j}\cdot\frac{1-\alpha_j}{1-\alpha_i} \tag{8-32}$$

根据产业经济学理论，产业结构的合理化是指产业与产业之间协调能力的加强和关联水平的提高。因此，产业结构合理化的核心在于协调，而产业结构的协调反映在以下四个方面：产业素质之间是否协调、产业之间联系方式是否有效、各产业之间相对地位是否适宜以及产业内部的供求是否平衡。其中，产业素质之间的协调程度是产业结构合理化的最主要目标，其反映了技术水平和劳动生产率的协调程度，一般用产业部门的国民收入份额与该部门的劳动力份额之比来衡量。

因此，这里以 $\ln(\frac{g_{ik}}{m_i}/\frac{g_{jk}}{m_j})$ 表示产业结构的合理化指标，δ 越接近零，则$\frac{g_{ik}}{m_i}/\frac{g_{jk}}{m_j}$越接近

1，产业结构越合理。于是：

$$\delta=\ln(1-\alpha_j)-\ln(1-\alpha_i)+\ln(1+\frac{\gamma_i}{\beta_i}\cdot\frac{n_i}{m_i})+\ln\beta_i-\ln(1+\frac{\gamma_j}{\beta_j}\cdot\frac{n_j}{m_j})-\ln\beta_j \tag{8-33}$$

化简，有：

$$\delta=\alpha_i-\alpha_j+\frac{\gamma_i}{\beta_i}\cdot\frac{n_i}{m_i}+\ln\beta_i-\frac{\gamma_j}{\beta_j}\cdot\frac{n_j}{m_j}-\ln\beta_j \tag{8-34}$$

针对不同产业 i、j、α、β、γ 值已确定，则 δ 值与 m_i、m_j、n_i、n_j 有关。

假定 $\delta=0$，有 $\frac{n_j}{m_j}=\frac{\beta_j}{\gamma_j}(\alpha_i-\alpha_j+\ln\beta_i-\ln\beta_j)+\frac{\gamma_i\beta_j n_i}{\beta_i\gamma_j m_i}$ (8-35)

由式（8-35）可知，$\frac{n_i}{m_i}$ 与 $\frac{n_j}{m_j}$ 存在正比关系，即当产业结构处于合理状态时，各产业的土地增长率和劳动增长率应当协调搭配。而由图 8-1 我们发现，总体上我国土地出让面积和土地出让金的变化有着较强的协同性。因此，基于数据的可获得性，后文将用土地出让金代替土地出让面积。

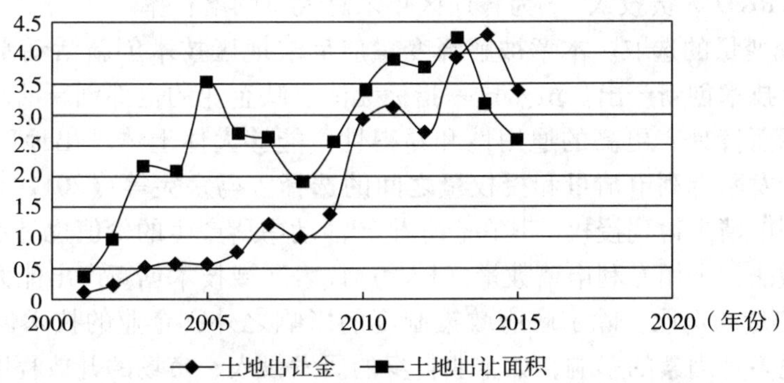

图 8-1　土地出让金和土地出让面积历年变化情况（为了显示方便，数据经过标准化处理）

8.2　土地财政影响技术创新水平的实证研究

8.2.1　土地财政对技术创新水平的门槛效应实证研究

基于前文的理论分析，本章利用我国 2001~2015 年 30 个省市的面板数据分析土地财政对技术创新的门槛效应。首先对相关变量进行选择，对所用数据进行说明和平稳性检验，其次建立面板门槛模型，并对模型估计结果进行分析。

8.2.1.1　变量选取与数据说明

本章以土地财政水平为解释变量，技术创新水平为被解释变量，同时考虑到土地财政通过影响政府财政科技支出和创新人才的流动对技术创新产生影响，因此加入了这两个变量，研究土地财政通过这两个因素对技术创新不同方向的作用。接下来对变量的选取进行具体说明。

（1）核心解释变量的选取。土地财政不仅包括土地出让收入，还涉及土地相关的税收收益，以抵押土地以获得银行贷款也是地方政府融资进行基础设施建设的手段之一。但是，在土地财政收入中土地出让收入占据的比重最大，并且土地出让收入属于预算外收入，地方政府拥有更大的自主支配的空间。因此，本章参照李勇刚等（2013）的做法，仅考虑土地出让收入，以土地出让收入（LAND）代表各地区的土地财政水平。

土地财政对技术创新的影响是通过政府创新投入（GOV）与创新人才流失（LM）实现的，因此本章分别从这两个角度进行实证研究。政府创新投入用各地区工业企业 R&D 经费内部支出中的政府资金衡量。创新人才流失难以用已有的统计指标表示，因此本章用人口增长率估计创新人才的理论值，再用实际 R&D 人员投入与理论值之间的差值表示创新人才的流失程度。创新人才的理论值用前一年的 R&D 人员投入与总人口增长率求得。即创新人才流失量为：

$$LM_t = L_{t-1} \times r_t - L_t \tag{8-36}$$

其中，L 为 R&D 人员投入，r 为各地区年末总人口的增长率。

（2）被解释变量的选取。本章被解释变量应反映地区技术创新活动水平。已有文献通常用专利衡量技术创新产出。虽然这一指标无法反映企业的全部创新活动及其产出，但相较于其他指标而言具有更高的通用性和易得性，能够大体上体现出地区的创新产出水平。另外，关于发明专利申请量和授权量之间的选择，冯宗宪等（2011）[233]指出，尽管有些发明与专利申请未得到授权，其在企业生产活动中所产生的价值也是不可忽视的，因此本章借鉴该做法，采用专利申请数量（PAT）代表区域技术创新产出能力。

（3）控制变量的选取。除了政府政策制度的影响之外，企业的技术创新活动和创新产出还受到其他多种因素的影响，如企业自身的研发投入、市场的开放程度以及企业之间的技术交流水平等。因此，本章参照冯宗宪等（2011）、戴魁早和刘友金（2016）[234]、李平和刘利利（2017）[235]的做法，设定影响地区创新效率的控制变量包括：

人均资本投入（CPL）。虽然政府的支持对技术创新产出的提升具有重要作用，但是企业作为创新主体，其自身研发投入仍是不可忽略的因素。李梅芳和赵永翔（2011）[93]指出，人均研发投入对企业技术创新行为存在决定性影响，本章采用 R&D 经费投入与 R&D 人员全时当量的比重表示人均研发资本，对企业的创新投入进行衡量。

对外开放水平（OPEN），采用各省进出口总额表示。地区的对外开放程度以及进出口贸易总量在一定程度上影响了本地区接受外来资本和技术的可能性。当前我国的技术创新水平与发达国家之间仍然存在差距，外商投资带来的技术是本地创新水平提升的重要原因。

产业结构（IND），采用各省第三产业产值占总产值的比重来衡量。一方面，第三产业越发达的地区对农业和工业的依赖性越小，技术创新活动越活跃；另一方面，第三产业的发展抬高了土地价格，对土地财政的收入也产生了影响。因此，在研究土地财政对技术创新的影响时，应考虑当地产业结构的作用。

企业间的技术交流水平（SPILL），采用技术市场成交额来衡量。区域内技术市场的交易额反映了当地企业之间的技术交流情况。企业技术交流越活跃的地区，技术的扩散和人才的流动带来的影响也就越广泛。

本章选取2001~2015年我国30个省、市、自治区（除去西藏和港澳台）为样本，相关数据来自《中国统计年鉴》《中国科技统计年鉴》以及《中国国土资源统计年鉴》。部分缺失数据依据前后年份数据用插值法进行补充。为了消除数据的异方差，本章采用各变量的对数形式。各变量的描述性统计结果如表8-1所示。

表8-1　变量的描述性统计

变量符号	变量名称	观测值	平均值	标准差	最小值	最大值
ln*PAT*	技术创新能力	450	7.3408	1.8333	1.6094	11.6580
ln*LAND*	土地财政水平	450	5.3259	1.6766	-0.1278	8.7185
ln*GOV*	政府创新投入	450	10.1117	1.5071	2.7081	12.8720
ln*LM*	创新人才流失	450	11.2536	0.6507	0.0076	11.4280
ln*CPL*	人均资本投入	450	3.0508	0.5384	1.0012	4.0573
ln*OPEN*	对外开放水平	450	14.4346	1.7252	10.0624	18.6685
ln*IND*	产业结构	450	3.6722	0.1643	3.3534	4.3554
ln*SPILL*	技术交流水平	450	3.2682	1.7181	-2.8151	8.0511

8.2.1.2　面板门槛模型的设定

由前文分析可知，土地财政对技术创新产出的影响存在非线性效应，因此本章采用Hansen（1999）提出的面板门槛模型进行实证研究。门槛模型描述了在不同的门槛变量水平下，解释变量对被解释变量的影响程度差异。

由于土地财政通过影响政府创新投入与创新人才流动，进而对区域技术创新产出产生影响，故将这两个变量也纳入模型当中，在以土地财政水平为门槛变量的同时，分别以这两个变量为核心解释变量建立模型，研究土地财政的不同水平下这两个因素对技术创新存在的差异性影响。因此，建立如下三个面板门槛模型：

模型1：以土地财政为门槛变量，分析不同土地财政水平下土地财政对技术创新水平的影响：

$$\ln PAT_{it} = \alpha_0 + \alpha_1 \ln CPL_{it} + \alpha_2 \ln OPEN_{it} + \alpha_3 \ln IND_{it} + \alpha_4 \ln SPILL_{it} + \alpha_5 \ln GOV_{it} + \alpha_6 \ln LM_{it} + \theta_1 \ln LAND_{it} \times I(\ln LAND_{it} \leqslant \gamma_1) + \theta_2 \ln LAND_{it} \times I(\ln LAND_{it} > \gamma_2) + \varepsilon_{it} \tag{8-37}$$

模型2：以土地财政为门槛变量，分析不同土地财政水平下土地财政通过政府创新投入对技术创新的影响：

$$\ln PAT_{it} = \alpha_0 + \alpha_1 \ln CPL_{it} + \alpha_2 \ln OPEN_{it} + \alpha_3 \ln IND_{it} + \alpha_4 \ln SPILL_{it} + \alpha_5 \ln LM_{it} + \theta_1 \ln GOV_{it} \times I(\ln LAND_{it} \leqslant \gamma_1) + \theta_2 \ln GOV_{it} \times I(\ln LAND_{it} > \gamma_2) + \varepsilon_{it} \tag{8-38}$$

模型3：以土地财政为门槛变量，分析不同土地财政水平下土地财政通过创新人才流失对技术创新的影响：

$$\ln PAT_{it} = \alpha_0 + \alpha_1 \ln CPL_{it} + \alpha_2 \ln OPEN_{it} + \alpha_3 \ln IND_{it} + \alpha_4 \ln SPILL_{it} + \alpha_5 \ln GOV_{it} + \theta_1 \ln LM_{it} \times I(\ln LAND_{it} \leqslant \gamma_1) + \theta_2 \ln LM_{it} \times I(\ln LAND_{it} > \gamma_2) + \varepsilon_{it} \tag{8-39}$$

8.2.1.3　土地财政对技术创新水平的门槛效应实证结果分析

（1）单位根检验。首先对面板数据的平稳性进行检验，以避免伪回归现象。常见的单位根检验方法包括 LLC 检验、IPS 检验、Fisher – ADF 检验、Fisher – PP 检验、Breitung 检验等。一般认为，通过其中两个或两个以上检验方法的检验，该数据就是平稳的。本章采用前四种方法对各变量的对数形式进行了检验。各变量取对数之后的平稳性检验结果如表 8 –2 所示。

表 8 –2　面板单位根检验结果

变量	LLC 检验	IPS 检验	ADF 检验	PP 检验	检验结果
ln*PAT*	–9. 296 ***	–3. 529 ***	7. 464 ***	7. 464 ***	平稳
ln*LAND*	–11. 367 ***	–4. 757 ***	12. 680 ***	7. 116 ***	平稳
ln*GOV*	–9. 894 ***	–4. 926 ***	9. 412 ***	10. 458 ***	平稳
ln*LM*	–5. 595 ***	–3. 383 ***	4. 721 ***	26. 711 ***	平稳
ln*CPL*	–6. 931 ***	–1. 776 **	7. 784 ***	7. 784 ***	平稳
ln*OPEN*	–6. 202 ***	0. 514	1. 749 **	–3. 170	平稳
ln*IND*	–5. 983 ***	0. 532	4. 197 **	2. 063 **	平稳
ln*SPILL*	–6. 622 ***	–1. 956 **	7. 744 ***	7. 744 ***	平稳

注：*、**、***分别表示在 10%、5% 和 1% 显著性水平上通过检验。

由平稳性检验结果可知，在四种方式的单位根检验中，样本数据的原始序列均通过了两种或两种以上的检验，因此认为各变量的原始序列为平稳序列，可用于面板回归分析。

（2）门槛效应检验。为了确定面板门槛模型中的门槛个数，需要验证模型是否存在门槛效应。因此分别对各个门槛变量的单门槛、双门槛以及三门槛的显著性进行检验，确定各模型的门槛个数，再求得门槛值。检验结果如表 8 –3 所示。

表 8 –3　门槛模型检验结果

	模型 1		模型 2		模型 3	
	F 值	P 值	F 值	P 值	F 值	P 值
单一门槛值检验	33. 14 ***	0. 000	22. 41 *	0. 067	25. 35 ***	0. 000
双重门槛值检验	18. 45 *	0. 067	17. 45 **	0. 033	18. 72 *	0. 067
三重门槛值检验	6. 97	0. 700	12. 48	0. 533	11. 31	0. 600

注：*、**、***分别表示在 10%、5% 和 1% 显著性水平上通过检验。

由表 8 –3 可知，模型 1、模型 2 和模型 3 均未通过三重门槛检验，但均通过了单一门槛值检验和双重门槛值检验，可视为三个模型均存在双门槛效应。其中，模型 1 和模型 3 的双门槛 F 统计值在 10% 的水平下显著，模型 2 在 5% 的水平下显著。因此在三个模型中，门槛变量都存在两个门槛值，将样本划分为三个区间，当门槛变量即土地财政跨过第一个和第二个门槛值时，土地财政水平、政府创新投入和创新人才流失对技术创新水平的影响系数都将发生改变。具体的回归结果如表 8 –4 所示。

表 8-4 门槛值估计结果

	解释变量	门槛变量	门槛个数	估计值	95%的置信区间
模型 1	土地财政水平	土地财政水平	门槛值 1	1.603	[1.399, 1.677]
			门槛值 2	6.918	[6.782, 6.922]
模型 2	政府创新投入	土地财政水平	门槛值 1	1.603	[1.399, 3.827]
			门槛值 2	7.452	[7.306, 7.482]
模型 3	创新人才流失	土地财政水平	门槛值 1	1.603	[1.399, 1.677]
			门槛值 2	7.452	[7.322, 7.482]

由表 8-4 可知，土地财政可分为低水平、中水平和高水平三个区间。模型 1 中土地财政对技术创新影响的门槛值为 1.603 和 6.918，模型 2 和模型 3 中的门槛值为 1.603 和 7.452。在不同区间内，核心解释变量的估计系数有所不同，说明在不同的土地财政水平下，土地财政以及其通过政府创新投入和创新人才流失对技术创新产出产生的影响存在差异。

（3）门槛效应估计结果。根据模型的检验和估计结果，可以认为模型 1、模型 2、模型 3 均存在双重门槛效应。对三个门槛效应模型进行回归分析，估计结果如表 8-5 所示。

表 8-5 门槛模型回归结果

	模型 1	模型 2	模型 3
ln*CPL*	0.472*** (5.42)	0.623*** (7.35)	0.631*** (7.48)
ln*OPEN*	0.347*** (4.73)	0.539*** (8.02)	0.529*** (7.88)
ln*IND*	0.804*** (2.85)	0.777*** (2.66)	0.739** (2.53)
ln*SPILL*	0.212*** (6.43)	0.263*** (8.00)	0.264*** (8.06)
ln*LAND*（区间 1）	1.808*** (6.04)		
ln*LAND*（区间 2）	0.208*** (5.16)		
ln*LAND*（区间 3）	0.250*** (5.98)		
ln*GOV*	0.358*** (8.05)		0.395*** (8.82)
ln*GOV*（区间 1）		0.481*** (9.45)	

续表

	模型1	模型2	模型3
ln*GOV*（区间2）		0.390*** (8.70)	
ln*GOV*（区间3）		0.424*** (9.40)	
ln*LM*	-0.075** (-2.37)	-0.070** (-2.16)	
ln*LM*（区间1）			-0.036 (-1.01)
ln*LM*（区间2）			-0.102*** (-3.15)
ln*LM*（区间3）			-0.064* (-1.95)
c	-6.711*** (-4.98)	-9.248*** (-7.19)	-8.695*** (-6.68)

注：*、**、***分别表示在10%、5%和1%显著性水平上通过检验。括号内为t检验值。

模型1的系数估计结果表明，土地财政对技术创新的影响一直显著为正，即土地财政水平的升高对技术创新产出存在着明显的促进作用。然而，这样的促进作用随着土地财政水平的改变也有所差异。当土地财政处于低水平状态（ln*LAND*≤1.603）时，其估计系数为1.808，高于中水平（1.603<ln*LAND*≤6.918）以及高水平（ln*LAND*>6.918）时的系数，即0.208和0.250。这表明，当土地财政水平较低时，土地财政水平的提升对技术创新产出的正向促进作用最大；当土地财政水平进入第二区间，其影响程度大幅下降；而在第三区间又有所回升。在初期，土地财政水平对技术创新产出的边际效应较高，土地财政收入的提高能够显著地促进技术创新产出的提升。而当土地财政水平越过第一个门槛值，进入第二区间和第三区间时，土地财政的激励作用显著降低了，这表明土地财政对技术创新产出的刺激具有不可持续性。因此，从长期来看，要最大限度地发挥土地财政收入对企业技术创新的促进作用，应该把土地财政水平限制在合理区间之内，不能无节制地依靠土地出让获取财政收入。

模型2中政府创新投入对技术创新产出的影响趋势大致与土地财政水平相同。政府创新投入对技术创新产出有显著的促进作用，随着土地财政水平的升高，这一促进作用是先降低后升高的。当土地财政在低水平区间时，政府的创新投入对企业技术创新产出的激励系数为0.481，而当土地财政越过这一水平提升至第二区间和第三区间时，其系数分别为0.390和0.424。在土地财政和地区经济发展处于较低水平时，政府的财政科技投入弥补了企业研发投入不足、创新积极性不高的问题，对企业产生了显著的积极影响。但随着土地财政水平的升高，政府补助的作用反而下降了。

模型3反映了土地财政通过影响人才流动对技术创新的影响。在土地财政低水平下，创新人才流失的估计系数为-0.036，并不显著。房价升高所导致的人才流失的影响在土地财政水平超过1.603时才显现出来。在土地财政的初始阶段，政府的土地征收和出让行为还未引起地价和房价的过度增长，房价还在人们的可接受范围以内，因此土地财政对人才的挤出作用并不显著。但是当土地财政水平超过第一个门槛值，创新人才在房价的压力之下向周边房价更低的地区转移，土地财政阻碍了创新人才在本地区的集聚，进而对技术创新产生显著负面影响。在第三区间，土地财政导致创新人才流失造成的负面影响略微减小。

从三个模型的估计结果可以看出，土地财政对技术创新的影响确实存在门槛效应，当土地财政越过门槛值之后，创新人才的流失开始出现，土地财政对技术创新的促进作用显著减小。并且，超过第一个门槛值之后，土地财政对技术创新产出的正向促进作用显著降低，这是由于房价上涨导致了创新人才流失，进而影响了技术创新产出。同时，政府创新投入的影响也并不像预期中那样随着土地财政水平的升高而越来越显著。这表明随着土地财政水平升高和政府创新投入增加，政府失灵的现象开始出现了。

根据门槛值对各地区土地财政水平所处区间进行划分，得到表8－6。

表8－6 依据门槛区间各地区不同时期土地财政水平划分情况

年份	2001	2002	2003	2004	2005	2006	2007	2008	2009	2010	2011	2012	2013	2014	2015
北京	2	2	2	2	2	2	2	2	2	2	2	2	3	3	3
天津	2	2	2	2	2	2	2	2	2	2	2	2	2	2	2
河北	2	2	2	2	2	2	2	2	2	2	2	2	2	2	2
山西	2	2	2	2	2	2	2	2	2	2	2	2	2	2	2
内蒙古	1	2	2	2	2	2	2	2	2	2	2	2	2	2	2
辽宁	2	2	2	2	2	2	2	2	2	3	3	3	3	2	2
吉林	2	2	2	2	2	2	2	2	2	2	2	2	2	2	2
黑龙江	2	2	2	2	2	2	2	2	2	2	2	2	2	2	2
上海	2	2	2	2	2	2	2	2	2	2	2	2	2	2	2
江苏	2	2	2	2	2	2	2	2	3	3	3	3	3	3	3
浙江	2	2	2	2	2	2	2	2	3	3	3	3	3	3	3
安徽	2	2	2	2	2	2	2	2	2	2	2	2	3	3	2
福建	2	2	2	2	2	2	2	2	2	2	2	2	2	2	2
江西	2	2	2	2	2	2	2	2	2	2	2	2	2	2	2
山东	2	2	2	2	2	2	2	2	2	3	3	3	3	3	3
河南	2	2	2	2	2	2	2	2	2	2	2	2	2	2	2
湖北	2	2	2	2	2	2	2	2	2	2	2	2	2	2	2
湖南	2	2	2	2	2	2	2	2	2	2	2	2	2	2	2
广西	2	2	2	2	2	2	2	2	2	2	2	2	2	2	2
海南	2	2	2	2	2	2	2	2	2	2	2	2	2	2	2
重庆	2	2	2	2	2	2	2	2	2	2	2	2	2	2	2
四川	2	2	2	2	2	2	2	2	2	2	2	2	3	2	2

续表

年份	2001	2002	2003	2004	2005	2006	2007	2008	2009	2010	2011	2012	2013	2014	2015
贵州	2	2	2	2	2	2	2	2	2	2	2	2	2	2	2
云南	2	2	2	2	2	2	2	2	2	2	2	2	2	2	2
陕西	2	2	2	2	2	2	2	2	2	2	2	2	2	2	2
甘肃	1	2	2	2	2	2	2	2	2	2	2	2	2	2	2
青海	1	1	1	1	1	1	1	1	2	2	2	2	2	2	2
宁夏	1	1	2	2	2	2	2	2	2	2	2	2	2	2	2
新疆	2	2	2	2	2	2	2	2	2	2	2	2	2	2	2

注：按照模型 2 和模型 3 所得门槛值进行划分，表中 1、2 和 3 分别表示该地区土地财政水平分别处于低水平、中间水平和高水平阶段。

从表 8－6 中可以看出，除内蒙古、甘肃、宁夏在 2003 年之前、青海在 2009 年之前土地财政处于低水平以外，全国大部分地区的土地财政收入在 2000 年之后就已经超过了第一个门槛值。而北京、浙江、江苏、山东、广东等地更是在近几年相继越过第二个门槛值。当前，我国大部分省市的土地财政水平处于第二区间，土地财政对技术创新的提升作用较小，远远不如处于第一区间时显著。因此，合理控制土地出让规模、提高土地出让收入的使用效率对我国大部分地区都具有重要意义。

（4）分地区的模型估计结果。根据门槛值对全国各省市自治区的土地财政水平进行细分，从总体上看东部地区的土地财政水平高于中、西部地区，各区域省市土地财政水平所处阶段较为相似。因此可以推断，土地财政水平对技术创新的影响存在着空间相关性特征。通过对分地区土地财政水平影响技术创新的情况进行分别回归，这一推断也得到了证实。分别以土地财政水平及其与政府创新投入、创新人才流失的交叉项为解释变量，构建模型 4 和模型 5 估计土地财政对技术创新的直接和间接影响。分地区的直接影响回归结果如表 8－7 所示。

表 8－7　分地区的土地财政对技术创新直接影响

	全国	东部	中部	西部
ln*LAND*	0.204*** (4.70)	0.274*** (3.87)	0.284*** (2.88)	0.205*** (3.69)
ln*CPL*	0.198** (2.10)	0.351** (2.27)	0.337** (1.97)	0.474*** (3.42)
ln*OPEN*	0.837*** (12.70)	0.827*** (6.96)	0.817*** (5.70)	0.463*** (5.54)
ln*IND*	1.660*** (5.37)	3.30*** (6.27)	－1.207** (－2.08)	1.880*** (4.07)
ln*SPILL*	0.258*** (7.00)	0.131** (2.06)	0.531*** (5.80)	0.215*** (5.07)
c	－13.369*** (－10.27)	－20.672*** (－10.16)	－3.024 (－1.06)	－9.249*** (－4.76)

注：*、**、***分别表示在 10%、5%和 1%显著性水平上通过检验。括号内为 t 检验值。

模型4揭示了土地财政对各地区技术创新的直接影响。从模型4的结果可以看出，东部、中部、西部土地财政对技术创新影响的系数分别为0.274、0.284和0.205。土地财政对技术创新的促进作用按照中部、东部、西部的顺序递减。尽管东部地区的经济发展水平和土地财政收入水平高于中部，但土地财政对技术创新的推动作用却并小于中部，这表明土地财政对技术创新的推动作用并不是一直随着经济发展而不断增大的。由于东部地区的经济发展水平和土地财政规模的过度增长，土地财政对技术创新的作用开始减弱，甚至出现负面影响。

在模型中加入土地财政和政府创新投入、创新人才流动的交义项，用来表示土地财政通过这两个因素对技术创新水平产生的间接影响。模型的估计结果如表8－8所示。

表8－8　分地区的土地财政对技术创新间接影响

	全国	东部	中部	西部
ln*LAND*×ln*GOV*	0.045*** (9.57)	0.031*** (4.95)	0.064*** (4.86)	0.071*** (4.72)
ln*LAND*×ln*LM*	－0.014*** (－4.11)	－0.006 (－1.55)	－0.042*** (－3.21)	－0.041*** (－3.19)
ln*CPL*	0.299*** (3.44)	0.327** (2.16)	0.332** (2.16)	0.685*** (4.49)
ln*OPEN*	0.520*** (7.27)	0.721*** (5.94)	0.466*** (3.20)	0.223** (2.47)
ln*IND*	1.075*** (3.67)	2.618*** (4.95)	－1.33*** (－2.57)	1.607*** (3.78)
ln*SPILL*	0.168*** (4.73)	0.069 (1.06)	0.394*** (4.58)	0.137*** (3.25)
c	－7.230*** (－5.14)	－16.116*** (－5.87)	2.114 (0.77)	－5.485*** (－2.85)

注：*、**、***分别表示在10%、5%和1%显著性水平上通过检验。括号内为t检验值。

模型5的结果则显示，从西部到东部，土地财政与人才流失的交叉项系数越来越大，而土地财政与政府创新投入的交叉项系数越来越小，这说明经济越发达的地区，土地财政造成的人才流失对技术创新的负面影响和政府创新投入的正面影响越不显著，这也是与面板门槛模型中的结论相对应的。中部与西部土地财政与政府投入交叉项的系数均为0.064和0.071，而在东部则仅为0.031。这是由于东部地区企业自身技术创新能力更强，研发投入相对较为充足，因此政府的政策导向和补助所产生的边际效用就相对地降低了。从企业的创新投入来看，东部地区企业的劳均资本投入弹性为0.327，而中部和西部分别为0.332和0.685，这也说明了东部的创新资源拥挤，创新投入的产出效率下降。东部、中部、西部土地财政与人才流失的交叉项系数分别为－0.006、－0.042和－0.041，并且东部地区的系数是不显著的。

（5）实证结果的分析。在土地财政水平较低的阶段，土地财政对技术创新产生较强的推动作用。在经济发展水平和土地财政水平较低的中部和西部地区，技术创新水平低下，创新研发投入不足的问题显著。政府通过土地财政收入缩小赤字、增加建设资金，对企业的创新资助弥补了企业创新投入的不足，土地财政收入对技术创新具有较大的边际推动作用。并且，由于规模效应的作用，随着政府投入的增加，良好的城市基础设施建设为企业的生产和创新创造了条件，企业的集聚也提高了创新的效率。

目前，土地财政对技术创新的推动作用具有逐渐减小的趋势，这可能是由于地区经济水平随着土地财政提升，导致企业的研发投入增加，而政府的创新投入边际作用降低，甚至对企业投入产生挤出作用。另外，政府投入的增加也伴随着资金管理和配套制度无法跟进的问题，为企业创造了寻租机会，政府资金的使用效率降低。因此，对于处于不同发展阶段的地区，创新激励政策需要不同的侧重点，以充分利用土地出让收入。

当地方政府的财政收入过度依赖于土地财政时，房地产行业的过热发展必然推动房价和低价的迅速上涨。一方面，在高额利润推动下，资源流向房地产行业和建筑业，企业更倾向于对固定资产进行投资，而非周期长、风险大的研发创新活动。同时，高额的房价阻碍了人才流入，在一定程度上影响了技术创新产出。另一方面，高房价高收入对低端人才产生挤出作用，却有利于高端创新人才的集聚。尽管东部地区房价相对更高，但是在高房价和高生活成本的压力下，留在东部的创新人才的竞争力与创新能力更强，因此尽管东部地区的人才流动现象更为常见，但是其对创新的阻碍作用反而更小。

结合以上分析，本章认为土地财政制度的实行有利于增加地方政府收入和提高政府创新投入，对于发展水平较低的地区，能够弥补企业创新研发投入不足的问题。但是，就我国目前大部分地区的土地财政规模而言，土地财政对技术创新的推动作用存在减弱的趋势，因此有必要规范政府的土地出让行为，将土地财政控制在合理水平。

8.2.2 土地财政对技术创新水平的空间溢出效应实证研究

从前文面板门槛模型和分地区的面板模型估计结果可以看出，相邻地区土地财政对技术创新的影响程度具有相似性，并且西部地方省份和东部地方省份所处门槛区间存在明显的差异，因此推断土地财政对技术创新的影响在地理空间上呈现集聚分布的特征。本章将空间因素纳入土地财政对技术创新的影响中，借助 Moran's I 指数对土地财政的空间相关性进行检验，并构建空间模型研究土地财政对技术创新的空间溢出效应。

8.2.2.1 空间计量模型的设定

(1) 空间模型的构建。土地财政水平呈现显著的正向空间自相关性，因此采用纳入空间因素的空间尽量模型进行分析。空间滞后模型主要用于分析被解释变量的溢出效应，空间误差模型考察的是未包含在解释变量中的不可测因素的空间影响，空间杜宾模型则加入了解释变量空间滞后因素。

基于前文所选择的变量，本章所构建的空间杜宾模型为：

$$\ln PAT_{it} = \alpha_t + \rho W_{ij}\ln PAT_{it} + \beta_1 \ln LAND_{it} \times \ln GOV_{it} + \beta_2 \ln LAND_{it} \times \ln LM_{it} + \theta_1 \sum_{j=1}^{n} W_{ij}\ln LAND_{it} \times \ln GOV_{it} + \theta_2 \sum_{j=1}^{n} W_{ij}\ln LAND_{it} \times \ln LM_{it} + \delta_j \sum_{j=1}^{n} X_{jit} + \sigma_j \sum_{j=1}^{n} W_{ij}X_{jit} + \varepsilon \quad (8-40)$$

其中，W_{ij}为空间权重矩阵。为了与前文研究相对应，模型中所有变量数据均沿用了

第四章面板门槛模型中采用的数据。$\ln LAND\times\ln GOV$ 和 $\ln LAND\times\ln LM$ 为土地财政与政府创新投入、创新人才流失的交叉项，用来表示土地财政通过二者对技术创新所产生的影响。X 表示其他控制变量，包括 $\ln CPL$、$\ln OPEN$ 、$\ln IND$ 和 $\ln SPILL$。

类似地，本章采用相同的变量，同时构建了空间自回归模型和空间误差模型，对其参数进行估计，以便比较结果。

（2）空间权重矩阵建立。常用的基于空间距离的空间权重矩阵有 0－1 邻接权重矩阵、地理距离权重矩阵两种。前者用地区之间的空间邻接状态代表各区域的空间关系，后者则用距离的倒数来衡量区域之间空间相互作用的强度大小。在基于空间距离的权重矩阵基础上，又有加入了经济发展水平以及各种资本投入因素的复合空间权重矩阵。本章选择了 0－1 空间权重矩阵和经济地理距离权重矩阵，分别用来衡量地区之间的地理位置关系和加入了经济因素的地理距离关系。同时，用地理距离权重矩阵进行稳健性检验。下面对本章所选的三种矩阵形式进行介绍。

1）0－1 邻接空间权重矩阵。0－1 邻接矩阵中 0 表示区域之间不相邻的状态，而 1 则表示两个区域相邻接，并且矩阵的对接线元素全部为 0。矩阵中第 i 行第 j 列的元素为：

$$W_{ij}=\begin{cases}1,\ \text{当区域}\ i\ \text{和区域}\ j\ \text{相邻}\\0,\ \text{其他}\end{cases}\tag{8-41}$$

其中，W_{ij}为第 i 个地区和第 j 个地区的相邻状态。若两个地区相邻，则 W_{ij}为 1，不相邻则为 0。本章中该空间权重矩阵为 30 行 30 列的矩阵。

2）地理距离空间权重矩阵。与 0－1 邻接空间权重矩阵类似，地理距离权重矩阵用地区之间的地理位置关系来衡量空间联系的强弱。两个地区之间的距离越远，则在空间上的相互作用越小；距离越近，则相互作用越强。空间上相互作用的大小用地区之间距离的倒数来衡量：

$$W_{ij}=\begin{cases}1/d,\ i\neq j\\0,\ i=j\end{cases}\tag{8-42}$$

其中，d 为两地区中心的直线距离。

3）经济地理空间权重矩阵。0－1 邻接权重矩阵和地理距离权重矩阵都以地区之间的地理位置特征为基础，仅仅描绘了研究对象地理上的联系。但是，在实际的经济活动中，两地的空间相互作用还受到经济发展水平等诸多因素的影响。经济发展水平越高的地区，对周边的辐射和溢出作用就越强。因此，在地理距离权重矩阵的基础上，考虑加入了经济水平因素的经济地理距离空间权重矩阵。参考余泳泽和刘大勇[94]（2013）的经济地理距离权重矩阵：

$$W_{ij}^{e}=W_{ij}^{d}diag(\overline{Y}_1/\overline{Y},\ \overline{Y}_2/\overline{Y},\ \cdots,\ \overline{Y}_n/\overline{Y})$$

$$W'^{o}_{ij}=\frac{W_{ij}^{e}}{\sum_{j}W_{ij}^{e}},\ i\neq j$$

$$\overline{Y}_i=\frac{1}{t_1-t_0+1}\sum_{t_1}^{t_0}Y_{ij}$$

$$\overline{Y}=\frac{1}{n(t_1-t_0+1)}\sum_{t=1}^{n}\sum_{t_1}^{t_0}Y_{ij}\tag{8-43}$$

其中，W_{ij}^{e}为经济距离权重矩阵，W_{ij}^{d}为地理距离权重矩阵。$\overline{Y}_i$ 为 i 地区在观察期内的经济发展平均水平，用 GDP 的均值表示。$\bar{Y}$ 为所有地区在观察期内的 GDP 均值。

用上述三种空间权重矩阵对土地财政影响技术创新的空间溢出效应进行分析，既能反映地区之间的地理位置关系，又能考察经济因素的影响。

8.2.2.2　土地财政对技术创新水平的空间溢出效应实证结果分析

（1）空间自相关检验。在对土地财政影响技术创新的空间溢出效应进行检验之前，需要先对土地财政和技术创新水平的空间自相关性进行验证。首先采用图示法，以便直观地反映土地财政和技术创新的空间关系。2001 年、2008 年和 2015 年的区域分布如图8－2至图 8－4 所示。

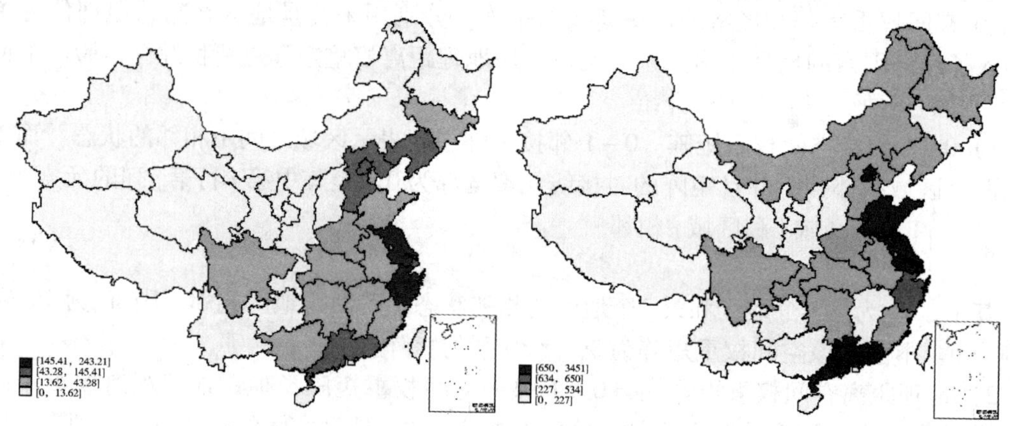

图 8－2　2001 年土地财政（左）与技术创新（右）的区域分布

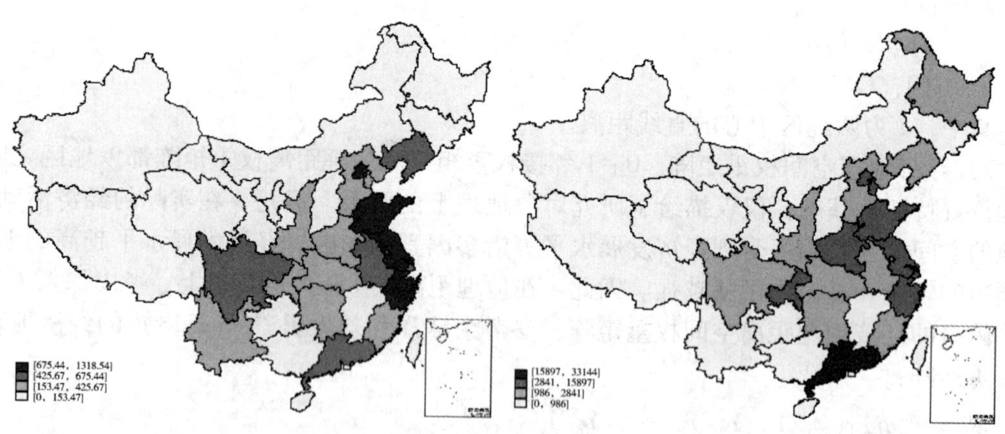

图 8－3　2008 年土地财政（左）与技术创新（右）的区域分布

图 8－2、图 8－3 和图 8－4 分别反映了 2001 年、2008 年和 2015 年我国各地区的土地财政水平和技术创新水平分布情况。可以看出，在 15 年内，我国土地财政水平和技术创新水平都呈现出东高西低的特征。东部地区的土地财政规模和技术创新产出一直位居全国各省市前列，尤其是广东省的技术创新产出，在 2008 年以后就居于全国领先水平。相较之下，云南、贵州、新疆等地无论是土地财政规模还是技术创新产出，都处于落后地位。

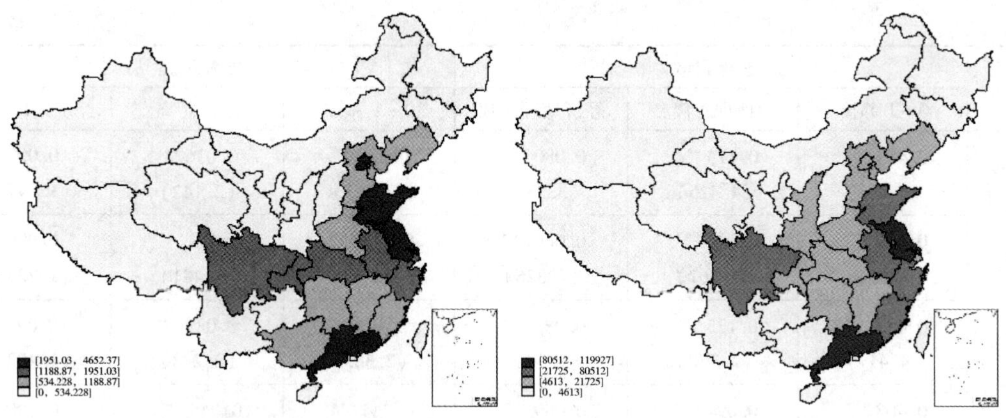

图 8－4　2015 年土地财政（左）与技术创新（右）的区域分布

在直观的分布图基础上，本章采用 Moran's I 指数对解释变量和被解释变量的空间相关程度分别进行检验。Moran's I 指数的计算公式见式（8－44）。

$$I = \frac{n\sum_{i=1}^{n}\sum_{j=1}^{n}W_{ij}(x_i - \bar{x})(x_j - \bar{x})}{n\sum_{i=1}^{n}\sum_{j=1}^{n}W_{ij}\sum_{i=1}^{n}(x_i - \bar{x})^2} = \frac{n\sum_{i=1}^{n}\sum_{j\neq i}^{n}W_{ij}(x_i - \bar{x})(x_j - \bar{x})}{S^2 n\sum_{i=1}^{n}\sum_{j=1}^{n}W_{ij}} \tag{8-44}$$

其中，n 代表地区个数；W_{ij} 代表空间权重矩阵；x_i 代表地区 i 的土地财政水平和技术创新水平；$\bar{x}$ 和 S^2 分别为平均数和方差。

Moran's I 指数的值在－1 和 1 之间。Moran's I 的值越接近于 0，表示空间相关性越弱；越接近 1，表示正相关性越强；越接近－1，表示负相关性越强。

对 Moran's I 的显著性进行检验。构建统计量：

$$Z(I) = \frac{I - E(I)}{\sqrt{Var(I)}} \sim N(0, 1) \tag{8-45}$$

原假设为不存在空间自相关性。当 Z 值拒绝原假设，则说明存在空间自相关关系，可以进一步建立空间计量模型进行研究。

在三种空间权重矩阵下，分别对土地财政和技术创新的 Moran's I 指数进行计算，并检验其显著性。结果如表 8－9 所示。

表 8－9　2001～2015 年土地财政和技术创新的全域 Moran's I 指数

年份	土地财政			技术创新		
	0－1 邻接	地理距离	经济地理距离	0－1 邻接	地理距离	经济地理距离
2001	0.475*** (4.284)	0.117*** (4.490)	0.072*** (2.991)	0.211** (2.060)	0.035** (2.066)	0.001 (0.989)
2002	0.521*** (4.660)	0.125*** (4.722)	0.087*** (3.392)	0.292*** (2.734)	0.053*** (2.567)	0.006 (1.131)

续表

年份	土地财政			技术创新		
	0-1 邻接	地理距离	经济地理距离	0-1 邻接	地理距离	经济地理距离
2003	0.454*** (4.147)	0.113*** (4.415)	0.080*** (3.234)	0.233** (2.295)	0.036** (2.142)	0.002 (1.047)
2004	0.429*** (3.936)	0.105*** (4.167)	0.066*** (2.826)	0.243*** (2.353)	0.048*** (2.481)	0.009 (1.223)
2005	0.485*** (4.417)	0.125*** (4.770)	0.083*** (3.308)	2.40*** (2.383)	0.039** (2.243)	0.002 (1.403)
2006	0.403*** (3.800)	0.094*** (3.938)	0.059*** (2.653)	0.244*** (2.364)	0.045*** (2.384)	0.000 (0.980)
2007	0.329*** (3.297)	0.079*** (3.633)	0.037** (2.082)	0.343*** (3.186)	0.069*** (3.088)	0.019* (1.515)
2008	0.398*** (3.859)	0.102*** (4.289)	0.058*** (2.664)	0.300*** (2.815)	0.057*** (2.715)	0.011* (1.273)
2009	0.525*** (4.667)	0.128*** (4.790)	0.085*** (3.349)	0.374*** (3.437)	0.077*** (3.320)	0.028** (1.755)
2010	0.477*** (4.313)	0.120*** (4.586)	0.073*** (3.009)	0.389*** (3.558)	0.084*** (3.516)	0.039** (2.073)
2011	0.412*** (3.779)	0.095*** (3.870)	0.058*** (2.607)	0.443*** (4.013)	0.105*** (4.129)	0.061*** (2.672)
2012	0.420*** (3.906)	0.078*** (3.394)	0.030* (1.817)	0.416*** (3.785)	0.099*** (3.948)	0.057*** (2.562)
2013	0.453*** (4.141)	0.086*** (3.593)	0.040** (2.099)	0.432*** (3.921)	0.099*** (3.943)	0.058*** (2.598)
2014	0.490*** (4.415)	0.103*** (4.093)	0.052*** (2.423)	0.442*** (4.003)	0.100*** (3.979)	0.060*** (2.640)
2015	0.498*** (4.500)	0.098*** (3.936)	0.057*** (2.567)	0.436*** (3.959)	0.092*** (3.740)	0.055*** (2.504)

注：*、**、***分别表示在10%、5%和1%显著性水平上通过检验。括号内为z统计值。

表8-9是2001~2015年土地财政水平和技术创新水平的全域Moran's I指数。结果表明，在三种不同的空间权重矩阵下，全国30个省市土地财政水平的Moran's I指数均显著为正，各地区的土地财政水平呈现出显著的空间正向相关性。按照同样的方式对技术创新水平空间自相关性进行计算，在0-1邻接权重矩阵和地理距离权重矩阵下，其Moran's I指数也呈现出显著的正向相关关系；而在经济地理距离权重矩阵下，其空间自相关性经历了从不显著到显著的过程，证明在考虑经济因素的情况下，各地区的技术创新水平在空间上的联系更加紧密。基于此，本章将纳入空间因素对土地财政影响技术创新的溢出效应

进行实证分析。

（2）空间面板模型估计结果。构建SAR模型、SEM模型和SDM模型，研究地理位置和经济地理因素影响下土地财政对技术创新的空间影响。

对0－1邻接权重矩阵下的模型系数进行估计，结果如表8－10所示。

表8－10　0－1邻接矩阵的空间模型系数估计结果

	SAR	SEM	SDM
ln*LAND*×ln*GOV*	0. 042*** (8. 65)	0. 050*** (10. 84)	0. 042*** (8. 10)
ln*LAND*×ln*LM*	－0. 012*** (－3. 67)	－0. 013*** (－3. 60)	－0. 011*** (－3. 02)
ln*CPL*	0. 271*** (3. 55)	0. 358*** (4. 55)	0. 320*** (3. 72)
ln*OPEN*	0. 346*** (6. 61)	0. 383*** (6. 56)	0. 368*** (7. 10)
ln*IND*	0. 600** (2. 27)	0. 535* (1. 90)	0. 392 (1. 48)
ln*SPILL*	0. 110*** (3. 44)	0. 124*** (3. 86)	0. 124*** (3. 91)
c	－3. 914*** (－3. 33)	－3. 668*** (－2. 85)	－3. 621*** (－2. 94)
W×ln*LAND*×ln*GOV*			0. 010 (1. 27)
W×ln*LAND*×ln*LM*			－0. 008* (－1. 76)
W×ln*CPL*			－0. 087 (－0. 66)
W×ln*OPEN*			－0. 1880** (－2. 40)
W×ln*IND*			0. 679*** (2. 66)
W×ln*SPILL*			0. 084 (1. 32)
ρ	0. 176*** (4. 64)	0. 221*** (3. 13)	0. 177*** (2. 70)
R^2	0. 899	0. 885	0. 910
Log－L	－251. 563	－256. 904	－243. 838

注：*、**、***分别表示在10%、5%和1%显著性水平上通过检验。括号内为z值。

在0－1邻接权重矩阵下的三个模型中，土地财政与政府创新投入、创新人才流失的交叉项系数均在1%的水平上显著，这表明研究土地财政对技术创新的影响不能忽略区域地理位置关系的作用。在三个模型中，土地财政与政府创新投入的交叉项系数分别为0.042、0.050和0.042，说明在考虑了地区之间的地理位置邻接情况之后，土地财政通过政府创新投入仍然对技术创新具有显著正向促进作用。三个模型中土地财政与创新人才流失的交叉项系数分别为－0.012、－0.013和－0.011，说明在考虑空间因素时土地财政造成的创新人才流失仍然降低了技术创新产出。在空间自回归模型和空间杜宾模型中，空间相关系数分别为0.176和0.177，均在1%的水平下显著。地理位置相邻地区的技术创新水平对本地区的技术创新产出具有显著的正向影响，这也和Moran's I指数所反映的技术创新在空间上正相关的结果相同。另外，企业的资本投入、产业结构、对外开放程度、企业间的技术交流水平等控制变量显著为正，这些控制变量对技术创新产出的提升也具有积极影响。要提升技术创新水平，这些控制变量的作用也是不可忽视的。

下面通过空间杜宾模型的直接效应、间接效应和总效应进一步分析溢出效应，结果如表8－11所示。

表8－11 0－1邻接矩阵下SDM模型的直接效应、间接效应和总效应

	直接效应	间接效应	总效应
ln*LAND*×ln*GOV*	0.043*** (8.24)	0.019*** (2.68)	0.062*** (8.72)
ln*LAND*×ln*LM*	－0.011*** (－2.23)	－0.011** (－2.24)	－0.022*** (－3.92)
ln*CPL*	0.328*** (4.05)	－0.038 (－0.26)	0.290* (1.92)
ln*OPEN*	0.361*** (7.14)	－0.142 (－1.61)	0.219** (2.24)
ln*IND*	0.426* (1.67)	0.874*** (2.96)	1.300*** (3.34)
ln*SPILL*	0.130*** (4.06)	0.117 (1.62)	0.246*** (2.87)

注：*、**、***分别表示在10%、5%和1%显著性水平上通过检验。括号内为z值。

空间杜宾模型的直接效应反映了解释变量对本地区被解释变量的影响程度，其结果与面板门槛模型大致相同，土地财政通过增加当地政府的创新投入，对当地技术创新水平产生显著的正向刺激作用；与此同时，房地产行业过热导致创新人才流失，又阻碍了本地区技术创新水平的提升。这表明，当前地方政府在依靠土地财政提高财政收入、对本地进行建设的同时，房地产价格急剧增长所导致的资源配置等负面影响也是广泛存在的。另外，人均资本投入、地区开发程度等控制变量对当地的技术创新水平也产生了积极作用。

空间杜宾模型的间接效应反映了解释变量对周边地区技术创新的影响程度。在0－1邻接权重矩阵下，土地财政通过增加政府创新投入对技术创新产生了显著的正向间接效应，这表明政府创新投入有利于营造良好的创新氛围，对周边地区的技术创新产出提升也产生了积极影响。在0－1邻接矩阵和地理距离矩阵下，土地财政通过创新人才流失所产生的负向间接效应也是显著的，这表明房地产过热也呈现出地理位置上的蔓延特征。地区之间土地财政水平互相影响，进而导致邻近地区房价攀升，阻碍周边地区的技术创新水平提升，因此土地财政通过对创新人才流动的影响对周边地区技术创新产生负向溢出。

在空间杜宾模型的总效应中，土地财政通过政府创新投入产生的正向影响是显著的，表明政府创新投入的提升对全国各地区的技术创新产出均存在积极的促进作用，提高政府创新投入能够显著提高技术创新产出并对周边地区产生空间溢出效应。同时，土地财政通过创新人才流失对技术创新产生显著的负面影响，大大削弱了政府投入的拉动作用。

同样，在空间权重矩阵中考虑区域经济发展水平，在经济地理距离权重矩阵下对空间自回归模型、空间滞后模型和空间杜宾模型中的系数进行估计，结果如表8－12所示。

表8－12　经济地理距离矩阵的空间模型系数估计结果

	SAR	SEM	SDM
ln*LAND*×ln*GOV*	0.024*** (4.70)	0.028*** (4.56)	0.020*** (3.73)
ln*LAND*×ln*LM*	−0.011*** (−3.57)	−0.007** (−2.16)	−0.008** (−2.51)
ln*CPL*	0.105 (1.36)	0.254*** (3.13)	0.172** (2.19)
ln*OPEN*	0.341*** (5.95)	0.424*** (7.76)	0.392*** (6.47)
ln*IND*	0.428** (1.71)	0.103 (0.39)	0.308 (1.18)
ln*SPILL*	0.133*** (4.34)	0.122*** (4.01)	0.126*** (4.20)
c	−4.387*** (−3.92)	−1.500 (1.21)	−15.049*** (−3.74)
W×ln*LAND*×ln*GOV*			0.024** (2.40)
W×ln*LAND*×ln*LM*			−0.004 (−0.71)
W×ln*CPL*			−1.204*** (−3.14)
W×ln*OPEN*			0.257 (1.08)
W×ln*IND*			2.734*** (3.67)

续表

	SAR	SEM	SDM
W × ln*SPILL*			-0.182 (-1.23)
ρ	0.462 *** (8.32)	0.808 *** (16.50)	0.379 *** (3.32)
R^2	0.863	0.869	0.861
Log - L	-225.046	-235.012	-207.881

注：*、**、***分别表示在10%、5%和1%显著性水平上通过检验。括号内为z值。

在经济地理距离权重矩阵下，空间自相关模型和空间杜宾模型的空间系数ρ分别为0.462和0.379，在1%的显著性水平上通过检验，验证了经济地理邻近地区技术创新产出对本地区技术创新产出的正向作用。并且，经济地理距离权重矩阵下的空间自回归系数显著地大于0-1邻接矩阵下的值，表面技术创新水平的空间相关性与经济发展水平密切相关，在经济水平相近的地区，技术创新产出水平也较为相近。在空间误差模型中误差项的系数为0.808，在1%的显著性水平下显著，也表现出较强的空间相关性特征。

各解释变量对被解释变量的弹性系数则大致与0-1地理邻接权重矩阵下的相同。在SAR、SEM和SDM模型中，土地财政与政府创新投入的交叉项对技术创新产出的影响系数分别为0.024、0.028、0.020；土地财政与创新人才流失的交叉项对技术创新产出的影响系数分别为-0.011、-0.007、-0.008。土地财政通过政府创新投入提升了本地区的技术创新产出水平，但同时又因为拥挤效应和房价上涨的影响，对北地区创新人才集聚存在一定的挤出作用，进而阻碍了技术创新产出水平的提升。

三个模型的空间系数反映了本地区被解释变量与周边地区被解释变量相互作用的空间影响，而解释变量对被解释变量的影响要通过空间杜宾模型的间接效应得到。其结果如表8-13所示。

表8-13　经济地理距离矩阵下SDM模型的直接效应、间接效应和总效应

	直接效应	间接效应	总效应
ln*LAND* × ln*GOV*	0.021 *** (3.86)	0.051 *** (3.38)	0.072 *** (4.71)
ln*LA0ND* × ln*LM*	-0.008 *** (-2.64)	-0.010 (-1.29)	-0.018 ** (-2.17)
ln*CPL*	0.146 * (1.94)	-1.904 ** (-2.51)	-1.76 ** (-2.28)
ln*OPEN*	0.402 *** (6.90)	0.679 (1.54)	1.081 ** (2.43)
ln*IND*	0.396 (1.55)	4.696 *** (3.30)	5.092 *** (3.49)
ln*SPILL*	0.122 *** (4.06)	-0.256 (-0.97)	-0.134 (-0.50)

注：*、**、***分别表示在10%、5%和1%显著性水平上通过检验。括号内为z值。

在经济地理距离权重矩阵下，土地财政通过政府创新投入和创新人才流失对本地区技术创新产出的直接效应分别为0.021和-0.008，均在1%的显著性水平上通过检验，该效应与0-1邻接矩阵下的结果大致相同。但是在对周边地区的空间溢出效应方面，土地财政通过增加政府创新投入，对周边地区的溢出效应为0.051，通过创新人才挤出对周边地区的影响系数为-0.010，其中通过创新人才挤出作用对周边地区技术创新产出的影响为负，但却并不显著。这可能是由于土地财政造成房价上涨的蔓延效应仅在地理位置上存在，而对经济水平相近地区的影响并不那么明显。同样，企业间的技术交流对经济距离相近地区的溢出效应也不显著。

（3）实证结果的分析。通过构建空间模型，可以看出土地财政呈现出空间相关性特征，对技术创新的作用也存在空间溢出效应。

首先，关于土地财政水平在空间上的相关性，可以从地方政府的财政竞争角度进行解释。在分税分权体制下，地方政府为了获取城市建设的各种资源，通过财政和税收手段进行竞争，以更高质量的公共服务和更优惠的政策条件吸引要素资源，从而达到地区经济发展的目的。因此，经济地理环境相近的地区在竞争机制下不断提高土地财政收入以获得竞争优势。当前，我国各地政府之间的财政竞争是导致土地财政水平规模不断增大以及房价、地价过热的重要原因。

其次，土地财政提高政府创新投入，对周边地区的创新产出产生了显著的溢出效应。政府创新投入不仅能够提高本地区的技术创新水平，还能够通过技术创新的外部性对周边地区产生影响。本地区的创新成果通过交易、共享以及资源流动等多种方式向周边地区扩散，从而带动周边地区的创新水平提升。地方政府通过搭建技术交流平台、降低信息资源交流和交易成本，能够增强这一正向溢出。

（4）稳健性检验。前文采用了0-1邻接权重矩阵和经济地理距离权重矩阵下的空间自回归模型、空间滞后模型和空间杜宾模型，对土地财政影响技术创新的空间溢出效应进行了分析。0-1邻接矩阵是根据两地的地理位置邻接与否所建立的，而经济地理矩阵是在地理距离的基础上加入以GDP为代表的经济因素，二者都以地区的地理距离为基础。因此，本章在地理距离权重矩阵下对三种模型的系数重新进行了估计，以检验前文模型的稳健性。地理距离矩阵下的空间模型系数估计如表8-14所示。

表8-14 地理距离矩阵的空间模型系数估计结果

	SAR	SEM	SDM
ln*LAND* × ln*GOV*	0.023*** (4.63)	0.033*** (5.15)	0.019*** (3.50)
ln*LAND* × ln*LM*	-0.011*** (-3.49)	-0.009*** (-2.62)	-0.007** (-2.23)
ln*CPL*	0.117 (1.53)	0.245*** (2.88)	0.177** (2.22)
ln*OPEN*	0.342*** (6.07)	0.415*** (7.58)	0.374*** (6.06)

续表

	SAR	SEM	SDM
ln*IND*	0. 401 (1. 60)	0. 204 (0. 76)	0. 310 (1. 20)
ln*SPILL*	0. 130 *** (4. 27)	0. 120 *** (3. 94)	0. 116 *** (3. 84)
c	-4. 067 *** (-3. 64)	-1. 878 (-1. 50)	-11. 348 *** (-3. 34)
W × ln*LAND* × ln*GOV*			0. 035 *** (2. 71)
W × ln*LAND* × ln*LM*			-0. 017 * (-1. 94)
W × ln*CPL*			-0. 739 ** (-2. 41)
W × ln*OPEN*			0. 112 (0. 60)
W × ln*IND*			2. 086 *** (2. 99)
W × ln*SPILL*			-0. 190 (-1. 38)
ρ	0. 475 *** (8. 69)	0. 786 *** (12. 10)	0. 426 *** (4. 01)
R^2	0. 863	0. 875	0. 862
Log - L	-223. 739	-238. 929	-213. 244

注：*、**、***分别表示在10%、5%和1%显著性水平上通过检验。括号内为z值。

同样，地理距离矩阵下的SDM模型揭示了土地财政对技术创新水平的空间影响。三种效应的估计结果如表8-15所示。

表8-15 地理距离矩阵下SDM模型的直接效应、间接效应和总效应

	直接效应	间接效应	总效应
ln*LAND* × ln*GOV*	0. 021 *** (3. 76)	0. 075 *** (3. 43)	0. 096 *** (4. 43)
ln*LAND* × ln*LM*	-0. 008 ** (-2. 55)	-0. 034 ** (-2. 30)	-0. 041 *** (-2. 82)
ln*CPL*	0. 162 ** (2. 13)	-1. 205 * (-1. 92)	-1. 044 (-1. 64)

续表

	直接效应	间接效应	总效应
ln*OPEN*	0. 382*** (6. 44)	0. 490 (1. 29)	0. 871** (2. 27)
ln*IND*	0. 393 (1. 55)	3. 955*** (2. 79)	4. 348*** (2. 99)
ln*SPILL*	0. 111*** (3. 59)	-0. 278 (-1. 02)	-0. 166 (-0. 59)

注：*、**、***分别表示在10%、5%和1%显著性水平上通过检验。括号内为z值。

地理距离权重矩阵下的空间自回归模型、空间滞后模型和空间杜宾模型结果表明，土地财政通过影响政府创新投入，对技术创新产生了促进作用，而通过房价对人才的挤出作用产生了负面影响。从溢出效应角度来看，政府的创新投入不仅提升了本地区的创新产出，也带动了周边地区开展创新活动；而竞争激励下的土地财政也带动了周围地区房价攀升，在影响本地区人才集聚的同时也加剧了周边地区的创新人才流失。地理距离权重矩阵下的模型估计结果与前文结果大致相同，证明前文构建的模型具有稳健性。

8.3 土地财政制度影响产业结构升级的实证分析

财政政策不仅表现在财政工具上，还可以表现在制度形式上。自新中国成立以来，我国的财政制度历经了四个阶段：高度统收统支的财政体制；统一领导、分级管理的财政体制；分级包干体制；分税制体制。目前，我国的财政制度属于分税制体制。在这一体制下，虽然中央和地方的财权及事权都做了划分，但依旧存在地方财权不足的问题，同时也导致了土地财政的出现。

在研究土地财政对产业结构升级的影响时，由第三章的机理分析可知，其主要是影响产业结构的合理化方面。接下来，本章将重点考察土地财政制度对产业结构的合理化影响。先从历年土地财政和产业结构升级指数的变化情况着手，提出了两者之间存在非线性关系的假说。由图8-5和图8-6可知，我国土地出让金大体上呈递增趋势，而以泰尔指数衡量的产业结构合理化指标在2001~2010年一直处于不断减少的过程，但从2010年以后，该值变化幅度较小。因此，推测土地财政对产业结构合理化的影响存在先增加后减少的情形，即土地财政制度影响产业结构合理化是非线性的。

考虑和前一章实证进行对比，本章设定的控制变量和之前相同。同时，本章也区分了我国东部、中部、西部地区，做了三个面板数据进行对比。接下来对本章后续内容进行概括。首先进行模型的构建，并对主要变量进行了统计描述；其次依据指标建立的PSTR模型，用实际数据进行计量分析；最后对实证结果进行解释，并结合我国国情进行区域间分析。

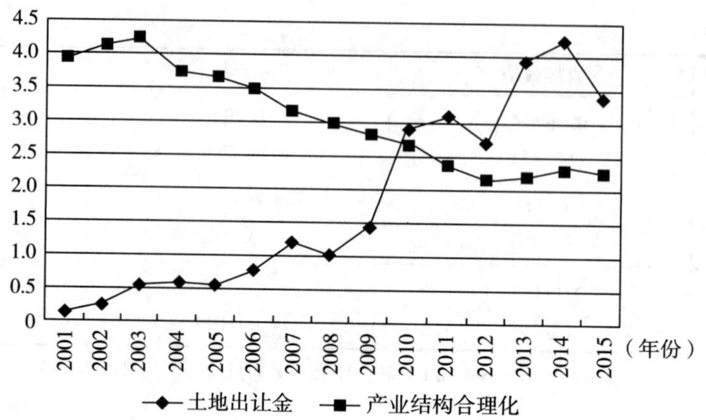

图 8－5　土地出让金、产业结构合理化历年变化情况（数据经过标准化处理）

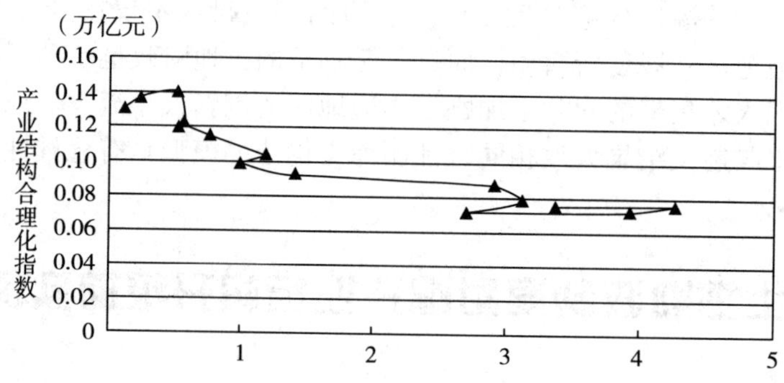

图 8－6　产业结构合理化随土地出让金的变化情况

8.3.1　指标体系的构建

大部分学者认为，作为地方财政收入的来源之一，土地财政主要包括以下三个方面：通过出让土地获得的土地出让金收入、通过发展建筑业和房地产业带来的相关税收收入、通过土地抵押的债务收入。考虑到数据的可得性，本章用土地出让金收入和土地相关税收收入来代替土地财政的两个层面。接下来，本章将对各变量和指标体系进行说明。

8.3.1.1　*核心解释变量的设定：土地财政的度量*

考虑到土地财政收入来源的不同，本章分别用土地出让金收入（CR）和土地相关税收收入（SS）来代替土地财政。

土地出让金是指政府土地管理部门将土地使用权出让给土地使用者，土地使用者相应地支付土地出让的全部价款，其实质是政府卖地款。在我国，由于土地归国家所有，个人只是拥有土地的使用权，因此土地出让金实质上是一种有累计若干年限的地租之总和。土地出让金的租金性质正是让其成为地方政府预算外主体收入的重要原因。本章使用地方土地出让收入占地方财政总收入之比来表示地方的土地财政规模。

根据国家相关法律规定，土地相关税费包括营业税、土地增值税、土地使用税、房产税、契税、印花税等，考虑到数据的可得性和各税种占比情况，本章选取占比较大的耕地占用税、城镇土地使用税、土地增值税、房产税、契税来代表土地相关税收收入。

8.3.1.2 控制变量的选取

为了和第四章的结论对比，本章实证使用的控制变量和第四章的一样，即使用固定资产投资（I）、对外开放（XM）、金融支持（FI）和城镇化水平（CIT）作为控制变量，这里就不一一解释了。

8.3.1.3 被解释变量的选取

由第三章的机理分析，土地财政对产业结构升级的影响主要有两条途径：一是改变土地的使用结构和土地成本来诱导产业结构趋向合理；二是增加政府的财力间接提高了政府优化产业结构的能力。这两种途径都会对土地资源的配置产生较大作用，因此会影响产业结构的合理化。基于此，本章将选择产业结构的合理化（*TL*）作为被解释变量进行分析。借鉴干春晖等的做法，用改进的泰尔指数表示产业结构的合理化，其表达式为：

$$TL = \sum_{i=1}^{n}\left(\frac{Y_i}{Y}\right)\ln\left(\frac{Y_i}{L_i}\Big/\frac{Y}{L}\right)$$

其中，i 表示产业分类、Y 表示国内生产总值、Y_i 表示第 i 产业的总产值，L 表示劳动力总量，L_i 表示第 i 产业的劳动力数量。

当产业结构达到最优状态（产业结构最合理时），有 $\frac{Y_i}{L_i}=\frac{Y}{L}$，此时 $TL=0$。这说明指数越偏离 0，产业结构越不合理。

8.3.2 数据来源说明及变量的描述性统计

第一，考察土地财政对产业结构升级的影响时，从数据的可得性出发，样本时期为 2002～2013 年。第二，在土地财政的度量上，分别从土地出让金和土地相关税收两个角度进行衡量。其中，考察土地出让金对产业结构升级的影响时，以地方土地出让金收入占地方财政收入总量之比来衡量；考察土地相关税收对产业结构升级影响时，从数据的合理性和可得性角度出发，用占比较大的耕地占用税、城镇土地使用税、土地增值税、房产税、契税之和来代表土地相关税收总和，并用上述税收之和占地方税收总收入之比来表示地方土地相关税收的规模。第三，本章所有原始数据均来自国家统计局网站、中经网统计数据库和各省的历年统计年鉴。第四，由于西藏自治区和新疆维吾尔自治区的部分数据缺失，本章仅选择了除西藏和新疆之外的 29 个省（市、自治区）进行实证分析。第五，鉴于本章所有变量一律采用相对指标定义的定义口径，所以不需要利用相关价格指数进行平减以便消除通货膨胀与通货紧缩的价格影响。

表 8－16 变量的描述性统计

变量符号	变量名称	观测值	平均值	标准差	最小值	最大值
TL	产业结构合理化	348	0.2682	0.1617	0.0161	0.8769
CR	土地出让性收益	348	0.4805	0.2729	0.0289	1.7047
SS	土地税收性收益	348	0.1564	0.0618	0.0530	0.3967
I	固定资产投资	348	0.5603	0.1806	0.2536	1.1126

续表

变量符号	变量名称	观测值	平均值	标准差	最小值	最大值
CIT	城镇化水平	348	0.4853	0.1491	0.2429	0.9000
XM	进出口	348	0.3406	0.4237	0.0357	1.7215
FI	金融支持	348	1.0419	0.3130	0.5329	2.2522

8.3.3 面板平滑转换模型的建立和实证分析

由图8-5和图8-6可以看出，土地财政对产业结构合理化的影响存在非线性效果，这里模型上需要选择非线性计量模型。考虑现实生活中，产业结构的变化是一个不断演化的过程，因此本章利用面板平滑转换模型进行建模分析，考虑到土地财政对产业结构升级影响的两条途径，分别建立以下两个模型。

模型1（土地出让金对产业结构升级的影响）：

$$TL_{it}=\mu_i+a_{01}CR_{it}+a_{02}I_{it}+a_{03}CIT_{it}+a_{04}IM_{it}+a_{05}FI_{it}+(a_{11}CR_{it}+a_{12}I_{it}+a_{13}CIT_{it}+a_{14}IM_{it}+a_{15}FI_{it})G(CR_{it};\gamma,c)+\varepsilon_{it}$$

模型2（土地相关税收收入对产业结构升级的影响）：

$$TL_{it}=\mu_i+a_{01}SS_{it}+a_{02}I_{it}+a_{03}CIT_{it}+a_{04}IM_{it}+a_{05}FI_{it}+(a_{11}SS_{it}+a_{12}I_{it}+a_{13}CIT_{it}+a_{14}IM_{it}+a_{15}FI_{it})G(SS_{it};\gamma,c)+\varepsilon_{it}$$

其中，$i=1，2，\cdots，N$，$t=1，2，\cdots，T$；ε_{it}为残差项；G为关于转换变量CR_{it}、SS_{it}的值域为［0，1］的有界连续函数，γ为平滑参数，c为转换发生的位置参数。

8.3.3.1 实证与分析

为避免伪回归问题，在模型估计之前要判断变量的平稳性。本章采用同质面板的LLC检验和异质面板的IPS检验和PP-Fisher CH检验对变量进行了平稳性检验。结果发现所有变量在一阶差分后平稳，满足面板的协整要求。接着要判断变量之间是否存在协整关系。通过Pedroni检验和KAO检验结果发现拒绝原假设，即变量之间存在面板协整关系。最后还要判断模型是否存在非线性关系，这里采用LM和LMF检验对模型进行线性检验，结果如表8-17所示。

由表8-17可知，分别以土地出让金和土地相关税收收入作为转换变量的模型1和模型2，LM和LMF检验统计量在5%的显著性水平下显著拒绝了其对产业结构合理化的线性关系，说明了二者具有非线性关系。而剩余非线性检验在10%的显著性水平下不能拒绝$r=1$的原假设，因此最优的模型转换函数个数为1，两个模型均使用含单个转换函数的PSTR模型。接着对模型进行数值优化，以确定平滑参数γ和位置参数c的值，这里使用的是网格搜索法。首先，设定γ和c的初始值，接着进行组内均值变换，消除个体效应，最后对新的模型进行*OLS*估计，得到残差平方和*RSS*。重复上述操作，得到最小的*RSS*对应的γ和c即为最优的估计值。最后将其代入模型，利用NLS法估计出其他参数，结果如表8-18所示。

表 8-17　非线性检验结果

检验类型		东部（模型 1）		中部（模型 1）		西部（模型 1）	
		LM	LMF	LM	LMF	LM	LMF
线性检验	$H_0:r=0$ $H_1:r=1$	W = 16.364 (0.000)	F = 14.972 (0.000)	W = 17.839 (0.000)	F = 16.543 (0.000)	W = 26.613 (0.000)	F = 24.437 (0.000)
剩余非线性检验	$H_0:r=1$ $H_1:r=2$	W = 2.372 (0.142)	F = 2.116 (0.167)	W = 0.858 (0.374)	F = 0.773 (0.386)	W = 0.134 (0.798)	F = 0.086 (0.825)
检验类型		东部（模型 2）		中部（模型 2）		西部（模型 2）	
		LM	LMF	LM	LMF	LM	LMF
线性检验	$H_0:r=0$ $H_1:r=1$	W = 298.23 (0.000)	F = 302.17 (0.000)	W = 428.06 (0.000)	F = 435.13 (0.000)	W = 287.16 (0.000)	F = 295.17 (0.000)
剩余非线性检验	$H_0:r=1$ $H_1:r=2$	W = 0.004 (0.917)	F = 0.005 (0.895)	W = 0.156 (0.714)	F = 0.128 (0.802)	W = 0.007 (0.918)	F = 0.005 (0.934)

注：括号内为对应的 P 值。

表 8-18　模型估计结果

	指标	东部		中部		西部	
		模型 1	模型 2	模型 1	模型 2	模型 1	模型 2
线性部分	a_{01}	-0.324** (0.532)	-0.252* (0.136)	-0.202** (0.371)	-0.237* (0.397)	-0.002* (0.006)	-0.001* (0.010)
	a_{02}	-1.250* (1.974)	-3.168** (1.582)	-0.081* (0.194)	-0.137 (0.274)	-0.033* (0.253)	-0.019** (0.146)
	a_{03}	-2.462 (4.378)	-0.455 (0.375)	0.354 (0.088)	0.531 (0.853)	0.084 (0.156)	0.148 (0.328)
	a_{04}	1.913* (3.257)	0.279 (0.162)	-0.979** (2.576)	-0.248 (0.474)	0.138** (0.843)	0.396* (0.587)
	a_{05}	0.523** (1.123)	0.387* (0.183)	-0.832 (1.379)	-1.735** (3.218)	2.631 (6.259)	0.514 (1.708)
非线性部分	a_{11}	0.421* (0.575)	0.935** (0.147)	0.753* (0.442)	0.881* (0.763)	-0.013* (0.125)	-0.027* (0.176)
	a_{12}	0.589 (0.993)	0.349* (0.146)	0.469* (0.638)	0.239 (0.628)	0.081* (0.239)	0.029** (0.147)
	a_{13}	-0.979 (2.563)	-1.378 (1.996)	0.573 (0.916)	1.379 (2.395)	-0.072 (0.482)	-0.175 (0.526)
	a_{14}	-0.684* (1.137)	-0.253 (0.459)	0.287* (0.298)	0.864* (1.839)	-0.103* (0.327)	-0.254 (0.418)
	a_{15}	0.581** (0.989)	0.817* (1.823)	-0.153** (0.436)	-1.237* (2.378)	0.842** (2.317)	1.378* (3.158)

续表

	指标	东部		中部		西部	
		模型 1	模型 2	模型 1	模型 2	模型 1	模型 2
平滑参数	γ	5.323	2.578	2.723	3.582	0.178	0.392
位置参数	c	0.654	0.151	0.693	0.323	0.312	0.374
	AIC	-0.715	-0.375	-0.573	-0.374	-0.415	-0.227
	BIC	-0.632	-0.315	-0.472	-0.319	-0.328	-0.213

注：括号内为标准差；***、**、*分别表示在0.01、0.05及0.1水平下显著。

8.3.3.2 实证结果的阐述

以土地出让金为转换变量时，东部、中部、西部分别在位置参数的0.654、0.693、0.312处，两侧对产业结构合理化的影响存在明显的区别。当处于低机制时，由 a_{01} 的符号可知各地区的土地财政对 *TL* 指数影响为负，即土地出让金的增加有利于产业结构往合理化发展。而当处于高机制时，由 $a_{01}+a_{11}$ 的大小和正负可以看出随着土地财政的扩张，产业结构合理化的变化趋势。从符号上来看，发现东部和中部的 $a_{01}+a_{11}$ 值为正，说明随着土地出让金的增加，其对 *TL* 指数影响由负变正，即随着土地出让金的增加，产业结构合理化程度越来越小；而西部地区的 $a_{01}+a_{11}$ 值为负，说明西部地区土地出让金的增加有利于产业结构趋于合理。经测算，东部和中部的 $a_{01}+a_{11}$ 值由负变正时，土地出让金的临界值分别为0.881和1.267，说明当土地出让金达到临界点以后，土地财政开始抑制产业结构趋于合理。

8.3.3.3 实证结果的分析

对上述实证的结果，本章从以下几个方面考虑：

第一，东部和中部地区的土地出让金促进产业结构趋于合理的效果强于西部地区。目前，我国人口和土地资源的分布存在严重不均等，东部和中部人口较多，但土地资源太少；西部人烟稀少，却幅员辽阔。相对而言，土地资源在东部、中部属于稀缺资源，而在西部却属于非稀缺资源。在供求关系的作用下，稀缺资源的边际效用大于非稀缺资源。因此，东部和中部地区的土地出让金对产业结构合理化的促进效果强于西部。

第二，东部和中部地区的土地出让金对产业结构合理化的促进效果逐渐减小，而西部地区的土地出让金对产业结构合理化的促进效果逐渐增强。当其他资源不变时，持续增加某一资源，其效用会存在先增后减的情况，这样导致了资源在使用过程中存在一个最佳比值，当资源的配置规模低于该值时，该项资源的促进作用逐渐增加。反之，则负面作用凸显。因此，土地出让收益也存在一个这样的规模，而这个最优规模正是上文中得到的临界点。

第三，土地出让收金的增加在高体制下会抑制产业结构合理化。就目前情况来看，我国土地出让金主要来自房地产行业，而房地产处于整个行业链的中游，牵涉经济生活的方方面面。地方政府在制定政策时一般会首先保障房地产行业的利益，房地产行业的过热自然推动房价的上涨，促使土地资源向建筑业流转，减少其支持其他行业的发展，导致出现产业结构不合理。

第四，西部地区土地出让金对产业结构合理化贡献过小。一般认为，土地的附加值在于两个方面：一是土地流转能力，二是土地资源占用情况。就土地流转能力而言，西部地区地广人稀，人口流动相对于东部和中部地区较少，其土地的流转能力自然而然也低。就土地资源占用情况来看，西部地区的基础设施建设还不够完善，相对于东部和中部地区的土地"贫瘠"了很多。因此，西部地区土地附加值过小是其土地出让金对经济调节有限的根本原因。

接下来，对比各地区的平滑参数，我们发现东部最大西部最小，说明东部转移速度较快，中部次之，西部最慢。另外，考察控制变量，我们发现固定资产投资对产业结构合理化的促进效果比较明显，而城镇化的效果并不显著，这与孙克敬（2014）的结果有所差异。本章从以下几个方面考虑：

第一，三个地区转移速度相差较大。当经济从一个环境过渡到另一个环境时，会历经调整适应阶段，此时经济体系的适应能力的差异会造成转换速度的快慢不均。我国东部地区历来是发展的"领头羊"，经过几十年的积累，无论是在经济制度还是在经济总量都存在一定的优势。当经济转型时，其适应调整的能力相应更强。当然，这里土地财政的转换点并不代表经济的转型，但也说明东部地区适应经济环境变化的能力更强。

第二，固定资产投资对产业结构合理化存在显著促进效果。在我国，固定资产投资主要是投资于制造业、基础设施和房地产开发，就构成上来看，这样的投资结构有利于工业的发展。而我国正处于工业化中后期，因此，固定资产投资对产业结构的升级起到一定的促进作用。

第三，城镇化对产业结构合理化作用不显著。总体而言，我国当前的劳动力的流动趋势是由农村流向城市。这对产业结构升级提供了劳动力保障，但我们还应该发现这部分转移的劳动力大部分依旧从事基础性加工行业。在初期，的确能加快第一产业向第二产业的转移，但长期来看，也仅能促进第二产业的发展。因为，相对于第二产业，第三产业的劳动力需要更多智力支持，很多时候，第二产业的劳动力进入第三产业存在一定的门槛。因此，城镇化虽然正在提速，但其对第三产业的发展未必会起到很强的促进作用。因此，以城镇人口衡量的城镇化水平指标对产业结构合理化的影响并不显著。

而以土地相关税收收入为转换变量时，各参数的符号并未发生变化。这说明本章得到的结果较为稳健。与此同时，东部、中部、西部的位置参数为0.151、0.323和0.374，东部和中部的临界值分别为0.258和0.453。

从以上结果，本章认为相对土地出让金来说，土地相关税收收入占比不宜过高。在土地相关税收收入较低时，土地出让的利益远大于上缴的税收，因此土地财政的推行有利于土地的合理利用，使高附加值行业通过土地要素获得比低附加值行业更高的利润率，促进产业的升级，并协调好产业间的合理分配；但当土地相关税收收入比重较大时，土地财政对产业间的比价关系的影响就会减弱，其对产业结构合理化的促进作用相对有限。而就我国目前的税收分类来看，各地区的土地相关税收收入占税收总额的比例还比较少，因此有必要提高土地相关税收收入，一方面能加大财政监管，规范财政资金的透明度；另一方面还能缓解财政资金短缺的窘境。

8.4 本章小结

首先，对土地财政影响技术创新水平的作用机制进行了分析，并利用省域面板数据，从实证的角度检验了土地财政对技术创新的门槛效应和空间溢出效应。其次，以土地财政水平为门槛变量、以政府财政创新投入和房价所导致的创新人才流失为解释变量、技术创新产出为被解释变量，构建面板门槛模型，研究土地财政通过这两方面因素对技术创新水平产生的非线性影响，寻找土地财政制度推动企业技术创新的最优区间。再次，在三种不同的地理距离权重矩阵下，检验土地财政和技术创新水平的空间自相关性特征，并构建空间模型分析土地财政对技术创新的空间溢出效应。最后，通过分析土地财政对产业结构升级的影响机理，并通过面板平滑转换模型，研究了土地财政对产业结构升级的非线性影响。

研究表明：土地财政通过提高政府创新投入，对技术创新存在显著的促进作用，但是从长期来看，依靠土地财政促进区域技术创新是不可持续的。并且，土地财政对技术创新水平的影响呈现出显著的空间相关性特征。土地财政通过提高政府创新投入，能够为技术创新提供良好环境，对周边地区的技术创新活动产生积极作用，但是其积极影响被高房价所导致的负面影响大大削弱了。另外，企业的研发投入、市场的开放水平以及企业之间的技术交流程度等控制变量均对技术创新产出具有显著的正向溢出效应。土地财政对产业的影响研究发现：无论是使用土地出让性收益还是使用土地税收性收益衡量土地财政时，其与产业结构优化都存在非线性效果；东部、中部、西部地区的非线性效果各有不同，其中东部转换最快、中部次之、西部最慢；对于东部和中部地区，土地财政的规模并非越大越好，当土地财政大于某一比例时，其会抑制产业结构合理化发展；目前来看，我国土地财政规模仍处于促进产业结构趋于合理的有效区间。

9 金融发展制度对产业结构升级的影响机制*

9.1 金融发展促进产业结构优化的内在机理

9.1.1 产业结构优化的路径

通常情况下，产业结构优化可以通过产业区域转移、产品升级换代、提升企业在产业链的位置实现。

9.1.1.1 产业区域转移

产业区域转移是指由于相对优势的变化，一个区域将原主导产业转移到另一个区域的行为。张红娟等（2010）[236]指出，产业转移反映的是企业基于产业集群战略与组织和周边环境协同演化的过程。徐春华、吴易风（2015）[237]通过比较中西方产业转移理论指出盈利空间的变化、垄断优势的存在、交易成本的存在、劳动力成本差异是产业转移的主要原因。刘红光等（2014）[238]通过区域投入产出模型指出我国产业转移呈现出阶段性的特征，我国当前产业转移呈现出以下几个特征：①低端制造业从东部向中西部转移；②东部之间的产业转移主要变为从长三角向京津冀转移；③当前从我国产业转移的驱动来看，产业转移主要有原料指向性转移、成本驱动型转移、投资拉动型转移和依赖集聚型转移。

根据小岛清的“比较优势”理论，转移的产业多是一个区域的“劣势产业”，假设转移产业的地区存在两个产业，A 是产业为优势产业，B 是产业为劣势产业。

在要素投入系数保持不变的情况下，经济发展满足以下约束：

$k_AX_A+k_BX_B\leqslant K$

$l_AX_A+l_BX_B\leqslant L$

其中，k_A、l_A 分别为产业 A 的资本和劳动的投入系数，k_B、l_B 分别为产业 B 的资本和劳动的投入系数。K 和 L 分别为当前经济体中总体的资本存量和劳动力。X_A 和 X_B 分别为

* 本章部分成果由熊婷燕等撰写，发表在《江西师范大学学报》（自然科学版）2018 年第 3 期，第 275 ~ 282 页。

产业 A 和 B 的最终产品的产量。

如图 9－1 所示，横轴和纵轴分别代表了 A 产业和 B 产业的产量，AB 段和 CD 段表示转移地区的资本和劳动力的约束条件，E 点为在资源得到充分利用条件下，生产组合的均衡点。$OBED$ 构成了当前的生产可能性边界。但是由于 B 产业的效率相对 A 产业的较低，使资本和劳动力的组合发生了弯曲，在同等资源的条件下，B 产业的存在挤占了 A 产业的资源，使曲线 AB 移动至 AB'，曲线 CD 移动至 CD'。在资源未得到充分利用的背景下，可以得到新的生产可能性边界 $OB'E'C$，可以看到新的生产可能性边界较原先的生产可能性边界小。

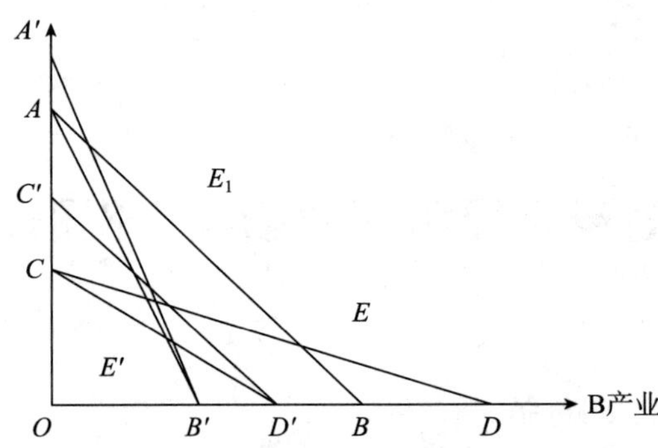

图 9－1　产业转移对经济发展的影响

现假设转移地区进行了产业转移，意味着一部分资源将释放到 A 产业中，这使现阶段的资源利用曲线向外扩张，在新的阶段，资源利用曲线分别扩展 $A'B'$ 和 $C'D'$ 的位置，转移以后得到新的均衡点 E_1，这是新的生产可能性边界是 $C'E_1B'O$，相较于 E' 点，E_1 在 B 产业的产量有所下降，但是总体的生产可能性边界得以扩展，生产效率得以提升。

对于被转移地区而言，产业转移同样具有好处。对于承接产业转移地区而言，产业转移可以通过产业链的“前向关联效应”和“后向关联效应”使承接产业转移地区的技术水平得以提升。通过技术的“示范效应”“波及效应”“关联效应”和“区域溢出效应”承接产业转移地区的需求结构、要素生产结构、基础设施和人力资本水平得以改善，从而为新一轮的产业结构优化提供基础。

9.1.1.2　产品升级换代

产品升级换代是实现产业结构优化的另一种途径，产品升级是指通过引进新的产品或改进现有产品，提高产品的附加值，进而实现产业结构优化的方法。当前，在产品日益竞争的市场上，厂商为了获得超额利润，往往采取差异化竞争的策略，使市场形成垄断竞争的格局，产品升级的策略满足了部分消费者多样化的需求，同时差异化的竞争策略，为企业进行技术研发提供了资金，为产业结构优化提供了可能。

产品升级换代同时也为国家的“弯道超车”提供了可能。林毅夫的新结构经济学指出，发展中国家在发展过程中存在“后发优势”，通过产品的模仿并在此基础上进行“产品升级”可以帮助发展中国家实现工业化、赶超发达国家的目标。但韦森（2015）[239] 指出，后发国家想要通过产品替代实现产业结构优化需要产权和法律制度的保障，政府在实现“弯道超车”需要最大可能地降低“寻租”行为。由于后发国家在制度安排、文化传统、商业精神、资源禀赋等条件上的缺失，使国家想要通过产品升级换代实现产业结构优化并不容易。

9.1.1.3 提升产业链中的位置

关于产业链位置，当前主流的观点为“微笑曲线”理论，即在产业链的分工存在两头（研发、售后服务）利润高，而中间环节（制造、装配）利润低的特征。当前在全球化的产业分工中，发展中多处于产业链的中间位置。而发达国家凭借其长期的技术和管理经验累积，在产业链的分工中负责产品的设计、研发、服务和营销等环节。通过垄断这些重要环节，相关企业获得了高额的超额利润，并在竞争中凭借成本优势和技术优势构建了进入壁垒。企业要提升其在产业链分工的位置，可通过经验累积和技术创新，构建技术壁垒，实现产业链两端攀升；也可以通过兼并扩张方式，对产业的上下游进行兼并重组，整合产业链分工，实现规模经济，利用成本优势构建竞争壁垒。

9.1.2 金融发展对产业结构优化的作用机理

金融作为一种特殊的生产要素，对于调整消费结构、改变要素价格、调节产品边际产量有着重要作用。从金融发展的形式来看，金融发展不仅意味着金融资源在“量”上的增加，同时也意味这金融的融资结构能够与当前的要素禀赋、产业结构相适应。从市场结构来看，金融发展意味着当前的市场竞争结构能够满足经济发展与产业结构优化的要求，能够降低交易费用，也同时能防范金融发展中所产生的系统性分险。从地区的角度来看，金融发展往往表现为金融资源向区域金融中心集聚，并通过溢出推动周边区域经济发展。对于金融发展对产业结构优化的作用，本章将从两个角度的进行阐述：第一个角度为金融规模、金融效率、金融结构对产业结构优化的直接效应；第二个角度为金融规模、金融效率、金融结构对产业结构优化的溢出效应。

9.1.2.1 金融发展对产业结构优化数理推导

Odedokun（1996）[240]提出了二分法的概念，即将国民经济的所有行业都分为金融和非金融两部门。通过采用微分方程的方法分解出金融部门对经济增长的贡献。赖娟(2013)[241]在此基础上加入了多项衡量金融资源的指标，将该模型扩展成了一个包含多项指标的计量模型。本章在此基础上加以扩充，对金融资源促进产业结构优化进行理论分析。

根据 Odedokun（1996）的思路，假设：①当前国民经济中存在两部门，部门 1 为传统产业部门，部门 2 为产业结构转型中的新兴部门；②在每个部门中，存在为其服务的实体行业和金融行业；③每个部门实体行业的产出既取决于劳动力和资本存量同时又取决于该部门金融行业的资金供应，且金融资源对实体行业产出有外部作用；④实体行业资本和金融行业资本能够相互流动，且外部没有新的资本存量流入。

对于部门 i 金融行业的产出函数可以表示为：

$$F_i = F(KF_i, LF_i) \tag{9-1}$$

而对应部门 i 的实体行业的产出函数可以表示为：

$$R_i = E_i.\ r(LR_i, KR_i, F_i) \tag{9-2}$$

部门 i 的总产出函数可以定义为：

$$Y_i = F_i + R_i \tag{9-3}$$

其中，KF 和 LF 分别代表了金融行业的劳动力和资本存量，LR 和 KR 代表实体行业的劳动力和资本存量。对于任意部门 i，满足以下条件：

$$KF_i + KR_i = K_i, LF_i + LR_i = L_i, i = 1, 2 \tag{9-4}$$

E_i 为金融资源对实体行业产出的"效率乘数"，越高则代表着金融资源配置的效率越高，实体行业的产出越大。在均衡条件下，部门 i 中各行业劳动的边际产出要等于资本的边际产出，既可以得到：

$$\frac{\partial F_i}{\partial KF_i} / \frac{\partial F_i}{\partial LF_i} = \frac{\partial R_i}{\partial KF_i} / \frac{\partial R_i}{\partial LF_i} = 1 + \delta_i \tag{9-5}$$

式（9－5）中 δ_i 为生产率差异常数。对式（9－5）求全微分可得到：

$$dY_i = dF_i + dR_i = \frac{\partial F_i}{\partial KF_i}dKF_i + \frac{\partial F_i}{\partial LF_i}dLF_i + E_i \cdot \frac{\partial r_i}{\partial KR_i}dKR_i + E_i \cdot \frac{\partial r_i}{\partial LR_i}dLR_i +$$

$$E_i \cdot \frac{\partial r_i}{\partial F_i}dF_i + r_i \cdot dE_i \tag{9-6}$$

在式（9－6）两边同时除以 Y_i，并结合式（9－6）可以得到对于任意部门 i：

$$\frac{dY_i}{Y_i} = \frac{\partial R_i}{\partial KR_i}\frac{1}{Y_i} + \frac{\partial R_i}{\partial LR_i}\frac{L_i}{Y_i}\frac{dL_i}{L_i} + \left(\frac{\delta_i}{1+\delta_i} + \frac{\partial R_i}{\partial F_i}\right)\frac{dF_i}{F_i}\frac{F_i}{Y_i} + \frac{\partial R_i}{\partial E_i}\frac{E_i}{Y_i}\frac{dE_i}{E_i} \tag{9-7}$$

采用增长率的形式来描述式（9－8）写为：

$$GY_i = \beta_1(1/Y_i) + \beta_2 GL_i + \beta_3(GF_i \times Size_i) + \beta_4 GE_i \tag{9-8}$$

其中，$Size_i$ 为$\frac{F_i}{Y_i}$，代表了第 i 个部门金融资源占该部门生产总值的比重，体现了当前金融资源规模水平。在得到了各部门增长率与金融资源的关系后。进一步考虑生产资源在两部门之间的流动状况，在 t_1 两部门产量都达到均衡水平，可以定义金融合意水平为：

$$m_1^* = \frac{KF_1}{KR_1}, m_2^* = \frac{KF_2}{KR_2} \tag{9-9}$$

随着经济的增长和消费结构的升级，实体经济结构提升，实体经济规模的扩大，必然要求金融部门提供更大规模、更多品种、更为复杂的金融服务。在资本存量总体保持不变的情况下，因此可以认为新兴部门的金融合意比例高于传统行业金融合意比例，即 $m_2^* > m_1^*$，在 t_2 时刻新的金融合意比例可以表示为：

$$m_1^* = (KF_1 + \Delta KF_1)/(KR_1 + \Delta KR_1), m_2^* = (KF_2 + \Delta KF_2)/(KR_2 + \Delta KR_2) \tag{9-10}$$

由于在产业结构优化过程中，资本存量是由传统行业流向新兴行业的，则可以得到：

$$\Delta K_1 = \Delta K_2 = \Delta KR_1 + \Delta KF_1 = \Delta KR_2 + \Delta KF_2 \tag{9-11}$$

由于假定了外部没有新的资本存量流入，部门1和部门2的金融合意比例不变，联立式（3－10）和式（3－11），整理可得：$\frac{\Delta KR_1}{\Delta KR_2} = \frac{(1+m_1^*)}{(1+m_2^*)}$，由 $m_2^* > m_1^*$ 可以得出：$\frac{(1+m_1^*)}{1+m_2^*} < 1$，由此可以得出：

$$\Delta KR_2 < \Delta KR_1, \Delta KF_2 < \Delta KF_1; \Delta KR_1 - \Delta KR_2 = \Delta KF_2 - \Delta KF_1 \tag{9-12}$$

式（9－12）说明了产业结构优化过程中资本存量流动的方向，具体来说：实体资本存量从传统部门流向新兴部门，流出传统部门的实体资本存量要大于流入新兴部门的实体

资本存量，多出的资本流向了新兴部门的金融行业，使流向新兴金融行业的资本存量大于流出的传统部门金融资本存量。一方面，由于新兴部门的金融行业资本存量 KF_2 上升将导致式（3-8）中的金融规模项上升。另一方面，在金融资源向新兴产业配置过程中，由于金融资本存量的上升改变当前的金融市场结构，新兴企业融资渠道拓宽，当前金融市场的效率乘数 E_i 上升。两者相互作用最终导致 $GY_2 > GY_1$，使产业结构实现优化。这一理论推导说明金融资源推动产业结构优化存在两种途径：一种通过扩大金融规模实现产业结构优化，另一种通过金融结构、金融集聚相关途径影响资金配置的效率，改变金融资源的"乘数效应"进而推动产业结构优化。

9.1.2.2 金融规模对产业结构优化的影响

金融规模的扩大增加了资本的供给，这使资本的相对价格变得便宜，使国民经济的各个领域获取金融资源的渠道日益拓展，各产业也可以根据自身的规模和发展阶段以较为公平的价格获取金融资源，使资本供给和产业发展规模保持在一个较为稳定的比例，使产业结构实现合理化。另外，产业结构的合理化要求各产业间保持相对合理的结构，金融规模的扩大，使得资本能够在利润的导向下，流入那些经济效益好，出于产业链高端的行业，最终使各产业的利润率趋于平均，实现各产业之间动态调整，实现产业结构合理化。

金融规模的扩大同样能促使产业结构实现高度化，金融规模的扩大有利于产生多种多样的投资机构，这有力地克服了传统银行业融资方式中存在的缺陷，为高新产业直接融资提供了可能。而在金融资源主导下发展起来的产业，能迅速吸收创新成果，并对周边产业产生示范作用，通过上下游的产业链，实现相关产业链的迅速整合和技术升级，同时金融资源能推动相关资源向新兴产业聚拢，通过相关产业的产业集聚实现产业结构高度化。Maskus、Neumann 和 Seidel[242] 通过检验 OECD 国家的 22 个制造业数据发现国内和国外的金融规模对于国内的 R&D 强度具有正向作用。徐玉莲、张宏起（2011）[243] 利用资本数据发现金融规模是技术创新的格兰杰原因。

9.1.2.3 金融效率对产业结构优化的作用

一个地区的产业结构是由其要素禀赋所决定的，每种产业结构都有自己独特的金融需求，金融效率体现在金融业务发展与产业需求相适应。通过构建两部门的国民经济模型，林毅夫认为，产业结构高度化的过程会导致从资本存量从传统产业转向新兴产业，且从传统实体部门的流出的资本大于流入新兴实体产业的资本，同时流入新兴金融部门的资本大于流出传统金融部门的资本，说明产业结构高级化后等量的实体资本存量需要的金融服务高于结构提升前需要的金融服务。金融效率对产业结构优化作用主要体现在以下几个方面：

（1）金融效率的提升有利于缓解产业在发展过程中的资金约束，提升资金在资源配置中的效率。金融效率的提升意味着地区形成国有金融企业、国家控股金融机构、外资金融机构、民营金融机构互相竞争、市场功能互相补充的竞争格局，满足了不同融资组织的需求。而这些金融机构通过空间上的集聚，有利于金融集聚区内网络结构的形成，这种网络结构的形成，有利于实现信息的共享，降低甄别企业信用的交易成本，进而促使企业信用机制的建立。这样的机制的建立会使投资效益好的企业更容易得到甄别，资金能够更高效率地从低利润部门转移到高利润部门，进而提高全要素生产率，产业结构趋向合理。Carlin 和 Mayer（2003）对 1970~1995 年 18 个 OECD 国家分析发现在发达国家产业增长与银行系统的分散具有正向相关，与银行系统的集中、股权的集中具有明显的负相关。

（2）金融效率的提升有助于推动技术进步。金融效率的提升意味着当前的金融服务能够有效地克服传统融资方式中所存在的缺陷，为新兴经济、高科技产业提供多样化的融资安排。同时，由于高效的金融创新服务和激烈的竞争，金融机构往往通过地理上的集聚来实现降低交易成本，快速甄别企业的目的，这使得信息能够在金融集聚的区域快速流动，使得金融产品的科技含量和管理水平得以提升。黎平海、王雪（2007）[245]指出，金融效率的提升使金融机构能够通过集聚的方式与经济发展进行互动，通过集聚所产生的"涓滴效应"资产能够在区域间自由的流动、重组，这种流动与重组为技术的空间转移、传播提供了条件。Chowdhurya 和 Maung[246]采用 1997～2006 年 70 个地区的数据发现金融市场的发展较好地缓解了 R&D 投资信息不对称的问题，提高了 R&D 的效率。

（3）金融效率的提升能有效地促进主导产业与新兴产业的融合。金融效率提升的过程就是高效率金融体系建立的过程。高效的金融体系有利于资产的兼并重组，为打破部门、区域、国界之间的限制提供了方便。在高效率的金融体系主导下，主导产业可以通过技术创新，并通过产业链传导影响相关产业的要素配置。同时，资本市场的重组能够使得优势企业可以通过兼并重组的方式发展壮大，并在空间上通过产业集聚的形式获得规模效应，进而推动产业结构优化（高静文，2005）[247]。

（4）金融效率提升能够为产业结构优化发挥风险防范和风险补偿机制。龚强（2014）[11]认为，金融效率的提升意味着金融资源分散风险的能力更强，在产业发展的过程中银行能够为成熟的部门提供持续稳定的支持，证券能为创新型部门提供资金，并分散风险，而保险有利于消解甚至消除产业结构升级过程中资源特别是人力资源限制产生的社会动荡，以保证产业结构高度化的稳步进行。

9.1.2.4 金融结构对产业结构优化的影响

尽管内生增长理论和大多数的实证研究倾向于金融规模促进产业结构优化的假说，但这是否意味着不需要考虑金融资源的结构呢？林毅夫等（2009）提出，新结构经济学最优金融结构理论，处于不同经济发展阶段的经济体具有不同的要素禀赋结构，并由此决定了与其相适应的最优产业结构，处于不同产业的企业具有不同的规模特征与风险特征和融资需求，而不同的金融结构及其所代表的融资方式在对不同性质企业提供金融服务方面具有各自的比较优势，只有适宜的金融结构才能够满足不同产业和企业的融资需求。关于哪种经济结构最能促进产业结构优化当前经济学界存在不同的观点。

Cetorelli（2001）[248]认为，垄断性银行在信贷市场和甄别信息方面具有优势，能带来更多资本积累，并强调稳定经济状态的最优金融市场结构是寡头垄断的银行体系，而非完全垄断的银行体系反映金融规模的指标。

与之观点相反的是，Stein（2002）[249]提出的"软""硬"信息的区分，对于中小银行来说，在处理涉及企业家个人品质、所在市场经营能力等难以传递和验证的"软"信息方面存在比较优势，因此以中小银行为主导的金融结构有利于促进产业结构优化（姚耀军、董钢锋，2014[250]；余超、杨云红，2016[251]；Michetti 和 Purificato2013[252]）。Carlin 和 Mayer（2003）则比较了处在不同工业化水平的国家金融结构对产业结构优化的影响，发现对于发展中国家而言，以银行为主导的金融结构更具有优势，具体表现产业增长与银行系统的规模和集中度呈现出显著正向相关；对于发达国家而言以中小银行为主导的

产业结构有利于产业结构优化，具体表现在发达国家产业增长与银行集中、股权集中具有负相关。

9.1.3 金融溢出效应对产业结构优化的影响

9.1.3.1 溢出效应的来源——金融资源的集聚

溢出效应意味着一个地区的金融资源不但能够影响本地区产业结构优化，还能通过金融规模、金融效率、市场结构等多种渠道影响周边地区产业结构优化。金融资源的溢出效应意味着金融机构由于地理位置上的毗邻，经营活动上相互关联因此相较于单个金融机构能够在效率、收益等方面营造一种竞争优势。

从组织形式上来看，金融溢出效应反映了产业集聚模式中较为特殊的一种——金融产业集聚。黄解宇曾就金融集聚的模式与传统行业进行了比较，黄认为金融集聚是通过金融资源与地域协调、配置、组合的动态的时空变化促使金融产业成长与发展，进而在一定地域空间生成金融地域密集系统的变化过程。与传统行业集聚模式相比，金融集聚具有如表9－1所示特征。

表9－1 传统产业集聚与金融集聚比较

集聚类型	传统产业集聚	金融集聚
集聚内容	制造业、商业	金融相关行业
集聚模式	马歇尔式、意大利式、卫星—平台式等	新型产业集聚模式
集聚速度	较慢	速度较快
传导机制	集聚、扩散	集聚、扩散、溢出
影响范围	自身及周边相关产业	自身及周边三次产业
风险范围	行业性风险	综合性风险，影响范围广
政策引导	政府力量相对大	政府作用复杂，受体质影响大

资料来源：黄解宇：《金融集聚论》，中国社会出版社；杨义武：《金融集聚视角下产业结构优化研究——以长三角为例》，安徽工业大学硕士学位论文。

9.1.3.2 金融溢出效应影响因素

随着经济社会的发展，特别是信息技术得到了长远的发展，地理和区位对经济活动的限制越来越小，有不少学术观点认为“地理已死”，但仍然有不少学者认为地理位置仍然是经济活动中不可忽略的因素。地理环境对经济的影响主要体现在以下几个方面：不对称信息、非标准化信息和地理依赖。地理影响对金融发展的溢出效应影响如表9－2所示。

表9－2 金融溢出影响因素

不对称信息	Palmberg（2012）[253]地理距离是影响金融交易的重要因素，距离越远，信息不对称越大，风险越大。 Zukarnain Zakaria（2008）[254]发现信息不对称对股市行为的地理分布和投资组合表现具有重要影响。 王宇等（2014）[255]采用动态随机一般均衡发现金融中心建设的“消息预期”会影响金融集聚的速度，也会影响金融发展的规模和水平

续表

非标准信息	Zhao (2002)[256] 认为，非标准化信息指当地化的不可以通过惯常媒体传输的信息，如关于子公司合并、购并或被接管的小道消息。要想准确解释非标准化信息的内容和价值是非常困难的，必须要准确了解这类信息的广阔背景（或者说文化） 张浩然（2014）[257] 指出，银行贷前调查过程中需要处理大量的非标准信息，而这些信息在财务报表上表现并不充分，本地金融机构能够为本地企业提供投融资便利，有助于建立信誉机制，提供专业的劳动力供给和相关的会计、法律和计算机等金融服务。因此，金融本质是服务业，金融对城市经济绩效的贡献要随着地理距离的加大而递减
地理依赖	李林等（2011）[258] 指出，金融集聚辐射的作用是有限的，从金融集聚水平来看，银行业的集聚水平最高，对经济增长的推动作用更大，而我国区域行政体系是制约金融集聚发挥辐射作用的重要原因。 吴新生（2011）[259] 发现，周边地区金融发展溢出效应呈现出趋同性，这表明地理依赖是影响金融溢出效应的关键指标

9.1.3.3 金融溢出对产业结构优化路径——增长效应

金融机构之所以选择集聚—溢出这种发展模式，是因为这种模式对于金融发展的核心区域存在增长效应。随着增长极增长动量的积蓄，将会对周边地区产生溢出效应。但与此同时，随着生产要素的流动和区域贸易的加大，增长级也会对周边地区产生回拨效应，即周边地区的增长速度被核心区域减缓。以“*LS*”模型为例说明金融集聚—溢出模式对经济增长产生的循环作用。*LS* 模型为“本地溢出”模型，其假设如下：

（1）国家存在这两个区域，在生产活动中存在工业和农业两个部门，其中农产品属于完全竞争市场，利用劳动力生产同质产品，农产品市场间不存在交易费用。工业产品属于垄断竞争，且边际收益递增，它们以资本作为固定成本生产差异化产品，每生产一个产品，消耗一单位资本。

（2）仅有资本和劳动两种生产要素，其中劳动为可变成本，每增加一个产品所耗费的劳动为 am 个，而资本为固定成本。

（3）区域内部不存在交易成本，但是区域间存在交易成本。具体而言，每运送 τ 单位的产品，仅有一个单位产品能够顺利抵达。

（4）假设金融资源一开始均匀地分布在两个区域间，双方各拥有 50% 的劳动力资源，且劳动力资源不能跨区域流动。资本由资本创造部门生产，存在折旧。

（5）创造新的资本同样需要劳动要素的投入，假设每一期都会有 δ 个单位资本需要折旧，在资本不能自由流动下，一个地区的资本形成与空间距离直接相关：私人知识资本不能在区域间自由流动；公共知识的传播受到空间距离的影响，令 λ 衡量公共知识在空间中传播的难易程度，λ 越大传播越容易，资本形成的成本将会减小。

随着时间的演化，两个地区由于资本的生产和折旧导致了资本存量和生产效率发生了变化，这导致了金融资源发展不均衡。金融资源边际的收益等于金融资源的边际成本时，经济达到长期均衡条件。在 *LS* 的均衡条件下，经济长期均衡呈现出两种方式：第一种为内部均衡，即不产生金融资源集聚—扩散形式；第二种为集聚—扩散形式，这意味着经济相对发达的地区占有了全部的金融资源。下面分别考察两种均衡模式下经济增长。

1）对称模式下的经济增长。根据上述假设，通过推导可以得到对称均衡下长期增长

率（g_1）和长期总支出 E^1 为：

$$g_1 = \frac{b(1+\lambda)}{2}L - (1-b)\rho - \delta \tag{9-13}$$

$$E^1 = L + \frac{2\rho}{1+\lambda} \tag{9-14}$$

2）集聚—溢出模式下的经济增长。根据模型的假设，可以得到当资源集聚到发达地区时长期的总支出和增长率。

$$g_2 = bL - (1-b)\rho - \delta \tag{9-15}$$

$$E^2 = \frac{L-(g+\delta)}{1-b} \tag{9-16}$$

此时，资本都集中于发达地区，溢出效应也存在与发达地区，比较两种模式下的经济增长率，可以得到：

$$g_2 - g_1 = \frac{b(1-\lambda)}{2}L \geqslant 0 \tag{9-17}$$

式（9－17）意味着，采用集聚—溢出模式下的经济增长率将高于对称模式下的经济增长率，这也就意味着金融资源的集聚和外溢能够给地区经济带来增长。

9.1.3.4 金融溢出形式对产业结构优化——补偿效应

内生增长理论认为，区域的增长往往表现出增长不平衡的特征，对于金融溢心区域的中心区域居民而言，福利水平较高。相比而言，由于溢出效应周边区域福利较少，金融溢出对产业结构表现出了两种形式：制造业之后带来的静态损失和整体经济增长带来的动态效益。金融溢出效应的补偿效应如图 9－2 所示。

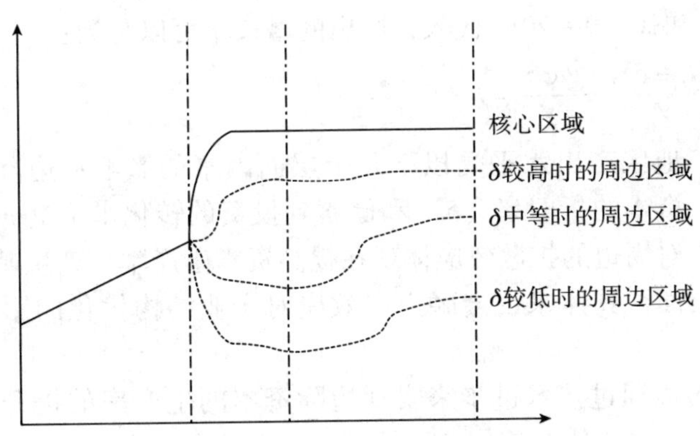

图 9－2 金融溢出效应的补偿效应

金融溢出的周边核心和周边区域的福利受贸易自由度水平 θ 的影响，当 θ 处于一个较低的水平时，θ 的增长无论是对于金融溢出的核心区域还是对于周边区域福利水平都将得以改善。随着 θ 的增长，当 θ 大于持续点的贸易自由度 θ_1 时，金融溢出核心区域的福利将进一步改善，而金融溢出周边区域的福利将降低。当 θ 继续增长到达 θ_2 点时，金融资源将集聚于较为发达的核心区域，核心区域的福利将保持稳态水平。图 9－2 表现为最上端的曲线趋于稳定。而对于周边区域则要分情况讨论。当制造业产品的支出比例（δ）较低时，则经济增长对周边地区福利的改善作用较小，也就是动态收益小于静态的损失。从图9－2来看，表现为最下端的曲线在 θ_2 右端的水平低于 θ_1 左端的水平。制造业产品的支出比例（δ）较高时，金融溢出的周边区域的福利将得以改善，此时，动态效应要大于静态损失。从图9－2来看，表现为最下端的曲线在 θ_2 右端的水平高于 θ_1 左端的水平。而当制造业水平处于中间状态时，福利改善情况则位于中间。

9.1.3.5 金融溢出效应与产业结构优化——扩散效应

内生增长机制认为，金融资源存在扩散效应，这意味着位于金融核心周边区域都将从核心区域获得金融资源、人才、信息进而促进地区经济发展，为追赶并接近金融核心区域同时通过参与核心地区主导的产业分工，可以实现产业结构高级化。

假设存在一个不存在政府部门的经济体，产出水平为资本存量的线性函数：

$$Y_t = AK_t \tag{9-18}$$

其中，A 为边际资本生产率，K_t 代表当期资本存量，如果该地区只生产一种产品且将其用于投资，资本存量的折旧率为 δ，则改期的投资额可以写为：

$$I_t = K_{t+1} - (1-\delta)K_t \Rightarrow K_{t+1} - K_t = I_t - \delta K_t \tag{9-19}$$

其中，I_t 表示投资，S 等于储蓄总量，g 表示经济增长。当经济增长位于均衡条件时，总储蓄等于总投资。假设金融资源存在溢出效应，这意味着金融储蓄在转化成实际投资时，存在一个资产转化率 φ，因此在存在溢出效应的情况下，可以将投资与储蓄的关系写成：

$$I_t = \varphi S_t \tag{9-20}$$

联立式（9－18）和式（9－19）可以得到如下关系：

$$\Delta Y_{t+1} = Y_{t+1} - Y_t = AK_{t+1} - AK_t = A(I_t - \delta K_t) = AI_t - \delta Y_t \tag{9-21}$$

将式（9－21）和式（9－20）代入，产出的增长率可以写为：

$$g_{t+1} = \frac{\Delta Y_{t+1}}{Y_t} = \frac{AI_t - \delta Y_t}{Y_t} = \frac{A\varphi S_t}{Y_t} - \delta \tag{9-22}$$

以上模型说明，地区产出水平受以下几个层面因素的影响：边际资本生产率（A），当期的储蓄水平 S_t，资本的折旧率（δ）和储蓄到投资的转化水平（φ）。张晓燕（2012）指出，金融溢出效应对周边的扩散效应体现在提高资本生产率、产生基本累积效应、储蓄投资转化效应三个层面。具体来说金融溢出效应对产业结构优化的影响可以归结为以下几点：

（1）金融溢出可以通过技术进步来实现边际资本的生产率的提升。当金融资源从核心区域向外部溢出时，往往伴随着信息、技术、人力资本的流动。金融资源的外溢带动了技术水平和知识资本向外部溢出，为周边地区产品质量的提升提供了技术支持。

（2）金融溢出对于周边区域而言存在资本累计效应。当金融资源向外部溢出时，金融机构增加、金融产品丰富多样、金融交易的时间和空间分布将更加广泛。对于金融市场的参与方而言，由于有丰富多样的金融产品，交易费用将大幅降低。这为吸引更多的限制储蓄提供了良好的制度基础。同时，区域产业技术水平的提升、新型行业承担和化解金融风险的能力将逐渐加强，这进一步降低了交易费用，提高了地区的边际储蓄率。

（3）金融溢出存在储蓄投资转化效应。随着金融资源从核心区域由内向外扩散，非核心区域的金融规模、金融结构水平、金融效率水平都将得到提升。金融机构的介入可以

通过价格机制使金融资源流向边际产出水平更高的产业；同时，金融资源的外溢能够化解相关产业在发展过程中产生的风险。

金融发展对产业结构优化作用路径如图 9－3 所示。

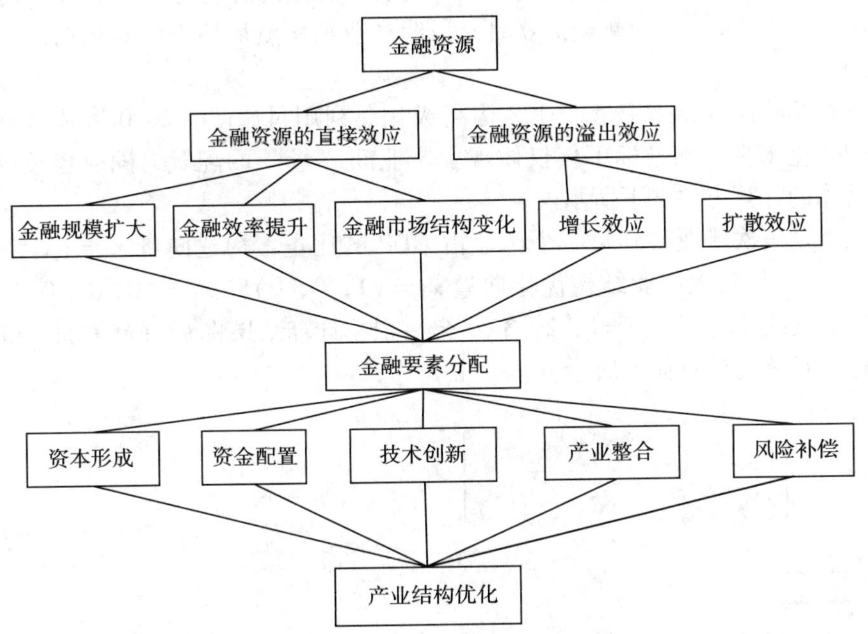

图 9－3　金融发展对产业结构优化作用路径

9.2　产业结构优化与金融发展相关指标体系

9.2.1　产业结构优化内涵和计算

产业结构优化分为产业结构高级化与产业结构合理化两个方面。合理化反映的是各个产业投入与产出之间的配比，反映了产业结构量的客观要求；而产业结构高级化体现了资源要素在各产业之间的利用效率和产出效益，反映了产业结构质上的客观要求。从两者关系上看，产业结构合理化是产业结构高级化的基础条件，如果产业结构长期处于失衡状态，就不可能有产业结构高级化的发展。产业结构高级化则是产业结构从一种合理化状态上升到更高层次合理化状态的发展过程，是产业结构合理化的发展目标和必然结果。

参考干春晖等（2011）的方法，使用修正的泰尔指数作为衡量产业结构合理化的指标。产业结构高度化，体现的是产业结构升级的水平，参考干春晖（2011）的方法，用第二、第三产业产值占 GDP 的比重反映产业结构高度化的水平。具体而言，泰尔指数的计算方法如下所示。

$$TL = \sum_{i=1}^{n} \frac{Y_i}{Y} \ln\left(\frac{Y_i}{L_i} \Big/ \frac{Y}{L}\right) \tag{9-23}$$

其中，Y_i（$i=1$，2，3）分别代表了三次产业的产值，L_i（$i=1$，2，3）代表了三次产业的就业人数，Y 代表了总的生产总值，L 代表了总体的劳动力水平。泰尔指数的波动范围为（0，1）。当泰尔指数越趋近 0 时，说明产业结构愈加趋于均衡状态，产业结构越趋近于合理。

采用产业结构高度化来衡量产业结构高级化。利用付凌晖（2010）提出的指标，构建产业结构优化水平，该指标不仅仅体现了产业间“量”的配置，同时也反映了“质”的变化，具体的计算方法如下所示。

首先，根据三次产业得到每一个产业占 GDP 的比重，构建向量 $x_0=(x_1, x_2, x_3)'$，然后分别计算 x_0 与三大产业结构优化向量 $x_1=(1, 0, 0)'$、$x_2=(0, 1, 0)'$、$x_3=(0, 0, 1)'$ 计算余弦统计距离 $\theta_j(j=1, 2, 3)$，最后根据计算结果将 θ_j 进行累加，得到产业结构优化指标。具体的计算如下所示。

$$\theta_j = \arccos\left\{\frac{\sum_{i=1}^{3}(x_{ij} \cdot x_{i0})}{\left(\sum_{i=1}^{3}(x_{ij}^2)^{1/2} \cdot \sum_{i=1}^{3}(x_{i0}^2)^{1/2}\right)}\right\} \tag{9-24}$$

$$TS = \sum_{k=1}^{3}\sum_{j=1}^{3}\theta_j \tag{9-25}$$

9.2.2 金融发展指标的构建

金融规模：金融规模反映的是各金融市场融资总量的水平，参考陶长琪等（2015）的方法，采用贷款占 GDP 的比重、A 股以及债券市场市值占 GDP 的比重以及保费收入占 GDP 的比重作为衡量标准，采用主成分分析法，提取第一主成分，生成反映金融规模的指标。

金融效率：金融深化反映的是金融结构变化对金融需求的适应程度，参考陶长琪等（2015）的方法，采用存贷比、A 股及债权融资额占市值的比重、A 股及债券市值占贷款余额的比重和人均保费作为衡量水平，采用主成分分析法，提取第一主成分，生成反映金融效率的指标。

金融行业市场结构：采用国有银行占总体银行资产的比例进行计算。

金融集聚水平：参考邓向荣等（2012）[260]的方法，采用区位熵来衡量地区金融集聚的水平。具体指标体系构建如表 9－3 所示。

9.2.3 金融规模、金融效率和金融集聚程度的测算

9.2.3.1 金融规模与金融效率水平的测算

在测算金融发展水平的过程中，本章采用主成分分析法构建相关指标，具体流程如下：①对每个二级指标数据进行无量纲化、中心化处理，并根据无量纲数据求出对应的相关系数矩阵。②计算出每个二级指标数据相关系数矩阵的特征值、特征向量，特征值代表了指标对综合成分的方差贡献率。③计算各二级指标主成分的累计贡献率。一般而言，当

累计贡献率大于70%时，即可确定主成分的个数。以方差贡献率作为主成分的权重，即可求出综合得分。金融规模的主成分结果如表9－4、表9－5所示。

表9－3 金融发展指标选取

综合指标	一级指标	二级指标	单位	符号
金融发展	金融规模	贷款占GDP的比重	%	X_1
		贷款占GDP的比重	%	X_2
		保费收入占GDP的比重	%	X_3
	金融深化	存贷比	%	X_4
		A股及债权融资额占市值的比重	%	X_5
		A股及债券市值占贷款余额的比重	%	X_6
		人均保费	%	X_7
	金融行业市场结构	国有银行资产占总体银行业资产的比重	%	X_8
	金融集聚	区位熵		X_9

表9－4 金融规模变量主成分特征值及累计方差贡献

成分序号	相关矩阵特征值			主成分提取结果		
	各成分特征值	各成分方差贡献率（%）	各成分累计方差贡献（%）	主成分特征值	主成分方差贡献率（%）	主成分累计方差贡献（%）
1	1.129	53.7	53.7	1.129	53.7	53.7
2	0.995	33.5	86.7	0.995	33.5	86.7
3	0.630	13.2	100			

表9－5 金融规模变量因子载荷矩阵

	成分1	成分2	成分3
存款/GDP	0.140	0.988	－0.067
A股债券融资/GDP	0.694	－0.146	－0.702
保费收入/GDP	0.703	－0.0519	0.709

从上述模型来看，第一主成分和第二主成分的累计方差贡献达到了86%，这说明通过采用主成分来进行数据压缩和降维是可行的，在得到了第一主成分和第二主成分后，分别按各主成分贡献进行加权得到最终金融规模变量的表达式。金融规模的表达式如下所示：

$$PCA_1 = 0.140X_1 + 0.694X_2 + 0.703X_3 \tag{9-26}$$

$$PCA_2 = 0.988X_1 - 0.146X_2 - 0.0519X_3 \tag{9-27}$$

$$Size = 0.537PCA_1 + 0.335PCA_2 \tag{9-28}$$

同理，可以得到金融效率指标，金融效率指标的主成分分析结果如表9－6所示。

表 9-6 金融效率变量主成分特征值及累计方差贡献

成分序号	相关矩阵特征值			主成分提取结果		
	各成分特征值	各成分方差贡献率（%）	各成分累计方差贡献（%）	主成分特征值	主成分方差贡献率（%）	主成分累计方差贡献（%）
1	1.381	47.7	47.7	1.381	47.7	47.7
2	1.055	27.8	75.6	1.055	27.8	75.6
3	0.759	14.4	90	0.759	14.4	90
4	0.632	10.0	100			

表 9-7 金融效率变量因子载荷矩阵

	成分 1	成分 2	成分 3
存贷比	0.132	0.878	0.361
A 股及债权融资额占市值的比重	-0.560	-0.162	0.779
A 股及债券市值占贷款余额的比重	0.528	-0.447	0.452
人均保费	0.624	0.048	0.241

从上述模型来看，第一主成分、第二主成分和第三主成分的累计方差贡献达到了90%，因此采用前三个主成分按主成分方差贡献加权计算得到金融效率相关指标，具体而言，金融效率的表达式如下所示：

$$PCA_3 = 0.132X_4 - 0.56X_5 + 0.528X_6 + 0.624X_7 \tag{9-29}$$

$$PCA_4 = 0.878X_4 - 0.162X_5 - 0.447X_6 + 0.048X_7 \tag{9-30}$$

$$PCA_4 = 0.361X_4 + 0.779X_5 + 0.452X_6 + 0.241X_7 \tag{9-31}$$

$$Eff = 0.477PCA_3 + 0.278PCA_4 + 0.144PCA_5 \tag{9-32}$$

9.2.3.2 金融集聚程度测算

（1）区位熵计算。区位熵是一个地区内，某一个产业占有份额相对于整体经济中的份额，具体而言，其计算公式如下所示：

$$LQ = \frac{E_{ij}/E_i}{E_{kj}/E_k} \tag{9-33}$$

其中，E_{ij}是特定区域 i 某以产业 j 的金融就业人数；而 E_i 是该产业总体的就业人数；E_{kj}代表的是一个经济体中（在这里表示的是一个国家）金融行业的就业人数；E_k 是指整个经济体中总体就业人数。区位熵系数代表了一个地区相对于一个国家金融发展的相对关系。对于一个地区而言，区位熵越大，意味着该地区金融行业发展得更高，金融行业的集聚程度更高，金融资源的空间溢出效应可能越大。

（2）金融发展的基尼系数计算。基尼系数（*GINI*）是度量收入差距的指标，其最早由意大利经济学家基尼在 1932 年提出，目前，在该指标在计算收入差距上具有国际普遍性。已有不少文献对 *GINI* 系数加以改进，用以研究区域间金融发展水平的差距。*GINI* 系数的取值为 0~1，*GINI* 系数越大，则意味金融发展的区域差距越大，这也就意味着金融资源存在空间集聚的现象。具体而言，*GINI* 系数的计算方法如下：

$$GINI = \frac{-(n-1)}{n} + \frac{2}{n^2\mu_y}\sum_{i=1}^{n} iy_i \tag{9-34}$$

其中，n 代表了样本的数量，μ_y 代表了金融集聚水平的平均水平，y_i 代表了将样本中的个体按照从小到大排列的第 i 个金融集聚的变量。在这里，采用区位熵来衡量金融集聚的水平。

（3）金融集聚的差异度度量。该方法由泰尔在 1967 年提出，通过信息熵的概念，计算出两个计算出收入不平等的指数，分别是离差均值（GE_0）和泰尔指标 GE_1。具体的计算方法如下所示：

$$GE_0(y) = \frac{1}{N}\sum_{i\in \mathbf{N}} \ln(\frac{\mu}{y_i}) \tag{9-35}$$

$$GE_1(y) = \frac{1}{N}\sum_{i\in \mathbf{N}} \frac{y_i}{\mu}\ln(\frac{\mu}{y_i}) \tag{9-36}$$

其中，μ 代表了一个国家金融集聚水平的均值，y_i 则代表了相关区域金融集聚的水平；N 代表着地区数。

李敬（2009）改进了这一方法，将离差均值（GE_0）和泰尔指标 GE_1 分解为组内和组间的水平差距。具体分解过程如下所示：

$$\begin{aligned} E_0(y) &= E_0(y^1, y^2, \cdots, y^m) = \frac{1}{n}\sum_{k=1}^{m}\sum_{i\in \mathbf{N}_k}\ln\frac{\mu}{y_i} \\ &= \sum_{k=1} \frac{n_k}{n}\frac{1}{n_k}\sum_{i\in \mathbf{N}_k}\ln\frac{\mu_k}{y_i} + \frac{1}{n}\sum_{k=1}^{m}\sum_{i\in \mathbf{N}_k}\ln(\frac{\mu}{\mu_k}) \\ &= \sum_{k=1}^{m}\nu_k E_0(y^k) + \sum_{k=1}^{m}\nu_k\ln(\frac{\mu}{\mu_k}) = W + B \end{aligned} \tag{9-37}$$

其中，ν_k 为$\frac{n_k}{n}$，而 y^k 代表了每一个地区金融集聚的水平；μ 代表了总体的均值，u_k 代表了第 k 个样本组的组内均值。这个公式表明金融的离差可以分解为两个部分：一部分为 W，代表了每一个样本组内的组内离差；另一部分为 B，代表着样本组组间的金融集聚的离差。采用同样的方法，可以将 GE_1 分解为：

$$\begin{aligned} G(y) &= \frac{1}{n}\sum_{k=1}^{m}\sum_{i\in \mathbf{N}_k}\frac{y_i}{\mu_y}\ln(\frac{y_i}{\mu_k}) \\ &= \sum_{k=1}^{m}\frac{n_k}{n}\frac{\mu_k}{\mu_y}\sum_{i\in \mathbf{N}_k}\frac{y_i}{\mu_k} + \frac{1}{n}\sum_{k=1}^{m}\sum_{i\in \mathbf{N}_k}\frac{y_i}{\mu_k}\ln\frac{\mu_k}{\mu_y} \\ &= \sum_{k=1}^{m}\nu_k\frac{\mu_k}{\mu_y}G(y^k) + \sum_{k=1}^{m}\nu_k\frac{\mu_k}{\mu_y}\ln\frac{\mu_k}{\mu_y} = W + B \end{aligned} \tag{9-38}$$

其中，ν_k 为$\frac{n_k}{n}$，而 y^k 代表了每一个地区金融集聚的水平；μ_y 代表了总体的均值，u_k 代表了第 k 个样本组的组内均值；W 代表了泰尔指标的组内的差距，而 B 代表了泰尔指标组间的差距；而 $\nu_k\frac{\mu_k}{\mu_y}$代表了第 k 组的金融集聚水平占总体金融集聚水平的比例。

（4）赫芬达尔—赫希曼指数。赫芬达尔—赫希曼指数是一种常见的测算集中度的指数，其最早使用于计算某一产业的集中程度，具体而言，其计算公式为：

$$H = \sum_{i=1}^{n} Z_i^2 = \sum_{i=1}^{n} (X_i/X)^2 \tag{9-39}$$

其中，N 代表了市场中相关企业的数量；X_i 代表了 i 企业的增加值或从业人数；$\frac{X_i}{X}$代表了第 i 个企业的市场占有率。赫芬达尔—赫希曼指数是一种较为精确地测算集聚水平的方法，但是由于涉及较为微观的数据，往往在操作中存在一定的困难。

本章采用区位熵、基尼（$GINI$）系数和离差均值（GE_0）和泰尔指标（GE_1）来测算金融发展的集聚水平和金融发展的差异化程度。本章研究时间为 2005～2014 年，其中金融行业产值和金融就业人数数据来源为 2005～2014 年《中国金融统计年鉴》，总体就业人数和产值来自 2004～2014 年《中国统计年鉴》。2005～2014 年我国省域金融集聚程度如表9－8所示。

表 9－8　我国金融资源集聚程度测算

年份	熵值	$GINI$	GE_0	GE_1	增长率（%）	增长率（%）	增长率（%）
2005	1.19	0.44	0.110	0.116			
2006	1.20	0.53	0.112	0.119	19.18	1.12	2.72
2007	1.18	0.53	0.122	0.131	-0.57	8.67	10.49
2008	1.17	0.45	0.118	0.126	-14.84	-3.11	-4.30
2009	1.32	0.48	0.198	0.243	69.35	67.89	93.65
2010	1.13	0.40	0.122	0.131	-46.82	-38.43	-45.89
2011	1.17	0.35	0.118	0.135	-13.75	-3.13	2.70
2012	1.18	0.43	0.127	0.143	21.88	7.68	6.02
2014	1.16	0.31	0.116	0.135	3.57	14.99	6.65
2015	1.20	0.35	0.135	0.145	2.90	4.51	2.61

从表 9－8 来看，中国的区域金融的熵值总体呈现出先上升再下降再逐步上升的态势，具体来看，金融集聚的程度 2005～2008 年大幅增长，这与当时中国刚刚加入世界贸易体系，开始新一轮利率市场化和集中力量发展上海、深圳、北京等区域金融中心的时间段是相吻合的。在这一段时间窗口内，金融发展的基尼系数、离差距和泰尔指标都在较快增长。这表明在 2005～2008 年这一段时间，中国金融资源呈现出较为明显的集聚效应，这种集聚效应使中国区域金融的差距正在逐渐加大。2008～2009 年，受到国际金融危机的影响，我国金融集聚的速度大幅减缓。自 2009 年以后，金融集聚的增速开始提升，但增长速度要小于 2005～2008 年，这很大程度上是由于各地区区域经济发展水平加快，区域一体化水平得到了提高，部分金融资源从大规模流入特定的大型城市转向流入区域的金融中心，区域商业银行、信托、证券、保险等金融机构纷纷成立。从金融发展的差距水平来看，虽然金融发展的差异程度仍然在加深，但增长速度已经逐渐趋于平缓。我国金融集聚水平与金融发展差异化程度的历史走势可以用图 9－4 表示。

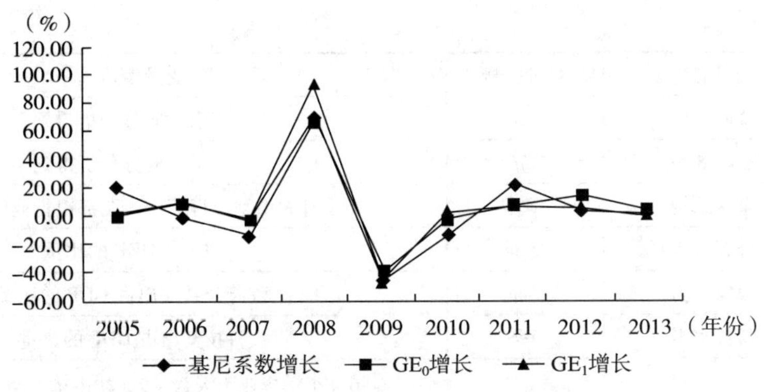

图 9-4 金融集聚水平差异化测算

9.3 金融发展对产业结构优化的实证分析

9.3.1 金融发展对产业结构优化的面板估计

9.3.1.1 模型设定

本章希望考虑在空间自相关背景下，金融资源发展水平对产业结构优化的作用，在此之前，为了加以区别研究，先采用普通面板对金融发展和产业结构优化效应进行估计，考虑到金融发展和产业结构之间可能互为因果关系，为了消除内生性采用金融发展各项指标的一阶滞后项作为金融发展的工具变量，采用面板两阶段最小二乘估计对方程进行估计。以上步骤采用 Stata12.0 实现，本章所建立的估计方程如下所示：

方程 1：$TL = a_i + \beta_t + Size_{it} + Eff_{it} + Str_{it} + X_{it} + u_{it}$ (9-40)

方程 2：$TS = a_i + \beta_t + Size_{it} + Eff_{it} + Str_{it} + X_{it} + u_{it}$ (9-41)

其中，$Size_{it}$代表的第 i 个省份第 t 年的金融规模发展水平，Eff_{it}代表的第 i 个省份第 t 年的金融效率发展水平，Str_{it} 代表金融市场结构，X_{it} 代表其他控制变量，u_{it} 代表残差水平，a_i 代表个体固定效应和 β_t 代表时间固定效应。各因变量、自变量和控制变量的计算方法如表 9-9 所示。

表 9-9 指标选取及计算方法

变量类型	变量名称	变量符号	变量表达式
因变量	产业结构合理化	Tl	$TL = \sum_{i=1}^{n} \frac{Y_i}{Y} \ln\left(\frac{Y_i}{L_i} / \frac{Y}{L}\right)$
	产业结构高级化	Ts	$TS = \sum_{k=1}^{3} \sum_{j=1}^{3} \theta_j$

续表

变量类型	变量名称	变量符号	变量表达式
自变量	金融规模	*Size*	应用主成分分析得到
	金融效率	*Eff*	应用主成分分析得到
	金融结构	*Str*	国有大中型银行资产占全部银行业资产比重
控制变量	对外开放水平	*Open*	FDI 占 GDP 的比重
	政府行为	*Gov*	政府公共支出占 GDP 的比重
	科技水平	*Tec*	科技支出占 GDP 的比重
	人力资本	*Peo*	（6×小学毕业生人数+9×初中毕业生人数+12×高中毕业生人数+16×大专及以上毕业生人数）/总劳动力

9.3.1.2　面板单位根检验

在进行面板估计前，为了确认数据不存在“伪回归”的现象，需要对数据进行单位根检验和协整检验，在面板单位检验中常见的方法有 LLC 检验、Fisher 检验和 IPS 检验，为了确保结果的稳健性，分别采用上述三种方法对自变量、因变量和控制变量进行检验，检验结果如表 9-10 所示。从表 9-9 中看检验结果具有一致性，除去 *TS* 变量在 *Fisher* 检验中不显著和 *Eff* 变量在 *IPS* 检验中不显著外，其余变量在三种检验中均显著，考虑到三种检验对自回归过程中系数是否一致存在不同假设，因此可以认为本章所涉及的变量是 0 阶单整的，可以进行面板估计。

表 9-10　面板单位检验结果

变量	*LLC* 检验值	*Fisher* 检验值	*IPS* 检验值
TL	-8.241***	5.685***	-2.915***
TS	-4.417***	0.706	-2.661***
Eff	-8.871***	2.514***	1.632**
Size	-8.800***	2.226**	-1.757**
Str	13.421***	-4.901***	10.527***
Tec	-26.623***	73.67***	-0.886
Open	17.581***	5.937***	2.34***
Gov	-7.596***	3.122***	2.349***
Peo	-3.303***	2.431***	-2.093***

注：*** 表示 1% 的显著性水平下显著，** 表示 5% 的显著性水平下显著，* 表示 10% 的显著性水平下显著。

9.3.1.3　面板数据的两阶段最小二乘估计

考虑到金融发展的相关变量可能对产业结构优化产生影响，同时产业结构优化反过来也将影响金融发展相关变量，为了消除方程估计过程中的内生性，采用面板两阶段最小二乘的方法对方程进行估计。在估计过程中，将模型进行变换，将模型转换为一阶差分模型的形式，然后采用两阶段最小二乘进行过估计，在估计方程中，由于金融发展的相关变量为内生变量，以此采用相关变量的一阶滞后项来作为内生变量的工具变量进行回归。回归结果如表 9－11 所示。

表 9－11 面板估计结果

变量	方程 1		方程 2	
	OLS	2SLS	OLS	2SLS
Size	－0.0008 (0.0191)	－0.0151 * (0.0097)	0.0013 * (0.0006)	0.0008 * 0.0005
Eff	0.0199 *** (0.0025)	0.0378 *** (0.009)	0.0033 (0.0011)	0.0040 (0.0029)
Str	0.08511 ** (0.0462)	0.191 * (0.1151)	－0.0908 *** (0.2383)	－0.0567 ** (0.0288)
Gov	0.0910 (0.0493)	0.1347 (0.1291)	0.0737 *** (0.0271)	0.1133 *** (0.036)
Open	－0.0059 *** (0.0006)	－0.008 *** (0.0001)	－0.0001 (0.0000)	－0.0001 (0.0000)
Tec	－4.7470 *** (1.3371)	－3.7910 *** (1.152)	1.5737 *** (0.6123)	0.7639 (0.6898)
Peo	0.07122 *** (0.0235)	0.0845 ** 0.0351	－0.0051 0.010	－0.0055 (0.0101)
Con	0.026 (0.031)	－0.0434 0.0961	3.0292 *** (0.0176)	3.0087 *** (0.0252)
R^2	0.3871	0.26	0.4052	0.3352
Huasman	9.57 *			

注：*** 表示 1% 的显著性水平下显著，** 表示 5% 的显著性水平下显著，* 表示 10% 的显著性水平下显著。括号内的数据表示标准误。

从表 9－11 中来看，最小二乘与两阶段最小二乘的结果是趋于一致的，从方程 1 来看，金融规模对产业结构优化是显著为负，考虑到产业结构合理化指数趋近于 0，产业结构越趋于合理，这也就意味着金融规模能够促进产业结构趋于合理化。而金融效率项目并不显著，这可能是由于当前的产业结构合理化指标更多的是衡量产业间“量”的配比，而金融效率对于改变产业间量比例作用较小。同时，方程 1 中 Str 显著为正，这说明以国有银行为主导的金融结构并没有很好的配置资源，不利于产业结构趋于合理化。另外，方程 1 还指出政府公共事务性支出对产业结构合理化影响不大；科技水平和对外开放水平能够促进我国产业结构区域优化；人力资本显著为正说明，当前人力资本存在结构性的失衡，部分产业可能人力资本过于集中，而第一、第二产业缺乏相关人才。从 Huasman 指标上看，也认为变量存在内生性，因此基于两阶段最小二乘修正是合适的。

从方程 2 的回归结果看，两阶段最小二乘与最小二乘法得到的结果具有一致性，与最小二乘的结果相比，两阶段比最小二乘的估计结果较小，且较为显著。这说明，在考虑了内生性的条件下，金融规模变量对产业结构高级化具有正向效应；最小二乘与两阶段最小二乘法关于金融效率对产业结构高级化的结果是一致的，即认为金融效率并没有推动产业结构高级化；而 Str 显著为负则表明现阶段我国以国有大型银行为主导的市场结构不利于产业结构高级化。

9.3.2 金融发展对产业结构优化的空间面板估计

以上结果是基于普通静态模型估计的结果，其假设是基于各个截面数据之间不存在空间相关关系，周边省份的金融发展对邻省的产业结构优化并不存在溢出效应，考虑到当前我国金融集聚水平呈现出增强的趋势，这也就意味着金融资源对产业结构优化的空间溢出效应可能呈现出增强趋势。因此，有必要站在空间相关的角度，分析金融发展对产业结构的作用。

在建立空间计量模型前，需要确定空间权重矩阵，目前空间常用的矩阵有 0－1 矩阵，基于距离的矩阵和基于经济距离的矩阵，考虑到 0－1 矩阵的假设过于简单，本章采用基于地理距离的矩阵。

9.3.2.1 空间面板模型的选择

基于四种空间权重矩阵构建空间计量模型。在模型的选择上，采用空间杜宾模型对模型进行衡量。具体而言模型的设置如式（5－3）、式（5－4）所示。

$$TL = \rho w_{ij}TL_{jt} + \beta_1 Size_t + \beta_2 \sum_{j=1}^{N} w_{ij}Size_t + \beta_3 Eff_t + \beta_4 \sum_{j=1}^{N} w_{ij}Eff_t + \beta_5 Str_t + \beta_6 \sum_{j=1}^{N} w_{ij}Size_t + \beta_7 X_{it} + \alpha_i + \delta_t + u_{it} \quad (9-42)$$

$$TS = \rho w_{ij}TS_{jt} + \beta_1 Size_t + \beta_2 \sum_{j=1}^{N} w_{ij}Size_t + \beta_3 Eff_t + \beta_4 \sum_{j=1}^{N} w_{ij}Eff_t + \beta_5 Str_t + \beta_6 \sum_{j=1}^{N} w_{ij}Size_t + \beta_7 X_{it} + \alpha_i + \delta_t + u_{it} \quad (9-43)$$

式（9－42）和式（9－43）分别衡量了金融发展对产业结构合理化和金融发展对产业结构高级化的影响，采用空间杜宾模型既包含了回归项同时还包含了带空间权重的控制变量，可以较好地衡量自变量对应变量的直接效应和间接效应。

9.3.2.2 空间杜宾模型的估计

表 9－12 反映了式（9－42）的估计结果，表 9－13 反映了式（9－43）的估计结果。空间面板关于金融规模、金融效率与金融结构对产业结构合理化的作用方向与面板两阶段最小二乘结论是相同的。即认为金融规模显著地促进了产业结构合理化，但金融效率和金融市场结构并没有促进产业结构合理化。与两阶段最小二乘的结论相比，金融规模和金融效率对产业结构合理化系数与之前估计较为一致，而金融结构估计系数较小，这说明在考虑空间相关的背景下，金融结构不能促进产业结构合理化，一方面是由于当前本区域的金融结构不利于产业结构合理化，另一方面是因为区域间金融竞争的拉动范围有限，当前的金融结构不能促进产业结构合理化。从溢出效应来看，基于地理权重、地理平方权重和负指数权重的回归结果发现金融规模的溢出项目 $W \times size$ 显著为负；四个回归方程的金融效

率溢出项 $W \times eff$ 显著为负。这说明在考虑空间相关的情况下，周边金融规模的扩大能够促进产业结构合理化，周边金融效率的提升能够促进产业结构合理化。之所以产生金融效率直接效果为正而金融效率溢出效应为负的现象有可能与我国当前所处的金融发展阶段有关，现阶段对于广大的中西部地区而言，多层次、多功能的金融市场正处在构建阶段，在这一阶段金融效率虽有提升但并没有显著改善金融资源与产业产值协调发展的状态，并没有促进产业结构区域合理化，而金融资源相对丰富的东部地区，金融效率相对较高，金融资源逐步开始向中西部地区渗透，这使中西部第一产业和第三产业能够利用东部金融资源实现发展，进而促进产业结构合理化。另外，回归结果还表明对外开放能够促进产业结构合理化，而人力资本增加会阻碍产业结构趋于合理，这与面板两阶段最小二乘的结果是相一致。

表 9－12 金融发展对产业结构合理化的空间估计结果

变量	经济权重	地理权重	地理平方权重	负指数距离
Size	−0.0008 (0.001)	−0.0006 (0.0018)	−0.0006 (0.0018)	−0.0006 (0.0018)
Eff	0.0201*** (0.0021)	0.0209*** 0.0024	0.0220*** (0.0024)	0.0217*** (0.0024)
Str	0.0528*** (0.0059)	0.0531*** (0.0058)	0.0115 (0.0575)	0.0115 (0.0574)
Open	−0.0006*** (0.0001)	−0.0006*** (0.0001)	−0.0006*** (0.0001)	−0.0006*** (0.0001)
Tec	−4.0501*** (1.7376)	−3.8136*** (1.5783)	−3.7662*** (1.5767)	−3.7662*** (1.5767)
Gov	0.0343 (0.0624)	0.0677 (0.0720)	0.0659 (0.0714)	0.0662 (0.0717)
Peo	0.0660*** (0.0243)	0.0776*** (0.0253)	0.0806*** (0.0253)	0.0796*** (0.0253)
$W \times size$	−0.0179 (0.0847)	−0.5988* (0.334)	0.7548** (0.3709)	0.7548** (0.3546)
$W \times eff$	−0.0043* (0.0026)	−0.1347** (0.7131)	−0.2341** (0.1083)	−0.2614* (0.1486)
$W \times str$	−0.0179*** (0.0084)	1.6921 (2.3740)	1.1749 (2.1797)	1.2362 (2.2747)
ρ	0.0669 (0.1513)	4.6860** (2.3027)	5.3917** (2.1916)	5.2767** (2.2116)
adjust − R^2	0.3792	0.3833	0.3783	0.3842
log − L	537.5168	542.4445	542.4445	542.4445

注：***表示1%的显著性水平下显著，**表示5%的显著性水平下显著，*表示10%的显著性水平下显著。括号内的数据表示标准误。

表9－13反映了金融发展对产业结构高级化的空间计量实证分析结果。与之前的面板结果相比，四种空间面板都认为金融效率是导致产业结构高级化的重要原因；与普通面板估计结果相同，四种空间计量模型都认为金融规模显著地提升了产业结构高级化水平，而当前我国的市场结构并没有推动产业结构高级化。从溢出效应来看，金融规模金融效率的溢出效益显著为正，这表明完善的融资渠道和金融市场竞争机制不仅提高了区域融资的效率，同时在一定程度上打破了金融资源地域限制，使金融资源由中心点向外扩散。金融结构变量对产业结构高级化的直接效应项系数显著为负，但是金融结构变量对产业结构高级化的溢出效益显著为正，这表明虽然当前本地区的市场结构并不利于产业结构高级化，但是周边地区的金融市场结构相似在一定程度上消解了这种不利影响。另外，与普通面板的估计结果相比，空间计量的结果显示，当前的人力资本和技术积累对推动产业结构高级化具有显著的正向效应；而政府行为更多的是对产业结构合理化的影响，对产业结构高级化的影响并不显著；对外开放水平的提升也不能直接促进产业结构高级化。

表9－13　金融发展对产业结构高级化的空间计量实证

变量	经济权重	地理权重	地理平方权重	负指数距离
Size	0.0014* (0.0007)	0.0014* (0.0007)	0.0014* (0.0007)	0.0014* (0.0007)
Eff	0.0021** (0.0010)	0.0023** (0.0009)	0.0026** (0.0010)	0.0026** (0.0010)
Str	−0.0490** (0.0260)	−0.0529** (0.0252)	−0.0581** 0.0254	−0.0563** (0.0254)
Open	−0.0001 (0.0002)	−0.0001 (0.0002)	−0.0001 (0.0002)	−0.0001 (0.0002)
Tec	0.1213 (0.6345)	1.5052*** (0.6514)	1.0392* 0.6529	1.2091* 0.6531
Gov	0.0652** (0.0271)	−0.0142 (0.0304)	0.0036 (0.0303)	0.0032 (0.0306)
Peo	0.0110 (0.0106)	0.0148* (0.0101)	0.0138* (0.0100)	0.0143* (0.0101)
W×size	0.0012 (0.0011)	0.7476*** (0.1411)	0.6675*** (0.1468)	0.6876*** (0.1448)
W×eff	0.0065** (0.0027)	0.4922*** (0.0961)	0.3758*** (0.0808)	0.4375*** (0.0837)
W×str	−0.0164 (0.0356)	2.6971*** (1.2442)	2.2883** (1.2086)	2.2836** (1.2068)
ρ	0.1652*** 0.1500	−0.4378 (0.4791)	−0.2362 (0.4154)	−0.3576 (0.4595)
adjust－R^2	0.4468	0.4966	0.4805	0.4883
Log－L	745.1332	765.4821	752.6334	758.9114

注：***表示1%的显著性水平下显著，**表示5%的显著性水平下显著，*表示10%的显著性水平下显著。括号内的数据表示标准误。

由于模型加入了被解释变量的空间滞后项，这意味着一个地区的金融发展变量发生变化时不仅将对本地区的产业结构优化带来影响，同时还将影响其他地区的产业结构优化。在这种互相影响的机制下，各省市变量间相互循环，最终达到新的均衡。金融规模、金融结构对产业结构优化升级的效应可以分解为两个方面，即直接效应和间接效应。直接效应为本地区金融规模和金融结构对产业结构优化的作用。而间接效应指的是本地区金融规模、金融结构的改变对其他地区产业结构优化的影响。Elhorst（2012）指出，在空间杜宾模型中，溢出效应的大小反映在间接效应项目中。通常金融溢出的值是通过偏微分矩阵分析的方法得到的。

表9－14给出了金融发展各变量对产业结构合理化和产业结构高级化的直接效应、溢出效应和总体效应。表中直接效应值与空间计量模型估计系数较为相近，两者的差值为变量的反馈效应，该效应代表了直接效应作用于周边地区，而周边地区反作用于变量自身的大小。从溢出效应来看，符号与空间溢出系数的符号是保持一致的。从总体效应来看，金融规模推动了产业结构向合理化和高级化方向发展，而金融效率推动了产业结构向高级化发展但不利于产业结构向合理化发展，金融结构对产业结构的总体效应有利于产业结构高级化但不利于产业结构合理化。

表9－14 金融发展变量对产业结构优化的效应值

		变量	经济权重	地理权重	地理平方权重	负指数距离
产业结构合理化	直接效应	*Size*	－0.0009	－0.0007	－0.0006	－0.0006
		Eff	0.0201***	0.0211***	0.0214***	0.0217***
		Str	0.0563*	0.0072	0.0154	0.0115
	溢出效应	*Size*	－0.0021	－0.0340*	－0.0365**	－0.0360*
		Eff	－0.0025*	－0.0027*	－0.0061	－0.0059
		Str	0.0159*	0.0825	0.0045	0.0064
	总效应	*Size*	－0.0003	－0.0348*	－0.0372**	－0.0366*
		Eff	0.0175**	0.0184*	0.0151**	0.0158*
		Str	0.0403*	0.0898	0.0200	0.0179
产业结构高级化	直接效应	*Size*	0.0014**	0.0010*	0.0010*	0.0014*
		Eff	0.0024**	0.0024**	0.0027**	0.0026**
		Str	－0.0481*	－0.0513*	－0.0564**	－0.0563**
	溢出效应	*Size*	0.0016	0.0357***	0.0304***	0.0342***
		Eff	0.0079**	0.0234***	0.0170***	0.0203**
		Str	－0.0300	0.1266**	0.1018*	0.1018*
	总效应	*Size*	0.0030**	0.0357***	0.0314***	0.0356***
		Eff	0.0104**	0.0258***	0.0197***	0.0229***
		Str	－0.0782**	0.0753***	0.0453*	0.0455*

注：*** 表示1%的显著性水平下显著，** 表示5%的显著性水平下显著，* 表示10%的显著性水平下显著。

9.3.2.3 金融资源溢出范围估计

在得到金融规模、金融效率和金融结构具有显著的溢出效应之后，本章重点关注金融资源的溢出效应的作用范围。随着电子信息技术的发展，金融机构在一定程度上摆脱了地域的限制，但由于存在“信息不对称”“非标准信息”和“地理依赖”等多种因素，这使金融行业本质上依然属于服务业，并且存在一定的空间溢出范围。另外，由于我国各地区经济发展存在初始禀赋和制度性的差异，这使部分地区金融中心的空间自相关呈现出“H－L”模式，即本地区金融发展水平高，而周边地区发展水平低的模式，这意味着金融中心辐射带动能力较弱；而在部分金融中心，金融资源的空间自相关往往呈现出“H－H”模式，即本地区金融发展水平高而周边地区金融发展水平高，这意味着金融中心的辐射范围较广。因此，在考虑众多因素的背景下，考量金融发展的溢出范围对建设金融中心、优化金融资源对产业结构优化路径具有一定的意义。

为了进一步研究金融规模、金融结构溢出效应的作用范围，利用前文确定的SDM模型和空间权重矩阵构建方法，每隔200km进行回归，将不同权重矩阵和不同阈值下SDM模型的溢出效应估计值和对应的标准误记录下来，进而观察不同权重矩阵下，金融规模和金融结构的溢出效应作用边界，空间矩阵构建方法如公式x－x所示。在之前的研究中，发现金融规模和金融结构变量对于产业结构合理化和高级化溢出效应较为显著，因此本章重点研究这两个变量的溢出效应作用范围。

从表9－15来看，在地理距离权重矩阵和地理距离平方权重矩阵下，金融规模对产业结构合理化的溢出效应大致为600～800km；而在负指数权重矩阵下金融规模的溢出范围仅为200～400km。在地理距离权重矩阵下金融发展规模对产业结构高级化的溢出范围大致为600～800km，而在地理平方权重矩阵和负指数权重矩阵下，金融规模对产业结构高级化的溢出范围大致在400～600km。

表9－15 金融规模溢出效应范围

		地理距离权重	地理平方权重	负指数权重
产业结构合理化	200km	－0.0121*** (0.0038)	－0.0100*** (0.0038)	－0.0108* (0.0712)
	400km	－0.0120*** (0.0038)	－0.0098*** (0.0038)	－0.0048 (0.0083)
	600km	－0.0113** (0.0054)	－0.0083** 0.0037	－0.0013 (0.0019)
	800km	－0.0095 (0.0058)	－0.0072 0.0045	－0.0023 (0.0018)
	1000km	－0.0049 (0.0071)	－0.0070 0.0045	－0.0017 (0.0022)
产业结构高级化	200km	0.0083*** (0.0032)	0.0105* (0.672)	0.0098*** (0.0033)
	400km	0.0083*** (0.0032)	0.0105* (0.672)	0.0139*** (0.0053)

续表

		地理距离权重	地理平方权重	负指数权重
产业结构高级化	600km	0.0099*** (0.0033)	0.0103 (0.0072)	0.0014 (0.0013)
	800km	0.0073 (0.0059)	0.0105 (0.0073)	0.0011 (0.0007)
	1000km	0.0062 (0.0040)	0.0119 (0.0075)	0.0019 (0.0015)

注：***表示1%的显著性水平下显著，**表示5%的显著性水平下显著，*表示1%的显著性水平下显著。括号内的数据表示标准误。

从表9-16来看，在地理距离权重矩阵下，金融效率对产业结构合理化的溢出效应大致为600~800km；而在地理距离平方权重矩阵和负指数权重矩阵下金融效率的溢出范围仅为400~600km。在地埋距离权重矩阵卜金融效率对产业结构高级化的溢出范围大致为800~1000km，而在地理平方权重矩阵和负指数权重矩阵下金融效率对产业结构高级化的溢出范围大致在400~600km。

表9-16 金融效率溢出效应范围

		地理距离权重	地理平方权重	负指数权重
产业结构合理化	200km	-0.0044*** (0.0017)	-0.0049*** (0.0028)	-0.0057** (0.0035)
	400km	-0.0040** (0.0021)	-0.0040** (0.0021)	-0.0034** (0.0017)
	600km	-0.0038* (0.0016)	-0.0060 (0.0062)	-0.0045 (0.0036)
	800km	-0.0086 (0.0078)	-0.0060 (0.0062)	-0.0023 (0.0018)
	1000km	-0.0117 (0.0078)	-0.0060 (0.0062)	-0.0070 (0.0020)
产业构高级化	200km	0.0085** (0.0045)	0.0084* (0.0045)	0.0055*** (0.0017)
	400km	0.0074* (0.0045)	0.0084* (0.0045)	0.0053 (0.0021)
	600km	0.0095** (0.0045)	0.0074 0.0053	0.0066 (0.0053)
	800km	0.0071* (0.0041)	0.0093 (0.0075)	0.0073 (0.0112)
	1000km	0.0057 (0.0037)	0.0098 (0.0092)	0.0035 (0.0023)

注：***表示1%的显著性水平下显著，**表示5%的显著性水平下显著，*表示1%的显著性水平下显著。括号内的数据表示标准误。

尽管金融行业信息化程度近年来大幅提高，但是从上述计量结果中可以看到，金融行业的发展仍然存在地域的关联性。近年来，有不少学者将这种金融行业地域的偏好归结为：①信息不对称。基本的金融业务如贷前调查和贷后管理都高度依赖于非标准化信息，这与传统的制造业截然不同，随着地理距离的扩大，信息获取的难度加大，信息质量快速衰减，在信息不对称的情况下，金融机构面临的逆向选择和道德风险的可能性加大，这使金融机构更愿意在周边一定范围内的地区设立网点，开展经营业务。②地方保护主义的因素。出于推动 GDP 的考虑，地方政府可能干预金融机构的设立和市场经营行为，这使金融规模、金融结构的溢出效应只在一定范围内有效。

9.3.3 金融发展对产业结构优化的效率分析

9.3.3.1 投入产出指标选取

在得到了金融发展对产业结构优化的估计后，本章将采用 Malmquist 生产率指数针对不同地区、不同年份测算金融发展对产业结构优化的效率。由于本章的内容集中于产业结构过程中，金融资源所发挥作用的效率问题，考虑到数据的严谨性和完整性的问题，本章将实证中得到的金融规模、金融效率和金融结构作为投入变量，将产业结构合理化和产业结构高级化作为产出变量。注意到产业结构合理化值越小表示产业结构越趋于合理，而产业结构高级化系数越大表示技术升级水平越高，因此本章采用 1 - TL 作为产业结构优化的产出指标，这样，当两个产出指标越高时则说明产业结构优化水平越高。样本选取为 2005 ~2014年全国 30 个省（自治区、直辖市），考虑到数据的易得性，剔除西藏自治区数据。各变量具体的计算方法如表 9 - 17 所示。

表 9 - 17 Malmquist 指数生产率模型投入产出指标

变量名称	变量代码	指标类型
产业结构合理化	1 - TL	产出指标
产业结构高级化	TS	产出指标
金融发展规模	Size	投入指标
金融发展效率	Eff	投入指标
金融结构	Str	投入指标

9.3.3.2 金融发展对产业结构优化的效率实证

Malmquist 测度的结果如表 9 - 18 所示，从表 9 - 17 中可以看到，金融发展对产业结构优化的效率大致可以分为三个时间段。2005 ~ 2007 年，我国正处在产业结构调整的关键期，是金融效率进步最快的，这可能是跟国家政策紧密相关的。这段时期中，第二、第三产业产能快速增长，与扩张产业政策伴随而来的是扩张的货币政策，国有银行先后开始了市场化改革，区域性银行开始了大规模的扩张和发展。这一段时间效率的提升主要来源于技术变动。2009 ~ 2012 年我国为了抑制金融危机的蔓延，推动了 4 万亿元刺激计划，这段时间里，产能扩张较为严重，金融资源利用效率降低。2013 ~ 2014 年，我国逐渐进入经济新常态阶段，这段时间里由于之前金融机构的大规模扩张，金融机构的物理网点趋于饱和，金融发展对产业结构优化的效率虽有一定提高，但提高速度低于 2005 ~ 2007 年，

金融发展效率的进步主要来自技术效率和纯技术效率变动。

表 9－18 金融发展对产业结构优化效率的 Malmquist 测度

年份	技术效率变动	技术变动	纯技术效率变动	规模效率变动	Malmquist
2005	0.971	1.140	1.000	0.971	1.107
2006	1.006	1.473	1.006	1.000	1.481
2007	1.000	1.418	1.000	1.000	1.418
2008	0.969	1.068	1.000	0.969	1.035
2009	1.000	1.046	1.000	1.000	0.965
2010	0.952	1.014	0.920	1.034	0.965
2011	0.987	0.972	0.987	1.000	0.960
2012	0.959	0.972	0.956	1.003	0.932
2013	0.960	1.041	0.981	0.979	1.000
2014	1.046	1.022	1.046	1.000	1.069

考虑到我国金融发展在空间上呈现出区域不均衡性的特征，进一步将我国细分为东部、中部、西部、东北四个区域，考虑金融发展对产业结构优化的效率测度，结果如表 9－19所示。从表 9－19 中可以看出，我国金融发展的效率呈现出较大的差异性。东部地区的无论在哪一年都表现出了较高的效率水平值，这表明在东部地区金融发展对于推动产业结构优化效率较高；东部地区分别在 2008 年、2009 年效率测度小于 1，可能是受当时金融危机的影响，而在 2012 年效率测度小于 1 可能是和当时国家经济刺激计划导致出现了“资本荒”现象有关。中部、西部地区在 2005～2007 年阶段金融效率提升的较快，这同样得益于我国 2005～2007 年新的一轮金融改革和货币宽松；随着 2009～2012 年我国大规模的基础设施建设，大量的资本流入中部、西部地区，这在一定程度上推动了中部、西部承接东部产业转移和发展战略性新兴产业，促进了中部、西部产业结构优化；目前中部、西部地区金融发展效率值增速虽有所减缓但仍处于效率提升区间。东北地区在 2005～2008 年金融发展的效率水平处在较高的区间，但随着金融危机的结束，东北地区经济结构单一的缺点显露得较为明显，随着我国经济步入新常态，东北经济出现较为明显的困境，再加之东北地区市场意识较为薄弱，法制水平较低，这不利于发挥金融资源的溢出效应，金融发展对产业结构优化的效率较低。

表 9－19 分地区金融发展的 Malmquist 测度

年份	东部	中部	西部	东北部
2005	1.220	1.078	1.095	1.035
2006	1.495	1.487	1.511	1.431
2007	1.487	1.412	1.433	1.340
2008	0.951	0.973	1.023	1.193
2009	0.980	0.956	1.032	0.892
2010	0.986	1.030	0.957	0.887

续表

年份	东部	中部	西部	东北部
2011	1.002	1.032	0.990	0.892
2012	0.971	0.943	0.912	0.902
2013	1.029	1.017	1.002	0.952
2014	1.193	1.063	1.001	1.018

9.4 本章小结

本章利用2005~2014年30个省市的数据，构建金融发展指标，通过主成分分析将金融发展分为金融规模、金融效率和金融结构三个维度。在此基础上，通过静态面板模型和空间杜宾模型检验了在空间不相关和空间相关背景下金融规模、金融效率、金融结构对产业结构合理化、产业结构高级化的影响。通过实证研究确定了金融发展对产业结构优化的作用方向、溢出效应和溢出效应作用范围。最后本章引入Malmquist测度，测算了全国和分地区金融发展对产业结构优化的效率。

研究表明：①金融规模对产业结构合理化和高级化有促进作用。金融规模对产业结构合理化更多地体现为溢出效应，金融规模对产业结构高级化更多体现为直接效应。②金融效率对产业结构高级化有促进作用，且存在正向溢出效应。金融效率对产业结构合理化有抑制作用，但是金融效率的溢出效率有利于产业结构优化。③现阶段我国金融市场结构不利于产业结构合理化和产业结构高级化。金融结构对产业结构合理化的抑制主要体现在溢出效应项上，而金融结构对产业结构高级化的抑制作用主要体现在直接效应项上。④对产业发展促进产业结构优化的效率进行测算，发现当前金融发展的效率呈现出阶段式的发展。同时，各地区的效率存在较大的差异，这与各地区取得经济结构、国家政策存在紧密的关系。

10　两化深度融合对产业结构升级的影响机制*

10.1　两化融合的测度模型

10.1.1　两化融合的阶段划分

工业化与信息化融合是一个极其复杂的过程，它是信息技术与工业技术全方位、多领域的一体化进程，是包括企业、产业、社会、区域等多个层次从微观向宏观的不断推进。因此，在不同社会发展阶段，也会呈现出不同的特征。在融合早期阶段，我国工业基础薄弱，工业化与信息化的技术层次较低端。工业发展模式主要还是以依靠劳动密集型企业带动为主的粗放发展模式，相应的信息技术也属于起步的早期阶段，对工业化的渗透作用，也多处于企业的微观应用层面。随着融合的不断推进，两化融合进入中级阶段。此时，一方面，工业化的定义发生了实质性的改变。科技和环境因素的纳入考量，形成了更具有可持续发展动力的新型工业化，使两化融合内涵更为科学化、合理化。另一方面，信息技术的不断发展，渗透作用日益加强，融合不仅仅局限在技术层面，更多开始向产品、业务渗透融合。使信息化对工业化的渗透呈现了“以点带面”的新格局。到了两化融合的中高级阶段，工业化与信息化又有了新的变化，特别是信息化中日新月异的技术发展，使其突破了原有两化融合对产品和产业本身的改进模式，逐渐转变为创新和衍生的模式。通过衍生和创新，使两化融合对整个产业结构的优化升级产生了巨大的推动作用。因此，本章认为，根据两化融合不同阶段所呈现的不同发展特点可以将两化融合划分如表 10-1 所示。

10.1.2　多阶段下的两化融合“三元”复合协同理论模型

在两化融合的辅助因素中，本章认为至少应该包含三个方面：一是以国家安排为主的政策因素，如国家专项资金、国家专项计划等；二是市场化程度，开放的市场，可以促进要素的自由流动，也就包括了有利于两化融合的要素流动；三是基础设施，包括配套的设

---

* 该章部分成果由陈伟、陶长琪撰写，发表在《南京财经大学学报》2017 年第 6 期，第 17~29 页。

备、场地和科研机构的设立等。

表 10－1 我国两化融合发展阶段及其描述

阶段描述	融合基础	融合模式	融合特点
初级阶段（第一阶段）（1992～2002 年）	薄弱	技术融合	粗放型工业模式为主，信息技术起步
中级阶段（第二阶段）（2003～2012 年）	较薄弱	技术融合、产品业务融合	工业化转变为新型工业化，信息技术快速发展
中高级阶段（第三阶段）（2013 年之后）	较好	技术融合、产品业务融合、产业创新与衍生	新型工业化，信息化高速发展，开始转向智能化

注：发展阶段年代的划分分界点分别以最早研究两化融合时间、党的“十六大”提出新型工业化概念的时间、“两化深度融合”概念提出时间为准。

据上述分析可知，两化融合实际上主要通过信息化、工业化在辅助因素的参与下，通过正向与逆向相互作用使两化渐进融合，共同发展。一方面，信息产业的高度发展，由其催生的新兴技术通过技术融合、产品融合、业务融合渗透传统产业的生产、管理、销售等领域促进传统产业发展；另一方面，传统产业作为信息化的应用对象，其对信息技术的发展具有反馈作用，影响信息技术发展方向。各种辅助因素对于两化关系的互动产生催化剂功效。因此，本章将信息化、工业化与辅助因素看成是一个更大的演化系统的三个分支，通过相互交错影响，调整系统协同共进程度从而影响整个大系统的演进发展。

鉴于此，本章利用德国物理学家哈肯提出的协同理论，研究信息化与工业化子系统构成的复杂系统的演化过程。在陶长琪、陈伟（2012）构筑的新型工业化与信息化两化互动复合系统的基础上，加入辅助要素子系统。综上，本章认为整个三元复合系统应当由工业化子系统和信息化子系统和辅助因素子系统构成。两化融合三元复合协同模型如图 10－1 所示。

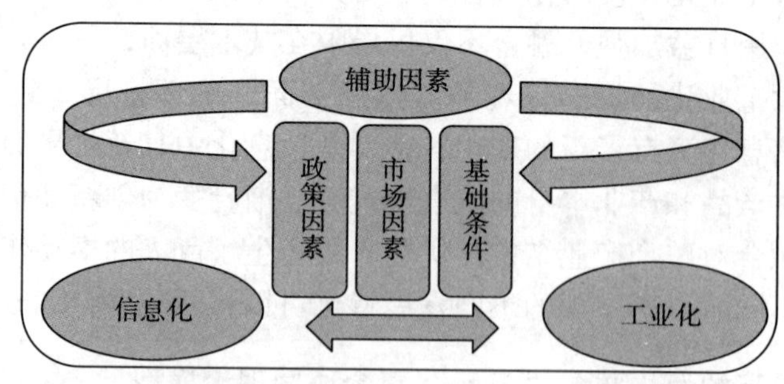

图 10－1 两化融合三元复合协同模型

10.1.3 多阶段下的两化融合“三元”复合协同数理模型

10.1.3.1 子系统有序度模型

设融合过程中的序参量为 $q=(q_{11}, q_{12}, \cdots, q_{1n})$，其中，$n\geqslant 1$，$\beta_{1i}\leqslant q_{1i}\leqslant \alpha_{1i}$，$i\in$

$[1, n]$在本章中，“两化融合”的序参量可以看成是各评价指标。假定 q_{11}，q_{12}，…，q_{1j} 为慢弛豫参量，取值与整个系统有序度成正比；q_{1j+1}，q_{1j+2}，…，q_{1n} 为快弛豫参量，其取值与系统有序度成反比。因此，对系统有序度有如下定义：

定义 1：u_1（q_1）为子系统 1 的序参量 q_1 的有序度为：

$$u_1(q_1)=\begin{cases}\dfrac{q_{1i}-\beta_{1i}}{\alpha_{1i}-\beta_{1i}}, i\in[1,j]\\ \dfrac{\alpha_{1i}-q_{1i}}{\alpha_{1i}-\beta_{1i}}, i\in[j+1,n]\end{cases} \tag{10-1}$$

由如上定义可知，u_1（q_1）$\in$［0，1］，其值越大，序参量 q_1 就对子系统的有序度贡献越大。从整体看，序参量变量对整个产业融合有序度贡献可利用几何平均或者线性加权求和得出，本章拟采用线性加权法得出，即：

$$U_1(q_1)=\sum_{j=1}^{n}\omega_j u_1(q_1)\quad(\omega_j\geqslant 0,\sum_{j=1}^{n}\omega_j=1) \tag{10-2}$$

定义 2：式（10－2）定义的 u_1（q_1）为序参变量 q_1 的系统有序度。

由上述定义可知，子系统 1 中的序参量有序度越大，则对整个复合系统的有序度贡献也就越大。同理可以得到子系统 2 和子系统 3 的序参变量 q_2 和 q_3，子系统 2 和子系统 3 的有序度 U_2（q_2）和 U_3（q_3）。

10.1.3.2 “三元”复合系统协同度模型

定义 3：假设初始阶段 t_0，工业化系统有序度为 $U_1^0(q_1)$，信息化系统有序度 $U_2^0(q_2)$，辅助系统有序度 $U_3^0(q_3)$融合后到时间 t_1 阶段，工业化系统有序度为 $U_1^1(q_1)$，信息化系统有序度为 $U_2^1(q_2)$，辅助系统有序度为 $U_3^1(q_3)$，定义式（10－3）为两化融合复合系统的协同度。

$$XTD=\eta\sqrt[3]{|u_1^1(q_1)-u_1^0(q_1)|\cdot|u_2^1(q_2)-u_2^0(q_2)|\cdot|u_3^1(q_3)-u_3^0(q_3)|}$$

$$\text{其中，}\eta=\frac{\min\limits_i[U_i^1(e_m)-U_i^0(e_m)\neq 0]}{|\min\limits_i[U_i^1(e_m)-U_i^0(e_m)\neq 0]|} m=1, m=2, m=3 \tag{10-3}$$

式（10－3）定义中的参数 φ 的作用在于当且仅当所有的 U_i^1（e_m）$-U_i^0$（e_m）>0 时，系统才有正的协同度，只要出现负值则表明子系统间的反方向变动，即不具备正的协调性。

10.2 两化深度融合的测算

10.2.1 信息化、工业化与辅助环境评价指标

国内关于两化评价指标体系的研究较多，提出的评价标准也不尽相同。如龚炳铮（2008）从宏观、中观、微观三个层次对两化融合提出了评判标准。戴俊、黄秀清（2011）[261]等分别从信息化环境、应用创新、影响效益三个方面提出构建两化融合指数。

总体而言，当前文献，缺乏对应不同阶段特征的动态评价指标。然而，不同两化融合阶段的特征又是显而易见的。所以，有必要分段构建能体现不同阶段特征的两化融合评价指标体系。本章在参考国内学者陶长琪、陈伟（2012），王瑜炜、秦辉（2014）[262]，谢康、肖静华（2016）对于两化测度标准的基础上，结合党的十六大和十七大报告中对新时期下工业化和信息化的解释，建立了信息化与工业化的评价指标体系。对于辅助环境因素，则按照前文分析，构建了包括三个方面的指标体系，即政策因素、市场因素、基础环境因素。本章拟对三阶段的指标体系构建如表 10－2、表 10－3、表 10－4 所示。

表 10－2　第一阶段信息化与工业化复合协同系统指标体系

<table>
<tr><th>系统</th><th>子系统</th><th>一级指标</th><th>二级指标</th></tr>
<tr><td rowspan="20">信息化与工业化复合协同系统</td><td rowspan="6">信息化子系统</td><td rowspan="2">信息化基础</td><td>长途电话交换机容量</td></tr>
<tr><td>局用电话交换机容量</td></tr>
<tr><td rowspan="2">信息化应用</td><td>广播人口覆盖率</td></tr>
<tr><td>电视人口覆盖率</td></tr>
<tr><td>信息化发展</td><td>邮政电信业产业投入</td></tr>
<tr><td>信息化人才</td><td>电信和其他通信业从业人数</td></tr>
<tr><td rowspan="8">工业化子系统</td><td rowspan="2">工业化状况</td><td>国内生产总值</td></tr>
<tr><td>数控设备总产值</td></tr>
<tr><td rowspan="2">工业化效益</td><td>工业增加值</td></tr>
<tr><td>工业企业利润总数</td></tr>
<tr><td rowspan="2">人力资源利用</td><td>企业成本费用利用率</td></tr>
<tr><td>第二产业年末就业人数</td></tr>
<tr><td rowspan="2">能源利用</td><td>工业企业就业人数</td></tr>
<tr><td>全年能源消耗总量</td></tr>
<tr><td rowspan="5">辅助因素子系统</td><td rowspan="2">政策因素</td><td>国家自然基金数</td></tr>
<tr><td>国家产业计划项目数</td></tr>
<tr><td rowspan="2">市场因素</td><td>市场化指数</td></tr>
<tr><td>固定资产投入数</td></tr>
<tr><td>基础因素</td><td>科学研究与开发机构数</td></tr>
</table>

表 10－3　第二阶段信息化与工业化复合协同系统指标体系

<table>
<tr><th>系统</th><th>子系统</th><th>一级指标</th><th>二级指标</th></tr>
<tr><td rowspan="6">信息化与工业化复合协同系统</td><td rowspan="6">信息化子系统</td><td rowspan="3">信息资源利用状况</td><td>移动电话交换机容量</td></tr>
<tr><td>局用电话交换机容量</td></tr>
<tr><td>长途电话交换机容量</td></tr>
<tr><td rowspan="3">信息网络建设状况</td><td>广播人口覆盖率</td></tr>
<tr><td>电视人口覆盖率</td></tr>
<tr><td>长途光缆线路长度</td></tr>
</table>

续表

系统	子系统	一级指标	二级指标
信息化与工业化复合协同系统	信息化子系统	信息技术应用状况	本地电话用户数量
			互联网上网人数
		信息产业发展状况	邮电业务量
			邮电通信业固定资产投资额
			信息、计算机、软件业投资额
		信息人才建设状况	计算机及电子行业从业人数
			电信和其他通信业从业人数
	工业化子系统	工业化运行状况	国内生产总值
			人均国内生产总值
			工业增加值
		工业化科技含量	全年 R&D 经费支出
			专利授权数
		工业化经济效益	工业企业利润总数
			工业企业总资产贡献率
			企业成本费用利用率
		人力资源利用	第二产业年末就业人数
			工业企业全部就业人数
		资源环境状况	工业废水排放量
			工业二氧化硫排放量
			全年能源消耗总量
	辅助因素子系统	政策因素	国家自然基金数
			国家产业计划数
		市场因素	市场化指数
		基础因素	固定资产投资数
			科学研究与开发机构数

表 10－4　第三阶段工业化与信息化复合协同系统指标体系

一级指标	二级指标	三级指标
信息化子系统	信息化基础环境	移动电话交换机容量
		长途光缆总长度
		光纤终端数
	信息化应用状况	嵌入式软件市场规模
		自动化行业市场规模
		智能装备市场规模

续表

一级指标	二级指标	三级指标
信息化子系统	信息化发展状况	电子信息产业年产值
		电子商务交易规模
		信息传输、软件和信息服务业固定资产投资额度
	信息化人才建设状况	电子通信业从业人数（软件服务业、信息技术服务）
		文化传媒业从业人数
	信息化应用经济效益	信息技术咨询服务收入
		数据处理与存储业务收入
工业化子系统	新型工业化运行状况	国内生产总值
		国内人均生产总值
		工业增加值
	新型工业化科技含量	全年研发资金投入数
		专利授权数
	新型工业化经济效益	工业企业利润总额
		企业成本费用利用率
		高端制造业（电子、通信、电器）总资产贡献率
	新型工业化环境利用效率	工业固体废物产生量
		空气中氮氧化物排放量
		工业二氧化硫排放量
	新型工业化人才利用程度	科学研究与技术服务人数
		高新产业（信息、软件、智能制造业、生物工程）就业人数
辅助因素子系统	政策因素	国家自然基金数
		国家产业计划数
	市场因素	市场化指数
	基础因素	固定资产投资数
		科研开发机构数

10.2.2 “两化融合”复合系统协同度计算

分别对全国31个省市自治区的工业化、信息化以及辅助因素的各项指标进行计算，得出第一阶段和第二阶段分别以1991年和2002年为基期的两化融合协同度（由于第三阶段划分为2013年开始，后续年份各省统计数据年份数据不一，同时整体数据量较少，固本章计算以前两阶段为主。若后续年份数据齐整，也可按照前述方法计算）。两阶段结果分别如下：

第一阶段我国两化融合状况结果如表10－5所示。

表 10 －5　第一阶段我国两化融合状况

年份	1992	1993	1994	1995	1996	1997	1998	1999	2000	2001	2002
北京	0. 097	0. 262	0. 395	0. 481	0. 527	0. 582	0. 621	0. 695	0. 771	0. 856	0. 938
天津	0. 075	0. 238	0. 355	0. 431	0. 487	0. 545	0. 551	0. 625	0. 716	0. 821	0. 913
河北	0. 061	0. 198	0. 307	0. 415	0. 482	0. 518	0. 546	0. 611	0. 718	0. 795	0. 899
山西	0. 04	0. 182	0. 275	0. 358	0. 412	0. 469	0. 471	0. 538	0. 601	0. 674	0. 751
内蒙古	0. 049	0. 188	0. 309	0. 385	0. 425	0. 502	0. 547	0. 591	0. 683	0. 778	0. 892
辽宁	0. 047	0. 205	0. 331	0. 409	0. 472	0. 531	0. 558	0. 617	0. 692	0. 796	0. 898
吉林	0. 041	0. 179	0. 271	0. 352	0. 409	0. 461	0. 489	0. 533	0. 591	0. 681	0. 767
黑龙江	0. 044	0. 166	0. 279	0. 361	0. 411	0. 457	0. 502	0. 511	0. 579	0. 665	0. 758
上海	0. 122	0. 288	0. 424	0. 531	0. 577	0. 632	0. 718	0. 789	0. 862	0. 909	0. 955
江苏	0. 081	0. 261	0. 407	0. 498	0. 539	0. 611	0. 639	0. 682	0. 799	0. 872	0. 933
浙江	0. 077	0. 254	0. 368	0. 437	0. 496	0. 582	0. 575	0. 638	0. 744	0. 841	0. 927
安徽	0. 041	0. 179	0. 305	0. 41	0. 472	0. 521	0. 553	0. 612	0. 727	0. 784	0. 891
福建	0. 058	0. 217	0. 344	0. 452	0. 471	0. 535	0. 551	0. 626	0. 713	0. 834	0. 909
江西	0. 041	0. 192	0. 311	0. 409	0. 454	0. 499	0. 517	0. 585	0. 689	0. 782	0. 892
山东	0. 071	0. 238	0. 377	0. 419	0. 487	0. 575	0. 602	0. 639	0. 738	0. 822	0. 915
河南	0. 043	0. 188	0. 305	0. 411	0. 442	0. 487	0. 519	0. 602	0. 712	0. 788	0. 883
湖北	0. 06	0. 217	0. 228	0. 424	0. 471	0. 532	0. 551	0. 611	0. 735	0. 781	0. 903
湖南	0. 053	0. 189	0. 308	0. 417	0. 462	0. 519	0. 544	0. 598	0. 693	0. 789	0. 889
广东	0. 091	0. 271	0. 407	0. 474	0. 529	0. 601	0. 616	0. 688	0. 781	0. 869	0. 942
广西	0. 039	0. 179	0. 277	0. 366	0. 415	0. 462	0. 462	0. 519	0. 598	0. 701	0. 774
海南	0. 04	0. 181	0. 268	0. 371	0. 419	0. 457	0. 471	0. 525	0. 617	0. 699	0. 775
重庆	0. 072	0. 247	0. 371	0. 442	0. 478	0. 557	0. 601	0. 641	0. 739	0. 828	0. 909
四川	0. 065	0. 242	0. 365	0. 427	0. 473	0. 547	0. 599	0. 626	0. 738	0. 801	0. 901
贵州	0. 038	0. 182	0. 265	0. 374	0. 428	0. 466	0. 458	0. 508	0. 602	0. 688	0. 769
云南	0. 04	0. 189	0. 307	0. 396	0. 442	0. 468	0. 502	0. 576	0. 654	0. 755	0. 878
西藏	0. 028	0. 151	0. 247	0. 311	0. 389	0. 421	0. 442	0. 498	0. 557	0. 633	0. 709
陕西	0. 058	0. 199	0. 315	0. 435	0. 488	0. 551	0. 572	0. 596	0. 733	0. 779	0. 902
甘肃	0. 039	0. 193	0. 255	0. 371	0. 397	0. 448	0. 466	0. 515	0. 609	0. 686	0. 763
青海	0. 032	0. 184	0. 258	0. 355	0. 364	0. 437	0. 429	0. 503	0. 588	0. 672	0. 759
宁夏	0. 033	0. 197	0. 282	0. 374	0. 439	0. 455	0. 501	0. 559	0. 596	0. 738	0. 799
新疆	0. 03	0. 193	0. 261	0. 353	0. 371	0. 42	0. 448	0. 502	0. 589	0. 664	0. 727

第二阶段我国两化融合状况如表 10　6 所示。

表 10 －6　第二阶段我国两化融合状况

年份	2003	2004	2005	2006	2007	2008	2009	2010	2011	2012
北京	0. 125	0. 208	0. 327	0. 445	0. 572	0. 684	0. 673	0. 741	0. 829	0. 938
天津	0. 119	0. 174	0. 338	0. 401	0. 568	0. 652	0. 651	0. 729	0. 808	0. 914

续表

年份	2003	2004	2005	2006	2007	2008	2009	2010	2011	2012
河北	0.092	0.171	0.268	0.429	0.539	0.608	0.576	0.652	0.781	0.901
山西	0.065	0.142	0.243	0.355	0.462	0.557	0.51	0.596	0.674	0.781
内蒙古	0.074	0.155	0.267	0.401	0.498	0.612	0.555	0.658	0.772	0.881
辽宁	0.082	0.181	0.257	0.378	0.472	0.589	0.609	0.664	0.765	0.899
吉林	0.074	0.145	0.241	0.382	0.445	0.567	0.529	0.598	0.661	0.759
黑龙江	0.069	0.137	0.231	0.349	0.452	0.551	0.493	0.579	0.664	0.755
上海	0.154	0.221	0.333	0.478	0.599	0.695	0.711	0.782	0.869	0.945
江苏	0.151	0.252	0.337	0.458	0.579	0.695	0.675	0.764	0.852	0.949
浙江	0.14	0.221	0.308	0.449	0.561	0.688	0.659	0.74	0.841	0.938
安徽	0.086	0.179	0.274	0.419	0.527	0.637	0.559	0.656	0.771	0.896
福建	0.093	0.182	0.306	0.418	0.556	0.652	0.626	0.737	0.812	0.905
江西	0.081	0.178	0.276	0.407	0.524	0.638	0.559	0.672	0.784	0.901
山东	0.121	0.192	0.314	0.426	0.568	0.677	0.659	0.709	0.785	0.91
河南	0.083	0.174	0.268	0.412	0.502	0.612	0.571	0.669	0.784	0.889
湖北	0.095	0.182	0.309	0.424	0.559	0.681	0.652	0.697	0.798	0.909
湖南	0.084	0.177	0.261	0.417	0.535	0.629	0.593	0.695	0.798	0.899
广东	0.148	0.198	0.287	0.438	0.559	0.69	0.662	0.741	0.836	0.931
广西	0.076	0.138	0.251	0.348	0.455	0.563	0.511	0.587	0.684	0.778
海南	0.073	0.141	0.249	0.332	0.461	0.558	0.505	0.576	0.702	0.782
重庆	0.122	0.201	0.313	0.441	0.549	0.668	0.659	0.711	0.814	0.915
四川	0.101	0.194	0.317	0.401	0.565	0.667	0.609	0.752	0.798	0.905
贵州	0.059	0.131	0.251	0.367	0.455	0.549	0.512	0.588	0.684	0.769
云南	0.063	0.151	0.286	0.392	0.487	0.555	0.56	0.609	0.727	0.817
西藏	0.048	0.122	0.241	0.335	0.441	0.501	0.538	0.601	0.684	0.729
陕西	0.081	0.186	0.258	0.427	0.55	0.662	0.629	0.687	0.785	0.874
甘肃	0.072	0.16	0.238	0.401	0.506	0.617	0.642	0.699	0.761	0.869
青海	0.056	0.154	0.232	0.389	0.492	0.601	0.63	0.676	0.724	0.771
宁夏	0.059	0.151	0.219	0.412	0.501	0.588	0.545	0.609	0.731	0.784
新疆	0.061	0.167	0.224	0.381	0.459	0.547	0.556	0.591	0.677	0.749

10.2.3 “两化融合”复合系统分阶段实证结果描述与分析

由上述结果可以看出，在第一阶段 1992 ~ 2002 年，全国 31 个省市自治区的两化融合水平基本趋势是向上的，但可以发现在期初的增长速率比较大，后续增长速率逐渐变缓，到 1998 年附近，两化增长速率又再次变大。而第二阶段 2003 ~ 2012 年，全国各省市的两化融合增长基本趋势也是向上的，增长速率在 2009 年附近发生较明显回撤，发达省份回撤幅度相对平缓，而欠发达地区的回撤较为明显，回撤后趋势又逐步恢复向上。

在现实中，形成上述结果的原因较为复杂。在第一阶段初期，工业化与信息化的基础都较为薄弱，各项指标的基数都较低，一旦先进的信息技术在传统产业中应用，能迅速提升传统产业的劳动生产率，使两化融合的边际效应递增。两化的技术融合相对而言是较为简单的，等中期后逐步进入产品和业务融合，就需要一个转化的过程，这就使两化融合后续的增长速率相对放缓。1998 年是全球信息产业的一个高潮，互联网技术的快速推动，促使信息技术以几何级的速度发展，于是，融合的速率再次提升。而在两化融合的中级阶段，也就是第二阶段，各要素基本能协调发展，使趋势平缓向上，但是在 2009 年，出现了一定回撤，主要原因可能是 2008 年，我国为应对全球金融危机，推出了 4 万亿的经济刺激计划。而这 4 万亿的经济刺激计划大部分是以固定资产投入为主，从而导致信息化与工业化发展出现暂时的失衡。在结果中可以看到，发达地区相对回撤较小，主要原因在于两方面：一是由于发达地区原有的基础设施相对完善，国家的大规模经济刺激计划主要还是针对欠发达地区的基础设施建设。二是由于发达地区原有的科技、文化等软实力较为突出，即便增加一点基础设施的投入，科技进步和技术发展也可以跟上固定资产刺激的步伐，这就在一定程度上对冲了单一工业化刺激发展所带来的失衡冲击。

10.3 两化融合对产业结构优化升级的影响

自库兹涅茨总结了比较完备的产业结构发展变化趋势以来，产业结构理论的研究一直是国外经济学研究热点。1986 年，杨治将产业结构理论引入我国后，众多学者结合我国社会主义发展特点，做了许多理论和实证研究。但是在探析产业结构演进过程中，其影响因素就显得尤为重要。实际上，劳动力、资本、技术进步、外商投资、贸易水平等都对产业结构的优化与升级产生作用（王美今，2001；吴进红，2006）[263-264]。随着信息技术的迅速发展，近期，也有学者开始对信息产业与区域产业结构优化升级之间的关系进行分析（齐亚伟，2014；陶长琪、周璇，2015），认为信息产业与传统制造业的耦合确实可以促进区域产业结构优化升级。但是，随着经济社会的不断发展，信息已经不能单一作为一个要素参与产业结构优化升级的运行过程，更多的时候应当为两化融合整体。为此，本章试图通过定量的方法寻觅两化融合状况与产业结构优化升级之间的关系。

10.3.1 两化融合与产业结构优化升级关系的理论分析

10.3.1.1 区域产业结构升级测度维度

区域产业结构是区域竞争力的宏观基础，合理的产业结构可以有效促进区域经济的健康持续发展。因此，产业结构优化与升级对区域经济乃至国家经济都具有重要意义。一般来说，产业结构优化升级可以从产业结构的合理化和高级化两个层面考虑（李博、胡进，2008）[265]。所谓产业结构合理是指为提高经济效益，要求在一定的经济发展阶段上根据科学技术水平、消费需求结构、人口基本素质和资源条件，对不合理的产业结构进行调整，实现生产要素的合理配置，使各产业协调发展。而产业结构的高级化则是指一国经济发展重点或产业结构重心由第一产业向第二产业和第三产业逐次转移的过程，标志着一国经济发展水平的高低和发展阶段、方向。

10.3.1.2 两化融合与区域产业结构升级的关系

众所周知，两化融合实质上是指利用信息技术的高科技、高渗透作用，改造传统工业生产模式，提升生产技术、提高生产效率、优化资源配置状况的过程。而先进的生产技术、合理的生产资源配置状况势必对区域产业结构造成正面、积极的影响。

（1）两化融合与产业结构升级合理化。产业结构的合理化在学术上有多种定义，包括结构协调理论、结构动态均衡理论、资源配置理论等。合理化实际上是一个产业发展在协调发展、要素合理配置的动态演进过程。而两化融合则是通过先进的电子信息技术渗透融合于传统生产技术，提升传统生产技术水平与优化现有资源配置的过程。所有从某种意义上说，两化融合的深入推进对产业结构合理化进程有一定影响。首先，两化融合模式中的技术融合，可以促进产业技术革新，提高生产效率。其次，随着两化融合的深入推进，生产与管理技术的融合在产业间的融合升级，逐步发展为产业融合。具有高技术、高效益和高效率等特点的新兴产业与传统工业产业的技术差距逐步缩小，新兴产业与传统工业产业融合协调发展。再次，两化融合可以提高产业生产的要素配置效率，降低传统工业产业对自然资源依赖程度，减少工业发展所带来的环境污染，提升产业的可持续发展水平。最后，两化融合的深入推进使产业技术得以革新与进步。而产业技术进步可以提高区域产业竞争优势，促进产业结构走向合理[23]。

（2）两化融合与产业结构升级高级化。区域产业结构高级化从具体来说，应当具备三个特点：高技术化、高集约化、高加工化。两化融合的推进，必然会推动产业生产管理技术的革新与发展，各种自动化、智能化技术在生产、管理、流通过程中的应用，势必改变原来第一、第二产业中的粗放与低效的生产管理模式，促进产业集约化生产，提升经济效益。同时，两化融合中的技术融合可以促进产品深度加工和二次加工，并通过产业衍生的模式，扩展产业生产的链条，推动产品从低端化向高端化发展。因此，通过两化融合深度发展，可以使区域产业结构更为紧凑协调。

通过以上分析，本章认为两化融合对产业结构优化升级具有重要影响，具体如图10－2所示。

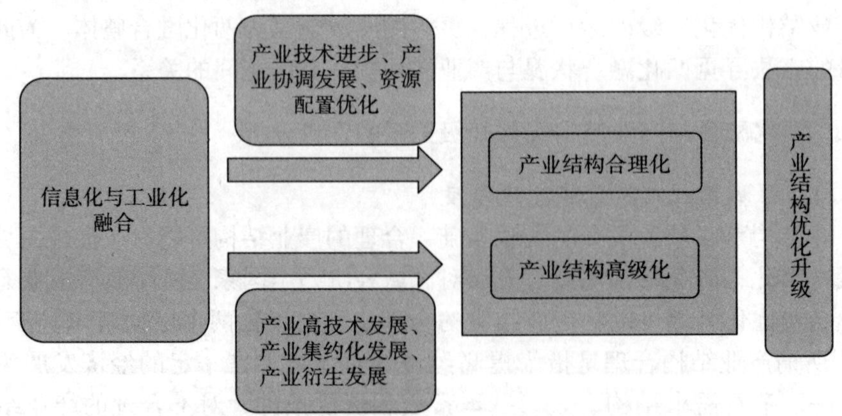

图10－2 两化融合与产业结构优化升级的关系

10.3.2　产业结构优化升级的计算

10.3.2.1　产业结构合理化的计算

本章结合结构偏离度指标与 Hamming 贴近度方法来测度产业结构的合理化，将一般的 Hamming 贴近度模型中国际标准模式三次产业的产出结构替换成当期产业间就业结构，如此既能兼顾产出结构与就业结构，又能体现产业间的差异性。具体公式为：

$$RIS = 1 - \frac{1}{3}\sum_{i=1}^{3}|S_i^y - S_i^l| \tag{10-4}$$

其中，$S_i^y = \frac{Y_i}{Y}$和 $S_i^l = \frac{L_i}{L}$分别代表区域产业结构中各产业的产值比重与就业比重。RIS 越大，表明现有产业产出结构与就业结构越贴近，经济体结构模式越合理。数据处理时应提出通货膨胀因素，而汇率则采用年均汇率。由此测算出我国 31 个省（市、自治区）产业结构合理化的结果。

10.3.2.2　产业结构高级化的计算

通过比较现有产业结构高级化度量指标的相关文献，本章采用付凌晖对产业结构高级化的测算方法（夹角余弦法），定义产业结构高级化指标（AIS）如下：首先根据三次产业划分将 GDP 分成 3 个部分，每一个部分的增加值占 GDP 的比重作为空间向量中的一个分量，从而构成一组 3 维向量 $X_0 = (x_{1,0}, x_{2,0}, x_{3,0})$。然后，分别计算与产业由低层次到高层次排列的向量 $X_1 = (1, 0, 0)$，$X_2 = (0, 1, 0)$，$X_3 = (0, 0, 1)$ 的夹角 θ_1，θ_2，θ_3：

$$\theta_j = \arccos\frac{\sum_{i=1}^{3}(x_{i,j}\cdot x_{i,0})}{\sum_{i=1}^{3}(x_{i,j}^2)^{1/2}\sum_{i=1}^{3}(x_{i,0}^2)^{1/2}}, j = 1,2,3 \tag{10-5}$$

其次，定义产业结构高级化指标的计算公式如下：

$$AIS = \sum_{k=1}^{3}\sum_{j=1}^{k}\theta_j \tag{10-6}$$

产业结构高级化指标（AIS）越大，表明产业结构高级化水平越高。根据三次产业增加值占 GDP 比重的数据，测算得到我国 31 个省（市、自治区）产业结构高级化结果。

10.3.3　基于 C－D 生产函数的两化融合程度与产业结构优化升级关系实证

10.3.3.1　基于 C－D 生产函数的两化融合程度与产业结构优化升级关系的模型设定

根据前文分析，将信息化与工业化融合程度视作一个要素，参与到产业结构优化进程当中，在罗默新经济理论的指导下，利用 C－D 生产函数形式，将两化融合程度内生化，得到产业结构升级的内生增长模型：$IS = EA^{\alpha}B^{\beta}$，其中 IS 表示产业结构升级水平，E 为影响产业结构升级的外生因素，A 表示两化融合度，B 代表影响产业结构升级的其他内生因素，α、β 分别为其弹性系数。

参考杜传忠（2011）、付宏等（2013）、齐亚伟（2014）、高远东等（2015）[266] 关于产业结构优化升级影响因素的研究，本章将产业结构升级影响因素归纳为以下几个方面：

（1）两化融合状况 *iofd*（Integration of Informatization and Industrialization）：本章采用

前文测算的两化融合度来代表两化融合状况。两化融合度反映了工业化与信息化融合发展的真实情况，两化融合越深入，信息化与工业化对产业升级的推动作用就越大，因此，两化融合状况是产业结构升级的重要影响因素。

（2）技术创新 *te*：李富强等（2008）[267] 用人均 R&D 经费支出来代表地区技术创新水平，考虑到数据的可操作性①，本章采用专利申请授权数来表示技术创新。技术创新是产业发展的根本动力，是产业结构升级的关键影响因素。

（3）消费需求 *cd*：本章用居民消费水平来表示地区的消费需求。消费者对产品的需求是企业生产的直接影响因素，需求的变动会带来产业的变革，进而导致产业结构升级水平的变动。

（4）政府支出 *gc*：本章用地方公共财政支出来表示政府消费支出力度。在一定程度上，政府能够通过加大消费支出力度来实现对产业发展的导向作用，借助市场规律实现产业调控，因此，政府消费也是影响产业结构升级的重要因素。

（5）国内投资 *ins*：本章用固定资产投资总额来表示国内投资。国内固定资产投资的产业倾向对产业结构升级有重要影响。

（6）外商直接投资 *fdi*：在实证前，需要将外商直接投资数据用当年汇率折算成人民币。区别于国内投资，外商直接投资除了提供资本供给，还能带来技术外溢，这对于产业结构具有显著影响。

（7）市场环境 *me*：本章用市场化指数来反映地区的市场环境。市场环境通过改变资源配置方式、调整产业发展方向等形式影响产业结构升级。

由此，可得到产业结构合理化、产业结构高度化的对数线性模型如下：

$$\ln RIS = \alpha + \beta_1 \ln iofd + \beta_2 \ln te + \beta_3 \ln cd + \beta_4 \ln gc + \beta_5 \ln ins + \beta_6 \ln fdi + \beta_7 \ln me \quad (10-7)$$

$$\ln AIS = \alpha + \beta_1 \ln iofd + \beta_2 \ln te + \beta_3 \ln cd + \beta_4 \ln gc + \beta_5 \ln ins + \beta_6 \ln fdi + \beta_7 \ln me \quad (10-8)$$

在实际的产业发展过程中，技术创新不仅对产业结构升级具有直接影响，它还能够推动信息化与工业化的深度融合，即技术创新对两化融合有积极影响，而两化融合又对产业结构升级有重要影响，因此，技术创新对产业结构升级还具有间接影响，为更准确分析产业结构升级的影响因素，将上述线性模型修正为：

$$\ln RIS = \alpha + \beta_1 \ln iofd + \beta_2 \ln te + \beta_3 \ln cd + \beta_4 \ln gc + \beta_5 \ln ins + \beta_6 \ln fdi + \beta_7 \ln me + \beta_8 \ln iofd \times \ln te \text{（模型 1）} \quad (10-9)$$

$$\ln AIS = \alpha + \beta_1 \ln iofd + \beta_2 \ln te + \beta_3 \ln cd + \beta_4 \ln gc + \beta_5 \ln ins + \beta_6 \ln fdi + \beta_7 \ln me + \beta_8 \ln iofd \times \ln te \text{（模型 2）} \quad (10-10)$$

10.3.3.2 基于 C－D 生产函数的两化融合程度与产业结构优化升级关系的实证

（1）产业结构升级影响因素的实证分析。分别将两阶段数据代入（由于部分因素的统计数据从 1996 年开始，故第一阶段以 1996～2002 年计算，第三阶段到目前为止时间较短，指标数据不全，暂不做数据实证分析，只做描述性说明），利用面板回归模型计算两阶段结果。面板回归模型的选择，一般主要根据霍斯曼检验结果判断，将两阶段数据进行霍斯曼检验，结果如表 10－7 所示。

① R&D 内部经费支出数据的统计年限不能满足实证的需要。

表 10-7 霍斯曼检验结果

		卡方值	p 值
第一阶段	高级化	38.43	0
	合理化	13.84	0.0078
第二阶段	高级化	73.44	0
	合理化	24.72	0.0001

根据上述结果，本章采用面板回归的固定效应模型。

通过面板回归的固定效应模型计算得出结果如表 10-8 所示。

表 10-8 带交叉项的面板回归模型估计结果

	第一阶段		第二阶段	
	高级化	合理化	高级化	合埋化
ln*iofd*	0.243*** (3.15)	0.271** (2.18)	0.384*** (3.03)	0.358** (2.26)
ln*te*	0.0157 (0.21)	0.244** (2.02)	0.0179 (0.55)	0.282*** (3.83)
ln*cd*	0.119*** (19.26)	0.140*** (14.07)	0.125*** (24.54)	0.117*** (12.43)
ln*gc*	0.0208*** (3.55)	0.0664*** (7.02)	0.0251*** (3.69)	0.0510*** (4.04)
ln*ins*	-0.00692 (-0.56)	0.0146 (0.72)	0.0278*** (4.92)	0.0276 (0.26)
ln*fdi*	0.366*** (2.62)	-0.000256 (-0.00)	-0.00283 (-1.45)	0.0192*** (5.32)
ln*me*	0.0284** (2.05)	0.0647** (2.90)	0.0168** (2.48)	0.0209 (1.66)
ln*iofd* × ln*te*	0.126 (1.93)	0.256** (2.44)	0.235*** (2.80)	0.123 (1.82)
$Adj-R^2$	0.770	0.701	0.838	0.733

注：括号内为 t 值，*、**、*** 分别表示在 10%、5% 及 1% 水平下显著。

从上述结果可以看到两化融合程度对两个阶段的合理化与高级化都具有正向作用。在第一阶段，两化融合对产业结构优化升级中的合理化促进作用更为明显，而在第二阶段，其对高级化促进作用更为明显。随着两化融合进程由第一阶段发展到第二阶段，两化融合度对产业结构升级的合理化和高级化促进作用都得到相应加强。技术创新水平对两阶段产业结构高级化都有为正但不显著的影响，而对产业结构合理化具有显著正向影响。居民消费、政府消费支出及市场化指数对产业结构合理化与高级化都具有显著正向影响，这表明消费及市场环境是引导产业结构升级的重要因素。在信息化与工业化融合的第一阶段，国内投资对产业结构升级作用不明显，外商直接投资能显著促进产业结构高级化，而技术创新通过两化融合发挥的间接效应则主要作用于产业结构合理化；当两化融合深入到第二阶段时，外商投资主要作用于产业结构合理化，国内投资作用于产业结构高级化，而技术创新的间接效应也对产业结构高级化有显著正向影响。

虽然由于年份间隔短而没有测度两化融合的第三阶段，但根据已掌握的指标体系中多数评价指标数据分析，两化融合在第三阶段还是呈现总体上升的趋势。而从已经测算获得的产业结构合理化与高级化2013~2015年结果来看，其上升趋势也是显而易见的。由此，也可以判断两者具备一定的正相关性（具体定量关系，需要在统计数据健全以后获得）。

形成上述结果的原因较为复杂，本章认为，在两个阶段中我国经济发展的侧重和发展特征是造成上述结果的主要原因。①随着两化融合推进，两化融合状况对产业结构优化升级合理化与高级化影响系数逐渐变大。这是因为随着经济的发展，一方面两化融合可以促进原有传统产业中应用技术更为数字化、智能化，从而导致产业经济效益和生产效率提升，优化产业发展；另一方面两化进一步融合可以衍生出一些更具有高科技特性的新产业，从而使整个社会的产业发展更为有效、更为合理。②在第一阶段，经济社会发展基本上以粗放型发展为主，其主要表现为劳动密集型企业的增加和大量资本的投入，并且在此期间资产类的投入大部分是发展基础设施以及低端产品的重复建设，此部分失衡投入对资源有效分配是起阻碍作用的。到了第二阶段，我国经济发展开始逐步合理布局，资本投入开始由部分有序进入到由信息技术和传统产业技术所衍生的高新产业，因此，这种失衡现象开始逐步缓解，资本对产业结构升级的阻碍作用开始减小。③在第一阶段，我国工业化与信息化都刚刚起步，产业的发展主要集中在合理化的维度，而外商投资涉及的行业相对当时的产业体系而言，都是较为高级的，因此外资能促进高级化发展；当融合进入到第二阶段，我国工业化发展已经相对成熟，国内投资及两化融合开始逐步转变为提升我国产业结构的高级化程度，而此时，外资所涉企业实际上已经慢慢变为代工企业，其生产技术相对而言已不再高级，但是产品结构相较内资企业更为合理，所以此时外资能显著促进产业结构合理化发展。

（2）内生性检验。在上述模型的估计过程中，双向或逆向因果关系的存在会导致模型产生内生性问题，由于两化融合与产业结构升级之间存在双向因果关系，需要进行内生性检验。系统GMM估计法是内生性检验常用的方法，它将内生解释变量的差分滞后项设为工具变量，能够较好地解决模型估计的有偏及不一致问题，且能够克服一阶差分GMM的弱变量问题（Arellano和Bover，1995；Blundell和Bond，1998），因此本章采用系统GMM估计法进行模型内生性检验，检验结果如表10-9所示。

表10-9的结果表明，各个模型的工具变量均通过了Sargan检验，说明工具变量是有效的。此外，系统GMM估计得到系数的与表10-8各变量系数方向一致，进一步验证了区域两化融合度是影响产业结构合理化、高级化发展的关键因素，技术创新是两化融合带动产业发展的关键驱动力。

（3）稳健性检验。本章采用在原有模型的基础上剔除控制变量的方法来检验上述模型的稳健性，剔除的控制变量为国内投资，检验结果如表10-10所示。

表 10－9　模型的内生性检验

	第一阶段		第二阶段	
	高级化	合理化	高级化	合理化
两化融合	0.168*** (3.38)	0.167** (2.07)	0.222*** (3.59)	0.231*** (3.23)
技术创新	0.00647 (0.10)	0.0291*** (2.84)	0.00282 (0.83)	0.0232*** (3.86)
居民消费	0.120*** (19.71)	0.139*** (14.18)	0.136*** (27.44)	0.116*** (13.19)
政府支出	0.0212*** (3.65)	0.0656*** (6.99)	0.00223 (0.51)	0.0487*** (6.21)
国内投资	−0.00786 (−0.99)	0.0097 (0.58)	0.0276*** (2.83)	0.0137 (0.21)
外商投资	0.256*** (3.34)	0.00113 (0.27)	−0.00869 (−0.23)	0.0198** (2.09)
市场环境	0.0288* (2.09)	0.0638** (2.87)	0.0207** (2.95)	0.0206 (1.65)
交叉项	0.134** (2.11)	0.094** (2.34)	0.221** (2.57)	0.0503 (1.64)
$Adj-R^2$	0.698	0.602	0.837	0.732
Sargan	0.537	0.362	0.316	0.278

注：括号内为 t 值，*、**、*** 分别表示在 10%、5% 及 1% 水平下显著。

表 10－10　模型的稳健性检验结果

	第一阶段		第二阶段	
	高级化	合理化	高级化	合理化
ln*iofd*	0.253*** (3.38)	0.250** (2.07)	0.284*** (3.59)	0.312*** (3.23)
ln*te*	−0.065 (−0.10)	0.291*** (2.84)	−0.0282 (−0.83)	0.232*** (3.86)
ln*cd*	0.120*** (19.71)	0.139*** (14.18)	0.136*** (27.44)	0.116*** (13.19)
ln*gc*	0.0212*** (3.65)	0.0656*** (6.99)	0.0223 (0.51)	0.0487*** (6.21)
ln*fdi*	0.393*** (2.99)	−0.0563 (−0.27)	−0.00869*** (−5.23)	0.0198*** (6.69)
ln*me*	0.0288* (2.09)	0.0638*** (2.87)	0.0207** (2.95)	0.0206 (1.65)

续表

	第一阶段		第二阶段	
	高级化	合理化	高级化	合理化
$\ln iofd \times \ln te$	0.134 ** (2.11)	0.240 ** (2.34)	0.00442 ** (2.57)	0.00503 (1.64)
$Adj-R^2$	0.771	0.702	0.825	0.734

注：括号内为 t 值，*、**、*** 分别表示在 10%、5% 及 1% 水平下显著。

对照表 10－8 与表 10－10 可知，在分别以产业结构合理化和高级化作为被解释变量时，各个解释变量、控制变量以及两化融合与技术创新的交互项估计系数的方向与显著性几乎没有改变，两化融合度对产业结构“两化”的正向促进作用显著且稳定，由此可知本章的实证结果是稳健的。

10.4 本章小结

本章首先根据两化深度融合特征创新性地将其划分为三个阶段，运用协同理论建立了包含工业化、信息化以及辅助因素的两化融合“三元”复合协同模型，并利用省域数据进行两化融合状况的再测算。同时，基于 C－D 生产函数形式，通过面板回归模型，依据两化融合推进阶段分段分析了两化融合与产业结构优化升级之间的关系。

研究表明：随着我国不断深化推进信息化与工业化融合，我国两化融合整体发展趋势向上；不同阶段下，两化融合趋势短期内会有反复，主要原因在于外力因素导致复合系统中子系统的发展暂时性失衡；两化融合对区域产业结构升级具有正向促进作用，且随着融合阶段的推进，作用愈加明显。同时，在两化融合初级阶段，两化融合主要对产业结构的合理化作用强于高级化，当进入中级阶段后，对高级化的作用强于对合理化的作用；技术创新作为两化融合与产业结构升级的媒介，是两化融合带动区域产业结构优化升级的关键。

11 结论与建议

从创新要素集聚的视角来看，本书对地区经济增长动力转换过程中的现状及问题做出了较好的解释，并有效拓展了制度质量视角下的相关理论，这对促进经济增长动力转换、实现新旧动能的平稳过渡、维持经济持续稳定发展还具有以下启示：第一，在内生经济增长框架下，引入制度质量、消费者技术偏好等因素开展理论分析的过程中，得到了比较有意义的新结论，为经济增长动力转换问题的研究提供了新的理论方向（如消费者技术偏好的变化对经济增长动力转换有何影响，这一问题具有一定的理论可行性，且在当前供给侧结构性改革的背景下，具有重要的实践价值）。第二，本书将制度质量以简单线性乘数效应的形式引入理论模型，并沿着这一视角逐步深入研究，将经济增长方式划分为四类，以此明确了经济增长动力转换的内在路径，制度质量对创新要素集聚驱动产业结构高端化的作用具有空间阈值效应，说明应根据省域的经济发展状况将制度质量的严格程度控制在适度的范围内，以实现区域要素资源的合理配置，使创新要素集聚和技术溢出发挥空间作用效应，正向促进产业结构高端化。第三，在全面推行创新驱动发展战略的过程中，要避免盲目的“一刀切”策略，政府可以在制定相关政策之前对目标区域进行现状的研判，明确其处于哪种经济增长方式，进而根据地区的实际特征有针对性地设计发展规划（如当地区属于“制度依赖型”增长方式时，应在保证制度质量不倒退的前提下，鼓励、引导自主创新，强化创新驱动效应；当地区属于“技术依赖型”增长方式时，则要把发展的重心落在制度质量的建设上）。第四，我国经济增长中的创新驱动效应具有明显的地区差异，且表现出了一定的空间集聚特征，因此，可以有意识地引导跨区域的交流与合作，激化区域间的空间溢出效应，进而促进经济持续、稳定且全面地增长。在东部地区要坚持以技术创新来指导产业结构合理化发展；提升中部地区产业结构合理化的最有效途径是加强集聚经济区的建设；在发展西部产业时要既注重集聚经济的建设，又坚持技术创新强度，发挥东、中部地区的先动优势，带动西部地区协同发展。

从知识溢出的视角来看，知识势能三维度对地区技术创新效率具有显著而略有差异的正影响，因此，要因地制宜，在区域技术创新过程中首先注重从自主创新能力方面提升知识创新潜能，同时努力积累知识资源，低知识势能地区要着重发展知识吸收与留存能力，通过吸收外来的先进知识，充分利用知识势能的空间溢出效应，带动知识创造与转化能力的提升并快速积累知识资源，实现区域技术水平的“跨越式”追赶，提升区域技术创新效率。进一步从水平式和垂直式技术溢出更细致的角度探究技术创新和产业结构优化升级间的相互关系，得出的结论有助于更好地理解我国制造业技术嵌入式和技术融合式创新驱动产业结构协调化的影响关系。据此提出如下建议：第一，加速技术创新基地的规划建设。技术嵌入式创新在内外部驱动力的相互作用下对产业结构优化升级产生显著的推拉作用，驱动产业结构协调化。那么，在技术嵌入式创新基地构建企业或产业集群，有助于实现企业创新的自主化，增强企业的自主创新能力，提升区域企业或产业的内生增长动力，稳固企业发展的内外驱动力，促进技术嵌入式创新下区域产业的稳步发展。第二，合理规划三次产业，优化三次产业结构。在技术嵌入式创新的背景下，创新链在嵌入产业链的过程中促进产业结构协调化。通过技术创新的方式改造传统产业，推进企业的兼并和重组，将生产要素分配给优势企业，有利于提升企业的集聚度。第三，培育创新机制，提升驱动系统的内生增长能力，在进行技术创新的过程中，通过加强政府监管的方式维持市场秩序，进而培育创新机制。第四，优化区域技术创新环境。通过完善知识产权制度和深化改革科技管理体制等措施能有效完善区域技术创新的制度环境，以诱发新兴的科技创新活力，促进产业结构高度化。第五，变换整体引致战略区位梯度，协调化东中西部发展。我国区域技术融合式创新驱动产业结构高度化的空间溢出效应显著并呈区域梯度发展趋势，应因地制宜地制定各区域的发展战略，提升各区域的知识存量和技术创新能力。第六，增强技术创新资源要素的投入。技术溢出和模仿创新是区域高技术产业和中低技术产业间垂直式知识溢出的有效方式，那么加大区域内的创新人才、资金等资源要素的投入有助于优化区域技术融合式创新条件，为区域技术溢出和模仿创新提供扎实的基础。

从相关制度创新和结构创新的视角来看，考虑到土地财政、金融发展以及两化融合对产业结构升级的影响机制，首先考虑到土地财政制度的影响，第一，规范土地财政的比例，要控制好土地财政的比例，防止过度依靠土地财政带来负面影响，整合当地优势资源，合理规划土地使用。第二，加强对土地财政来源的建设。土地财政有很大一部分来自出让性收益，这部分收益获取较易且存在系统性风险。长久以出让收益为主的土地政策容易造成社会问题。第三，加快基础设施建设，合理规划国土资源的使用。对于中部、西部地区，土地利用效率明显不够，通过基础设施建设可以有效增加土地的附加值，提高土地财政对经济发展的促进作用。其次考虑到金融发展的影响，第一，注重金融规模在推动产业结构合理化的重要作用，大型金融机构要依托自身获取信息的优势，资金适当向中小企业倾斜，加大科技金融投入的比重，深度介入高科产业孵化、成长、成熟的各个环节，优化科技金融服务流程。第二，注重直接融资对产业结构优化的作用，大力发展科技金融，规范资本市场运作的法律法规，完善金融对科技企业投融资的对接机制，构建有进有出，主板、中小企业板、创业板、新三板、地区股权市场相互衔接、良性互动的资本市场。第三，完善市场竞争机制。鼓励多种形式的资本在法律规定的范围里，参与资本市场运作。要完善金融体系，构建银行、小额信贷、信托、股市、保险等多层次金融市场，扩大金融资源的供给。第四，各金融中心发展应当突出本区域的特色，充分发挥本区域资源禀赋优势。各区域应当以区域金融中心为依托，围绕本区域产业结构优化方向，完善基础设施、人力资本、财政配套，深度参与区域产业链的分工和合作，实现区域产业结构优化。最后考虑到两化融合的影响，为更好地推进两化融合并利用两化融合推进区域产业结构合理布局。第一，应当合理协调发展工业经济，减少大规模外力推动或者阻碍经济系统内在运行规律，避免复合系统中单一子系统的失衡发展。第二，根据两化融合不同阶段发展的特点，合理规划，开放市场，推动辅助因素更好、更合理地作用于信息化与工业化。当前我国进入两化融合的中高级阶段，两化融合对产业结构升级的高级化具有更强的带动作用，应大力发展两化融合衍生的新领域，推进第三产业发展，合理产业布局。第三，大力推动全民创新，强化技术创新作为两化融合带动产业升级的重要动力作用。

参考文献

［1］ Harrod R. An Essay in Dynamic Theory ［J］. Economic Journal，1939，49（193）：14－33.

［2］ Denison E. F. Sources of Economic Growth in the United States and the Alternatives Before Us ［J］. Journal of Political Economy，1962.

［3］ Romer P. M. Endogenous Technological Change ［J］. Nber Working Papers，1989，98（98）：71－102.

［4］ Porter M. E. Clusters and the New Economics of Competition ［J］. Harvard Business Review，2015，76（6）：77.

［5］ Habtay S. R. A Firm - Level Analysis on the Relative Difference between Technology－Driven and Market - Driven Disruptive Business Model Innovations ［J］. Creativity & Innovation Management，2012，21（3）：290－303.

［6］ Krugman P. The Myth of Asia's Miracle ［J］. Foreign Affairs，1994，73（6）：62－78.

［7］ Young A. Gold Into Base Metals：Productivity Growth in the People's Republic of China During the Reform Period ［J］. Journal of Political Economy，2003，111（6）：1220－1261.

［8］ 丁志国，赵宣凯，苏治．中国经济增长的核心动力——基于资源配置效率的产业升级方向与路径选择［J］．中国工业经济，2012（9）：18－30.

［9］ 何其春，孙萌．对外贸易、金融改革和经济增长：来自中国的证据［J］．经济学（季刊），2012，11（3）：833－852.

［10］ 杨友才．金融发展与经济增长——基于我国金融发展门槛变量的分析［J］．金融研究，2014（2）：59－71.

［11］ Furman J. L.，Porter M. E.，Stern S. The Determinants of National Innovative Capacity ［J］. Research Policy，2000，31（6）：899－933.

［12］ Furman J. L.，Hayes R. Catching up or Standing Still?：National Innovative Productivity among "follower" Countries，1978－1999 ［J］. Research Policy，2004，33（9）：1329－1354.

［13］ 夏天．创新驱动过程的阶段特征及其对创新型城市建设的启示［J］．科学学与科学技术管理，2010，31（2）：124－129.

［14］ 唐未兵，傅元海，王展祥．技术创新、技术引进与经济增长方式转变［J］．经济研究，2014，49（7）：31－43.

［15］朱子云．中国经济增长的动力转换与政策选择［J］．数量经济技术经济研究，2017，34（3）：3－20.

［16］Cooke P. Regionally Asymmetric Knowledge Capabilities and Open Innovation：Exploring “Globalisation 2”—A New Model of Industry Organization［J］. Research Policy，2005，34（8），1128－1149.

［17］刘和东．国内市场规模与创新要素集聚的虹吸效应研究［J］．科学学与科学技术管理，2013，34（7）：104－112.

［18］余泳泽，刘大勇．创新要素集聚与科技创新的空间外溢效应［J］．科研管理，2013，34（1）：46－54.

［19］Fang Y.，M. Xie. The Effect of Innovation Elements Agglomeration on Regional Innovation Output—Based on Chinese Provinces and Cities's ESDA—GWR Analysis［J］. Economic Geography，2012，32（9）：8－14.

［20］Huang X. Improve the Innovation Resources Agglomeration Capacity of Shanghai［J］. Working Paper，2016：15－28.

［21］李晓萍，李平，吕大国等．经济集聚、选择效应与企业生产率［J］．管理世界，2015（4）：25－37.

［22］Fan D. Y. Liu，H. Li. The Causality between China's Fiscal Expenditure on Science and Technology and Industrial Structure Rationalization：An Empirical Study［C］. IEEE，2017：780－785.

［23］Yu N.，G. de Roo，M. de Jong，S. Storm. Does the Expansion of a Motorway Network Lead to Economic Agglomeration? Evidence from China［J］. Transport Policy，2015（4）：1－10.

［24］邓慧慧．贸易自由化、要素分布和制造业集聚［J］．经济研究，2009，44（11）：118－129.

［25］Wu D.，Z. Wang，J. Chen，et al. Polycyclic Aromatic Hydrocarbons（PAHs）in Atmospheric PM 2.5 and PM 10 at a Coal－based Industrial City：Implication for PAH Control at Industrial Agglomeration Regions，China［J］. Atmospheric Research，2014（149）：217－229.

［26］Li K. and B. Lin. Economic Growth Model，Structural Transformation，and Green Productivity in China［J］. Applied Energy，2017（187）：489－500.

［27］何天祥，朱翔，王月红．中部城市群产业结构高度化的比较［J］．经济地理，2012，32（5）：54－58.

［28］Almeida R. Openness and Technological Innovation in East Asia：Have They Increased the Demand for Skills?［J］. Working Paper，2010（5）：36－52.

［29］肖兴志，彭宜钟，李少林．中国最优产业结构：理论模型与定量测算［J］．经济学（季刊），2013，12（1）：135－162.

［30］Wang，Y，Q. Liu，and X. Zhao. China's OFDI Industry Layout Adjustment from the Perspective of Industrial Structure Optimization［J］. Springer Berlin Heidelberg，2015（7）：275－280.

[31] 干春晖，郑若谷，余典范．中国产业结构变迁对经济增长和波动的影响［J］．经济研究，2011，46（5）：4－16＋31．

[32] 付宏，毛蕴诗，宋来胜．创新对产业结构高级化影响的实证研究——基于2000～2011年的省际面板数据［J］．中国工业经济，2013（9）：56－68．

[33] 李文钊，蔡长昆．政治制度结构、社会资本与公共治理制度选择［J］．管理世界，2012（8）：43－54．

[34] Tebaldi E.，B. Elmslie. Does Institutional Quality Impact Innovation? Evidence from Cross－country Patent Grant Data［J］. Applied Economics，2013，45（7）：887－900.

[35] Wu J.，Z. Wu，S. Zhuo. The Effects of Institutional Quality and Diversity of Foreign Markets on Exporting Firms' Innovation［J］. International Business Review，2015，24（6）：1095－1106.

[36] Barasa L.，J. Knoben and P. Vermeulen，et al. Institutions，Resources and Innovation in East Africa：A Firm Level Approach［J］. Research Policy，2017，46（1）：280－291.

[37] Fischer B.，J. Tello－Gamarra. Institutional Quality as a Driver of Efficiency in Laggard Innovation Systems［J］. GCG：Revista de Globalización，Competitividad & Gobernabilidad，2017，11（1）：12－26.

[38] Michael Pender. Industrial Structure and Aggregate Growth［J］. Structural Change and Economic Dynamics，2003（14）：427－448.

[39] Greunz L. Industrial structure and Innovation－evidence from European Regions［J］. Journal of evolutionary economics，2004（5）：936－937.

[40] Kazuyuki Motohashi，Xiao Yun b，China's Innovation System Reform and Growing Industry and Science Linkages［J］. Research Policy，2007（36）：1251－1260.

[41] Tilman Altenburg，Hubert Schmitz，Andreas Stamm. Breakthrough? China's and India's Transition from Production to Innovation［J］. World Development，2008（36）：325－344.

[42] 黄茂兴，李军军．技术选择、产业结构升级与经济增长［J］．经济研究，2009（7）：143－151．

[43] 傅元海，叶祥松，王展祥．制造业结构优化的技术进步路径选择——基于动态面板的经验分析［J］．中国工业经济，2014（9）：78－90．

[44] Jacobs J. The Economy of Cities［M］. The Economy of Cities，1970.

[45] Ellison G.，Glaeser E. L. Geographic Concentration in US Manufacturing Industries：A Dartboard Approach［R］. National Bureau of Economic Research，1994.

[46] Henderson J. V. Marshall's Scale Economies［J］. Journal of Urban Economics，2003，53（1）：1－28.

[47] Audretsch D. B. Agglomeration and the Location of Innovation Activity［J］. Oxford Review of Economic Policy，1998，14（2）：18－29.

[48] Gordon I. R.，McCann P. Innovation，Agglomeration，and Regional Development［J］. Journal of Economic Geography，2005，5（5）：523－543.

[49] L. Cusmano. Technology Policy and Cooperative R&D：The Role of Relational Re-

search Capacity [J]. DRUID Working Paper, 2000 (3): 27 – 54.

[50] 黄中伟. 产业集群的网络创新机制和绩效 [J]. 经济地理, 2007 (1): 47 – 51.

[51] D. Fornahl, T. Brenner. Geographic Concentration of Innovative Activities in Germany [J]. Structural Change and Economic Dynamics, 2009 (5): 163 – 182.

[52] 张丽华, 林善浪, 汪达钦. 我国技术创新强度的集聚效应分析 [J]. 数量经济技术经济研究, 2011 (1): 3 – 18.

[53] 原毅军, 谢荣辉. 产业集聚、技术创新与环境污染的内在联系 [J]. 科学学研究, 2015, 33 (9): 1340 – 1347.

[54] 刘启华, 樊飞, 戈海军, 许丙胜. 技术科学发展与产业结构变迁相关性统计研究 [J]. 科学学研究, 2005 (2): 160 – 168.

[55] 陶长琪, 周璇. 要素集聚下技术创新与产业结构优化升级的非线性和溢出效应研究 [J]. 当代财经, 2016 (1): 83 – 94.

[56] 魏仁兴, 朱宝荣. 技术创新的域、势、能 [J]. 自然辩证法研究, 2007 (3): 88 – 91.

[57] 余泳泽, 段文斌. FDI、技术势能与国内投资的挤出（入）效应——来自我国高技术产业的实证研究 [J]. 世界经济研究, 2011 (3): 69 – 74 + 80 + 89.

[58] 余泳泽, 武鹏. FDI、技术势能与技术外溢——来自我国高技术产业的实证研究 [J]. 金融研究, 2010 (11): 60 – 76.

[59] Nonaka I., Takeuchi H. The Knowledge Creation Company: How Japanese Companies Create the Dynamics of Innovation [M]. New York: Oxford Univ Press, 1995.

[60] Siemens G. Connectivism: A Learning Theory for the Digital Age [J]. International Journal of Instructional Technology & Distance Learning, 2005, 2 (S101): 3 – 10.

[61] Rubin T. H., Aas T. H., Stead A. Knowledge Flow in Technological Business Incubators: Evidence from Australia and Israel [J]. Technovation, 2015 (41): 11 – 24.

[62] 陈国宏, 王吓忠. 技术创新、技术扩散与技术进步关系新论 [J]. 科学学研究, 1995 (4): 68 – 73.

[63] 党兴华, 李莉, 薛伟贤. 企业技术创新合作中的知识创造 [J]. 经济管理, 2006 (5): 36 – 39.

[64] Schmitz H. Learning from Global Buyers [J]. Journal of Development Studies, 2000, 37 (2): 177 – 205.

[65] 芮明杰. 新一轮工业革命正在叩门, 中国怎么办? [J]. 当代财经, 2012 (8): 5 – 12.

[66] 赵志耘, 杨朝峰. 转型时期中国高技术产业创新能力实证研究 [J]. 中国软科学, 2013 (1): 32 – 42.

[67] 吕铁. 第三次工业革命对我国制造业提出巨大挑战 [J]. 求是, 2013 (6): 23 – 24.

[68] 王伟光, 马胜利, 姜博. 高技术产业创新驱动中低技术产业增长的影响因素研究 [J]. 中国工业经济, 2015 (3): 70 – 82.

[69] Arrow K. The Economic Implication of Learning by Doing [J]. Review of Economic

Studies, 1962 (80): 155 - 173.

[70] Glaeser E. L. , J. A. Scheinkman & H. D. Kallal et al. Growth in Cities [J]. Journal of Political Economy, 1992 (6): 1026 - 1052.

[71] 王铮，马翠芳，王莹，翁桂兰．区域间知识溢出的空间认识［J］．地理学报，2003 (5): 773 - 780.

[72] Serrano D. G. & B. B. Cabrer. Direct and Indirect Knowledge Spillovers and Industrial Productivity [J]. Industry and Innovation, 2016: 1 - 25.

[73] 谢子远，吴丽娟．产业集聚水平与中国工业企业创新效率——基于20个工业行业2000~2012年面板数据的实证研究［J］．科研管理，2017，38 (1): 91 - 99.

[74] 朱平芳，项歌德，王永水．中国工业行业间R&D溢出效应研究［J］．经济研究，2016 (11): 44 - 55.

[75] 贾军，张卓，张伟．中国高技术产业技术创新系统协同发展实证分析——以航空航天器制造业为例［J］．科研管理，2013，34 (4): 9 - 15 + 59.

[76] Reichardt K. , S. O. Negro & K. SRogge, et al. Analyzing Interdependencies Between Policy Mixes and Technological Innovation Systems: The Case of Offshore Wind in Germany [J]. Technological Forecasting and Social Change, 2016, 106: 11 - 21.

[77] 邹波，于渤，卜琳华．面向企业技术创新的校企知识转移作用机理——基于370家企业的实证研究［J］．科学学研究，2012，30 (7): 1048 - 1055.

[78] Choi K. , Narasimhan R. , Kim S. W. Opening the Technological Innovation Black Box: The Case of the Electronics Industry in Korea [J]. European Journal of Operational Research, 2016, 250 (1): 192 - 203.

[79] Wafa M. Typological Analysis of Non - technological and Technological Innovation Determinants In Tunisia [J]. Transport, 2015, 3 (2): 71 - 75.

[80] Karltorp K. , Guo S. , Sandén B. A. Handling Financial Resource Mobilisation in Technological Innovation Systems - The Case of Chinese Wind Power [J]. Journal of Cleaner Production, 2016 (142): 3872 - 3882.

[81] Qiang F. & L. Xiu. Trade Openness, Industrial Structure Upgrading and Economic Growth [J]. Journal of Industrial Technological Economics, 2014 (3): 1 - 16.

[82] 于骥．产业结构变迁影响我国城镇化实证分析［J］．上海经济研究，2017 (4): 11 - 16.

[83] 周叔莲，王伟光．科技创新与产业结构优化升级［J］．管理世界，2001 (5): 70 - 89.

[84] Kuosmanen T. , Kortelainen M. Measuring Eco - efficiency of Production with Data Envelopment Analysis [J]. Journal of Industrial Ecology, 2005, 9 (4): 59 - 72.

[85] Ng R. , Yeo Z. , Low J. S. C. , et al. A Method for Relative Eco - efficiency Analysis and Improvement: Case Study of Bonding Technologies [J]. Journal of Cleaner Production, 2015 (99): 320 - 332.

[86] Kulak M. , Nemecek T. , Frossard E. , et al. Eco - efficiency Improvement by Using Integrative Design and Life Cycle Assessment. The Case Study of Alternative Bread Supply Chains

in France [J]. Journal of Cleaner Production, 2016 (112): 2452 –2461.

[87] 张江雪，朱磊．基于绿色增长的我国各地区工业企业技术创新效率研究 [J]. 数量经济技术经济研究，2012 (2): 113 –125.

[88] 马勇，刘军．长江中游城市群产业生态化效率研究 [J]. 经济地理，2015，35 (6): 124 –129.

[89] 许晖，王琳，张阳．国际新创企业创业知识溢出及知识整合机制研究——基于天士力国际公司海外员工成长及企业国际化案例 [J]. 管理世界，2015 (6): 141 –153.

[90] Wang C. C., Wu A. Geographical FDI Knowledge Spillover and Innovation of Indigenous Firms in China [J]. International Business Review, 2015: 1 –12.

[91] Fukugawa N. Knowledge Spillover from University Research before the National Innovation System Reform in Japan: Localisation, Mechanisms and Intermediaries [J]. Asian Journal of Technology Innovation, 2016 (4): 1 –23.

[92] 陶锋．吸收能力、价值链类型与创新绩效——基于国际代工联盟知识溢出的视角 [J]. 中国工业经济，2011 (1): 140 –150.

[93] Qu X., Lee L. Estimating a Spatial Autoregressive Model with An Endogenous Spatial Weight matrix [J]. Journal of Econometrics, 2015, 184 (2): 209 –232.

[94] 李喜岷．全维科学·知识场·全维人才群 [J]. 科学学与科学技术管理，1987 (9): 21 –23.

[95] Willcocks L., Hindle J., Feeny D. et al. IT and Business Process Outsourcing: The Knowledge Potential [J]. Information Systems Management, 2004, 21 (3): 7 –15.

[96] 陈伟，潘伟，杨早立．知识势差对知识治理绩效的影响机理研究 [J]. 科学学研究，2013，31 (12): 1864 –1871.

[97] Griliches Z. Issues in Assessing the Contribution of Research and Development to Productivity Growth [J]. The Bell Journal of Economics, 1979, 10 (1): 92 –116.

[98] Romer P. M. Capital, Labor and Productivity [J]. Brookings Papers on Economic Activity. Microeconomics, 1990 (10): 337 –367.

[99] Jones C. I. Time Series Tests of Endogenous Growth Models [J]. The Quarterly Journal of Economics, 1995, 110 (2): 495 –525.

[100] Anselin L., Varga A., Acs Z. Local Geographic Spillovers Between University Research and High Technology Innovations [J]. Journal of Urban Economics, 1997, 42 (3): 422 –448.

[101] Greunz L. Geographically and Technologically Mediated Knowledge Spillovers Between European Regions [J]. The Annals of Regional Science, 2003, 37 (4): 657 –680.

[102] 杜伟．完善 R&D 激励机制方略 [J]. 财经问题研究，2004 (3): 47 –50.

[103] 李习保．区域创新环境对创新活动效率影响的实证研究 [J]. 数量经济技术经济研究，2007 (8): 13 –24.

[104] 党兴华，弓志刚．多维邻近性对跨区域技术创新合作的影响——基于中国共同专利数据的实证分析 [J]. 科学学研究，2013 (10): 1590 –1600.

[105] George C. S. Lin, Samuel P. S. Ho. The State, Land System and Land Development

Processes in Contemporary China [J]. Annals of the Association of American Geographers, 2005, 95 (2): 411 - 436.

[106] GCS Lin, F. Yi. Urbanization of Captital or Capitalization on Urban Land? Land Development and Local Public Finance in Urbanization China [J]. Urban Geography, 2011, 32 (1): 50 - 79.

[107] Deininger, Klause W. Land Policies for growth and Poverty reduction [M]. Washington D C., Oxford: World Bankand Oxford University Press, 2003.

[108] 范剑勇，莫家伟．地方债务、土地市场与地区工业增长 [J]. 经济研究，2014 (1): 41 -55.

[109] 孙克竞．地方土地财政转型、产业结构优化与土地出让制度变革 [J]. 经济管理，2014, 36 (2): 10 -22.

[110] 国亮，王一笑．土地财政对我国产业结构升级的影响——基于产业间税种差异和土地财政的视角 [J]. 江西社会科学，2015 (8): 33 -40.

[111] 曹广忠，袁飞，陶然．土地财政、产业结构演变与税收超常规增长——中国“税收增长之谜”的一个分析视角 [J]. 中国工业经济，2007 (12): 13 -21.

[112] 夏方舟，李洋宇，严金明．产业结构视角下土地财政对经济增长的作用机制——基于城市动态面板数据的系统 GMM 分析 [J]. 经济地理，2014 (12): 85 -92.

[113] Rajan R. G., Zingales L. Financial Dependence and Growth [J]. The American Economic Review, 1998, 88 (3): 559 -586.

[114] 林毅夫，孙希芳，姜烨．经济发展中的最优金融结构初探 [J]. 经济研究，2009 (8): 59 -66.

[115] King R. C., Levine R. Finance, Entrepreneurship and Growth: Theory and Evidence [J]. Journal of Monetary Economics, 1993, 32 (3): 513 -542.

[116] 周晓艳，高萌，贺文慧．金融发展、产业结构和地区资本配置效率 [J]. 中央财经大学学报，2015 (5): 38 -45.

[117] 王定祥，吴代红，王小华．中国金融发展与产业结构优化的实证研究——基于金融资本视角 [J]. 西安交通大学学报，2013 (5): 1 -6.

[118] Bihn K. B., Parks S. Y., Shin S. Financial Structure and Industrial Growth [J]. Journal of Financial Economics, 2005, 64 (2): 147 -180.

[119] Dewan S., K. L. Kraelner. 2000, Information Technology and Productivity: Evidence from Country Level Data [J]. Management Science, 2000, 46 (4): 123 -131.

[120] Bally N. Deriving Managerial Implications from Technological Convergence Along the Innovation Process: A Case Study on the Telecommunications Industry [R]. Swiss Federal Institute of Technology (ETH Zürich), 2005, 21 (2): 232 -241.

[121] Gust C., J. Marquez. International Comparisons of Productivity Growth: The Role of Information Technology and Regulatory Practices [J]. Labour Economics, 2004, 11 (1): 45 -60.

[122] Gambardella, A, S. Torrisi. Does Technological Convergence Imply Convergence in Markets? Evidence from the Electronics Industry [J]. Research Policy, 1998, 27 (5): 445 -463.

[123] Jorgenson D. W. Information Technology and the U. S. Economy [J]. American Economic Review, 2001, 91 (1): 233 -252.

[124] 乌家培. 正确处理信息化与工业化的关系 [J], 经济研究, 1993, (12): 70 -71.

[125] 周叔莲. 重视信息化大力推进信息化与工业化融合 [J]. 中国井冈山干部学院学报, 2008 (3): 42 -48.

[126] 王晰巍, 安超, 初毅. 信息化与工业化融合的评价指标及评价方法研究 [J]. 图书情报工作, 2011 (6): 16 -22.

[127] 易明, 李奎. 信息化与工业化融合的模式选择及政策建议 [J]. 宏观经济研究, 2011 (9): 21 -33.

[128] 龚炳铮. 信息化与工业化融合的评价和方法探讨 [J]. 中国信息界, 2008 (8): 21 -24.

[129] 茶洪旺, 唐勇. 我国工业化与信息化相互促进的实证分析 [J]. 经济研究参考, 2014 (10): 47 -59.

[130] 黄体鸿, 侯仁勇, 陈天笑. 我国两化融合水平区域差异分析 [J]. 武汉理工大学学报 (信息与管理工程版), 2010 (5): 32 -47.

[131] 李光勤. 工业化带动信息化还是信息化带动工业化? ——基于修正的菲德模型实证分析 [J]. 统计与信息论坛, 2014, 29 (5): 12 -24.

[132] 谢康, 肖静华, 周先波等. 中国工业化与信息化融合质量: 理论与实证 [J]. 经济研究, 2012, 47 (1): 4 -6.

[133] 陈伟, 陶长琪. 基于复合协同模型的江西省与全国"两化融合"水平对比分析 [J]. 信息系统学报, 2012 (2): 77 -86.

[134] Gust C. J. Marquez. International Comparisons of Productivity Growth: The Role of Information Technology and Regulatory Practices [J]. Labour Economics, 2004, 11 (1): 45 -60.

[135] 张若雪. 人力资本、技术采用与产业结构升级 [J]. 财经科学, 2010 (2): 66 -74.

[136] 杜传忠, 郭树龙. 中国产业结构升级的影响因素分析——兼论后金融危机时代中国产业结构升级的思路 [J]. 广东社会科学, 2011 (4): 16 -29.

[137] Kung H., Schmid L. Innovation, Growth, and Asset Prices [J]. Journal of Finance, 2015, 70 (3): 1001 -1037.

[138] Griliches Z. Issues in Assessing the Contribution of Research and Development to Productivity Growth [J]. Bell Journal of Economics, 1979, 10 (1): 92 -116.

[139] Jaffe A. Technological Opportunity and Spillovers of R&D: Evidence from Firms Patents, Profits and Market Value [C] // National Bureau of Economic Research, Inc., 1986: 984 -1001.

[140] Solow R. M. Technical Change and the Aggregate Production Function [J]. Review of Economics & Statistics, 1957, 39 (3): 554 -562.

[141] 彭水军, 包群, 赖明勇. 技术外溢与吸收能力: 基于开放经济下的内生增长模型分析 [J]. 数量经济技术经济研究, 2005, 22 (8): 35 -46.

［142］张军，吴桂英，张吉鹏．中国省际物质资本存量估算：1952～2000［J］．经济研究，2004（10）：35－44.

［143］Hansen B. E. Inference When A Nuisance Parameter Is Not Identified Under the Null Hypothesis［J］. Econometrica，1996，64（2）：413－430.

［144］Hansen B. E. Threshold Effects in Non－dynamic Panels：Estimation，Testing，and Inference［J］. Journal of Econometrics，1999，93（2）：345－368.

［145］Hansen B. E. Sample Splitting and Threshold Estimation［J］. Econometrica，2000，68（3）：575－603.

［146］樊纲，王小鲁．中国各地区市场化相对进程报告［J］．经济研究，2003（3）：9－18.

［147］Acemoglu D.，Zilibotti F.，Aghion P. Distance to Frontier，Selection，and Economic Growth［J］. Journal of the European Economic Association，2006，4（1）：37－74.

［148］余泳泽，张先轸．要素禀赋、适宜性创新模式选择与全要素生产率提升［J］．管理世界，2015（9）：13－31＋187.

［149］严成樑．社会资本、创新与长期经济增长［J］．经济研究，2012（11）：48－60.

［150］Barro R. J.，Sala－I－Martin X. Technological Diffusion，Convergence，and Growth［J］. Journal of Economic Growth，1997，2（1）：1－26.

［151］朱国忠，乔元坤，虞吉海．中国各省经济增长是否收敛？［J］．经济学（季刊），2014（3）：1171－1194.

［152］李梅，柳士昌．对外直接投资逆向技术溢出的地区差异和门槛效应——基于中国省际面板数据的门槛回归分析［J］．管理世界，2012（1）：121－132＋66.

［153］Levchenko A. A. Institutional Quality and International Trade［J］. The Review of Economic Studies，2007，74（3）：791－819.

［154］戴翔，金碚．产品内分工、制度质量与出口技术复杂度［J］．经济研究，2014（7）：4－17＋43.

［155］Malik S. K. Conditional Technology Spillovers from Foreign Direct Investment：Evidence from Indian Manufacturing Industries［J］. Journal of Productivity Analysis，2015，43（2）：183－198.

［156］Bernard A. B.，Jensen J. B.，Redding S. J.，et al. Intrafirm Trade and Product Contractibility［J］. American Economic Review，2010，100（2）：444－448.

［157］Henderson J. V. Will Homeowners Impose Property Taxes?［J］. Regional Science and Urban Economics，1995，25（2）：153－181.

［158］何平，陈丹丹，贾喜越．产业结构优化研究［J］．统计研究，2014，31（7）：31－37.

［159］Regev H. Z. Griliches. Productivity and Firm Turnover in Israeli Industry：1979－1988［J］. National Bureau of Economic Research，1995（7）：25－38.

［160］龙小宁，朱艳丽，蔡伟贤，李少民．基于空间计量模型的中国县级政府间税收竞争的实证分析［J］．经济研究，2014（8）：41－53.

［161］赵增耀，周晶晶，沈能．金融发展与区域创新效率影响的实证研究——基于

开放度的中介效应［J］. 科学学研究，2016（9）：1408－1416.

［162］王立平，吕民乐. 知识溢出的规模经济、范围经济与联结经济［J］. 科学经济社会，2005（4）：39－42

［163］宋琦，韩伯棠，王宗赐. 基于知识溢出熵的创新集群生命周期演化研究［J］. 科学学与科学技术管理，2010（3）：68－71＋112.

［164］Elhorst J. P.，S. Fréret. Evidence of Political Yardstick Competition in France Using a Two－regime Spatial Durbin Model with Fixed Effects［J］. Journal of Regional Science，2009，49（5）：931－951.

［165］Lee L. J. Yu. Efficient GMM Estimation of Spatial Dynamic Panel Data Models with Fixed Effects［J］. Journal of Econometrics，2014，180（2）：174－197.

［166］黄晖，金凤君. 技术要素集聚对我国区域经济增长差异的影响［J］. 经济地理，2011（8）：1341－1344.

［167］文玫. 中国工业在区域上的重新定位和聚集［J］. 经济研究，2004（2）：84－94.

［168］肖兴志，彭宜钟，李少林. 中国最优产业结构：理论模型与定量测算［J］. 经济学（季刊），2012（10）：135－161.

［169］齐亚伟，陶长琪. 环境约束下要素集聚对区域创新能力的影响——基于 GWR 模型的实证分析［J］. 科研管理，2014（9）：17－24.

［170］Tang X.，Zhou Z.，Shi Y. The Error Bounds of Combined Forecasting［J］. Mathematical and Computer Modelling，2002，36（9）：997－1005.

［171］Hansen M. T.，Birkinshaw J. The Innovation Value Chain［J］. Harvard Business Review，2007，85（6）：121.

［172］Lööfa H.，A. Heshmatib，Knowledge Capital and Performance Heterogeneity：A Firm Level Innovation Study［J］. International Journal of Production Economics，2002，76：61－85.

［173］Mairesse J.，M. Sassenou. R&D and Productivity：A Survey of Econometric Studies at the Firm Level in Science Technology［J］. Industry Review，1991，81：317－348.

［174］张大儒. 我国政府投资与产业结构合理化的实证分析［J］. 经济体制改革，2013（4）：128－132.

［175］程莉. 产业结构的合理化、高级化会否缩小城乡收入差距——基于 1985～2011 年中国省级面板数据的经验分析［J］. 现代财经（天津财经大学学报），2014（11）：82－92.

［176］田新民，韩端. 产业结构效应的度量与实证——以北京为案例的比较分析［J］. 经济学动态，2012（9）：74－82.

［177］龚轶，王铮，顾高翔. 技术创新与产业结构优化——一个基于自主体的模拟［J］. 科研管理，2015（8）：44－51.

［178］付凌晖. 我国产业结构高级化与经济增长关系的实证研究［J］. 统计研究，2010（8）：79－81.

［179］LeSage J. P.，Pace R. K. Introduction to Spatial Econometrics. Boca Raton［M］.

CRC Press Taylor & Francis Group, 2009.

[180] Arellano M., Bover O. Another Look at the Instrumental Variable Estimation of Error – components Models [J]. Journal of Econometrics, 1995, 68 (1): 29 – 51.

[181] Blundell R., Bond S. Initial Conditions and Moment Restrictions in Dynamic Panel Data Models [J]. Journal of Econometrics, 1998, 87 (1): 115 – 143.

[182] Hauknes J., Knell M. Embodied Knowledge and Sectoral Linkages: An Input – output Approach to the Interaction of High – and Low – tech Industries [J]. Research Policy, 2009, 38 (3): 459 – 469.

[183] Marshall A. Principles of Economics: An Introductory Volume [M]. London: Macmillan, 1890.

[184] 沈能，李富有．技术势差、进口贸易溢出与生产率空间差异——基于双门槛效应的检验 [J]. 国际贸易问题，2012 (9): 108 – 117.

[185] Santamaría L., Nieto M. J., Barge – Gil A. Beyond formal R&D: Taking Advantage of Other Sources of Innovation in Low – and Medium – Technology Industries [J]. Research Policy, 2009, 38 (3): 507 – 517.

[186] Zhang L., Zheng X., Li J. A Way to Improve Knowledge Sharing: from the Perspective of Knowledge Potential [J]. Journal of Service Science and Management, 2008, 1 (3): 218 – 226.

[187] James P. Lesage, Manfred M. Fischer. Spatial Growth Regressions: Model Specification, Estimation and Interpretation [J]. Social Science Electronic Publishing, 2007, 3 (3): 275 – 304.

[188] Elhorst J. P. Spatial Panel Data Models [J]. Spatial Econometrics, 2014, 87 (2): 37 – 93.

[189] 侯新烁，张宗益，周靖祥．中国经济结构的增长效应及作用路径研究 [J]. 世界经济，2013 (5): 88 – 111.

[190] Ejermo O., Karlsson C. Interregional Inventor Networks as Studied by Patent Coinventorships [J]. Research Policy, 2006, 35 (3): 412 – 430.

[191] 陆铭，陈钊．分割市场的经济增长——为什么经济开放可能加剧地方保护? [J]. 经济研究，2009 (3): 42 – 52.

[192] 赵勇，白永秀．知识溢出：一个文献综述 [J]. 经济研究，2009 (1): 144 – 156.

[193] 王兵，吴延瑞，颜鹏飞．中国区域环境效率与环境全要素生产率增长 [J]. 经济研究，2010 (5): 95 – 109.

[194] 何枫，祝丽云，马栋栋，姜维．中国钢铁企业绿色技术效率研究 [J]. 中国工业经济，2015 (7): 84 – 98.

[195] 陶锋．吸收能力、价值链类型与创新绩效——基于国际代工联盟知识溢出的视角 [J]. 中国工业经济，2011 (1): 140 – 150.

[196] 原毅军，芦云鹏．金融发展、环境污染与经济可持续最优增长路径 [J]. 科技与管理，2014 (3): 1 – 7.

[197] 邹珊刚，苏子仪，李顺才．基于知识经济的知识测度研究——关于澳大利亚

几种测度方法的评述［J］. 科研管理，2001（4）：34－38.

［198］邓明，钱争鸣. 我国省际知识存量、知识生产与知识的空间溢出［J］. 数量经济技术经济研究，2009（5）：42－53.

［199］Zahra S. A.，George G. Absorptive Capacity：A Review，Reconceptualization，and Extension［J］. Academy of Management Review，2002，27（2）：185－203.

［200］赵放，刘秉镰. 行业间生产率联动对中国工业生产率增长的影响——引入经济距离矩阵的空间 GMM 估计［J］. 数量经济技术经济研究，2012（3）：34－48.

［201］Liao T. J.，Chen M. C. Can Foreign Firms Inhibit Knowledge Spillover to Local Firms? The Role of Innovation Capabilities and Tacit Knowledge［J］. Advances in Management & Applied Economics，2015，5（3）：121－140.

［202］苏东水. 产业经济学［M］. 北京：高等教育出版社，2001.

［203］Chen L.，Sun J.，Liang C. Study on Rational Industry Structure of Hebei Province［J］. Journal－HeBei University of Technology，2001，30（1）：52－56.

［204］彭冲，李春风，李玉双. 产业结构变迁对经济波动的动态影响研究［J］. 产业经济研究，2013（3）：91－100.

［205］焦勇. 生产要素地理集聚会影响产业结构变迁吗［J］. 统计研究，2015，32（8）：54－61.

［206］苏方林，黎文勇. 产业结构合理化、高级化对碳排放影响的实证研究——基于西南地区面板数据［J］. 西南民族大学学报（人文社会科学版），2015（11）：114－119.

［207］关雪凌，丁振辉. 日本产业结构变迁与经济增长［J］. 世界经济研究，2012（7）：80－86.

［208］刘嘉毅，陶婷芳，夏鑫. 产业结构变迁与住宅价格关系实证研究——来自中国内地的经验分析［J］. 财经研究，2014，40（3）：73－84.

［209］韩永辉，黄亮雄，王贤彬. 产业结构升级改善生态文明了吗？——本地效应与区际影响［J］. 财贸经济，2015（12）：129－146.

［210］齐亚伟，刘丹. 信息产业发展促进区域产业结构合理化的灰色关联分析［J］. 经济经纬，2014，31（4）：74－79.

［211］Bertalanffy L. V. Clean Coal Technologies：A Status Report［J］. Electrical World，1992（2）：37－42.

［212］York R.，Rosa E. A.，Dietz T. Stirpat，Ipat and ImPACT：Analytic Tools for Unpacking the Driving Forces of Environmental Impacts［J］. Ecological Economics，2003，46（3）：351－365.

［213］Hulten C. R.，Bennathan E.，Srinivasan S. Infrastructure，Externalities，and Economic Development：A Study of the Indian Manufacturing Industry［J］. World Bank Economic Review，2006，20（2）：291－308.

［214］Javorcik B. S. Does Foreign Direct Investment Increase the Productivity of Domestic Firms? In Search of Spillovers through Backward Linkages［J］. American Economic Review，2004，94（3）：605－627.

[215] Kugler M. Spillovers from Foreign Direct Investment: Within or between Industries? [J]. Journal of Development Economics, 2006, 80 (2): 444 – 477.

[216] Higon D. A. The Impact of R&D Spillovers on UK Manufacturing TFP: A Dynamic Panel Approach [J]. Research Policy, 2007, 36 (7): 964 – 979.

[217] 严海宁，朱劲松．过程创新和产品创新的市场竞争程度分析——基于我国工业企业的实证研究 [J]．太原理工大学学报（社会科学版），2008，38 (3)：14 – 18.

[218] 刘伟，张辉，黄泽华．中国产业结构高度与工业化进程和地区差异的考察 [J]．经济学动态，2008 (11)：4 – 8.

[219] Chenery H. B., S. Robinson and M. Syrquin. Industrialization and Growth [M]. Oxford: Oxford University Press, 1986: 151 – 160.

[220] Xu B. Multinational Enterprises, Technology Diffusion, and Host Country Productivity Growth [J]. Journal of Development Economics, 2000, 62 (2): 477 – 493.

[221] Knack S. P. Keefer. Institutions and Economic Performance: Cross - country Tsts Using Alternative Institutional Measures [J]. Economics & Politics, 1995, 7 (3): 207 – 227.

[222] Glaser E. L., R. La Portor, and F. Lopez, et al. Do Institutions Cause Growth? [J]. Journal of Economic Growth, 2004, 9 (3): 271 – 303.

[223] North D. C. Institutions and Economic Growth: An Historical Introduction [J]. World Development, 1989, 17 (9): 1319 – 1332.

[224] 于斌斌．产业结构调整与生产率提升的经济增长效应——基于中国城市动态空间面板模型的分析 [J]．中国工业经济，2015 (12)：83 – 98.

[225] Fan, C. S. and Y. Hu. Foreign Direct Investment and Indigenous Technological Efforts: Evidence from China [J]. Economics Letters, 2007, 96 (2): 253 – 258.

[226] 石明虹，胡茉．集群式创新的路径选择研究 [J]．科学学与科学技术管理，2013，34 (11)：53 – 59.

[227] 吴延兵．自主研发、技术引进与生产率——基于中国地区工业的实证研究 [J]．经济研究，2008 (8)：51 – 64.

[228] Alvarez J. and M. Arellano. The Time Series and Cross – Section Asymptotics of Dynamic Panel Data Estimators [J]. Econometrica, 2003, 71 (4): 1121 – 1159.

[229] Hansen G. D., Prescott E. C. Malthus to Solow [J]. The American Economic Review, 2002, 92 (4): 1205 – 1217.

[230] 岳树民，卢艺．土地财政影响中国经济增长的传导机制——数理模型推导及基于省际面板数据的分析 [J]．财贸经济，2016 (5)：37 – 47 + 105.

[231] Piras R. The Solow Growth Model with Endogenous Migration Flows and Congested Public Capital [J]. Economia Politica, 2011, XXVIII (2): 195 – 217.

[232] 李勇刚，高波，许春招．晋升激励、土地财政与经济增长的区域差异——基于面板数据联立方程的估计 [J]．产业经济研究，2013 (1)：100 – 110.

[233] 冯宗宪，王青，侯晓辉．政府投入、市场化程度与中国工业企业的技术创新效率 [J]．数量经济技术经济研究，2011 (4)：3 – 17 + 33.

[234] 戴魁早，刘友金．要素市场扭曲与创新效率——对中国高技术产业发展的经

验分析［J］. 经济研究，2016（7）：72 －86.

［235］李平，刘利利. 政府研发资助、企业研发投入与中国创新效率［J］. 科研管理，2017（1）：21 －29.

［236］张红娟，谢思进，谭劲松. 企业战略—组织环境协同演进与空间转移——以自行车行业为例［J］. 管理学报，2001（5）：666 －682.

［237］徐春华，吴易风. 国际产业转移理论，马克思经济学与西方经济学的比较［J］. 经济学动态，2015（6）：67 －77.

［238］刘红光，李浩华，王云平. 中国产业跨区域转移总体特征与趋势［J］. 地域研究与开发，2014（10）：1 －5.

［239］韦森. 探寻人类社会经济增长的内在机理与未来道路——评林毅夫教授的新结构经济学理论框架［J］. 经济学动态，2013（4）：1051 －1074.

［240］Odedokun M. O. Alternative Econometric Approaches for Analysing the Role of the Financial Sector in Economic Growth，Time Scrics Evidence from LDCs［J］. Journal of Development Economics，1996（50）：46 －119.

［241］赖娟. 金融发展抑制还是促进了经济增长——来自江西省的数据检验［J］. 江西财经大学学报，2013（12）：17 －24.

［242］Keith E. Maskus，Rebecca Neumann，Tobias Seidel. How National and International Financial Development Affect Industrial R&D［J］. European Economic Review，2012，56（1）：72 －83.

［243］徐玉莲，张宏起. 我国金融发展对技术创新作用的实证分析［J］. 统计与决策，2011（21）：144 －146.

［244］Wendy Carlin，Colin Mayer. Finance，Investment，and Growth［J］. Tuck Symposium on Corporate Governance，2003，69（1）：191 －226.

［245］黎平海，王雪. 基于金融集聚视角的产业结构升级研究——以广东省为例［J］. 暨南大学学报，2009（11）：51 －60.

［246］Freza H. Chowdhury，Min Maung. Financial Market Development and the Effectiveness of R&D Investment：Evidence from Developed and Emerging Countries［J］. Research in International Business and Finance，2012，26（2）：258 －272.

［247］高静文. 金融发展促进东北地区产业结构调整内在机制研究［J］. 现代财经—天津财经学院学报，2005（7）：22 －25.

［248］Cetorelli N. M. Ganmbera. Banking Market Structure，Financial Dependence and Growth International Evidence from Industry Data［J］. Journal of Finance，2001（56）：617 －648.

［249］Stein，J. Information Production and Capital Allocation：Decentralized Versus Hierarchical Firms［J］. Journal of Finance，2002（57）：1891 －1921.

［250］姚耀军，董钢锋. 中小银行发展与中小企业融资约束——新结构经济学最优金融结构理论视角下的经验研究［J］. 财经研究，2014，40（11）：105 －115.

［251］余超，杨云红. 银行竞争、所有制歧视和企业生产效率改善［J］. 经济科学，2016（2）：81 －92.

［252］ Commendatore, Pasquale, Michetti, et al. Financial Development and Agglomeration ［J］. Mpra Paper, 2013, 1 (1): 143 - 147.

［253］ Palmberg J. Spatial Concentration in the Financial Industry ［M］. Emerald Group Publishing Limited, 2012 (18): 4 - 5

［254］ Zukarnain Zakaria. The Level of Economic Development of the Impact of Financial Structure of Economic Growth, Evidence from Dynamic Panel Data Analysis ［J］. Asian academy of Management Journal of Accounting and Finance, 2008 (3): 21 - 42.

［255］ 王宇，郭新强，干春晖．关于金融集聚与国际金融中心建设理论——基于动态随机一般均衡系统和消息冲击的视角［J］．经济学（季刊），2014（10）：331 - 350.

［256］ Zhao X. B. Spatial Restructuring of Financial Center in Mainland China and Hong Kong : Geography of finance Perspective ［J］. Urban Affairs Reviews, 2003 (4): 535 - 571.

［257］ 张浩然．空间溢出视角下金融集聚与城市经济绩效［J］．财贸经济，2014（9）：51 - 61.

［258］ 李林，丁艺，刘志华．金融集聚对区域经济增长溢出作用的空间计量分析［J］．金融研究，2011（5）：113 - 123.

［259］ 吴新生．空间依赖、地理溢出与区域金融发展趋同——基于 1978 ~ 2010 年省域数据的空间计量分析［J］．南方金融，2011（12）：32 - 36.

［260］ 邓向荣，马彦平，杨彩丽．金融开放背景下我国区域金融发展的收敛性与差异分析——基于参数和非参数的估计［J］．现代财经（天津财经大学学报），2012，32（1）：26 - 35.

［261］ 戴俊，黄秀清．信息化与工业化融合水平评估体系探索两化融合与物联网发展学术研讨会论文集［C］．2010：35 - 44.

［262］ 王瑜炜，秦辉．中国信息化与新型工业化耦合格局及其变化机制分析［J］．经济地理，2014（2）：29 - 42.

［263］ 王美今，沈绿珠．外商直接投资与区域产业结构变动的关联效应［J］．统计研究，2001（2）：36 - 48.

［264］ 吴进红．对外贸易与江苏产业升级［J］．南京社会科学，2006（3）：5 - 17.

［265］ 李博，胡进．中国产业结构优化升级的测度和比较分析［J］．管理科学，2008（4）：13 - 25.

［266］ 高远东，张卫国，阳琴．中国产业结构高级化的影响因素研究［J］．经济地理，2015（6）：96 - 101

［267］ 李富强，董直庆，王林辉．制度主导、要素贡献和我国经济增长动力的分类检验［J］．经济研究，2008（4）：53 - 65.